KB271164

한국소설과 골상학적 타자들

Korean Modern Novels and the Phrenological Others

한국소설과 골상학적 타자들

Korean Modern Novels and the Phrenological Others

지은이 **이혜령**(李惠鈴, Lee Hye Ryoung)은 1971년에 태어나 1989년에 성균관대학교 국어국문학과에 입학, 2002년 같은 곳에서 박사 학위를 받았다. 현재 성균관대 대동문화연구원 연구조교수로 재직 중이다. 논저로는 「한글 운동과 근대 미디어」(2004), 「1920년대 동아일보 학예면의 형성과 문학의 위치」(2005), 『한국 근대소설과 섹슈얼리티의 서사학』(2007) 등이 있다.

한국소설과 골상학적 타자들

1판 1쇄 인쇄 2007년 04월 30일
1판 1쇄 발행 2007년 05월 10일

지은이 / 이혜령
펴낸이 / 박성모
펴낸곳 / 소명출판
출판고문 / 김호영
등록 / 제13-522호
주소 / 137-878 서울시 서초구 서초동 1621-18 (란빌딩 1층)
대표전화 / (02) 585-7840
팩시밀리 / (02) 585-7848
somyong@korea.com / www.somyong.co.kr

값 21,000원

ISBN 89-5626-247-0 93810

한국소설과 골상학적 타자들

Korean Modern Novels and the Phrenological Others

이혜령

소명출판

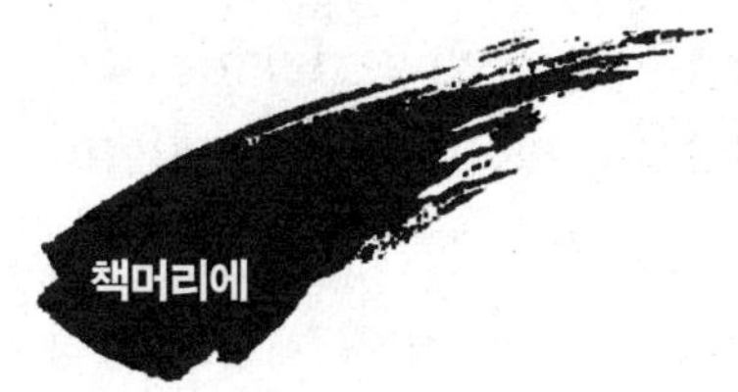

    '골상학(骨相學, Phrenology)'이란 단어는 책의 제목에 넣기에는 낯선 것인지도 모른다. 골상학이란 두개골의 생김과 크기에서 사람의 성격이나 지적 능력 및 운명 등을 추정하는 학문이다. 오랜 역사의 관상학과 인간에 대한 자연과학적 인식을 정립하고자 한 해부학의 결합 속에서 탄생한 이 골상학은 19세기 유럽과 미국을 풍미했다고 한다. 사카이 나오키의 글에서 발견한 이 단어가 나를 끌어당기게 만든 원체험이 있었던 것 같다. 어릴 적에 텔레비전에서 본 영화 〈25시〉에서 나치의 장교가 정수리에서 아래턱 선에 이르는 옆얼굴의 모형 틀을 안소니 퀸의 얼굴에 갖다 대는 장면이다. 20세기 인종청소에 유용한 도구가 될 정도로 위력을 떨친 골상학은 18~19세기의 회화와 조각·소설 등 거의 모든 예술 장르에 걸쳐서 서구 사실주의 미학의 확립에 영향을 끼쳤다.

    이 용어를 통해서 한 번쯤은 의아심을 가졌을 법한 물음을 정식화하는 것이었다. 이 책의 기본적인 의도를 보여주는 한 글에서 나는 왜 『태백산맥』의 염상진은 그토록 얼굴을 떠올릴 수 없는 데 반해서 염상구나

하대치는 그토록 뚜렷한 용모를 갖고 있는지를 물었다. 그리고 그들의 정체성에 있어 중요 기제 중 하나는 정상성을 벗어난 섹슈얼리티였다. 한국소설에서 하층민과 여성은 특징적인 용모나 폭력의 상처와 병에 덧난 육체만이 삶의 이력을 말해주는 유일한 텍스트인 존재들로 등장한다. 육체는 곧 성격과 운명이었다. 나는 자아 / 타자, 주체 / 객체, 남성 / 여성, 서양 / 동양의 이분법을 보는 자 / 보이는 자, 쓰는 자 / 쓰이는 자, 표상하는 자 / 표상되는 자의 문제로 전환시키고자 했다. 그러했을 때만이 여전히 세계를 바라보는 유력한 이분법적 인식론에 내재한 비대칭성을 인식하고, 성찰할 수 있기 때문이다. 이러한 문제의식은 제1부「동물원의 미학」과「타자의 무덤」에서 가장 직접적으로 표명되었다.

제2부와 제3부는 1920~30년대 소설을 섹슈얼리티라는 분석틀을 가지고, 젠더와 계급에 따라 달라지는 재현질서를 규명하고자 한 글들을 엮어보았다.「1920년대 ·의 성격과 여성인식의 관련성」 그리고「성적 욕망의 서사와 그 명암―나도향의『환희』론」은 섹슈얼리티라는 분석틀을 분명하게 갖지 않았을 때 쓴 글들이지만, 동인지문학의 해체와 동시적으로 이야기되는 리얼리티의 발견은 사실 현실인식의 심화라기보다는 미학적 차원에서 촉발되었다는 1920년대 소설사를 바라보는 내 나름의 생각이 그 단초를 보인 글이다. 이러한 시각은 한국소설사의 단편과 장편의 형식 문제로까지 확장되었는데, 그 일단을 보여주는 논문은 3부의「1930년대 가족사연대기 소설의 형식과 이데올로기」이다. 이 논문에서 욕망을 관리 · 규율하는 합리적 이성과 도덕적 규범과는 거리가 먼 하층민의 형상은 중간계급 남성의 성적 억압의 전도된 반영이며, 자신의 욕망의 관계성을 파악할 능력이 없는 무규범적 비이성적 존재형상은 세계와 개인의 인식론적인 총체성을 추구하는 장편소설의 내러티브를 감당할 수 없다고 주장했다. 한국소설사를 '사(史)'로 성립시킬 수 있는 기제가 있다면 '물려받은' 표상 체계일 것이다. 그것은 사회문화적 맥락과 규범 속에서 형성되기 때문에, 새로운 사상이나 표현기법의 유입으로도

쉽게 변화하지 않는다. 표상 체계에 대한 비판이 중요한 이유는 여기에 있다고 생각한다. 물려받은 전통을 끊임없이 의식하지 않는다면 그 전통은 무의식적 성벽이나 심지어는 '쉬운 믿음'으로 고착되고 만다. 나에게 최후의 시인이었던 기형도는 이렇게 썼다. "보아라, 쉬운 믿음은 얼마나 평안한 산책과도 같은 것이냐." '쉬운 믿음'을 택하지 않았던 기형도는 대신 고통스러웠던 것 같다. "자신의 다리를 바라보고 동물처럼 울부짖는다, 그렇다면 도대체 또 어디로 간단 말인가!"

제4부는 동시대 소설가들의 작품세계를 다룬 글들을 모았다. 공교롭게도 최윤, 천운영, 한강, 이명랑, 강영숙 등 여성작가들이 쓴 소설이 주된 대상이었다. 그중에서 최윤의 「하나코는 없다」와 강영숙의 『리나』는 '쉬운 믿음'과의 비타협적인 그래서 쓰는 것 자체가 고통스러웠을 쟁투의 기록이라고 생각한다. 한국소설이 구축해온 견고한 표상 체계를 거슬러 쓴다는 것이 얼마나 힘겨운 것인지를 이 소설들은 잘 보여준다. 최윤론의 제목인 '쓰여진 혹은 유예된 광기'는 최윤의 글쓰기, 최윤의 작중 인물들의 글쓰기의 성격을 두고 붙인 것이다. 아도르노는 "소질이란 아마도 행복하게 승화된 분노일 것이리라"고 말한 적이 있다. 나는 '분노'가 아닌 "행복하게 승화된"에 줄을 긋고 싶다. 마찬가지로 '광기'가 아닌 "쓰여진 혹은 유예된"을 강조하고 싶다. 그 수식언들은 다행인 동시에 의식해야만 하는 사회성의 각인을 환기시키기 때문이다.

「탈국경의 상상과 21세기 한국소설의 역사지리지」에서 나는 현재 베트남, 몽고, 네팔, 이라크에서 20세기 초의 동아시아와 멕시코 등 주변부의 심상지리를 끌어들인 한국소설의 상상력을 뒷받침 해준 정치적 무의식이 무엇인지를 논하고자 했다. 탈국경 경험의 소설적 형상화는 무엇보다 한국의 민주화 시기인 1980년대 중후반에 대두한 소위 민중문학, 노동자문학의 종말과 함께 사라진 계급 표상의 귀환이란 형태를 띠고 있다. 하지만 그 귀환은 노동계급, 농민, 혁명적 지식인과 같은 근대성의 집단적 주체 기획과는 무관하다는 점에서, 80년대의 그것과는 다르다. 이 소설들은 탈북자, 동남아 이주노동자와 같이 세계질서에서 각 국민국가의 지위와 중첩되어 있는 인종적 위계질서를 강렬하게 환기시키며, 대한민국이라는 '국민국가'의 실체를 생각하게 만든다. 이를 황석영의 『심청』과 김영하의 『검은 꽃』과 『빛의 제국』을 강영숙의 『리나』를 교차해 읽으면서 논해보고자 했다. 내가 식민지 시기의 소설에서 줄곧 확인해온 계급과도 결부된 재현의 젠더 정치는 이제 주변부를 완전히 벗어난 대한민국이라는 국민국가를 등에 지고 더욱 견고한 형태로 21세기 한국소설에 연착륙한 듯하다.

강영숙의 『리나』를 분석한 글의 제목인 '국경과 내면성'은 내가 언어내셔널리즘에 관한 연구를 하면서 줄곧 생각해온 화두와도 닿아 있다. 보론에는 한국소설의 타자의 표상 체계를 창출하는 데 있어서 핵심적인 언어규범의 형성 기반을 더듬어 본 글을 실었다. 순우리말의 미학은 알다시피 식민지 시기 본격적인 활동의 무대에 나선 한글운동 이데올로그들의 슬로건이기도 한 한자의 구축(驅逐)을 통해 이루어졌으며 기법상으로는 묘사와 관련되어 있다. 역설적인 것은 바로 그 한자는 또 한편 포기될 수 없는 근대 문명의 번역어라는 데 있다. 빼어난 묘사의 세계는 반문명적 표상을 향하기 쉬웠던 것이다. 미적 자율성(내면성)의 세계는 역설적으로 식민주의와 오리엔탈리즘이 착종된 생물학적 결정론이나 운명론에 포획된 식민지 조선의 표상과 경계를 창출하면서 성립된 것이 아니었을까. 이러한 생각의 편린들에서 출발한 글이 「한자인식과 근대어·문학의 내셔널리티」, 그리고 「이태준 『문장강화』의 해방전／후」 등이다.

이중 적지 않은 글들을 서은주 언니, 심진경 언니와 함께 꾸렸던 효자동 공부방 시절에 썼다. 그 시절을 잊을 수 없다. 그리고 이승희 언니는 거의 매번 내 초고를 읽어주었고 사려 깊은 논평을 해주었다. 그 논평자의 수고를 박지영 언니도 기꺼이 떠맡고는 했다. 글쓰기, 때로는 나날의 삶에 대한 불안을 성찰과 용기로 변형시켜준 언니들과의 인연은 내가 누린 행복 중 하나임을 고백해 둔다. 올봄에 소명출판 박성모 사장님은 여기저기 떠돌던 나의 글들이 정박할 거처를 과분하게도 두 개나 마련해주셨다. 출판사 사정을 알면서도 무슨 상을 탄 듯한 느낌이 철없이 들었다. 그토록 감사한다.

지난 겨울이 따스해서 봄도 금방 올 줄 알았는데, 그렇지 않았다. 모처럼 꽃을 하나 둘 기다리는 즐거움을 얻었다. 언젠가 한 친구가 조금 풀이 죽어 있던 나에게 이렇게 말했다. 우리, 글이 오면 글을 쓰고, 삶이 오면 살아버리자고. 이 글들은 머물지라도, 다른 글쓰기를 위해서 내가 머물러서는 안 된다는 것쯤은 알게 해준 세월, 그 시절을 함께 났던 분들에게도 손을 내밀어 악수를 청하고 싶다.

고맙습니다.

2007, 어느 봄날
이혜령 씀

한국소설과 골상학적 타자들

차례

1 부

동물원의 미학

타자의 무덤

동물원의 미학

한국 근대소설의 하층민의 형상과 섹슈얼리티에 대하여

1. 언어 바깥의 존재—하층민이라는 형상

잠시, 시각과 언어, 추악한 육체와 설득력 있는 말의 대립을 『프랑켄슈타인』의 중심문제로 분석한 피터 브룩스의 논의를 밟아 보고자 한다. 괴물은 다른 인간과 관계를 맺고 싶어 하지만, 추악한 육체를 드러내자마자 사람들은 도망간다. 인간과 시각적 관계를 맺을 가망이 없음을 안 괴물은 보이지 않게 숨어서 사람들을 엿보며 언어를 배우기 시작한다. 비록 두려움과 혐오감 속에서였지만, 괴물의 시각적 현현을 괴물의 아버지, 즉 창조자인 프랑켄슈타인이 참아낼 수 있었던 것은 바로 괴물의 언어가 우아하고 논리적이었기 때문이다. 언어라는 상징적 질서는 '보여지기 to-be-looked-ness' 상태에서 벗어날 수 있는 피난처였던 것이다.[1] 그럼에도 불구하고, 우리는 텍스트의 문자로 배열된 괴물의 우아하고 논리적인 언어보다는 영화 속의 괴물의 추악한 육체와 괴성을 더욱 쉽게 떠올린다.

비천한 상태의 존재에게 언어는 가당치 않은 잉여였던 것이다. 그리하여 "키가 몹시 크지 못하여 땅딸보이고 고개가 달라붙어 몸뚱이에 대강이를 갖다가 붙인 것 같"고 "거기다가 얼굴이 몹시 얽고 입이 크다"2)는 나도향의 삼룡이는 아예 언어능력을 선천적으로 박탈당한 벙어리였다. 이는 역으로 비천한 상태의 존재는 언어를 통해서가 아니라 육체를 통해서 현현될 수 있을 뿐이라는 것을 의미한다. "하위계층(the subaltern)은 말할 수 있는가"라는 도발적인 문제제기를 통해, 스피박이 하위계층을 '텅빈 공간' 내지 '접근 불가능한 여백'으로 간주함으로써 도리어 하위계층의 정체성을 본질화 했을 때, 그 텅빈 공간과 여백으로부터는 아무런 언어도 들리지 않으리라. 있어도 들을 수 없으리라. 오히려 하위계층은 스스로 말할 수 있는 언어능력 내지 언어가 있(었)는가, 라는 물음이 절망적이기는 하지만 솔직한 물음이 될 것 같다. 따라서 여전히 누가 하위계층을 대표했는가, 그러니까 재현(representation)의 문제 영역으로 들어가는 것이 유효하다. 우리는 여전히 하위계층에 관한 강렬하고도 틀에 박힌 이미지들 속에서 살고 있기 때문이다.

90년대 이후 문학이 그 문학 생산자의 자생적인 계급정체성에 포박된 이래로, 하위계층의 이미지는 영화에 의해 산출되고 있다. 예컨대, 영화 〈수취인 불명〉은 전직 양공주와 그녀의 아들인 검둥이의 혼혈아 그리고 한쪽 눈이 애꾸인 소녀는 비천한 육체를 통해서 자신의 정체성을 드러낸다. 또한 그들이 벌이는 육체적 가학과 피학은 육체에 달라붙은 정체성의 성격과 그것의 변경불가능성을 암시한다. 욕망이란 언어로 표현되어야 자신의 사회적 삶을 살 수 있다. 언어란 다름 아니라 그 욕망을 상징적 질서로 편입시키는 장치, 달리 말하자면 관계로의 입장권

---

1) 피터 브룩스, 이봉지·한애경 역, 『육체와 예술』, 문학과지성사, 1999, 370~409면 참조
2) 나도향, 「벙어리 삼룡이」(『여명』, 1925.7), 『나도향 전집』 上, 집문당, 1988, 221면.

이기 때문이다. 그런데 두 모자의 정직하고도 간곡한 소망이 담긴 편지
는 늘 수취인 불명으로 되돌아오고 만다. 그들의 언어는 있어도 들리지
않았던 것이다. 그들의 언어가 지배언어인 영어였음에도 불구하고. 소
통 불가능성의 원인은 언어에 있었다기보다는 그 자체가 운명이 되어
버린 비천한 육체에 있었다고 해도 과언이 아니다. 다시 말하건대, 비천
한 존재에게 언어는 화가 되면 되었지 결코 축복이 아니다.

한편 이 영화가 70년대를 배경으로 하여 미군기지 주변마을을 무대
로 하고 있다는 것은 의미심장하다. 주변부란 늘 중심부와 인접해 있으
면서도 도덕적 위계가 안팎을 가르는 곳이다. 일찍이 김동인의 「감자」
에서 평양이라는 고도(古都)를 경계짓는 칠성문 '밖' 빈민굴은 이렇게 규
정된다. "칠성문 밖을 한 부락으로 삼고, 그곳에 모여 있는 모든 사람들
의 정업(正業)은 거러지요, 부업으로는 도적질과 (자기네끼리의) 매음, 그
밖에 이 세상의 모든 무법과 더러운 죄악들이었다."[3] 언어의 바같은 제
도의 바같이며, 질서의 바같이다. 한마디로 불결한 육체가 죄악과 함께
나뒹구는 곳이다. 이렇게 가난과 비천한 육체의 스펙타클화는 이미
1920~30년대 한국소설에서 나타나기 시작했다.

이러한 현상 속에는 마치 김유정의 「소낙비」에 나오는 이주사의 것과
비슷한 욕망이 내재해 있었을 터이다. "무생채 썩는 듯한 시크므레한 악
취"가 나는 계집의 벗은 몸을 바라보면서 그는 이렇게 말한다. "얘, 이
살의 때곱좀 봐라. 그래 물이 흔한데 이것좀 못 씻는단 말이냐?"[4] 비천
하고 불결한 육체는 배꼽의 때에까지 시선을 끌어당긴다. 그 시선은 보
고 싶지 않아 하는 혐오감과 보고야 마는 욕망이 뒤엉킨 것이다. 이것이
촉각적인 것으로 전이되리라는 것은 자명하다. 사르트르는 그 특성을
이렇게 말한다. "나는 손을 벌려 끈쩍거리는 것을 놓아주려고 한다. 그

---

3) 김동인, 「감자」(『조선문단』, 1925.1), 『김동인 전집』 1, 조선일보사, 1987, 348면.
4) 김유정, 「소낙비」(『조선일보』, 1935.1.29~2.4), 『원본김유정 전집』, 한림대 출판부,
1987, 31면.

러면 그것은 오히려 내게 달라붙어, 나를 빨아 당기고, 나를 삼켜버린다. …… 그것은 부드럽고 순응적인 행위, 나를 빨아 당기고, 나를 삼켜버린다.”(『존재와 무』) 끈적거림의 정체, 두말할 나위도 없이 그것은 여성의 육체이다. 비천한 상태의 존재는 이리하여 여성의 섹슈얼리티라는 프리즘을 관통해야만 한다.

2. 베일을 벗긴 신여성 — 하층민 팜므 파탈

1925년을 전후로 하여 한국문학사에 하층민의 성을 다룬 작품이 대거 등장하는 기현상이 벌어진다. 나도향의 「뽕」(1925), 「물레방아」(1925), 김동인의 「감자」(1925), 현진건의 「불」(1925), 「정조와 약가」(1929) 등이 그것이다. 대체로 이 현상은 근대문학이라는 형이상에 사로잡혀 있던 동인지문학의 작가들이 비로서야 조선의 현실을 발견 내지 인식하기 시작했다는 식으로 서술되곤 하였다. 그것을 뒷받침해주는 정황적 근거는 바로 이 무렵의 전후가 신경향파 문학의 대두와 맞물리고 있다는 것이다. 따라서 이들 작품은 식민지의 가난이 어떻게 하층민 여성들을 성매매의 현장으로 내몰았는가, 라는 차원에서 조명되었다. 가령, 송명희는 복녀의 불행은 “민족 전체가 겪어야 했던 일제 강점기의 전체적 불행”[5] 이라고 말한다. 그러나 내가 보기에 복녀를 민족의 이름으로 구원하고자 하는 것은 한 페미니즘 문학 비평가의 의도일 뿐이다. 복녀라는 표상이 자리 잡고 있는 텍스트의 욕망은 아니라는 말이다. 아버지와 오빠를 구하기 위해 기생이 된 몸으로도 정혼자를 위해 순결을 간직하다 겁

---

5) 송명희, 「여성의 삶과 사회구조 — 김동인의 「감자」를 중심으로」, 『문학과 성의 이데올로기』, 새미, 1994, 308면.

탈 당한 영채에게는 민족의 이름으로 재생과 정화의 기회가 주어질 수 있었다.(이광수의 『무정』) 그러나 복녀는 그렇게 구원되기에는 죄가 많은 육체였다. 그녀들이 단지 가난 때문에 몸을 판 것이기만 했더라면 사정은 달라졌을 것이다. 하지만, 그녀들은 팜므 파탈이었다.

「뽕」의 안협집은 "온 동리에서 판 박아 놓은 화냥년"으로 유명한데, 그녀는 상대가 마음에 들지 않을 경우에는 "만냥금을 주어도 거들떠보지도 아니 한다."[6] 「물레방아」의 남편 이방원을 버리고 세력 있고 돈 있는 신치규의 첩으로 들어간 계집은 어떤가 하면, "새침한 얼굴이 파르족족하고 길다란 눈썹과 검푸른 두 눈 가장자리에 예쁜 입, 뾰로통한 뺨이며 콧날이 오똑한 데다가 후리후리한 키에 떡 벌어진 엉덩이가 아무리 보아도 무섭게 이지적인 동시에 또는 창부형으로 생긴 것이다."[7] 「감자」의 복녀는 처음에는 쉬운 돈벌이로 매춘을 했지만, 송충이 잡이 감독관과의 성 관계를 통해서 "긴장된 유쾌"를 느끼고, "처음으로 한 개의 사람이 된 것 같은 자신까지 얻었다." 그녀들은 돈을 위해서만이 아니라, 바로 자신의 성적 쾌락을 얻기 위해서 매춘을 한다. 소작인과 지주, 막실살이와 지주 등 가진 자와 못 가진 자의 착취 관계 내지 계급 관계, 범박하게는 가난이라는 상황은 애초에 매춘을 가능하게 한 계기를 제공하고선 음란하고 무질서한 그녀들의 섹슈얼리티에 서사적 주도권을 넘겨준다. 가난이라는 상황은 아내의 매춘을 눈감아줄 수밖에 없는 가부장의 무능력과 비굴함(「뽕」), 혹은 마치 아내의 몸을 자신이 소유한 생산수단처럼 여기고 아내가 살해당하자 아주 망가져 버린 기계의 보상비를 받아내는 비열함(「감자」), 아내를 돈으로 농락한 지주에 대한 적개심(「물레방아」) 등 남성들의 인식과 행위에나 그 흔적을 남기고 있을 뿐이다.

그녀들의 욕망이 자신의 성과 교환되는 물신(物神) 자체에 있었다면, 안협집은 대상을 가리지 않았을 것이며 복녀와 이방원의 계집은 죽음

---

6) 나도향, 「뽕」(『개벽』, 1925.12), 『나도향 전집』 上, 226면.
7) 나도향, 「물레방아」(『조선문단』, 1925), 『나도향 전집』 上, 234면.

을 자초하지 않았을 것이다. 한편 이들 남성들은 가난이라는 상황 속에서도 그것이 구조화된 질서—계급관계와 가부장적 관계를 의식하고 있다. 그러나 하층민 팜므 파탈은 그러한 상징적 질서를 의식하지 못했던 것이다. 이와 관련하여, 자신의 역능이 오로지 유혹에 있다는 것을 본능적으로 잘 알고 있었지만, 그녀들은 여성 사디스트가 지닌 유혹의 경제(합리화)에 대해서는 무지했다고 볼 수 있다. 유혹은 남성적 권위와 그로 인한 성적 대상화의 폭력에 대한 여성의 대응방식이다. 다시 말해 여성은 남성을 유혹함으로써만 남성들을 지배하고 파괴할 수 있는 힘을 얻을 수 있다. 하지만 이러한 유혹의 전략적 배치를 위해서는 여성 자신의 섹슈얼리티와 성차의 현실성과 위력에 대한 자의식적이고 반성적인 주체성을 요구한다.[8) 이때, 주체성이란 사회성을 의식한다는 것과 다르지 않지만, 이들 작품의 팜므 파탈은 상징적 질서 자체에 대한 자의식이 존재하지 않았다. 그러하기에 위반과 일탈은 도저하지만 무엇에 대한 일탈과 도전인가의 문제는 그녀들의 의식상에는 떠오르지 않는다. 이는 이들 작품에서 남성 중심적 질서가 더욱 자연화된 채로 남아 있는 이유이기도 한다. 남성 중심적 질서의 자연화란, 도덕적 규범마저 사상되어 그 형식적 외연만이 완강하게 지탱되고 있는 상태를 말하며, 이는 본질적으로 폭력적일 수밖에 없다. 「물레방아」의 계집은 이방원에게 살해당하며, 「감자」에서 왕서방에게 살해된 복녀는 시체 값 30원이 되어 남편에게 귀속되며, 안협집은 반복되는 구타 속에서도 김삼보와의 부부관계를 유지한다. 염상섭의 「제야」나 김동인의 「약한 자의 슬픔」에 나오는 신여성들에게 주어졌던 도덕적 자기 성찰 또는 도덕적 정죄의 기회조차 하층민 팜므 파탈에게는 결코 주어지지 않았던 것이다.

복녀나 안협집 등 하층민 팜므 파탈은 한국소설사에서 손꼽히는 개성적인 인물이다. 그러나 그때의 개성이란 한국 근대문학이 추구했던

---

8) 리타 펠스키, 김영찬·심진경 역, 『근대성과 페미니즘』, 거름, 1998, 292~297면 참조.

자율적 개인의 개성(individuality)과는 무관하며 오히려 유형화가 손쉬운 캐리커처에 가깝다. 그렇다면, 이 캐리커처들의 모본(母本)은 어디에서 구했는지를 묻는 것이 순서일 것이다. 그것은 신여성이었다. 바꿔 말하자면, 하층민 팜므 파탈은 베일을 벗긴 신여성이었다. 1920년대 초반 낭만적 사랑의 좌절을 그린 작품들에서, 신여성은 성적 욕망에 달뜬 존재이며, 자신의 성적 매력을 이용하여 물질적 욕망을 추구하는 존재로 판명된다. 이러한 정체는 신여성의 지식과 사상이라는 베일에 의해 은폐된 것이며 결국에는 폭로되어야 하는 것이었다. 앞에서 살펴본 하층민 여성의 형상은 지식과 사상은 물론 도덕적 규범에 대한 자의식, 그러니까 수치심마저 없는 자연적 존재로 나타났다. 신여성의 성적 방종을 최후에는 여성의 생물학적 본성으로 돌려놓으려는 시도가 당대에 팽배했던 것을 볼 때, 하층민 팜므 파탈은 오히려 신여성의 정체를 고스란히 보여주는 캐리커처였다. 하층민 여성의 형상화가 서사(narrative)의 경제에서 더 효과적일 수 있었던 이유는 바로 낭만적 연애라든가 자유연애 등 신여성과의 관계에서 남성 엘리트도 연루되었던 이념적 외피를 벗겨내야 하는 수고로움을 덜어주었기 때문이다. 앞에서 언급한 소설들의 무대가 엘리트 남성의 생활반경과는 거의 무관한 시골이나 빈민굴이며, 작품에 지식인 인물이 전혀 등장하지 않는다는 사실은 이를 잘 보여준다. 소설의 화자는 등장인물이나 상황에 대한 도덕적 판단은 물론 감정적인 개입조차 삼가면서 마치 카메라의 눈과 같은 비인격적 시선의 기능에 머무르고 있다. 그럴수록 팜므 파탈의 이미지는 렌즈에 견고하게 맺히게 된다.

한편, 방탕한 신여성의 형상이든 하층민 여성이든, 팜므 파탈이라는 여성의 이미지는 남성들의 성적 공포를 말해준다. 팜므 파탈의 내재적인 성격인 공격성은 적극성／남성성, 수동성／여성성이라는 규범의 전도상태를 나타낸다. 정상적인 성별 역할과 성적 규범을 벗어나서 남성성을 전유한 여성의 형상이 팜므 파탈이었다. 이 이미지의 적극적인 창조를 가능하게 했던 역사적인 맥락은 바로 1920년대 본격적으로 가시화되었던 여성들의 공적 영역으로의 진출이었다. 김진송은 신여성의 진출에 의해 야기된 "가치관의 전복은 옳고 그름의 문제라기보다는 주체의 위기를 가중시키는 요소였으며, 특히 새로운 서구의 가치관 속에서 자유와 해방의 분명한 길을 발견한 신여성들의 활발한 활동은 그 자체로 사회적 정체성의 위기를 촉발시키는 분명한 계기가 되었다"[9]고 지적한다. 팜므 파탈의 형상은 남성들의 정체성 위기를 반영한 것이며, 그러한 위기와 불안감을 여성에 대한 부정적 이미지의 창출을 통해 상쇄하고자 했던 것으로 볼 수 있다.

3. 남성 엘리트의 자기 정의와 섹슈얼리티

여성의 섹슈얼리티가 재생산과 양육의 기능을 넘어선 것일 때, 즉 여성 자신의 쾌락을 위한 것일 때 상징적 질서 안으로 편입시키기를 거부하는 인식은 이미 신여성의 대두라는 사회적 현상을 둘러싼 담론에서 비일비재한 것이었다. 재생산과 양육으로만 제한된 여성의 섹슈얼리티가 놓인 질서란 가족이었다. 차테르지에가 말한 대로, 가족은 민족주의 전략에 중요한 거점이었다. 가족은 식민 국가가 진입할 수 없는 민족의 독자적 영역, 달리 말하자면 민족주의가 자신의 관할권을 주장한 영역 중의 하나로 간주했기 때문에 중요한 변화를 겪게 된다. 그것은 '전통적인' 질서만이 아니라 '서구' 가족과도 달라야만 한다고 명백하게 주장함으로써 존재하게 된 새로운 가부장제였다. '신여성'은 근대적이어

---

9) 김진송, 『현대성의 형성―서울레 딴스홀을 許하라』, 현실문화연구, 1999, 204면.

 한국소설과 골상학적 타자들

야만 했지만, 또한 민족적 전통의 상징을 나타내야만 했고, 따라서 '서구' 여성과 본질적으로 달라야 했다.[10] 전은정은 이러한 민족주의 담론의 전략 속에서 신여성은 연애지상주의=(부르주아적) 개인주의=향락주의=아메리카니즘이라는 도식에 의해 비난받았다고 지적한다.[11]

예컨대, 염상섭의 『사랑과 죄』(1927~28)와 『이심』(1928~29)은 물질적 욕망과 성적 욕망에 달뜬 서구화된 신여성의 형상을 뚜렷하게 제공한 작품이다. 『사랑과 죄』에서 정마리아는 "일거 일동은 모두 남자의 정욕을 조하랴는 목적을 가진 계집", "재바르고 남자를 두셋씩 한입에 삼킬 듯한 계집"으로 규정된다. 뿐만 아니라 정마리아에 대한 형상화는 그녀가 관계하고 있는 남성 편력과 매춘의 대가인 돈에 의해서만이 아니라, 머리모양과 옷, 구두 등의 패션이라든가, 값비싼 피아노를 사들이거나 승마를 하는 등 사치스러운 소비 문화생활을 통해 다채롭게 조명된다. 『이심』의 춘경에 대한 형상화에서도 옷과 구두 등 패션은 그녀의 처지변화를 나타내는데 중요한 요소이다. 춘경과 내연의 관계를 맺고 있던 일본인 호텔 지배인 좌야를 폭행한 남편 창호를 경찰서로 방문하러 간 춘경은 양장차림을 했다는 이유로 일본인 순사들에게도 경원시된다. 여기서 더 나아가 양장차림을 서양 남자와의 성적 관계 그 자체로 동일시하는 대목도 등장한다. "양복을 지르를 하게 입고 새칠피 구두를 신고 서양 사람과 맞졌고 다니드라—큰 수가 난 모양이더라—국제적으로 연애를 하나 보드라—인천서도 보았다, 남대문서도 만났다—자동차 타고 가는 것도 보았다—이러한 소문을 들을제 누구나 추하고 잡된 연상을 하고 눈살을 찌푸리지 않으면, 구경거리나 생긴 듯이 코웃음을 쳤다." 이렇듯 신여성의 양장은 성적 방종과 동일시되었으며, 또한 성적 방종의 정도는 물질적 욕망과 비례한 것이기도 했다.

여기서 주목할 것은 신여성 담론에서 문학담론의 효과이다. 이미 신

---

10) Partha Chatterjee, *The nation and Its fragments*, Princeton University Press, 1993, p.9.
11) 전은정, 「일제하 '신여성' 담론에 관한 분석」, 서강대 석사논문, 1999, 47~49면 참조.

여성 담론이 남성 엘리트들에 의해 주도되었음은 알려진 사실이다. "민족주의 담론은 여성에 '관한' 담론이었지만, 거기서 여성들은 말하지 않는다."[12] 문학담론은 이를 극명하게 보여준다. 왜냐하면 다른 어떤 형식의 담론에서보다 소설에서 신여성은 그야말로 '보여지기 to-be-looked-ness'의 대상, 재현의 과녁이자 표상에 지나지 않았음을 그대로 보여주기 때문이다. 당대의 소설은 여성 섹슈얼리티를 영상적 피사체, 즉 이미지로 고정시켰다. 여성의 섹슈얼리티의 이미지를 소유한다는 것은 여성 전체를 어떤 의미에서 소유하는 것이며, 그에 대한 어느 정도의 통제권을 유지하는 것이다.[13] 신여성의 부정적 이미지의 유형화 과정이 진전될수록 그와는 대립되는 여성상이 뚜렷해졌다는 것이 이를 보여준다. 1930년대 중·후반 처녀성과 모성성에 기초한 여성상은 민족적 전범으로 부각되었으며, 그것의 육화는 문화적 민족주의에 뿌리를 내린 이광수와 이태준 등의 소설을 통해서 이루어졌다.

그런데 신여성이란 범주는 교육 수준과 계급적 편차와 상관없이 두루 쓰일 정도로 포괄적이기도 하지만, 신여성 담론의 표적이 된 대상은 실상 중간계급 이상의 교육을 받은 신여성이었다는 사실을 고려해야 한다. 이는 신여성 담론이 민족주의 담론의 생산자였던 엘리트 남성의 자기 정의(self-definition)와 긴밀했음을 시사한다.

1910년대 후반 이래 불을 지핀 자유연애사상은 봉건적 관습의 철폐와 개성의 해방이라는 차원에서 엘리트 남성들도 적극 추구해야 할 지향이었다. 그런데 근대적 교육의 진전 결과 1920년대 사회적 현상으로 대두된 신여성의 출현, 그러니까 자유연애의 실제 대상이 등장하자 그 지향은 현실적 질곡에 부딪히게 된다. 1925년 7월 『조선문단』에서 특집 기획처럼 꾸며진 「제가의 연애관」에서 김윤경은 다음과 같이 현실의 장벽을 토로한다. "남자는 지식을 닦고 나니 몰이해(沒理解)의 배우자가

---

12) Partha Chatterjee, op. cit., p.133.
13) 아네트 쿤, 이형식 역, 『이미지의 힘』, 동문선, 2001, 24면.

있는 동시에 여자는 지식을 닦고 나니 상금(尙今) 처녀인 동시에 동등의 지식을 가질만한 남자는 대개 기혼이어서 상당한 배우(配偶)를 선택할 길이 막힘으로 첩으로 가든지 마음에 있는 기혼 남자를 들쑤셔서 이혼하게 하거나 그렇지 않으면 무식한 남자를 택하거나 할 수밖에 없습니다."14) 여기서 제기되고 있는 것은 조혼이라는 전통적인 관습이 여전히 맹위를 떨치고 있는 상황에서의 현실적인 문제이다. 이는 단지 선택적 곤란에 멈추는 것은 아니었다. 이혼이나 새로운 축첩 풍조를 야기하게 되는 지경에 이를 정도로 자유연애라는 이념적 지향은 현실에서는 패덕의 상황을 연출했던 것이다. 염상섭은 이러한 현상에 대하여 "……'사랑걸신증'이라는 성적 박테리아가 방방곡곡에 휩쓸어서 인심이 자못 퇴폐한 모양이요, 이에 따라 난혼(亂婚), 야합(野合)이라는 희비극이 날을 따라 도처에 연출되는 모양이다"15)라고 일갈했다. 이렇게 하여 자유연애는 패덕을 초래하는 성적 방종의 다른 이름이 되었으며, 앞에서 확인했듯이 그 책임은 신여성에게 돌아갔다. 나는 1920년대 초반 동인지문학에서의 여성인식을 살펴보면서 자기 이상화의 투사 대상이었던 신여성이 어떻게 성적 욕망과 물질적 욕망에 달뜬 악녀로 재발견되는가에 대해서 분석한 결과, 이러한 동일화에서 배제의 메커니즘 전환에는 다른 남성과의 관계가 설정되어 있다고 보았다.16) 남성 주인공과 연적이자 대척점에 놓인 다른 남성이란 우선 재력가—부르주아의 초상을 부여받는다. 이러한 설정은 신여성의 성적 욕망과 물질적 욕망의 교환성을 각인시키는 것이기도 하면서, 중간계급 남성 지식인의 자기 결핍의 정체가 무엇이었는지를 보여준다. 그것은 바로 물질적 궁핍이었다. 부르주아 남성과의 관계에서 신여성은 엘리트 남성의 물질적 궁핍 상태를 항상 환기시키는 존재였던 것이다.

---

14) 김윤경, 「연애관」, 『조선문단』, 1925.7, 16면.
15) 염상섭, 「감상과 기대」, 『조선문단』, 1925.7, 2면.
16) 이 책의 2부 「1920년대 동인지문학의 성격과 여성인식의 관련성」 참조

염상섭이 「제야」와 『해바라기』를 통해 소설화하기도 했던 나혜석의 결혼은 그 상대가 상당한 재력가인 김우영이기 때문에 엘리트 남성 사이에서 특히 이목을 끌었던 것이다. 이광수와 허영숙의 스캔들 또한 비슷하게 인식되었다. 박종화는 자신의 일기에서 "이것이 인간의 고결한 체하는 반면(半面)이다. 지식 계급의 인물이라 하여 대구리 짓을 하는 자들의 진면목이다. 육(肉)의 패자(敗者)! 육의 부자(腐者)!"[17]라고 소감을 피력한다. 애인 진학문을 저버린 허영숙에 대한 비난은 성적 방종의 문제였지만, 박종화 등이 그녀와 스캔들을 일으킨 이광수에게 더욱 굴욕스러운 비애감을 느낀 것은 허영숙이 평범한 여성이 아닌 여의사였기 때문이다. 이광수가 재력을 지닌 여성에게 굴복한 것처럼 비춰졌을 것이다.

이와 연장선상에서, 신여성의 외모로 상징되는 사치와 허영에 대한 지대한 관심과 비판을 가져오게 한 맥락에는 '서구'에 대한 이중적 태도가 숨어 있었다. 유명한 신여성들이 부르주아 남성들과의 관계를 통해서 과시하는 물질적 풍요는 서구적 물질문명의 향유로 인식되었다. 따라서 여성들에 대한 비난은 다시 말하면 조선이 가질 수 없는 부를 가진 서구에 대한 열등감의 표현일 수 있었다.[18] 연애지상주의=(부르주아적) 개인주의=향락주의=아메리카니즘이란 도식은 이렇게 성립된다.

그런데 이러한 열등감은 어떻게 상쇄될 수 있었을까. 육체와 물질의 층위를 벗어나서, 정신과 도덕을 자기 정체성의 근거로 삼는 것을 통해서였다. 염상섭의 다음 언급을 보자.

> 유산무산 계급의 차이는 현세적 영예와 감각적 쾌락을 탐구하느냐 구복을 위하야 전생애를 임금노예에 희생하느냐는 구별이 있을 따름이오 본질에 있어서는 물질적 동물적 생애의 충족을 최고 최후의 생활 목표로 하고 따라서 배타적 자기본위의 생활을 영위한다고 볼 수 있다. (…중략…) 이와 같이 생각

---

17) 박종화, 『박종화의 삶과 문학』(윤병로 편), 성균관대 출판부, 1998, 48면.
18) 전은정, 앞의 글, 57면.

하면 오늘날의 문예라는 것은 결국에 소수의 인텔리겐챠—를 상대로 한 것
이라고 할 수밖에 없다. 그들은 인생에 대하야 비판욕도 있고 비판력도 있으
니 인생비판욕이라는 것이 문예애호욕이 되고 인생비판력이 문예감상력으로
나타나는 것이다. 그것은 문예의 중심작용이 인생비평에 있기 때문이다.[19]

유산계급과 무산계급은 양상만 다를 뿐 물질적 동물적 생애의 충족
을 삶의 목표로 삼는다는 점에서는 마찬가지이기 때문에, 문학과 예술
은 소수의 지식계급의 몫이라는 것이 인용문의 요지이다. 1920~30년대
한국 근대소설에서 부르주아는 늘 육체적 쾌락과 물질적 욕망에 사로
잡힌 존재로 그려졌으며, 하층민의 세계는 이미 확인했듯이 욕망의 법
칙만이 완강한 세계였다. 1930년대 중·후반에 이르면, 우리는 하층민
을 현저히 본능과 육체의 존재로 부각시킨 문학세계를 다시 만나게 된
다. 여기에 대비되는 것은 바로 지식계급의 정신이다. 이때 정신이란 비
천한 존재와 구별짓는 근거이자 제관계로 둘러싸인 삶의 문맥에서는
도덕적 규범임이 드러난다. 중간계급 남성 엘리트의 자기 정의는 여기
에 기초하고 있었던 것이다.[20]

이 같은 상황은 19세기 말 20세기 초 동아시아 지식인이 겪었던 중첩
된 정체성의 문제로 이해할 수도 있을 것이다. 예컨대, 이러한 양상은
중국의 문학작품에서 '윤리적 강박 관념'과 '본능적 욕구' 사이의 끊임
없는 갈등의 형태로 나타난다. 그런데 여기서 주인공은 언제나 후자에
의해 압도된다.[21] 이는 중국에서는 고립된 개인적 아이덴티티의 장소로

---

19) 염상섭, 「소설과 민중」(『동아일보』, 1925.5.27~6.3), 『염상섭 전집』 12, 민음사, 1987,
   135~136면.
20) 이러한 자기 정의는 그들의 현재적 능력이나 지향을 드러내면서도 모종의 결핍을 은
   폐하고 있음을 기억해야 한다. 1930년대 초반까지만 하더라도 계몽주의 소설에서 계몽
   주체인 남성은 직업적인 계몽운동가였던 반면, 30년대 중반을 넘어서면 의사·변호
   사·자본가 등 직업상의 변신을 한다. 퇴폐적 이기적 '부르주아'에 맞선 금욕적 이타적
   '부르주아'의 초상이란 그야말로 남성 엘리트의 은폐된 욕망이 무엇인지를 보여준다.
21) 이는 정진배가 위다푸의 「침륜」이라는 소설을 통해서 5.4세대의 자아 패러다임의
   이데올로기적 지향과 그것과 배리되는 분열과 불안의 정체를 밝히는 대목에서 언급한

서 '셀프'를 상정할 수 없었던 상황이었으며, 언제나 개인은 민족(국가)의 성원으로서만 긍정될 수 있었음을 의미한다. 즉 지식인의 자기 정의는 민족 정체성과 중첩되어 있었던 것이다.[22] 이는 식민지 경험을 겪었던 한국에서는 더욱 분명한 사실일지도 모른다.

여기서 한발 더 나아가, 민족 정체성이 자연적 소여가 아니라 구성된 것이라고 할 때, 어디에서 과연 그 재료들을 구했나를 물어야 한다. 예컨대, 이광수는 「민족개조론」(1922)에서 조선 민족이 회복해야 할 민족성으로 관대·박애·예의·금욕·자존·무용쾌활을 들었다. 이러한 집단적 정체성은 전통의 재발견을 통해서 이루어졌는데, 그 전통이란 자연상태의 객관적 실재로 존재하는 것이 아니라 선택적 해석 작업의 결과였다.[23] 바로 선택적 해석 작업에 수반되는 가치 규준이 도덕적 정신적 자질이라는 점은 민족 정체성의 구성이 앞에서 살펴본 남성 엘리트의 자기 정의와 포개져 있음을 볼 수 있다. 염상섭의 『사랑과 죄』에서 억압된 성의 이상화된 비전은 "봉천행"이라는 민족주의적 사명에 수렴되었다. 현진건의 「타락자」(1922)도 마찬가지다. 이 작품에서 기생과의 성적 탐닉에 빠져들어 성병을 얻은 지식인 화자는 자신의 성병이 아내와 그 뱃속의 태아에까지 감염되었다는 사실에 직면하여 참회하게 된다. 참회의 내용이란, 그가 학생시절 했던 다음과 같은 연설을 다시금 상기시킨다. "유위유망(有爲有望)한 꽃다운 청춘에 무슨 노릇을 못해서 화류계에서 세월을 보낸단 말입니까. 그들은 제 일평생을 그르칠 뿐만 아니라 그 해독을 제 자손에까지 끼치어 제 가족을 멸망시키고 제 민족을 멸망시키는 사회의 죄인이고 인류의 죄인 아닐 수 없습니다."[24] 한

말이다. 정진배, 『중국 현대문학과 현대성 이데올로기』, 문학과지성사, 2001, 169면.

22) 장석만, 「한국 근대성 이해를 위한 몇 가지 검토」, 『현대사상』, 1997년 여름, 126면 참조.

23) 임지현, 「'전지구적 근대성'과 민족주의」, 『역사문제연구』 4(역사문제연구소 편), 역사비평사, 2000, 24~25면 참조.

24) 현진건, 「타락자」(『개벽』, 1922.1~4), 『현진건 전집』 4, 문학과비평사, 1988, 70면.

마디로 이것은 민족주의에 포섭된 기생 퇴치 논리였다. 여기서 확인할 수 있는 것은 남성 엘리트의 자기 정의의 중심적인 배치 장소가 섹슈얼리티였으며, 민족주의는 그것을 민족 정체성의 차원으로 일반화시키는 매개 역할을 했다는 점이다. 민족주의는 섹슈얼리티를 관리하는 데 도움을 주며, 변모하는 성적 태도를 기존 규범에 흡수시키고 길들이는 데 있어서 수단들을 제공했다.[25]

4. 문명의 불만 혹은 또 다른 남성성의 재현

신여성의 베일을 벗기는 방법이 하층민이라는 계급적 성격을 부가하는 것이었음을 상기하자. 계급이라는 위계에 힘입어 비천한 육체들은 더욱 고정된 형상과 함께 서열을 부여받는다. 여성의 성과 하층계급의 동일시를 통해, 여성의 육체는 물론 하층민의 육체 또한 비천한 육체로 구성된다. 비천한 육체는 불가해한 욕망, 언어와 제도의 경제를 넘어서 버린 과잉된 욕망의 용기이다. 아리시마 다케오의 『어떤 여자』를 분석하면서 계급적 위계질서가 프로이트의 심리적 세계에 대응하는 것을 보여준 가라타니 고진의 견해에 기대어본다면,[26] 하층민의 육체는 프로이트적 의미에서 이드의 세계로, 중간계급인 남성 엘리트의 세계를 자아의 세계로 볼 수 있을 것이다. 말하자면, 쾌락원칙을 실현하는 하층민의 형상은 남성 엘리트의 억압된 욕망이 투사된 대상이기도 했다. 실제

---

25) George L. Mosse, *Nationalism and Sexuality : Middle-Class Morality and Sexual Norms in Modern Europe*, The University of Wisconsin Press, 1985, p.10 참조.

26) 가라타니 고진, 김경원 역, 「계급에 대하여―나쓰메 소세키론 I」, 『마르크스 그 가능성의 중심』, 이산, 1999, 149~153면 참조.

로 1930년대 중·후반 이효석·김동리·정비석 등을 통해 성적 인간의 형상화가 소설의 한 경향을 이루게 된다. 도시와 시골, 문명과 자연, 정신과 육체의 위계질서가 전복되는 세계가 개입되었던 것이다. 이들 작품에서 자연은 인간문명의 인위적 구조와 대조를 이루어 유기적으로 성장해 온 것, 인간에 의해 창조되지 않은 것이라는 의미를 획득한다.[27] 이러한 의미에서, 문명의 불만을 드러낸 것이자, 자연으로 환원될 수 있는 인간 본성에 관한 휴머니즘 차원에서 이들 작품은 조명되곤 했다. 그러나 성적 인간이란 대개가 하층민의 육체로 재현되었다는 사실은 잊혀졌다.

김남천의 「이리」(1939)란 작품은 거의 주목받지 않은 작품이지만, 하층민으로 표상된 성적 인간에 대한 관심이 남성 엘리트와 관련하여 어떤 컨텍스트에서 제기된 것인지 보여준다. 작중 화자인 '나'는 선과 악이라는 모럴이 개입될 수 없을 정도로의 강력한 성격에 대해 갈망하던 차에, 그러한 전형을 얻게 된다. 신문기자 박군이 취재한 치정사건을 통해서였다. 마흔 일곱 살의 권명보는 시골계집들을 유인해서 유곽 알선을 맡고 있는 서상호에게 넘기는 일을 한다. 그런데 유독 언년이란 열일곱 살 난 계집에게서 강렬한 성적 매력을 느낀다. 언년이를 자신의 것으로 만들고자 서상호와 담판을 내려다가 결국에는 칼부림을 벌이는 사태에까지 이른다는 것이 치정사건의 개요이다. 화자 '나'와 박군은 각각 "두 사람의 성격이 함께 합친 것만큼 강렬한 놈, 그것이면 나도 흠뻑 반해 보겠는데 ……", "내가 바로 그 말이요, 여보, 김형, 그 강렬한 성격에 대한 갈망이란 게, 더도 말고, 바로 현대인의 피곤한 심경이란 게요"[28]라는 소감을 피력한다. "입에 대었던 갈고리 같은 손을 그대로 휙 언년이의 목에다 감아버렸다. … 가쁜 숨결이 연거푸 언년이의 안면을 삽살개처럼 미칠 듯이 설레인 뒤에 으스러지도록 지금 겨우 탄력이 생

27) 게오르그 루카치, 박정호·조만영 역, 『역사와 계급의식』, 거름, 1986, 210~221면 참조
28) 김남천, 「이리」(『조광』, 1939.6), 『북으로 간 작가선집』 1, 을유문화사, 1988, 156~157면.

기려는 어린 계집의 몸뚱어리는 권가의 가슴패기에서 파닥거리며 젭처버리고 말았다."29) 선악이라는 모럴의 개입을 넘어선 강력한 성격—그것은 분명히 섹슈얼한 것이며, 적확하게는 작품의 제목인 '이리'가 상징하듯이 여성에 대한 '직접적' 성적 지배를 통한 남성성의 전유였다. 그것을 갈망한다는 것은 주체의 무기력을 반증한다. 예컨대, 이상의 「날개」(1936)에서 퇴행상태에 있는 '나'에게 성적 욕망이란 아내의 화장품병과 옷가지를 탐닉하는 페티시즘(fetishism)의 형태로 남아 있을 뿐이다. 욕망의 육체적 대상으로부터의 격리 내지 접근 불가능함은 성적 욕망의 대상을 인격체가 아닌 사물로 이전시키는 페티시즘을 낳는다. 「날개」의 룸펜 프롤레타리아의 지위로 떨어진 남성 엘리트는 성적 불능(impotence) 상태로 제시된다. 아내와의 관계에서 탈각된 육체성을 복원시키는 것, 즉 성적 욕망을 회복시키는 것은 '돈'이라는 '매개'를 통해서만이 가능했다는 것 또한 상징적이다. 이때, 남성 엘리트의 성적 불능과 돈은 어느 정도 반비례의 함수를 그리고 있다. 이는 앞에서 이야기한 남성 엘리트의 자기 결함의 정체를 다시 한 번 보여준다. 짐멜은 돈은 무차별화시키고 외화시킬 수 있는 그 모든 것에 대한 무차별화와 외화의 상징이자 원인이지만, 돈은 동시에 오로지 개인의 가장 고유한 영역 내에서만 달성할 수 있는 가장 내적인 것을 지키는 수문장이 된다고 말한다. 말하자면, 돈은 단지 물질적 생존에만 관계되는 재화가 아니라 문화적 영역과 사회적 영역에서의 삶—개개인의 주체적 인격의 분화와 발달을 위한 기반이다.30)

「날개」의 룸펜 프롤레타리아의 처지로 전락한 지식인 화자는 아내의 부정을 직접적인 도덕적 단죄가 아니라 자학적이고 자기 부정적인 방식으로 감내할 수밖에 없었다. 그 이유는 바로 그는 문화적 영역과 사회적 영역, 그러니까 상징적 질서 바깥에 놓인 존재이기 때문이다. 한마

---

29) 김남천, 위의 책, 146~147면.
30) 김덕영, 『현대의 현상학—게오르그 짐멜 연구』, 나남출판, 1999, 130~131면 참조.

디로, 그는 도덕적 판관의 역할을 자임할 수 없다. 당대 다른 소설에서 도덕의 원광을 둘러쓴 남성 엘리트의 사회경제적 위치가 어떠했나를 살펴보는 것만으로도 충분할 것이다. 이광수의 『흙』(1932~33)의 허숭은 변호사, 『사랑』(1938)의 안빈은 의사, 채만식의 『탁류』(1937~38)의 남승재도 의사, 이태준의 『청춘무성』(1938)의 원치원은 금광개발을 하는 자본가이다. 더 말할 필요도 없이, 부르주아로 변신한 남성 엘리트의 도덕적 권능은 바로 섹슈얼리티에 대한 규제를 통해서 얻어졌다.

한편으로 돈을 단순히 물질적 재화가 아니라 상징적 질서에로의 입장권이라고 본다면, 제도 바같의 세계 그러니까 무매개적으로 욕망의 대상에 접근하고 그것을 소유할 수 있는 세계에 대한 갈망을 상정해 볼 수도 있을 것이다. 하층민의 세계는 매개 없는 직접적인 남성성이 구현되는 세계였다. 이는 도덕적 권능에 의한 남성지배와는 다르긴 하지만 남성지배임은 변함없다. 예컨대, 김동리의 「황토기」(1939)에서 남성주의는 억쇠와 득보의 엄청난 힘과 생명력에 대한 무한한 찬양과 야수성에의 경도로 나타난다.[31] 이러한 남성주의의 성격은 서사와 관련해서는 억쇠, 득보 두 남성과 여성들과의 관계에서 분명해진다. 두 남성은 분이와 설희, 두 여성들을 놓고 갈등한다기보다는, 여성들을 점유·증여 심지어 공유의 대상으로 삼음으로써 둘 간의 남성적 유대를 강화시킨다. 과연 자본주의적 교환원리보다 원시적 증여나 점유가 더 인간적인지 아닌지를 논할 필요는 없겠지만, 분명한 것은 일탈과 반규범의 상태가 성적 질서를 깨뜨리기는커녕 여성을 더욱 폭력적으로 종속시키는 방식으로 남성 지배를 더욱 공고히 하고 있다는 점이다.[32]

여기에 비할 때, 일종의 이동 매춘부(들병이) 모티프를 여러 차례 다룬 김유정의 소설들은 달리 볼 수도 있을 것이다. 들병이가 나오는 「산골나그네」(1933), 「솥」(1935), 「아내」(1935)를 비롯해서, 「소낙비」(1935), 「가을」

---

31) 김철, 「김동리와 파시즘」, 『국문학을 넘어서』, 국학자료원, 1999, 52~55면 참조.
32) 이 책의 3부에 수록된 「남성성 회복의 서사와 파시즘」 참조.

(1936) 등 하층민의 매춘을 그린 작품에서, 무엇보다 무성한 것은 교환이
다. 노름 밑천 2원을 위해 아내를 매춘으로 내몰며(「소낙비」), 들병이를
따라나서기 위해서 집안에서 솥까지 훔쳐 나온다.(「솥」) 한술 더 떠서 아
내를 오십 원에 파는 데 매매계약서까지 쓰기도 한다.(「가을」) 홍정선은
김유정의 세계에서 돈은 아직까지 교환의 단순한 매개 역할에 머물러
있으며, 구매할 대상이 없이는 떠오르지 않은 존재라고 지적한다. 즉 화
폐 자체를 증식의 수단으로 삼는 장면이 거의 나오지 않는다는 점에서,
김유정 소설의 인물들이 드러내는 의식은 돈이 지배하는 사회로의 완
결된 이행이 아니라 이행의 과정을 보여주고 있다고 분석한다.[33] 아내
를 매춘으로 내몰면서 꿈꾸는 행복이란 그다지 가망 없다는 현실조차
지각하지 못한 채 꿈에 부풀어 있다든가, 자신의 딸과 성례 시켜준다는
기약도 없는 지주의 약속에 수년 동안 노동력의 대가를 받지 않고 일하
는 등, 교환의 효과를 화폐가치로 다시 환산하지 못한다는 점에서 이들
의 교환은 최소한의 합리성조차 결여된 것이다.

　그러나 간과할 수 없는 것은 교환의 상수항은 늘 여성이라는 점이다.
그것도 섹스를 할 수 있는 성숙한 여성이었다. 「봄봄」(1935)의 마름은 딸
점순이의 키가 아직 자라지 않았다는 이유로 주인공 머슴과 약속한 딸
과의 성례를 계속해서 유예한다. 「가을」의 화자는 팔아먹을 아내가 없
고, 어머니라도 팔았으면 좋겠으나 병들었으며, 아버지가 있으니 팔지
못하는 것을 애석해 하며, 「아내」의 남편은 제 아내가 못생겨서 들병이
를 시키지 못하는 것을 분통해 한다. 무엇보다 임노동의 매매에서 노동
자 그 자체가 아니라 노동력이 매매되는 것처럼, 여성들의 성적 능력만
이 매매된다는 것이다. 임노동의 매매와 다른 것은 노동력을 형식적으
로나마 사고 팔 자유가 노동자에게 있는 반면에, 김유정 소설에서 여성
의 성적 능력을 매매할 자유는 남편이나 아버지 등 가부장으로서의 남

---

33) 홍정선, 「김유정 소설의 구조」, 『김유정문학의 전통성과 근대성』(전신재 편), 한림대
　출판부, 1997, 310면 참조.

성에게 있다는 것이다. 이 남성들은 마치 공창제의 주체인 국가와 같이 성 매매가 원활히 이루어지도록 관리하고 배려한다. 「소낙비」에서 춘호는 아내를 이주사에게 보내기 전에 머리를 곱게 빗어주는가 하면, 「솥」에서 들병이의 남편은 우연히 보게 된 아내의 성 매매의 현장에서 "어서 편히들 주무시게유"할 뿐이다. 어찌 보자면 이는 무능력한 남성의 희화화이며, 기존의 논의들이 그렇게 보아왔듯이 순박성과 천진성의 발현이며, 따라서 김유정 특유의 휴머니즘으로 해석할 여지가 없는 것은 아니다. 그러나 여성의 정조에 대한 배타적 소유권을 보장하는 남성의 물질적 기반 자체가 붕괴되었음에도 불구하고, 일부종사라는 가부장적 질서는 오로지 성적 능력을 매매하여 자신의 남편을 부양한다는 방식으로 유지되고 있다. 그렇다고 그것을 봉건적 질서의 존속상태로도 볼 수 없다. 혈통의 순수성을 보증할 길이 없는 상황을 봉건적인 결혼제도는 용납하지 않기 때문이다. 이러한 양상은 오히려 극도의 물화상태를 의미한다. 이는 김유정의 들병이들이 「감자」의 복녀, 「뽕」의 안협집 등과는 대조적으로 매춘 행위에서 그녀들이 성적 쾌락을 얻은 징후조차 없다는 것을 통해서도 확인된다. 일말의 쾌락의 계기조차 주어질 수 없을 정도의 그들의 육체가 물화되어 있었던 것이다.

이러한 물화상태에 대한 저항은 「날개」에서는 남성 엘리트의 "절름발이 부부의 숙명"이라는 자의식으로 표출되었다. 네 번째 외출에서 돌아와서 아내의 방문을 열자 "나는 내 눈으로는 절대로 보아서는 안 될 것을 그만 보았다."[34] 아내와 내객의 적나라한 매춘 현장을 목격함으로써 그는 더 이상 자신의 방으로 돌아갈 수 없는, 밖에서 갇힌 자가 된다. 이러한 상태란 부부관계의 지속이 더 이상 불가능하다는 것을 뜻한다.[35] 매춘은 말하자면 결혼제도의 거울이다. 그 제도가 규정하고 있

---

34) 이상, 「날개」(『조광』, 1936.9), 『이상 문학전집』 2, 문학과사상사, 1991, 341면.
35) 외출에서 돌아온 그가 자신의 방에 들어가기 위해서 최초의 문을 열고 들어가야 하는 방은 아내의 방이었다. 나는 「날개」의 서사는 주인공이 첫 번째 외출에서 네 번째

는 여성의 성에 대한 배타적 소유권에 대한 자의식이 성립되는 지점에서 「날개」의 주인공은 더 이상 외출과 귀가 둘 모두를 중지하는 선택을 하게 된다. 김유정의 세계에서는 이러한 저항이 존재하지 않는다. 그럴 수도 없는 이유가 매춘이 결혼제도의 균열이 아니라 그것의 존속을 보장하는 유일한 기제이기 때문이며, 그것이 가능했던 것은 정조 관념은 물론 수치심·굴욕감 등의 거세를 통해서였다. 김유정 소설에서 남성지배는 물화의 극치, 그야말로 기계적 메커니즘의 경지에 이른 것이다.

5. 동물원의 미학—다루기 힘든 육체 또는 식민지 원주민

하층민의 재현을 통한 남성성의 전유, 과연 이것은 남성 엘리트들이 자기 무기력을 미학적으로나마 상쇄하기 위한 동일화의 전략이었을까. 투사의 메커니즘이 동일화에 기초하긴 하지만, 동일화의 대상에는 타자성이 각인되어 있다는 것을 상기하자. 자아—중간계급에게 쓰는 일이란 이드와 슈퍼 에고 '중간에 있는' 의식을 전파하는 것이고, 자신과는 전혀 닮지 않은 흉포한 관능적인 세계를 실현하는 것이다.[36] 그것

외출에 이르는 과정, 정확하게는 외출한 후에 그가 본 아내와 내객의 성 매매 현장의 선정성이 더 높아지는 과정에 대한 것으로 보았다. 그의 외출은 내객→아내→그로 이어지는 돈의 흐름과 기능을 알기 위한 것이었는데, 그러기 위해서는 아내의 방 외부에서 찾아오는 '내객'의 동선을 필연적으로 따라야만 한다. 따라서 외출하고 돌아와서 아내에게 돈을 주면 아내가 그에게 전에는 없었던 아내와의 동침을 허용하는 과정은 내객의 동선과 행위에 대한 미메시스 과정이다. 아내와 내객의 매춘 장면이 격화되는 과정은 주인공의 아내에 대한 성적 욕망이 격화되는 과정 그리고 돈에 대한 소유욕망이 심화되는 과정이기도 하다. 이혜령, 「한국 근대소설의 섹슈얼리티 연구」, 성균관대 박사논문, 2002, 136~137면 참조.

의 최종적인 효과란 바로 동일화라기보다는 차별화이며, 애초의 동일
화란 차이의 전제 속에서만 가능하다. 본능이 지배하는 세계, 따라서
이성의 간지가 통용되지 않는 원시적 삶의 표상은 하층민을 통해서만
그려졌다. 김동리의 「두꺼비」(1939)에서 무기력한 상황에 빠져 있는 남
성 엘리트의 자기 구원 노력은 창녀 정희를 구원하는 것으로 제시되며,
김유정의 「생의 반려」(1936)에서는 죽은 어머니에 대한 애정 결핍을 기
생 나명주에게 투사한 문학청년 명렬은 창녀인 그녀의 비천함을 동시
에 비난하는 양가감정을 드러낸다. 이러한 양상은 남성 엘리트가 등장
하는 이상, 매춘과 원시적 성 본능의 추구는 용납되지 않았으며, 더욱
이 자아를 통해서는 재현되지 않았음을 보여준다.

「황토기」 등 남성지배의 또 다른 양상을 보여주는 앞의 작품들에서
는 1920년대 하층민 팜므 파탈을 형상화한 작품들과 마찬가지로 남성
엘리트는 소설의 인물로 등장하지 않는다. 남성 엘리트는 캔버스의 밖
에 있는 소실점의 기능만을 하고 있을 뿐인데, 그 시선은 마치 자연 상
태 그대로를 가장해 놓은 동물원의 보이지 않는 철창의 역할을 수행한
다. 아도르노에 따르면, "그것(자연 그대로의 형태를 띤 동물원—인용자)은 광
야로 나가고 싶은 동경의 철창을 보이지 않게 설치함으로써 동물들의
자유를 더욱 철저하게 부정한다." "문명이 더욱 순수하게 자연을 보호
하고 이식할수록 자연은 더욱 가혹하게 문명으로 제어당한다."[37] 동물
원의 비유는 너무 자학적인 것인지도 모르지만, 남성 엘리트의 시선을
보이지 않게 함으로써, 하층민은 탈역사적 탈사회적인 존재, 자연보다
더 자연 같은 존재로 붙박여 버렸다. 그 보이지 않는 소실점이 문명의
원근법이란 사실을 망각하기 일쑤이다. 그도 그럴 것이, 망각해야 자연
은 쾌락과 향유의 대상이 될 수 있을 터이니 말이다. 자연화(naturalization)
란 인간의 사회적 역사적 계기를 지워버리는 버린다는 점에서 물화의

---

36) 가라타니 고진, 김경원 역, 앞의 책, 152면 참조.
37) 테오도르 아도르노, 최문규 역, 『한줌의 도덕』, 솔, 1995, 164면 참조.

메커니즘과 같으며, 도덕적·지적 관심을 괄호에 넣는다는 점에서는 미학화와 상통한다. 이즈음에서, 자연 그대로의 형태를 띤 동물원은 19세기 식민제국주의의 생산물이라는 사실을 기억하자.

유감스럽게도, 자연과 본능에 결박된 하층민의 형상은 일제가 주조해냈던 식민지 조선인의 초상과 닮아 있다. 식민주의 인식은 식민 정책의 근간을 이루었다. 예를 들어, 이철우는 일본이 어떤 이유로 타이완과 조선에서 태형제도를 유지 존속시켰나를 논증한다. 이유인즉슨, 신체적 고통보다 더 큰 수치심을 일으키는 정신과 명예에 상처를 주는 것을 고려할 만큼 식민지 민족들의 민도(民度)가 높지 않기 때문에, 처벌은 정신, 사고, 의지, 의향 깊숙이 작용하는 것보다는 오히려 직접적인 신체상의 고통을 입히는 방향으로 이루어져야만 했다는 것이다. 이러한 일본의 차별적인 법 정책에 관한 발상은 "법을 문명화, 법의 부재 혹은 결핍을 야성적 본능"과 동일시했던 유럽 식민주의자들의 그것과도 일맥상통하며, 식민주의의 사명은 원시적인 민족의 "야수적 본성"을 법에 의해 길들이는 것이었으며, 동시에 식민지민은 식민지배자와는 다른 대립쌍이자 문명화 혹은 진화발전의 척도에 있어서 다른 위치를 차지하는 존재로 그려졌다는 것이다. 말하자면, 태형제도의 존속은 다른 대우를 받아 마땅한 야수적 본성을 지닌 민족에 대한 처벌제도였다는 것이다. 감금보다 태형이 선호되었던 이유는 바로 감금은 시간을 측정할 수 있는 경제적 가치의 형태로 파악할 수 있는 시간 규율을 전제로 했을 때에만 효과적인데, 이 같은 한국인들에게는 이러한 규율이 부족하다는 판단 때문이었다. 즉 식민지민의 육체는 길들여 있지 않으며 규율되지 않은 육체, 푸코가 말한 "다루기 쉬운 육체"가 아니었다.38) 이리하여,

---

38) Chulwoo Lee, *Modernity, Legality, and Power, Colonial Modernity in Korea*, edited by Gi-Wook Sin and Michael Robinson, Havard University Press, 1999, pp.32~34 참조. 이 논문에서 이철우는 식민지 법체제의 전근대성 내지 폭력성을 강조해온 전통적인 역사기술에 문제를 제기한다. 태형제도는 전근대적(봉건적) 제도의 유지 및 존속으로 이해되곤 했지만, 거기에 내재된 인식론은 문명화를 핵심으로 한 식민주의이며, 식민지 태형제는 이전

길들여지지 않은 육체, "다루기 어려운 육체"는 문명화 이전의 자연 상태의 육체가 되며, 비천한 육체가 된다. 그것은 또한 성적인 것이었다.

여성의 성과 식민지민을 등치시키는 태도는 식민주의 담론인 오리엔탈리즘의 일관된 태도였다. 에드워드 사이드의『오리엔탈리즘』에 따르면, 식민담론은 남성 중심적 세계관을 조장하며, 오리엔탈리즘 자체가 남성 위주의 제도적 실천이자 그 스타일이 남성적 시각에 의해 창출된다.39) 예컨대, 에드워드 사이드는 플로베르의 오리엔탈 저작은 프랑스의 도덕적 풍경(landscape)의 권태에 대한 "시각적 대안"의 추구였으며, 플로베르는 동양 여성을 "이루 말할 수 없는 정복 불가능한 섹슈얼리티"라는 관점에서 바라보고 있음을 지적한다. 사이드는 환영적인 것과 에로틱한 감각을 결합시키는 플로베르의 이러한 측면을 동양에 대한 서양의 관점에 내재해 있는 반복적인 모티브로 바라본다. 동양은 여전히 생산력뿐만 아니라 성적인 약속 (그리고 위협), 멈추지 않는 관능, 무제한적인 욕망, 심오한 생산적인 에너지를 제시하는 것으로 보인다는 것이다.40)

그렇다면, 식민지민인 남성 엘리트의 시선이 제국의 신사로서 동양을 여행하는 입장인 플로베르의 시선과는 동일시될 수 없지 않겠는가, 라는 물음이 가능할 것이다. 하지만 식민지민의 정체성은 하층민의 정체성과 겹쳐진다. 에드워드 사이드는 "동양인은 비참한 이방인이라고 하는 표현이 가장 적합한 아이덴티티를 공유하는, 서양 사회 속의 여러 요소(범죄자, 광인, 여자, 빈민)와 결부되었다"41)고 지적한다. 예컨대, 프랑스에서 졸라와 함께 제4계급에게 문학적 관심을 기울였던 에드몽 드 공쿠르

의 태형제와 달리 의사의 건강검진, 엄격하게 제한 된 수의 관료들의 배석 하에 폐쇄된 감옥에서 집행되는 등 신체에 대한 새로운 접근을 반영한다고 지적한다.

39) 바트 무어, 길버트, 이경원 역,『탈식민주의! 저항에서 유희로』, 한길사, 2001, 146면 참조.

40) David Super, *The Rhetoric of Empire*, Duke University Press, 1993, p.174.

41) 에드워드 사이드, 박홍규 역,『오리엔탈리즘』, 교보문고, 1991, 337면.

는 자신의 일기에서 이렇게 적는다. "하지만 왜 (…중략…) 이러한 환경을 선택하는 것인가? 왜냐하면 문명이 사라진 터전에서 사물, 인물, 언어, 기타 모든 것의 특징이 보존되어 있는 것은 맨밑바닥에서이기 때문이다. (…중략…) 다시 왜? 아마도 내가 명문 태생의 문인이기 때문일 것이다. 그리하여 민중 또는 달리 부르고 싶다면 하층민들이 내게 발견되지 않은 미지의 사람들의 매력, 여행자들이 찾아 나서는 이국정서 비슷한 것을 가지고 있기 때문일 것이다." 에리히 아우얼바하는 공쿠르 형제 에드몽과 줄르의 소설 『제르미니 라세르뜨』(1862)를 평가하면서, 공쿠르 형제를 제4계급에게 연결시켜 준 것은 감각의 인상 특히 기이함이나 신기함이라는 미적 경험의 발견을 위해서였다고 지적한다.42) 이렇듯 하층민에 대한 관심에는 세련된 문명인으로서 남성 엘리트의 자의식이 개입되고 있다. 이러한 자의식에 의해 하층민은 반문명적인 것들의 보고로 '발견'된 것이며, 그러한 한에서 하층민은 문학적 표현의 주제로 선택된 것이다.

물론 식민지 조선의 남성 엘리트에게는 보다 복잡한 콤플렉스가 작용하고 있었을 터이다. 그들은 식민지 국가의 입장에서는 다른 계급과 성을 지닌 그 밖의 피식민자와 마찬가지의 식민지민일 뿐이다. 하층민에게로의 자기 투사는 이러한 동일성에 기반을 둔 것이라고 볼 수도 있다. 이렇게 볼 때, 자기 자신을 더욱 비천하고 보잘것없는 존재로 재현하는 매저키즘에 의해 역설적으로 사디스트—식민 지배자 사악성과 폭력성을 드러낸 것으로 이해할 여지가 없는 것은 아니다. 하층민을 그린 작품이 한결같이 민족의 수난과 한(恨)의 정서라는 차원에서 논의되어 온 것도 이 같은 맥락에서이다. 그러나 비천함의 육화는 여성과 하층민을 통해서였음을 상기한다면, 폭로되어야 할 사디스트의 정체는 식민 지배자만이 아니라 식민지의 남성 엘리트 자신이기도 하다. 따라서 투

---

42) 에리히 아우얼바하, 김우창·유종호 역, 『미메시스—서구문학에 나타난 현실묘사』, 민음사, 1979, 208~209면 참조

사의 메커니즘의 본질은 식민 지배자에 대한 모방이며, 따라서 다른 타자를 식민화 하려는 욕망이 은폐되어 있다.

6. 지금, 인종적 유희에 대하여

에드워드 사이드는 오리엔탈리즘의 재생산은 무엇보다 텍스츄얼한 자세에 힘입고 있다고 지적한 바 있다. 텍스츄얼한 자세란 책에 따라 사물을 판단하는 자세를 일컫는다. 사이드에 따르면, 텍스츄얼한 자세를 낳기에 쉬운 상황은 두 가지 경우가 있다. 하나는, 어떤 사람이 비교적 알려지지 않았고 위협적이며 과거에는 멀리 떨어져 있던 것과 매우 가깝게 만나는 경우이고, 다른 하나는 어떤 사물에 대한 특정한 텍스트가 실제로 성공이 초래되는 경우이다. 오리엔탈리즘은 실제로 동양에 관한 저작들이 제시한 동양의 이미지를 무비판적으로 받아들임으로써 재생산되었다는 것이다.[43] 이미 살펴본 대로, 한국 근대문학은 하층민의 이미지에 대한 텍스츄얼한 자세를 불러일으키기에 충분한 것이었으며, 그것은 지금까지도 재생산되고 있다. 그것은 더 이상 인쇄매체에 국한되지 않는다. 텔레비전, 영화 등 시각 매체는 여성 그리고 하층민을 그저 보여지는 존재로 긴박시키는 데 엄청난 영향력을 발휘하고 있다. 물론 한국의 눈부신 경제발전 덕분에 삶의 조건이 전반적으로 향상되었으며, 커뮤니케이션의 발전은 라이프 스타일을 획일화시키는 과정이었기 때문에, 과연 이런 하층민 이미지의 상투적인 재현이 존재하는가에 대해서 의문을 가질 수 있다. 그러나 전혀 그렇지 않다.

---

43) 에드워드 사이드, 박홍규 역, 앞의 책, 159~166면 참조.

민족통일이 어느 때보다 현실적인 과제로 다가온 밀레니엄 시대는 아이러니하게도 단일민족의 신화의 트라우마를 폭력적으로 드러내고 있는 시대이기도 하다. 다른 말이 아니라, 이 땅에는 갈수록 많은 다른 민족과 다른 인종이 유입되고 있는 현실을 보자는 것이다. 동남아에서 한국에 노동력을 팔기 위해서 온 외국인 노동자에 대한 한국인의 인식은 전형적으로 텍스츄얼한 자세에서 나온 것이다. 유명기는 한국인들이 인식하고 있는 외국인 노동자란 실제로 체험된 존재라기보다는 언론에서 얻은 정보를 바탕으로 조합된 상상적 관념으로서의 외국인 노동자이기 쉽다고 지적한다. 외국인 노동자와 관련된 사건과 문제를 다룬 언론보도는 외국인 노동자를 불쌍한 존재임과 동시에 뭔가 음습하며 위험스러운 존재로 형상화하는데, 여기에는 한국인—시혜자/외국인 노동자—수혜자 그리고 유색 인종에 대한 편견이 뒤엉켜 있다는 것이다. 또한 이는 일상적 차별의 현장에서도 외국인 노동자에 대한 일관된 인식으로 일반화되어 있다.44)

어느 날, 내가 탄 지하철 좌석 건너편에는 한국에 배낭여행을 온 것으로 보이는 백인 청년들 두셋이 앉아 있었고, 문 앞에는 동남아인들이 무리 지어 서 있었다. 나의 귀와 머리는 백인들의 언어를 듣고 뜻을 새겨보려고 애쓰고 있었지만, 나의 시선은 줄곧 까만 피부와 흰 눈자위의 그들을 보고 있다. 이것이 나만의 경험일까. 앞에서 나는 한국 근대문학에서 하층민은 언제나 육체와 결부된 존재로만 형상화되었다고 말했다. 외국인 노동자는 어떠한가. 검은 피부색, 손이 잘려나가 뭉툭해진 팔과 핏자국 선연한 등판, 어딘가 촌스러워 보이는 옷차림—이런 이미지를 누구도 쉽게 거부할 수 없을 것이다. 그들은 보여지기 상태에서 벗어날 수 없는 존재로 우리 앞에 현시된다. 언어라는 상징적 질서는 결코 그들에게 주어지지 않으며, 그들 자신의 언어는 소음이거나 사투리로 들

---

44) 유명기, 「외국인 노동자, 아직 미완성인 우리의 미래」, 『당대비평』 18호, 2002년 봄.

릴 뿐이다.

조선족의 연변말투가 드라마와 개그 프로그램에서 히트를 치고 있다. 괴물의 언어가 아름답다면 그것은 화가 되었을 텐데, 다행히 그들의 말은 사투리였다. 기억해보건대, 한자어와 문명어를 빼면 남는 순우리말과 사투리는 한국 근대문학에서 유독 자연적이고 본능적 존재로 하층민을 형상화할 때 동원되었다. 그것은 진정 언어였을까. 아니면 표상이었을까. 인종은 우리의 착각과 달리 피부색만을 의미하지 않는다. 때에 따라 계급이며, 성이며, 지역이며, 국적이며, 그밖에 많은 것이 될 수 있다. 유희의 대상은 무궁무진했던 것이다. 그런데 과연 누가 이 인종적 유희에 동참했으며, 참여하고 있는가.

타자의 무덤

요컨대, 그들 자신도 일인칭으로 말하고 있을 때라 하더라도 언제나 그 불가항력의 삼인칭 '그'를 참조하고, 거기에 기대고 있지 않은가……
—미셸 푸코

1. 소설·이원성·근대

"내가 알고 있는 한 이 땅에서 적어도 3백 년 동안 아무 일도 일어나지 않았다 / 무슨 일이 일어났다면 내눈이 上視이기 때문일 것이다"[1]라고 어느 시인은 썼다. 안팎에서 일어난 무수한 변화와 격동에도 불구하고 이 세계상과 삶 그 자체의 본질적 변경은 없었는지도 모른다. 그도

---

1) 장대송, 「생강굴 속의 음모」, 『섬들이 놀다』, 창작과비평사, 2003.

그럴 것이 새로운 천년의 문턱을 우리와 함께 어물쩍 넘어선 건 새로운 삶의 징후라기보다 이 세계의 악무한적인 진부성이었다. 여전히 세계와 삶은 진실/거짓, 선/악, 풍요로움/가난함, 영혼/육체, 문명/야만, 서양/동양, 남성/여성과 같은 마니교적인 이분법 목록들만 가지고도 능히 해명될 것처럼 보이기 때문이다. 일탈과 모험을 유희, 심지어는 감당할 만한 라이프 스타일로 순치시키는 매스 미디어의 위력 속에서 문학의 위반은 기껏해야 이 세계의 견고성을 확인시켜주는 수다스러움에 지나지 않는다는 피로감이 든다.

　이러한 세계의 견고성에 대한 종국적인 승인 후에 오는 피로감을 루카치는 멜랑콜리라 불렀다. 광포한 세계와 맞부딪히면서 삶의 내재적 가치를 실현하고자 했던 영혼이 결국에는 세계에 대한 투쟁을 내면으로 전환시킬 때 발생하는 정신적 상태가 멜랑콜리인 것이다. 멜랑콜리는 이미 청춘은 사라졌다는 인식, 그리고 더 이상 실현할 가치라고는 없는 세계의 견고성에 대한 인식을 동시에 내포한다. 여기서 루카치가 성숙한 남성의 형식이라 규정한 소설의 역사철학적 토대인 이원성의 세계가 다시금 확인되고 승인된다. 루카치의 『소설의 이론』에서 영혼/세계, 내면/외면, 자아/세계, 주관적 세계/객관적 세계 등으로 지칭되는 저 이원성의 세계는 한국소설사에서도 성격/환경, 개인/사회, 문학/사회, 순수/참여, 모더니즘/리얼리즘 등으로 끊임없이 변주되어 왔다.

　이는 무엇보다 근대 자체가 이원론의 쌍생아들을 끊임없이 양산하는 성격을 지닌다는 데서 연유한다. 마샬 버먼은 근대성을 영원한 해체와 갱신, 투쟁과 모순, 모호함과 괴로움의 소용돌이 속에서 견고한 것은 모두 녹아 날아가는 것이라고 규정했다. 허나, 그러한 불확실성과 유동성 때문에 안정적인 정체성에 대한 희구가 도처에 가득하다는 것 또한 고려해야 한다. 자기동일성의 감각으로서 정체성이 그것을 위해서 싸우고 심지어 죽을 가치가 충분한 대상이자, '궁극적인 관심사'의 지위를 획득했던[2] 시대야말로 근대였던 것이다. 목숨을 건 정체성의 전장은 자본의 집중과 이동, 그로 인한 이주, 전쟁과 침략, 그로 인한 식민화와 이산이라는 역사적 무대였다. 정체성의 쟁투와 구성, 달리 말하자면 주체의 자기동일성 확보를 위한 타자의 구성은 불가피하다. 성별·계급·연령·직분·민족 등은 정체성 구성의 중요한 기제로 작용하며, 동일성／타자의 이분법적 대립항들은 이러한 준거에 기반을 둬 산출된다. 근대 소설은 특정 정체성을 강요하는 정치체제와 자본주의 사회에 반항하는 문제적 개인의 여행으로 설명되곤 한다. 그러나 바로 그 개인의 유일성(uniqueness)을 상상하기 위해서도 여전히 어떤 차이의 관계를 필요로 한다[3]는 것, 그리고 그 차이의 낙인이 찍힌 비개인은 곧 타자라는 사실은 망각되었다. '개인'이란 이러한 비개인＝타자에 대한 부정적 참조를 통해서 그 성격이 드러나며, 비개인＝타자의 속성이란 바로 거부하고자 하는 사회의 속성이기도 하다.

2. 사회라는 페티시

　성격／환경, 개인／사회, 문학／사회, 순수／참여, 모더니즘／리얼리즘 등 한국소설사 형성의 기제이자 분석의 도구 기능을 해온 일련의 이분법적 쌍생아들 중에서 단연 핵심적인 지위에 있는 것은 개인／사회이다. 그런데 개인의 경계밖엔 사회가 있는가, 그 경계는 무엇이며, 또 경계밖 사회는 윤곽이 있는가 등 어리석은 물음을 던져본다면, 개인／사회

---

2) John R. Gillis, *Memory and Identity : The History of a Relationship, Commemoration*, edited by John R. Gillis, Princeton Unoversity Press, 1994, p.4.

3) Joan Wallach Scott, *Only Paradoxes to Offer*, Havard University Press, 1996, p.7.

이분법의 두 항(項)은 저울의 양날개에 각각 올려놓을 수 있는 혹은 그러면 그만인 '무엇'이 아니라는 생각에 이르게 된다.

　루카치는 헤겔이 말한바 근대―시민시대의 산문성을 자기활동성 및 사회와의 실재적 통일이 불가피하게 파괴된 상황이라고 했다. 이러한 상황에서 사적인 것으로의 시선이동은 불가피해지며, 이는 "이리하여 보편의 태양이 지나고 나면 나방은 사적인 것의 등불을 향해 날아간다"라는 마르크스의 언급에서 집약된 표현을 얻는다. 단적으로 사회를 윤곽이 잡혀지는 '전체'로서 파악할 수 없다는 것이다. 현재 우리가 속한 사회로 간주하는 한국 또한 국경이라는 공간적인 경계를 통해 분명한 윤곽을 그릴 수 있는 것 같지만, 그것의 서술은 지각적 경험 차원만으로는 불가능한 것이다. 사회를 공동체로 바꿔 사용한다 해도 사정은 마찬가지다. 베네딕트 엔더슨이 네이션을 상상의 공동체라고 규정한 것도 같은 맥락에서다.

　그렇다면 소설에서 사회는 어떻게 서술가능한가? 보이지 않는 것을 보이는 것으로 드러내는 재현(representation)을 통해서다. 재현은 가시적이며 물질적인 것이 비가시적이며 정신적인 것을 의미하는 유비론(donctrine of analogy)을 전제한다.4) 말하자면, 소설 속의 '사회'는 하나의 사건, 특정 인물, 인물들 간의 관계와 그 향방을 통해서 드러난다. 그런데 그것이 한 사회가 처한 어떤 역사적 순간의 본질을 표현한다고 하더라도, 왜 그러한 사건, 특정 인물, 인물들 간의 관계이어야 하는지는 단편적이고 우연적인 것일 뿐이다. 비약이 허락된다면, 사회는 페티시(fetish)일 수밖에 없다. 프로이트에 따르면, 어머니의 외음부를 목격한 소년은 어머니의 결여상태를 부인하는 상상적 대체물로 특정한 대상을 찾아냄으로써 자신의 거세공포를 극복한다. 그 결여를 메운 상상적 대체물이 바로 페티시다. 사회가 페티시일 수밖에 없다는 건, 사회는 그것 자체가 아니라

---

4) K. 해리스, 오병남, 최연희 역, 『현대미술―그 철학적 의미』, 서광사, 1988, 30면 참조.

그것을 대체한 다른 대상을 통해서만 상상적으로 구성된 표상이기 때문이다.

한국 근대소설에서 애정의 삼각관계는 인물들 간의 갈등뿐만 아니라 사회적 세력 내지 힘의 갈등을 표상하는 흔한 제재였다. 한 여성 또는 남성을 가운데 놓고 정신과 육체에 대응하는 연적들을 양쪽에 두는 애정의 삼각관계는 물질적 재화의 분배가 불균등한 현상, 그러니까 사적 욕망의 실현 여부가 물질적 재화와 소유 정도와 비례하는 사회의 지배적 현상을 표상한다. 그러나 그러한 현상이 반(反)속물／속물로 구조화된 사회의 표상으로 대체된 데에는 이미 어떤 결여에 대한 강박적 은폐가 놓여 있다. 애초에 사랑을 정신적인 것과 육체적인 것으로 나누는 이 갈등의 이분법은 육체적 물질적 결여를 은폐하고, 그러한 욕망 자체를 부인하려는 기도가 잠복되어 있기 때문이다. 페티시가 끊임없이 거세 위험을 상기시키는 수단인 동시에 이 위험으로부터 자신을 지켜줄 수단인 것처럼, 사회의 대체물인 반속물／속물의 대립표상은 자신에게 결여된 것을 환기시키면서도 그 결여를 은폐하고 합리화한다. 역으로 자신 안의 결여를 부인하면 할수록 사회의 표상 또한 더욱 고착된 형태로 정형화된다. 순수한 정신과 도덕의 종국적인 승리, 즉 목적론적인 서사로 수렴되는 양상이 이러한 정형화의 전형적인 예이다. 그렇게 해서 구현된 정신왕국 내지 신성가족은 그야말로 상상적인 것에 지나지 않기 때문에, 고발하려 했던 사회는 지양되지 않은 채 한층 더 물신화되고 승인된다.

반복적이고 정형화된 표상으로 대체된 사회에 대한 인식은 목적론뿐만 어떤 결정론을 내포하기 마련이다. 예컨대, 이청준의 「소문의 벽」에서 박준의 '전짓불 체험'은 한국 전쟁 당시 좌우 이데올로기 대립의 폭력성은 물론 지식인―작가로서의 존재조건과 방식, 나아가 개인의 진실이 용납되지 않는 폭력적인 질서를 상징한다. 「소문의 벽」에서 전짓불은 그야말로 보이지 않지만 편재하는 개인의 내면적 진실을 억압하는 모든 것으로 표상된다. 김영찬에 따르면, 개인의 내면적 진실에 대한 폭력적 억압은 이 사회에 어디에나 존재하고 있다는 이청준의 의식 속에서, 그가 살아가고 있는 사회는 개인 주체와 그에 대립되고 그것을 억압하는 모든 것으로 구조화된다. 이러한 구조화는 그러한 이항대립적 사고범주의 한계를 넘어서 있는 것에 대해서는 의식적이든 무의식적이든 배제하고 억압하는 일종의 봉쇄전략이며, 이때 배제되고 억압되는 것은 다름 아닌 1960년대 이후 근대화 과정에서 발생하게 된 여러 사회적 모순들의 구체성이며 그 속에서 집단적 주체가 겪는 집단적 갈등이다.5) 이 분석은 나의 논의와 관련해서도 적실한 것인데, 사회는 결코 개인과 무관한 외재적이고 자율적인 실체나 객관적 실재로 주어진 것이 아니라 주체의 자기 구성과정에서 형성되는 표상이라는 점을 밝히고 있기 때문이다.

　하나 더 주목할 바는, 이 작품에서 개인의 내면적 진실이란 "개인의 내면적 진실을 결코 진술할 수 없다"는 것 외에 달리 찾을 수 없을 정도로 추상적이라는 데 있다. 애초에 사회의 표상을 개인의 진실에 대한 부정적인 대립자이자 변경 불가능한 것으로 제시할 때, 개인도 형해화된다. 이러할 때 개인의 내용은 부정성 자체로 전화해버린 현실에 대한 환멸감이란 감상, 그리고 부정성의 현실을 대신할 사회적 실체란 발견되지 않는다는 데서 오는 공허로서의 추상의 결합에 불과하게 된다.

　이러한 개인의 형해화를 전도시킨 개념인 순수성이란 결국 사회적인 억압이 인간에게 주입시킨 단자론적인 모습을 완고하고도 고집스럽게 주장하는 것이며,6) 결국 사회적 억압에 대한 승인에 다름 아니다. 개인의 내면적 진실이란 어찌했건 타자와의 관계에서 발생한 욕망일 터인데 그 욕망의 부인과 은폐를 통해서만이 순수성이 천명될 수 있기 때문

---

5) 김영찬, 「1960년대 한국 모더니즘 소설 연구」, 성균관대 박사논문, 2002, 67~83면 참조.

6) 아도르노, 최문규 역, 『한줌의 도덕』, 솔, 1995, 217면.

이다. 그것은 낭만적 거짓이다. 한국소설사에서 이상의 「날개」가 특별한 것은 자아의 인식이란 타인의 모방을 매개로 이루어짐을 간파한 때문이다. 「날개」의 서사는 주인공이 밖으로부터 아내의 방을 방문하는 내객의 경로를 점차 철저하게 따라하게 되는 방향으로 전개되는데, 그 과정은 아내의 물건에 대한 페티시즘만이 가능했을 정도로 임포텐스(impotence) 상태에 있었던 '나'가 성적 욕망, 그리고 그것과 비례하여 돈에 대한 욕망을 심화시키는 과정이었다. 또한 그 모방행위는 익명적 다수의 내객의 동선에 대한 것만이 아니라 그야말로 화폐, 즉 물신의 흐름을 모방한 것이다. 개인의 내면적 진실이란 다른 곳이 아니라, 타인의 행위를 모방함으로써 자신의 욕망을 구성해내고 교환이라는 사회적 관계의 형식 속에 그 욕망의 기로가 각인되어 있는 바로 그곳이 자아의 장소라는 데 있다.

3. 소설의 골상학과 타자

　그러한 진실이 애초에 여성을 자아의 부재(不在)를 끊임없이 기도하는 '여왕봉' '미망인'으로 규정한 애초의 아포리즘을 초월하진 않는다는 사실 또한 잊어서는 안 된다. 이 문제는 그의 다른 작품 「동해」가 잘 보여주듯이, 자아의 단독성이란 걸 상정하기 위해 스스로를 비난하면서도 19세기 식 정조 관념, 그러니까 배타적 소유개념에 의존해야 했던 이상이 부딪힌 벽과도 관계가 있을 터이지만, 이상의 「날개」에서 자아의 진실 또한 대상을 부정적 참조물의 타자로 동시에 구성하면서 도달한 것이다. 이렇듯 '나'의 술어를 어떻게 써야 할 것인가의 문제는 삼인칭의 타자를 관통하게 된다. 여기서 다시 표상의 문제와 만난다. 자아는 스스로가 아니라 타자의 표상을 통해 자신의 경계를 표시하기 때문이다.

임화는 「소설 20년」이란 글을 통해 조선의 소설이 왜 개인을 사회와의 넉넉한 교섭 속에서가 아니라 사회를 거부하면서만이 드러낼 수밖에 없었던 사정을 규명한다. 그에 따르면, 동양적 후진성―반(半)봉건성의 질곡 때문에 전체(사회·역사의 차원)가 개인의 요구를 너그러이 포섭할 수 없고, 개인 또한 전체 가운데 자기의 질서를 발견하는 것보다 그 반대의 질서와 충돌하는 상황에서, 인간적인 요구는 사회를 떠나 순(純)개인의 입장에 돌아온 다음 제출할 수밖에 없다는 것이다. 이것이 사실주의가 선행하지 않은 채 자연주의의 도입과 함께 조선의 근대소설이 탄생한 이유이다. 이어서 그는 사회에 대한 전면적 거부의식이 바로 대상에 대한 철저한 묘사로 인도되는 것을 자연주의의 양식의 성격이라 규명한다. "사회적으로 시민을 도와서 시민의 세기(世紀)를 만든 소시민이 자기들의 요구를 현실(現實)해주지 않은 시민사회에 대한 보복의 일념에서 부정될 것으로써, 즉 악한 것으로 시민사회를 제시하고 위하여 그것의 정치한 묘사로 들어서는 것이다."7)

임화는 이른바 조선 자연주의에 대해 이야기 한 것이지만, 디테일이란 고전주의의 죽음과 소설의 형식이자 기법으로서의 리얼리즘의 탄생과 함께 대두한 것이다. 문제는 일반/특수, 집단(mass)/세부(detail), 남성/여성 등의 이분법적 범주들의 지배 하에서 디테일의 영역들이 산출되었다는 사실이 간과되었다는 데 있다.8) 아우얼바하는 『미메시스』에서 일상적 현실, 사회적으로 낮은 지위의 넓은 인간집단을 재현의 영역으로 끌어들인 것, 『소설의 발생』의 이언 와트는 사적 영역에서의 체험의 디테일한 것들을 재현해내는 것을 근대 리얼리즘의 초석이라 주장했다. 근대 소설에서야 비로소 재현의 대상으로 부상한 디테일의 영역이란 계급적으로는 하층계급, 성적으로는 여성 등 사회문화적 위계질서에서

---

7) 임화, 「소설문학 20년」, 『임화 신문학사』(임규찬·한진일 편), 한길사, 1993, 394면.
8) Naomi Schor, *Reading in Detail : Aesthestics and the Femmine*, Routledge : New York, 1987, p.4.

낮은 곳에 속한 것들이다. 말하자면 재현의 대상은 그 자체로 중립적이지도 무성(無性)적이지도 않다.

이와 관련하여, 임화가 앞서 언급한 자연주의의 정신적 동인을 파악하기에 가장 적절한 작품으로 염상섭의 「제야」를 꼽은 것은 시사적이다. 임화는 「제야」에 대해 "거기에는 육(肉)에서 육으로 방종하여 이성을 항복받기 위한 대담 잔인한 행동을 하면서 끝까지 세상을 비웃고 반항하려다가 자살로써 세상에 자기 태도를 표명하는 경로를 그린 것으로 이것은 동인이 찬미한 지상세계의 긍정이 결과하는 바를 부정으로 그린 것이 명백하다"고 평가한다. 이것을 바꿔 쓰자면 이렇다. 「제야」에서 염상섭이 제시하고자 한 세계의 부정성은 여성, 여성적인 것의 극단적인 재현을 통해 표상되었다, 고.

그런데 타자의 표상이 스테레오 타입화되는 이유는 일반/특수, 집단/세부, 남성/여성 등의 이분법적 대립항에서 전자는 늘 보편적인 것으로 가정되기 때문이다. 사카이 나오키는 인종차별과 식민지차별의 구조적인 동계성(同系性) 때문에 인종적 스트레오 타입화는 어디서나 유사성을 띤다고 지적하면서 그러한 스트레오 타입화가 심화되는 이유를 다음과 같이 설명한다. "배제되는 쪽은 유징(有徵)으로서, 배제하는 쪽은 무징(無徵)으로서 배제가 이루어지는 것이 보통이며", "자기의 동일성을 재현-표상하는 자와 그렇게 재현-표상되는 주어와는 반드시 분열되는데 표상하는 자는 반드시 무징이기 때문이다." 또한 "배제하는 쪽은 스스로를 '상식'화된 투명한 일상성이 된 보편성으로 제시하고 배제되는 쪽을 정상에 대한 이상, 혹은 '현재화(顯在化)'된 특수성으로 제시하려고 한다."[9]

허영과 사치, 무분별한 성적 욕망에 달뜬 여성의 표상은 우리소설 도처에 편재한다. 또한 여성적인 것이라 규정된 이러한 특성은 때로는 어

---

9) 사카이 나오키, 이득재 역, 『사산되는 일본어·일본인』, 문화과학사, 2003, 234~235면.

린이 때로는 하층계급과 오버랩되어 있으며, 도시와 시골, 문명과 자연 등의 심상지리적 편재를 구성하기도 한다. 그러니까 정신적이고 비가시적인 것이 물질적이고 가시적인 것으로 드러내는 재현의 관념이 가장 투명하게 실현되는 장소는 이러한 타자들이며, 그들의 비천한 육체이다. 이러한 의미에서 소설의 타자는 신체 자체에 운명이 각인된 골상학적 존재들이다. 이것은 유전과 환경이라는 생물학적 개념으로 인간을 규정한 자연주의에 국한된 이야기가 아니다. 김동리는 "신과 신의 거주(居住)인 하늘의 무궁성을 인류에게서 추방하고 난 과학적 실증적 결론에서 양성(釀成)된 자연주의"의 영향이 김동인에게서는 음란과 쌍말, 신과 절연된 인간 곧 동물로서의 인간으로 나타났다고 비난했는데, 김동리 자신의 작품 속 신화적 인간들 또한 억보나 득쇠 같은 비정상적인 거인이거나 그야말로 육체의 스펙타클을 현현하는 모화 같은 여성이었다. 조세희의 『난장이가 쏘아 올린 작은 공』에서 왜 그들의 아버지는 난쟁이가 아니면 우주인이었어야 했는지, 그리고 조정래의 『태백산맥』의 염상진은 그토록 얼굴을 떠올릴 수 없는 데 반해 염상구와 하대치 같은 인간들은 어쩌면 그렇게 뚜렷한 용모를 갖고 있는지를 생각해보아도 좋을 것이다. 즉 유징으로 드러나는 골상학적 표상은 리얼리즘이냐 모더니즘이냐를 떠나서 젠더와 계급 등이 교차되어 삶의 형태를 규정하는 사회문화적 콘텍스트 안에서 구성되어 내면화된 것이다.

이러한 스테레오 타입화는 하위문화적 스타일의 혼합 속에서 오히려 경화(硬化)되는 경향이 있다는 것도 간과할 수 없다. 백민석의 『목화밭 엽기전』은 가히 이성과 계몽의 약속 속에 은폐된 야만성과 폭력성을 스스로 체현하면서 휴머니즘적 인간관을 전복시킨 작품이라 할 만하다. 이 작품에서 "인간성의 대표적 표상은 지각하고 의식하는 통일된 인간 주체의 이미지가 아니라 피, 고름, 오줌, 똥, 눈물, 냄새, 시체 등과 같은, 인간이 스스로를 폐기한 흔적들이다."10) 그러나 자아 / 비자아, 인간 / 반인간의 경계를 허물어뜨려 안정적인 표상을 거부하려 했음에도 불구하고 『목화밭 엽기전』의 서사는 수컷 / 암컷, 사디즘 / 메저키즘, 주인 / 노예의 이분법에 대한 강박적 진술로 전개되며, 그것을 초과하지 않는다. 이 작품에서 권력의 화신인 팻숍의 보스는 그야말로 형체 없는 목소리; 그러니까 무징의 로고스로 현현되고 있다는 건 진정 의미심장하다. 그러한 이분법적 위계질서의 주재자는 보이지 않는 울트라 '맨'이라는 것을 무의식중에 폭로한 것인지도 모르기에.

4. 승화와 전이를 넘어서

　출생률과 사망률, 평균수명, 취업률 등 인구학적 통계로밖에 등장하지 않는 익명의 존재들이 이름과 뚜렷한 형상을 갖고 대거 등장한 건 민주주의의 대두와 함께 발생한 소설 덕분이다. 하찮고, 불결하고 비루한 물질적 삶의 속박된 존재들이 자신들의 육체에 각인된 비참과 고통을 백일하에 드러냄으로써 연약하지만 어떤 행복에의 약속을 전언하고 있다고 믿고 싶다. 하지만 그 행복에의 약속 속에 그들의 자리는 존재하는가 자꾸 되묻게 된다. 그 약속이란 골상학적 표상이 되어버린 타자의 무덤 앞에 놓인 묘비명이었던 건 아닐까 하는 의구심 때문이다.

　지난 세기말 민족문학의 반열에 오른 신경숙의 『외딴 방』은 이름 없는 존재들에 대한 아름다운 헌사인 것은 사실이지만, 그 헌사를 바치기까지 희재 언니는 죽은 자가 되어야 했으며, '나'는 구로공단의 외딴 방에서 나와야 했다. 이 돌이킬 수 없는 거리 덕분에 그러한 글쓰기가 가능해진다. 희재 언니의 죽음은 그 거리의 설정에 결정적이다. 그녀의 죽

---

10) 황종연, 「소설의 악몽」, 『비루한 것의 카니발』, 문학동네, 2001, 348~349면.

음은 '나'에게 있어서는 망각하고 싶을 정도의 상처라는 점에서도 그렇지만 익명의 그녀들과 함께 살았던 70년대 과거와 90년대 현재의 비동시성의 동시성을 백안시하게 만드는 장막의 기능을 하고 있다는 점에서 더욱 그러하다. 바꿔 말하자면, 『외딴 방』에서 제시된 70년대의 풍속화가 아무리 현재형으로 서술되었다 해도 해사한 풍속화일 수밖에 없는 이유는 그것이 현재의 물질적 현실들과 연계되지 않은 채 그려져 있기 때문이다. 이는 이 풍속화의 밑그림이 희재 언니의 죽음이란 데서 기인한다. 희재 언니는 죽음으로써, 아니 죽은 자로 설정됨으로써 '나'와의 동일시가 가능한 순결한 존재의 표상이 되었으며, 그 표상은 아예 '백로'라는 물질성을 초월한 상징이 되었다. 이리하여 '나'는 내 안의 억압적 타자로부터 야기된 불안을 잠재울 수 있게 된다.

"너는 우리들 얘기는 쓰지 않더구나"라는 하계숙의 힐난과 "나중에 글쓰는 사람이 되거든, 우리들 얘기도 쓰렴"하고 말했던 미스 리의 당부는 '나'의 글쓰기를 되돌아보게끔 하는 성찰의 계기가 된다. 이러한 삽화가 표상하는 자/표상되는 자의 이분법을 은연중 성립시키고 있다. '나'에게 자신들을 대표해달라는 하계숙들의 당당한 부탁과 '나'의 자책감은 『외딴 방』이란 글쓰기에 정당성을 부여하지만, 그렇다고 표상하는 자/표상되는 자의 사회적 불균등성이 상쇄되는 건 아니다. 오히려 그런 방식으로나마 환기되었던 비대칭성, 그 속에서의 균열과 긴장마저도 '희재 언니의 죽음'이란 상징으로 승화되어버리고 말았다. 『외딴 방』은 아름다운 묘비명이었던 것이다. 묘비명은 언제나 죽은 자를 대리하는 자가 쓰게 되어 있다. 또 묘비명이란 늘 죽은 자에게 있어서는 되었어야 할 그러나 될 수 없었던 미래완료적인 헌사이지 않던가.

표상하는 자/표상되는 자의 비대칭성을 끊임없이 인지할 때만이 소설은 타자의 무덤을 면할 수 있다. 앞서 무수히 열거한 이분법적 대립은 그 이분법의 메커니즘인 표상하는 자/표상되는 자의 비대칭성이 망각된 결과 자명한 것으로 전제되었기 때문이다. 이러한 망각은 타자야

말로 '너는 누구인가'라는 최초의 질문을 던진 자였으며 그 덕분에 '나'
의 서술어를 쓰게 되었다는 것의 부인에 다름 아니다. 사카이 나오키는
"나를 향해 대답하고 나의 책임을 힐책하고 나를 바라보는 시선을 지녔
을 타자가 인식대상으로 환원되어 나의 응답의무를 환기하지 않게 될
때, 나에게 부끄러움을 불러일으킬 잠재성을 포기했을 때 그들은 일정
한 실재성을 상실한 먼 존재가 되고 말 것이다"11)고 말한다. 그가 다른
곳에서도 언급했듯이, 주체구성의 과정 속에서 주체란 처음부터 잡종적
일 수밖에 없는데 그러한 잡종성의 흔적, 주체가 그렇게 구성되었다는
것을 지워버리고 부인할 때 타자는 더 이상 나의 응답을 요구하지 않는
인식론적 대상으로 환원되어 버린다. 이러할 때, 이분법은 비로소 자연
화된다.

　이분법의 위계질서는 왜 그토록 강고하며 또한 이분법들은 왜 서로
대체가능한가는 타자와의 관계가 승화와 전이의 회로 속에만 놓여 있
기 때문이다. 프로이트에 따르면, 승화란 성적 잠복기라고 불리는 기간
성적 사상(事象)으로 향하고 있던 리비도가 교육 등을 통해 사회생활에
필요한 방향으로 전향되는 것을 일컫는다. 승화를 통해서 얻어진 성격
적 특질인 깨끗함, 질서정연함, 신뢰성 등은 몸의 한 부분이 될 수 없는
것에 대한 관심에 대항하여 형성된 반응의 산물이라는 프로이트의 언
급에서 알 수 있듯이, 승화는 애초에 몸의 일부였던 것들을 불결하고
무질서한 것들로 규정하는 것을 전제로 한다. 문명 / 야만, 서양 / 동양,
남성 / 여성 등의 이분법 속에서 전자의 이상(idea)은 후자의 지양 내지 승
화라는 건 굳이 부연하지 않겠다. 다만 승화란 어떤 순간에 완결되는
것이 아니라 결코 완성될 수 없는, 따라서 지속적인 과정이라 해도 좋

---

11) 사카이 나오키, 이규수 역, 「공감의 공동체와 공상의 실천계」, 『국민주의의 포이에
시스』, 창비, 2003, 123면. 사카이 나오키의 이와 같은 주장은 *Translation and Subjctivity*
(Minnesota U.P, 1997)에서 인식론적 주관(主觀)과 실천적 수행자로서의 주체(主體)의
차동적(差動的, differential) 가설을 제시하고 있는 곳에서도 참조할 수 있다.

을 것이다. 내 안의 타자란 도처에서 만나기 때문이며, 그러한 지속적인 참조 속에서만 자아의 정상성을 보증받을 수 있기 때문이다. 그런 이유에서, 타자들을 언제나 인식가능한 안정된 표상으로 재구성하는 건 이러한 승화를 효율적이며 순조롭게 만든다.

다른 한편, 전이는 의사(정신분석가)에 대한 환자의 특별한 관계를 나타내는 용어이다. 프로이트는 전이는 분석 도중에 생겨나 의식하게 된 경향이나 환상을 다시 재현하는 개정판이거나 모사이며, 의사가 어떤 사람, 즉 환자가 예전에 알았던 사람을 대신한다는 데 그 특징이 있다고 한다. 다소 개념의 오용을 무릅쓰자면, 자아는 스스로가 거부하거나 거절당한 욕망의 대상을 다른 것으로 대체함으로써 자아의 욕망과 그것의 좌절을 순화시킨다. 이러한 전이를 통해서 이분법은 그 쌍생아를 낳고 또 서로 대체된다. 예컨대, 억압된 성적 욕망은 여성의 자연적인 특징으로, 차별받아 마땅할 인종의 표지로, 비굴하고 물질적 만족밖에 모르는 하층계급의 특징으로 달라붙게 된다. 이렇게 해서, 서양과 동양, 문명과 야만, 도시와 시골, 남성과 여성의 이분법은 위계질서 자체를 역전시키지 않는다는 전제 하에 서로 대체되거나 포개질 수 있게 된다. 물론 전이의 대상은 증오의 대상이 될 수도 있지만 또 한편으로는 관습과 규범으로부터 해방된 자아의 표상으로 동경의 대상이 될 수도 있다. 그러나 어떤 경우이건 간에 타자를 도피주의적인 환상의 표상으로 구성하여 다루기 쉬운 대상으로 전환시킨다. 타자의 골상학적 표상, 스트레오 타입화는 이렇게 해서 페티시와 맞닿게 된다.

스트레오 타입화가 페티시와 구조적, 기능적으로 유사하다고 주장한 호미 바바에 따르면, 스트레오 타입화란 차이의 역할을 부정하는 얽매이고 고정된 표상의 형태라고 말한다. 페티시와 마찬가지로 이는 거부에 대한 방어 전략이 빚어낸 당연한 결과이며, '타자성'을 문화적으로 상식적이고 익숙한 어떤 특성으로 전환시키는 것이다. 스트레오 타입은 페티시와 마찬가지로, 자신과는 다른 것에서 위험을 느낀 주체가 정체성을 재확인하고자 할 때마다 회귀하는 확실성이다.[12] 지금까지 나의 논의로 환언하자면, 타자의 골상학적 표상은 소설에서 상상적 대상으로 표상될 수밖에 없는 사회라는 페티시를 구성하는 중심 질료이며 양자는 서로를 보충하고 강화한다. 자아란 이러한 타자에 대한 부정적 참조를 통해서 그 성격이 드러나며, 타자의 속성이란 바로 거부하고자 하는 사회의 속성이기도 하다.

　문득, 이분법을 비판한다는 건 어떤 의미에서 이분법 안의 이분법들, 그리고 그 이분법의 교환가능성과 그 끈질긴 견고성을 확인하여 도리어 이분법을 승인하는 것인지도 모른다는 불안이 다가온다. 그러나 그것은 여전히 불가피한 일이다. 하지만 다른 방식이어야 한다. 한국 문학에서 운위되던 이분법은 주로 성격／환경, 개인／사회, 문학／사회, 순수／참여, 모더니즘／리얼리즘이었다. 그것을 뛰어넘자고 한 논의들조차 제자리에 머문 까닭은 소설이 실상 그러한 이분법의 자연화를 가능하게 하는 타자의 표상을 창출하는 장르란 걸 살피지 않은 데 있다. 이에, 이분법의 극복은 표상에 대한 급진적인 비판에서 출발해야 한다. 자신의 몸에 각인된 폭력과 수치와 좌절의 흔적을 어떤 승화의 계기도, 전이의 대상도 찾지 못한 채 제 손길로 쓸어내는 자가 있다는 것을 직시하지 않는다면, 문학은 자신이 반역하고자 한 사악한 세계를 영속화시키는 데 가담하게 될 것이다.

---

12) 호미 바바, 나병철 역, 『문화의 위치』, 소명출판, 2002, 156~176면 참조.

2부

1920년대 동인지문학의 성격과 여성인식의 관련성

1. 연애와 예술, 근대인이 된다는 것

『창조』·『폐허』·『백조』 등 1920년대 동인지에는 주로 어떤 제재와 소재의 작품이 많이 등장하는가를 떠올리면서 글을 시작하고자 한다. 문학사에서 거론조차 되지 않는 잊혀진 동인들은 잠시 덮어두더라도, 주요한의 「불놀이」(『창조』 창간호, 1919.1), 김동인의 「약한자의 슬픔」(『창조』 창간호, 1919.1)이나 「마음이 옅은 자여」(『창조』 3~5호, 1919.12~1920.5), 나도향의 「젊은이의 시절」(『백조』 1호, 1922.1)과 「별을 안거든 우지나 말걸」(『백조』 2호, 1922.5), 이상화의 「나의 침실로」(『백조』 3호, 1923.9) 등 문학사나 작가론에서도 주요하게 다루어지는 작품들은 대개가 사랑을 그린 것이다. 동인지문학을 대강만 훑어보더라도 시는 대부분이 연가에 가깝고, 소설은 사랑의 좌절을 그렸다는 것은 어렵지 않게 감지된다. 그런데도 1920년대

한국 근대문학의 본격적인 개화기에 허다하게 그려진 사랑에 대해서는 좀처럼 이야기되지 않았다. 이는 그간 동인지문학에 대한 연구가 사조사적 규정1)에 함몰되어 정작 텍스트의 내밀한 면에까지는 눈길이 미치지 않았음을 말해준다. 전대의 소설에 그려진 사랑과는 다른『무정』의 사랑이『무정』의 문학사적 성격을 일별하는 데 하나의 바로미터가 되었듯이 1920년대 동인지문학에 나타난 사랑 또한 동인지문학의 지향을 보여주는 데 있어서 하나의 기준이 될 수 있으리라는 기대는 자연스럽다.

1920년대 동인지문학의 지향은 그 주체들에게 있어서는 예술을 업으로 삼는 '예술가됨'을 통해 스스로를 근대적 자아로 구축하는 것이었다.2) 근대적 자아의 성립은 대상을 동일시에 의한 동일자와 배제에 의한 타자로 분할하는 메카니즘에 의해 이루어진다고 할 때, 그 동일시와 배제의 대상이 주로 어떤 존재였는지, 그리고 그 성격은 무엇인지는 던져볼 만한 물음이다. 동일시와 배제의 대상을 둘러싼 주체의 시선과 그 대상들을 어떻게 자아 정체성의 구성물로 조작하는가는 주체의 의식과 행위의 지향뿐만 아니라 거기에 내재해 있는 현실적 기반을 환기시켜주기 때문이다. 특히 동인지문학 주체들에게 근대적 자아의 성립이 '예술가됨'과 다르지 않다면, 위의 물음에 답하는 것은 그들이 추구한 예술과 '예술가됨'의 성격을 파악하는 데 도움이 될 것이다. 근대적 자아의 성립 메카니즘에서 주요한 대상은 바로 여성이며, 여성을 향한 성적 욕망이나 사랑은 당대 문학 작품의 주요한 제재였으며, 제재 이상의 의

---

1) 임화는 이 시기 문학의 추이를『창조』와『폐허』등에 의거한 자연주의에서『백조』를 중심으로 한 낭만주의로의 이행으로 설명한다(「조선 신문학사론 서설」,『조선중앙일보』, 1935.10.23〜10.29). 백철은『조선신문학사조사』(수선사, 1948)에서 동인지문학의 출현을 근대문예사조의 등장으로 포괄한 후 퇴폐의 문학, 낭만주의 문학, 자연주의 문학으로 나누어 보고 있다. 조연현의『한국현대문학사』(성문각, 1969)는 '문예사조의 혼류와 그 전개'라는 제목 하에『창조』를 사실주의 경향으로,『폐허』를 다양성으로,『백조』를 낭만주의적 경향으로 분류한다.
2) 황호덕의「1920년대 동인지문학의 성격과 미적 주체 담론」(성균관대 석사논문, 1998)은 근대자아와 예술의 자율성을 중심으로 동인지문학의 성격을 뚜렷하게 부조시켰다.

미망을 담지하고 있다고 판단하는 바이다. 따라서 이 글은 동인지문학에 나타난 여성에 대한 인식 메카니즘을 규명함으로써, 이들 문학의 지향과 성격을 파악하는 데 일조하고자 한다.

2. 여성을 바라보는 시선―천국이자 지옥, 미이자 추, 천사이자 악녀

예술의 원조자, 천사, 구원의 여신

김환의 「신비(神秘)의 막(幕)」(『창조』 창간호, 1919.2)은 세계와 절연하고 예술의 극치를 추구하는 예술가의 초상을 그리고 있다. 소설의 주인공 이세민은 부모의 명령을 절대적으로 복종하기를 강요하는 완고한 아버지 아래서 어렵사리 보통학교와 고등보통학교를 졸업한다. 그의 아버지는 보통학교를 보내라는 나라의 명령, 그리고 아들을 고등보통학교에 보내라는 청원이 인민의 어버이인 군수에게서 나왔기에 세민을 학교에 보냈을 뿐이다. 그러나 세민이 동경에 건너가 미술을 공부하고 싶다는 소원에는 완강하게 반대한다. 미술에 대한 세민의 아버지의 이해는 고작 "大體 美術이란 무얼하는 것이냐? 美術! 美術! 얼골을 어엽부게 하는 術이라는 말이냐? 옷을 곱게 닙는 術이란 말이냐?"에 그치고 있다. 이에 세민은 누이의 도움으로 아버지 몰래 돈 팔백 원을 변통하여 일본으로 건너가 고학을 하며 미술에 전념한다. 세민은 하숙생활에서 자취생활로 옮겨야 하는 경제적 곤궁 속에서도 "나는 너의 몰으는 神秘한 것을 안다"는 자부 속에서 예술에 전념하고, 이런 자신을 "自己를 爲하야의 自己"로 인식하고 자랑스러워한다. 이러던 중 음악학교 성악과 학생인 희경이라는 여성이 세민의 모델이 되는데, 그녀는 세민의 친구이자 사촌 오빠인

춘광을 통해 세민을 먼저 알고 있었다. 희경은 세민의 예술추구에 이해
와 존경을 표하고, 세민은 희경과 사랑하는 사이가 된다.

> 한번은 世民이 毒感으로 病床에 누엇슬 째에 喜卿은 몃칠 동안 學校에도
> 가지 안코 自己 손으로 미음과 죽을 민들어 世民에게 勸하기도 하고 째째로
> 머리도 집허쥬며 脈搏의 鼓動도 집허본다. 二三日이 지내여 病이 좀 나은 뒤
> 에 世民은 머리를 집퍼보는 喜卿의 손을 꾀―ㄱ 쥐였다. 喜卿은 손을 쑤르치
> 으려고도 아니하고 가만히 잇다. 沈默에 잠겨잇는 이 두 사람 사이에는 엇던
> 神秘의 幕이 열니려 한다.3) (「신비의 막」 마지막 부분, 강조는 인용자)

주목받지 못한 김환의 「신비의 막」으로부터 굳이 본격적인 논의를
시작하려는 이유는 예술의 추구과정의 결말이 여성과의 사랑에서 끝나
는 이 소설의 구조가 흥미롭기 때문이다. 이 소설에서 세민의 예술가의
지향을 이해하는 존재는 누이와 희경이라는 여성이다. 그러나 세민의
아버지와 친구인 춘광은, 즉 남성은 유용성의 차원이 아니라면 예술의
존재의의를 인정하지 않고 따라서 세민의 예술추구를 환쟁이나 미친
짓으로밖에 보지 않는다는 점이다. 예술가의 이해자나 원조자로서의 여
성의 존재는 나도향의 「젊은이의 시절」(『백조』 창간호, 1922.1)에서도 드러
난다. 「젊은이의 시절」에서 철하의 아버지와 누이의 연인 영빈은 예술
자체를 이해 못하거나 예술을 이성(異性)을 유혹하는 도구로밖에 사용하
지 않는 예술의 적대자인 반면, 누이 경애는 음악가가 되기를 간절히
원하는 창하의 유일한 원조자이자 이해자이다. 「젊은이의 시절」 또한
결말이 에로티시즘적 몽환 속에서 누이의 손길을 지각하는 장면에서
마무리된다는 점에서 「신비의 막」과 같다.
　이러한 양상을, 남성과 세속적 가치가 공모하고 있다면 다른 한편에
는 여성과 예술이 공모하고 있다고 해도 좋을 것이다. 「신비의 막」의

---

3) 김환, 「신비의 막」, 『창조』 창간호, 1919.2, 35면.

희경은 세민에게 "先生님! 저는 世上에서 道德이니 法律이니 하는 소리는 참 듯기 실혀요. 先生님 말슴과 갓치 사람이 自然이 나고 自然에셔 살다가 自然으로 도라가지 안어요. (…중략…) 오직 져는 몸과 마음을 선생님끠 밧치겟습니다. 永遠히 ……"4)라고 말한다. 여기에서 예술이란 도덕·법률과 같은 제도와는 대립적인 것이며, 그 대립성이 자연(自然)이라는 말로 강조되고 있다. 말하자면 예술은 자연과 같이 이해관계를 떠난 무목적성 내지 자기목적성의 존재인 것이다.

「신비의 막」에서 '신비'라는 말은 예술가 세민에게 있어서 예술의 성격을 단적으로 드러내준다. '신비'라는 말 자체가 표상하듯이 예술이란 불가해하지만 우선 감성과 정서상의 지각의 영역이며 세간의 이해관계와는 동떨어져 있는 영역이라 할 수 있다. 이렇게 예술을 감정의 영역에 놓는 견해는 동인지문학 내부의 지배적인 견해이다. 예컨대, 오상순은 「종교(宗敎)와 예술(藝術)」(『폐허』 2, 1921.1)에서 종교와 예술의 공통점을 감정의 향상이나 만족을 목표로 한다는 점, 상상력과 밀접히 관련이 있다는 점, 직각력(直覺力)을 사용한다는 점을 든다. 또 한편, 최승만은 「르네쌍스」(『창조』 2호, 1919.3)라는 글에서 조선 문예의 르네상스를 고대하며 서구 르네상스의 특색을 개인의 해방, 비평적 정신의 발달, 그리스 로마 연구열의 고양과 함께 탐미적 경향을 들고 있다. 그는 "肉이 靈의 支配下에 잇서서, 秋毫의 自由活動이 업섯든 것이 生의 喜悅을 불으고 肉을 認定하야 地的, 自然的, 人性的 思想의 復活이 잇섯습니다"5)라고 탐미적 경향을 설명한다. 그리고 「신비의 막」 마지막 부분의 인용문에서 보듯이, '신비'라는 말은 예술만이 아니라 여성과의 사랑의 성격을 포괄한다. 이는 곧 이성적이라기보다는 감성적·감정적 나아가 자연적인 존재로 여성을 바라보는 시각과 상통해 있다.6) 여성을 자연적인 존재, 바꾸

---

4) 위의 책, 35면.

5) 최승만, 「르네쌍스」, 『창조』 2호, 1919.3. 35면.

6) 이러한 시각은 여성을 전적으로 본능적·원시적 존재로 바라보는 시각과도 멀지 않

어 말하자면 세속적인 현실의 때가 묻지 않은 순결한 존재로 바라봄으로써, 그러한 여성과의 사랑은 예술과 등가가 될 수 있었으며 예술과 사랑 사이에는 교환의 법칙이 성립될 수 있었다. 예술가적 지향이 사랑에서 끝나는 구조는 바로 이러한 인식 속에서 가능했던 것이었다. 여기서 당대 문인들의 자연을 바라보는 시선을 대략 살펴보는 것도 필요하겠다.

동인지문학에서 또 하나의 주류를 이루는 것은 기행문이나 자연에 대한 비유를 통해 예술이나 근대적 자아의 의미를 밝힌 글들이다. 동인지문학에서 자연은 이상적 자아의 나르시즘이나 절대화된 자아의 현실 초월에 정당성을 부여하는 편의적 도구로 기여하곤 했다.7) 가령, 남궁벽은 「자연(自然)－오산편신(五山片信)」(『폐허』 창간호, 1920.7)에서 자연의 아름다움과 영원성을 찬양하는데, 그 찬양의 근거는 바로 문명과 자연, 도회와 시골의 대립 속에서 가능한 것이었다.

"가락지꽃에 입맞춘 내 입술은, 그러한 일을 하지 않은 사람들의 입술과 다를지도 모른다 …… 달라야 한다."8) 전원생활을 하는 자신의 삶에 대한 개인적인 애착을 넘어서서 우월적인 가치부여를 잘 보여준다. 그러나 순전히 자신의 삶의 이상적인 준거로 활용되는 자연이란 문명화된 사회와 도시와의 대비 속에서 교환법칙의 메카니즘에 포괄된 그것이다. 이러한 교환법칙의 메카니즘을 은폐하고 자연이 하나의 직접성의 표상으로 드러날 때, 자연체험이란 기실 도덕적으로 나르시시즘적인 만족에 불과하다. 즉, 그처럼 자연의 은혜를 알고 기뻐할 수 있다니 얼마나 선량한가 하는 것이다.9) 이러한 기만성은 자신이 의지적으로 선택한 자연―부

은 거리에 있으며, 본질적으로 동일하다. 김동인은 「령혼」(『창조』 9, 1921.5)에서 한술 더 떠서 여자에게 영혼이란 게 있는가라는 질문을 던지면서 여자에게는 과학문명과 인류의 문화를 만들어낸 창조력―영혼의 요체가 없다고 못박고 있을 정도이다. 여성에게는 다만 원숭이보다는 나은 모방력이 있을 뿐이라고 일축하는데, 여성을 인간의 요체인 이성을 갖지 못한, 그리하여 동물에 더 가까운 존재로 바라본다. 이렇게 주장할 수 있는 근거를 김동인은 남성과는 다른 여성의 생리학상 신체구조에서 찾고 있다.

7) 황호덕, 앞의 논문, 146~176면 참조.
8) 남궁벽, 「자연－오산단편」, 『폐허』 창간호, 1920.7, 72면.

러 찾아간 유명한 명승지나 전원생활의 무대 ─과 그렇지 않은 것과는 차이가 현격하다는 점에서 폭로된다. 즉 자신이 태어난 고향 시골은 결코 전원생활을 꿈꿀 만한 공간으로 등장하지 않으며, 아름다운 풍경으로도 칭송되지 않는다. 이것이 더욱 극명하게 드러나는 대목은 일본에서 조선으로 돌아오는 기차칸에서 스치듯 지나간 일본의 농촌 풍경은 목가적 삶이 가능한 전원으로 묘사되는 반면, 조선의 시골은 황량함 그 자체로 묘사되고 있다는 점이다. 말하자면 자연을 바라보는 주체 자신의 직접적인 사회적 관계를 드러내지 않는 자연일수록 더욱 이상화되는 양상을 보인다. 따라서 유명한 명승지뿐만 아니라 생활의 무대로 설정된 전원조차도 자신의 삶의 실제적인 토대인 사회적 제관계를 제거함을 통해 자의적으로 이상화한 공간인 것이다. 여성의 이상화 또한 자연을 바라보는 이 같은 시선과 동일한 방식임은 쉽게 유추될 수 있을 것이다.[10]

또 한편 자연과 여성이 유비될 수 있는 점은 바로 여성은 언제나 육체로 현전(現前)해야 지각되는 존재라는 점이다. 마치 자연이 외관으로 파악되는 존재인 것처럼 말이다. 여성이라는 육체의 현전성이라는 차원에서 본다면, '여성의 손길'을 느끼는 장면에서 끝나는 이 두 소설의 결말은 새롭게 해석될 여지가 있다. 「젊은이의 시절」의 몽환적 결말 처리는 습작기의 유치한 감상성으로 치부되거나 철하의 심리와 공상을 중심으로 이 작품 전반에 노정되는 감상적 분위기 내지 서정성을 극대화함으로써 결국에는 모든 실제적 갈등을 무화하면서 작품 전체를 종결짓는 역할을 한다[11]는 해석이 일반적이다. 이러한 해석의 타당함을 인

---

9) 아도르노, 홍승용 역, 『미학이론』, 문학과지성사, 1983, 116면 참조. 아도르노가 덧붙이기를, "자연미는 비록 사회적 내재성에 의해 매개되기는 하였어도 그러한 (시민사회의 노동과 상품의) 피안에 대한 알레고리임에는 변함이 없다. 그러나 화해 상태가 이미 이루어진 것으로 위장될 경우 그러한 알레고리는 화해되지 않은 상태를 은폐하고 그런 상태 속에서도 미가 가능하다고 정당화하는 데에 도움을 주는 수단으로 격하되고 만다." 117면.
10) 이에 대해서는 다음 장에서 구체적으로 서술하도록 한다.
11) 박상준, 「1920년대 초기 소설 연구」, 서울대 석사논문, 1993, 28면 참조.

정하면서도 새롭게 독해될 수 있는 지점은 여성의 육체-손길이라는 감각적 직접성을 토대로 예술에 대한 지향이 표상된다는 점이다.

이와 관련하여 박영희가 술회한 '처녀작 발표당시의 감상'은 주목할 만하다. 박영희는 창작이라 할 만한 최초의 것은 『장미촌』에 발표한 「적(笛)의 비애(悲哀)」이지만, 활자로 인쇄된 자신의 시를 보아도 과연 자신이 문학을 하고 있는 것인가라는 의구심이 들었는데, 그때 개최한 시낭송회를 통해서, "自己自身이 엇더한 具體化한 文學이라는 形式을 通해서 再現되엿다"는 흥미를 느꼈으며 바로 자기 재현의 즐거움이라고 할 수 있다고 술회한다.12) 즉 작품의 활자화만으로는 자신이 예술가라는 것을 스스로 느끼고 세상에 자부하기란 어려웠다는 것을 말하고 있다. 당대의 문인들에게 예술가됨이란 단지 예술작품을 창조한다는 것이 아니라, 전혀 다른 삶의 양식으로 살아가는 사람임을 의미했는데 작품만으로는 예술가 자신의 인격적 실체를 보여주기란 힘들었을 것이다.13)

이는 작품 내에서도 마찬가지이다. 예술에 대한 신념을 토로한다든가, 작품 창작의 과정을 형상화한다든가 하는 식으로 작품 전체를 일관할 수는 없는 것이기 때문이다. 문제는 어떻게 예술에 대한 동경을 통해서 예술적 삶의 실감을 보여주느냐였다. 마침 한설야의 「동경」(『조선문단』 8호, 1925.5)은 시기상 뒤의 작품이기는 하지만, 미적 도취와 사랑의 설렘이 하나로 통일되는 황홀경을 보여주고 있다.

> S와 K는 이 째까지 먼하니 그림만 드려다보고잇섯다. S는 거긔만 정신빠진사람 갓했다. K는 점점 생각하는 것을 잇고 거게만 시선을 박고 잇섯다. K와 S의 정신은 지금 그림을 통하야 빙빙도라기는 외에 다른 곳에는 조곰도 새어나지 안

---

12) 박영희, 「再現의 喜悅과 反省의 悲哀」, 『조선문단』 6호, 1925.3.
13) 동인지들마다 동인들의 사진을 돌려가며 싣는다든가, 편집 후기에 해당하는 난에서는 문사들의 이러저러한 행보들을 알린다든가 더 나아가 특정 문인에 대한 인상기를 고정란으로 게재한다든가 하는 방식도 예술가를 인격적 실체로 현시하기 위한 일환이었을 것이다.

엇다. 도시 갈릴 수 업게 한데 합실리고 만 것이다. 최고의 절정에서 완전한 나라로 조화되여버린 것이다. 모다 싸라진 것 갓했다. 아모것도 업는 것 가햇다.14)

이 작품의 줄거리는 화가인 S는 어느덧 숙녀로 자라난 K와 재회하고 되고, 평소 예술가를 동경하고 소설 읽기를 좋아하던 K는 S를 사모하게 된다는 것이다. K도 S에게 마음이 끌리게 되고, 급기야 S를 그리게 된다. 앞의 인용문은 S가 모델이 된 그 그림을 보며 혼연일체가 되는 결말 부분이다. 묘사된 바에서 알 수 있듯이, 예술작품에서 맛보는 희열을 일종의 관능적 도취상태에 가깝게 그리고 있다. 또한 그 상태는 이 소설에서 S와 K의 영혼의 교감인 사랑을 은유하는 것이기도 하다. 즉 관능에 가까운 감각적 직접성을 매개로, 미적 도취 상태와 사랑의 설렘은 거의 분간을 할 수 없도록 되어 있다. 이상을 통해서 유추할 수 있는 바는, 당대의 문인들이 예술적 삶의 실감을 다른 것에서가 아니라 바로 사랑에서 찾고자 했으며, 그럴 수 있었던 토대는 바로 여성의 육체가 환기하는 감각적 직접성에 있었다고 할 수 있다. 당대의 문인들에게 예술가란 예술적 삶의 양식을 살아가는 사람이어야만 할 때, 그 남다른 삶의 표상으로서 사랑은 예술과 등가를 이루며 예술적 삶을 형상화하는 데에도 더 구체적인 형상성을 확보할 수 있었기에 예술가로서의 지향을 대리 표상했다고 볼 수 있다.

더러운 고깃덩어리, 속물, 악녀

전영택의 「운명(運命)」(『창조』 3호, 1919.12)은 오동준이라는 인물의 실연 담으로 정신적·육체적 합일을 지향하는 사랑의 파탄을 그리고 있다. 줄거리는 다음과 같다. ○○사건으로 경성감옥에 수감 중인 오동준은

---

14) 한병도, 「동경」, 『조선문단』 8호, 1925.8, 54면.

감옥의 불결하고 억압적인 환경 속에서 동경에 있는 애인 H에 대한 추억과 공상을 하면서 하루하루를 보내는 것을 낙으로 삼는다. 일본의 M 대학 법과를 졸업했으나 사회에는 그를 받아줄 곳이 없었으며, 부모도 없는 것이나 마찬가지이며 어릴 적 얻은 아내가 있었으나 아내가 아니라 처(妻)라는 노예일 뿐이었다. 그래서 가출한 동준은 나를 위할 자는 나밖에 없다는 생각으로 '극단(極端)의 개인주의자(個人主義者)'가 되었다. 이러던 중 영어교습을 계기로 알게 된 H와 사랑하는 사이가 된다. H는 결혼을 원하기도 하였으나, 동준에게 사랑이란 신성(神聖)한 것임에 반해 결혼이란 자유를 구속하는 '인공적(人工的)'이요 '허위적(虛僞的)'인 것이기에 반대하고 H에게 피임법을 권한다. 수감 중에도 H에게서 엽서 한 장 오지 않아 몹시 초조하던 동준은 백 일만에 출감하여 동경에 가서 수소문을 한다. 그 결과 H는 다른 남자와 동거를 하고 있을 뿐만 아니라 임신 중이었다. 이에 동준은 친구 C에게 보내는 편지를 통해 여자란 생식의 도구로밖에 쓸모가 없는 존재라고 말할 정도로 크나큰 환멸을 느낀다. 한편 H는 동준에게 자신의 과거를 고백하는 편지를 보낸다. 내용인즉, 동준과 헤어진 후 자신은 분출하는 성욕을 어찌지 못하는 상황 속에서 불안과 번민을 느꼈다, 같이 음악학교에 다니며 평소 자신과 말벗과 친구가 되어준 A가 자신을 간호하던 중에 병에 걸리자 그를 간호하면서 "女子의 本能, 아니 사람의 本能이 發動하였든" 것이다.

낭만적 사랑이 발현될 수 있는 조건으로 고독은 강조될 필요가 있다. 김동인의 「마음이 여튼 자(者)여」(『창조』 3~5호, 1919.12, 1920.2~3)나 나도향의 「별을 안거든 우지나 말걸」(『백조』 2호, 1922.5), 노자영의 「표박(漂泊)」(未完 , 『백조』 창간호~2호, 1922.1,5) 등에서 주인공들은 기존의 관습적인 사회제도와 거리를 두고 나름대로 자신의 삶을 살고자 하지만 외롭고 다소는 낙망한 처지에 있다. 가령, 「표박」의 영순은 24살의 꽃다은 청년으로, 문학에 재능이 비상하고 얼굴이 미소년 같으나 오직 돈이 없다는 것이 번민인 청년이다. 그는 고학으로 열심히 공부하며 "一生을 文學

的 生涯로" 보내리라 마음먹고 친구의 주선으로 경성의 모 신문사의 문예부장으로 종사한다. 그러나,

> 都會의 生活을 처음하는 그는 都會에 흔들니고 쩌드는 雰圍氣속에 그만 精神이 멍멍하야 都是 安靜을 엇지 못하엿다. 검고 거츨고 흔들니는 氣分속에 寂寞과 憂鬱을 늣기엿다. 대략 두어달 동안은 부드럽고 서늘하고 고요하든 自己 故鄕의 閑寂한 生活을 恨업시 그리워 하엿다. 밤이면 그의 조화하는 『田園의 봄쓸』이라는 노래를 만도링에 마처 노래하면서 외롭고 濕흔 곳 한시라도 견대기 어려운 靑春의 感傷的 氣分을 이저바리고저 하엿다. 이리하야 或은 만도링을 쓷고 或은 冊을 보며 혹은 글을 쓰면서 모래를 까미는 듯한 生活을 繼續하얏다. 그의 가삼은 恒常 이러이섯다. 다스하고 보드랍고 달콤한 氣運은 다못 한 「온스」라도 그의 가삼에 흘너드러오지 아니 하엿다. 차고 굿고 거츨고 씨고 매운 起運은 그의 가삼을 封鎖하고 이섯다. 이리하야 그는 엇던 **軟**하고 **짜듯**하고 **달콤한** 世上을 發見하얏스면……하엿다. 다시말하면 엇던 스윗 하—트를 맛나스면 하엿다.15) (강조는 인용자)

앞의 인용문은 고독감 그리고 그것을 치유하기 위해 연애를 희구하는 심리를 잘 드러내고 있다. 고독은 불굴의 정신으로 세계를 개척하여 자신의 영토를 만들기 위한 계기이도 하지만,16) 사실 영웅적인 개척행위만으로는 치유될 수 없는 불행의 그림자이기도 하다. 고독이 불행의 징표라는 것은 인간은 생존을 위해 사회에 의존할 수밖에 없기도 하지

---

15) 노자영, 「표박」, 『백조』 창간호, 1922.1 8면.

16) 이언 와트는 『소설의 발생』에서 디포우의 『로빈슨 크루소』에서 유쾌하게 채색된 고독에 대해 분석한다. 디포우 자신은 고독은 모든 개인들의 잠재력을 보다 충분히 깨닫게 하는 분투적인 서곡이 될 수 있다고 말했고, 그리하여 절대적 개인주의의 영웅적인 인간형상을 창조했지만, 이언 와트는 『로빈슨 크루소』에서 크루소의 고독한 상태를 집약해주는 말 없는 생활의 무대는 적어도 유토피아는 아니라고 한다. 또한 『로빈슨 크루소』가 극명하게 드러냈던 절대적 개인주의는 곧 반발을 불러일으켰다 하는데, 그 반발은 18세기에 철학자들의 주요한 토픽들 중 하나가 인간의 사회적인 성질이었다는 데서도 보인다고 한다. 이언 와트, 전철민 역, 『소설의 발생』, 열린책들, 1988, 110~119면 참조

만 행복을 위해서도 타인과의 유대가 필요함을 말해준다.

줄거리에서 뚜렷하게 드러나듯이, 오동준이 사랑에 빠지게 된 조건
은 가족과 사회로부터 자기 자신을 고립시킨 데에 있다. "나를 爲하야
깁버할 쟈도 나요 나를 爲하야 슬피할 쟈도 나다. 아―나는 나밧게 업
다. 나는 나를 살어야겠다"17)는 동준의 의지는 자아추구의 지향이기도
하지만 '제손으로 눈물을' 씻어낼 수밖에 없는 고독한 자의 오열이기도
하다. 그래서 通情할 친구도 없는 상황에서 동준은 자신에게 다가온 H
와 사랑에 빠진다. 오동준은 ○○사건(3 · 1운동으로 추정)으로 수감된 처지
에 있으면서도, 그리고 누구도 엽서 한 장, 면회 한번 오지 않는 상황에
서도 "나는 내 愛人이 잇다. 나를 위하야 몸과 마음을 다 바친 사람이
잇다. 天下사람을 다 졋겨 놋코 나만 사랑하는 사람이 잇다. 그의 사랑
은 온전히 내거시다. 그의 몸도 내거시려니와 그의 靈魂은 꼭 내거시다.
아니 그의 全生命이 내거시다"18)라며 자신을 행복한 사람이라고 긍정
할 정도로 자기 존재에 대한 충만감을 표한다. 그런데 왜 그가 정치활
동, 고학으로 쌓은 지식추구에서보다 사랑에서 자기 존재에 대한 충만
감을 느끼는가. 정치활동이나 지식의 추구는 사회적 객관화의 요구 속
에 포섭되며 그 과정에 수렴되는 순간부터 개인 앞에 일일이 현시되거
나 감지되지 않는 추상적 보편적 실체로 군림한다.19) 반면에 이성과의
사랑은 언제나 감지될 수 있고 교감할 수 있는 구체적 실재를 지니고
있으며, 이 구체적 실재가 현전하는 육체라는 것은 두말할 나위도 없다.
"엇던 軟하고 따듯하고 달콤한 世上"이라는 비유는 단지 통념적인 사

---

17) 전영택, 「운명」, 『창조』 3호, 1919.12, 50면.
18) 전영택, 위의 글, 위의 책, 49면.
19) 이러한 경향을 루카치는 헤겔이 말한 근대―시민시대의 산문성의 문제로 지적하는
   데, 근대―시민시대의 산문성은 자기활동성 및 사회와의 실재적 통일이 불가피하게
   파괴된다는 데 있다. 이러한 상황에서 사적인 것으로의 시선이동은 불가피해지며, 이
   는 "이리하여 보편의 태양이 지나고 나면 나방은 사적인 것의 등불을 향해 날아간다"
   (마르크스)라는 집약된 표현을 얻는다. 루카치, 김혜원 편역, 「시민적 서사시로서의 소
   설」, 『루카치 문학이론』, 세계, 1990, 참조.

랑의 수사가 아니라, 촉감과 미감 등 유발시키는 인간의 육체를 통한 대상에 대한 '접촉'이 자신을 살아 있는 존재로 느끼게 한다는 점을 의미한다. 이리하여 사랑은 "그의 全生命이 내거시다"에서처럼 사랑은 생명의 향유일 수 있는 것이다.

「운명」에서 오동준의 실연은 H가 다른 남자와 동거를 하고 임신한 사실에서 비롯된다. 즉 다른 남자와의 육체적 관계의 성립 때문이다. 이는 단지 자신을 사랑하던 여자가 다른 남자를 사랑하게 되어 헤어지게 되었다는 사실 이상의 의미를 띤다. H가 다른 남자와 관계를 맺었다는 그 이유로 오동준은 "여인이 아니면 인류의 생식이 되지 못하게 한" 것은 하나님이 유일하게 잘못한 것이며 "天女와 가치 情操가 곳은 烈婦도 잇기야 잇겠지오만은 썩 好運兒가 아니면 一生涯에 한번도 만날 수 업는 難事겟지오"[20]라는 결론을 내린다. 자신에게 전세계를 얻었다 할 만큼 충만함을 준 구원의 여성이 금세 요부가 되어버린 것이다. 이러한 인식은 자신의 경험에 국한되지 않고 여성일반에 대한 규정으로 확대된다. 작가는 이 작품을 H의 편지로 마감함으로써 이 사태의 핵심을 여성의 본능적인 성적 욕망으로 보고자 한다.

하지만 성적 욕망이 문제시되는 것은 다른 타자와의 관계 속에서 또 다른 가치판단을 요구하기 때문이다. 이 가치판단은 "정조가 곧은 천녀 대(對) 생식 밖에는 쓸모가 없는 여자"에서 보듯이 정신과 육체를 대립시키는 방향으로 작동한다. 자신의 연인일 때 여성은 더할 나위 없이 순결하고 아름다운 존재이지만, 다른 사람의 연인일 때 그녀는 인격적인 가치를 부여받지 못하고 환멸의 고깃덩어리가 되어버리는 것이다. 동인지문학에서, 사랑하던 여성의 배반의 원인으로 파악된 또 하나는 물질적 욕망이었는데 여기서도 마찬가지의 판단이 이루어진다. 가령, 이일의 「피아노의 울림」(『창조』 5호, 1920.3)라는 작품에서는 웰쓰여대생이

---

20) 전영택, 앞의 글, 앞의 책, 57면.

자 도덕관과 재주가 뛰어났던 박마리아가 재산가이자 첩의 자식인 김인환과 약혼한 것에 대해서 재신(財神)의 유혹에 홀려 "自己의 峻嚴한 道德觀과 純潔한 貞操"를 祭物로 바친 것으로 그려진다. 즉 "朴이 金을 取함은 人格도 아니요 才能도 아니요 門閥도 아니요 學問도 아니오 다만 金錢이라는 것이었다."[21] 이 작품에서도 첩의 자식이라 하여 왕년에 박마리아에게 거절당했던 미술가 홍순모는 박마리아를 찾아와서 여자는 허영심이 생명보다 강하다 하지만 지조 있던 당신까지 그럴 줄은 몰랐고, 그처럼 양심과 염치가 없느냐고 맹비난을 한다.[22] 돈에 이끌린 배반 또한 결국에는 정조를, 즉 순결한 육체를 판 것이라고 인식되었던 것이다.

여성의 성적 방종과 물질적 욕망 때문에 좌절된 사랑을 그린 대부분의 작품에서 또 한 가지 주목해야 할 점은 주인공의 사랑을 배반한 여성이 새로 관계 맺는 남성들은 하나 같이 인격면에나 교양면에서 흠집이 있는 사람들로 그려진다는 것이다. 「마음이 옅은 자여」의 K의 연인 Y가 어릴적 돈에 팔려 정혼했다는 남자는 '섬 무지렁이'이다. 「별을 안거든 우지나 말걸」에서 주인공 DH가 흠모하던 MP를 함께 좋아하던 DH의 둘도 없던 문우(文友)인 R은 알고 보니 뒤에서 친구를 험담하는 무뢰한으로 밝혀진다. 「피아노의 울림」의 김인환도 교양이라고는 짤막한 영어

---

21) 이일, 「피아노의 울림」, 『창조』 5호, 1920.3, 59면.

22) 홍순모의 비난 내용 중에는 서양인이 세운 여자대학에 관한 것도 핵심을 이룬다. 홍순모는 "서양사람 코 아래서 머리를 들지 못하고 하츰부터 저녁까지 쎗터의 내음새나 맛든 사람들의게다 良心이니 廉恥니 하는 問題가 안이 생길넌지도 모르지요, 이 웰스學校로 말하면 우리 半島에는 흔치 못한 宏大한 學校입니다. 그런데 이 學校出身이 우리 社會에 貢獻한 것이 어듸 第一 만슴니까? 아마 妾으로 第一 만이 産出이 되엿스리다. 이것은 理論이 안이고 事實임니다"(앞의 책, 63면)라고 비난한다. 이처럼 서양인이 세운 여학교와 여성교육에 대한 부정적인 시각은 당대 현실에도 존재했었다. 그 요지는 조선여자를 원료삼아 서양여자의 미숙품을 만들었다는 데 있었는데, 이는 신식교육을 받은 여성들이 사회의 가치관의 혼란을 증폭시킨다는 인식의 연장선상이었다. 이에 대해서는, 김진송의 『현대성의 형성—서울에 딴쓰홀을 許하라』, 현실문화연구, 1999, 202~209면 참조.

격언을 외우는 정도이고 유곽에 출입하면서 경성의 류행계(流行界)를 지배하는 인사이다. 이러한 설정이 의미하는 바는 다음에서 집약된다.

> 나의 마음은 甚히 괴롭습니다, 나는 이 순간에 곳 그리로 가로 십습니다, 그리고 그들이 지내는 것을 보고 십습니다, 勿論 그 두 사이가, 一平生 동안 원만한 生活을 닛는다하면 나는 스스로 幸福하게 알겟습니다, 그러치만 玉貞의 남편된 K는 내가, 잘—암니다, 그는 玉貞이에 將來를 망치게 할 자, 눈물의 삶을, 맨들 者이외다, 이것은 내가 손톱에 장치고 斷言합니다, 아 불상하게 될 玉貞이, 그러치만 自作之(?)이지오.[23]

인용문은 백야생(白野生)의 「일년후(一年後)」의 주인공 안의근이 자신이 상해로 떠나가 있는 동안 애인 옥정이 돈 때문에 K라는 남자와 약혼을 했다는 소식을 전해 듣고, O형님에게 의분을 전하는 편지의 한 대목이다. 겉보기에는 우선 불행해질 것이 분명한데도 K와 약혼한 옥정의 미련스러움에 대한 지탄이 핵심일터이지만, 심층을 파고들자면 돈이 행복을 보장하는 조건이 아니라는 것에 대한 확신과 나아가 옥정이 자신과 함께라면 행복했을 것이라는 우월감이 도사리고 있다. 이 우월감의 근거는 이미 앞에서 실연한 남자 주인공의 연적들의 면면을 보았듯이 그들은 육체와 결부된 물질적 가치만을 추구할 뿐 지식과 교양 등 정신적 가치를 추구하지 않으며 어느 정도의 교양을 지녔다 하더라도 「젊은 이의 시절」의 영빈이나 「별을 안거든 우지나 말걸」의 R처럼 그것을 여성을 유혹하는 데 쓴다는 데 있다. 연인이었던 여성이나 연적들과 비교할 때, 자신은 순수하고 고매한 정신적 가치의 지향자인 것이다.[24] 말하

---

23) 白野生, 「一年後」, 『창조』 6호, 1920.5, 68면.
24) 여언이지만, 적어도 일제 강점기의 우리 소설에서 괴테의 『젊은 베르테르의 슬픔』의 알베르트와 같은 연적의 형상을 발견할 수 없다. 알베르트는 합리성과 이성의 추구자라는 점에서 베르테르와 추구하는 지향이 다를 뿐, 베르테르가 그를 도덕적 윤리적으로 비난하거나 진심으로 증오할 수 없을 정도로 우아하고 고매한 인격의 소유자로 형상화되어 있다.

자면, 여성을 동일시의 대상으로 놓을 때와 마찬가지로 배제의 대상으로 놓을 때도 궁극적으로는 자신의 우월성과 이상화가 기도되는 것이다.

하지만 그들의 물질적 가치 추구가 순전히 개인적인 도덕상 윤리상의 결함으로 비난받는 것은 이율배반의 역설을 야기한다. 즉, 그토록 염오하던 사회제도와 이데올로기에로의 귀환이 일어나는 것이며, 자신이 추구하던 정신적 가치란 흔한 도덕률이라는 평범의 차원에 머무르는 것이었음을 폭로해주기 때문이다. 이 역설의 운명은 김동인의 「마음이 옅은 자여」의 K의 운명에서 볼 수 있다. 연인인 Y가 다른 남자와 결혼을 하여 실연한 후, K는 "깜깜한 차디찬 삶" "소름이 먼저 끼치는 삶"을 다시 살게 될까 두려워하다 자살까지 결심을 하지만 종국에는 아내의 무덤 앞에서 다음과 같은 고해성사를 한다.

　　　―아―안해여―용서하라!
　　　―그대를 이러케 한 거슨 지금 利己的 男子들이 發明한, 그, 女子의 人權을 蔑視한 惡思潮에 취 하엿던, 이 나 그대의 남편이다.
　　　―나를, 이와 가튼 나를 생각하는 그대의 마음, 지금은 짐작하노라.
　　　―나의 罪, 헤일 수 없는 나의 죄, 지금 自복하노니, 용서하라. 나도 이계부터는…….
　　　K는 눈물을 씻고 니러나 안젓다.25)

고해성사 후 K는 C에게 "나는 인제부터는 참삶을 사를 터이다. …… 「마음이 여튼 자(者)」는, 나의 안해도 물론 아니고, 또는 Y도 아니고, 그 實로 이 나―K이다"26)라는 편지를 보낸다. 마음이 옅은 자―그것은 성적 욕망에 달떠 마음, 즉 정신의 가치를 돌보지 않은 자를 의미할 것이다. K가 Y에게 실연당한 후 새삼 생각하는 것은 고향에서 늙은 노모와 아들을 보살피며 묵묵히 자신이 돌아오기를 인내하는 아내의 삶에

---

25) 김동인, 「마음이 여튼 자여」, 『창조』 5호, 1920, 20면.
26) 위의 책, 20면.

대한 것이다. 아내의 삶에서 단연 돋보이는 것은 바로 정신의 가치이다. 그러나 그 정신이란 결혼제도 등 여타의 사회제도 및 관계에 기대고 있는 것이다. 주요한은 K가 새롭게 추구할 참삶이 세상의 도학(道學)선생이 가르치는 방탕자의 개과(改過)가 아님은 분명하다[27]고 했지만, 과연 K가 새로이 살고자 하는 참삶이 어떤 삶인지는 답을 구하기 어렵다. 왜냐하면 도학선생의 교훈을 수락하는 차원으로 떨어지지 않는 길은, 사회적 제관계로의 전면적인 진입밖에 없다고 해도 과언이 아니지만, 그것이 쉽지 않았던 것이다.

3. 동일시와 배제의 메커니즘

앞의 논의를 총괄해볼 때, 동인지문학 내에서 여성은 남성 주체에 의해 해석된 존재로 머무르고 있다. 천국이자 지옥, 미이자 추, 천사이자 악녀—이처럼 전적인 자기 투사와 전적인 배제로밖에 이야기될 수 없는 여성이란 애초에 그 사회적·역사적 존재로 인식되지 않았음을 의미한다.[28] 이는 작품 내적으로 볼 때는, 허다한 여성 인물들이 이름조차 잘 기억되지 않을 정도로 비개성적이라는 것으로 드러난다. 동인지문학에 근대적 자아를 지향하는 주인공과 짝을 이루는 이상화된 여성상들은

---

27) 주요한, 「性格破産—東仁君의 「마음이 여튼 者여」를 봄」, 『창조』 8호, 1921.1, 8면 참조.

28) 여성이 어떻게 합리성과 생산성을 추종하는 근대사회에서 유토피아의 실체성을 보존하는 존재로 받아들여졌는가는 리타 펠키스의 『근대성과 페미니즘 *The Gender of Modernity*』(김영찬·심진경 역, 거름, 1998)에서 자세히 다루어진다. 리타 펠키스는 근대성의 성별은 무엇인가라는 도발적인 물음을 제기하면서, 근대성의 담론을 구성하는 서구의 주요 텍스트들이 근대적 개인을 가족적·공동체적 유대로부터 벗어난 자율적 남성으로 가정하고 있다는 주목할 만한 견해를 제시한다.

어떤 면에서 보자면, 동인지 주체들이 도학선생의 설교라 비난한 계몽
주의 문학의 대표격인 『무정』의 여성들보다도 비개성적이다. 『무정』의
여성들인 영채·선형·병욱 중에서도 특히나 영채가 뚜렷하게 떠오른
다는 것은 인정해야 할 사실이다. 『무정』의 전반부가 『박영채전』에 가
까울 정도로, 영채라는 여성의 형상이 뚜렷한 것은 바로 영채라는 인물
이 역사를 갖고 있기 때문이며 그 역사가 바로 현재의 영채를 만들었기
때문이다. 이광수가 의도한 바의 이념을 달성하기 위해서 영채를 죽였
다가 다시 신여성으로 부활시켜야 하는 무리를 감행할 수밖에 없을 정
도로 영채의 존재감은 큰 것이었다. 앞서 살펴본 작품에서 여성들은 저
마다 남성 주인공 앞에 사랑의 화신으로 등장하지만, 사랑의 차원에서
보더라도 이해조의 『박정화』29)의 강릉집에 비하자면 사랑에 빠져들 수
밖에 없는 자기 내적 토대와 현실을 갖고 있지 않으며, 설사 사랑에 기
만당한 경우라도 그 박절함이란 강릉집의 비극적인 운명에는 한참 모자
란다. 이는 「약한 자의 슬픔」의 강 엘리자벳트의 비극이 비극에 걸맞은
정서를 환기시키지 못한다는 것만 보아도 분명하다.

　이러한 여성 형상의 추상성과 공허함의 궁극적인 원인은 여성이란
존재의 사회성과 역사성의 제거에 있다. 여성이 구원의 화신이건 추악
한 본능의 화신으로 표상되건 간에, 그 여성에게는 사회적 관계나 자신
고유의 삶의 역사는 허용되지 않았던 것이다. 이렇게 볼 때, 사랑이 예
술과 마찬가지로 참삶으로 통하는 길이 될 수 있었던 것은 여성의 역사
성과 사회성을 몰각한 자기 투사의 이상화 덕분이었다.

　이러한 이상화 메카니즘 자체가 자기기만의 논리를 포함하게 된다.
배제의 대상으로서의 여성은 바로 이를 증명해주고 있다. 많은 작품 내

---

29) 『박정화(薄情花)』는 1910년 『대한민보』에 연재되었고, 1912년 유일서관에서 『산천
　초목』으로 개제되어 출판되었다. 이 작품에 대한 구체적은 분석과 문학사적 의의는
　한기형의 「한문단편의 서사전통과 사소설」(『민족문학사연구』 4호, 창작과비평사, 1994)
　과 「신소설의 근대문학적 위상」(성균관대 박사논문, 1998)을 참조할 것.

에서 사랑과 구원의 화신이었던 여성은 현상적으로는 성적 방종이나 물질적 욕망 때문에 연인이었던 남성을 배반한다. 남성 주인공은 원한에 가득 찬 매도와 비난으로 자신에게는 아무런 잘못이 없음을 역설하려 하지만, 배반의 원인으로 인식된 성적 방종이나 물질적 욕망의 성격을 세밀히 고려한다면 사정은 달리 해석될 수도 있을 것이다. 그 단서는 여성의 성적 욕망이나 물질적 욕망은 다른 남성과의 관계 속에서만 발견되고 폭로되었다는 데 있다. 이를 우선 성적 욕망의 차원에서 먼저 분석하도록 한다.

이와 관련하여 조금 시기가 늦긴 하지만『조선문단』9호에 개제된 「제가의 연애관」에 드러난 당대 문인들의 생각을 보자면, 대부분이 성적 욕망(육적 요구)을 연애 혹은 사랑에 있어서 배제할 수 없는 계기로 인정하기는 하지만, 성적 욕망은 자아의 정체성 자체를 구성하는 것으로서가 아니라 종족보존의 본능이나 그 자체로서의 본능으로 인식하고 있으며, 이러한 육체적 본능만의 사랑은 진정한 사랑일 수 없다는 인식이 지배적이다.[30] 이러한 연애관 안에는 정신적 사랑과 육체적 사랑이라는 이분법적 도식[31]과 그에 파생되는 갈등의 계기가 주어졌다고 볼 수 있을 것이다. 김동인의 「마음이 옅은 자여」의 K의 독백은 이를 대변한다.

C와 함끠 잇는 거슨 자미잇다. 저긔는 精神上의 娛樂 ―勿論 그와 함끠 이슬 째는 精神上壓迫도 적지 안치만 ―이 잇다.

---

30) 『조선문단』9, 1925.7 참조.
31) 호르크하이머와 아도르노는 사드의 소설 『줄리엣의 일대기 또는 악덕의 승리』(1797)를 분석하면서, 인간을 사유하는 존재와 육체를 가진 존재로 나누는 데카르트적인 이분법이 이미 내포하고 있는 피할 수 없는 결론이 '낭만적 사랑'의 파괴에서 너무나 분명히 드러나고 하였다. 육체적 충동을 끊임없이 지연시키거나 완곡화하는 낭만적 사랑은 사실 육체적 충동을 은폐하고 합리화한 것이며, "거짓된, 그리고 매우 위험한 형이상학"이라고 지적한다. 영혼과 육체의 분리를 통해, 사랑은 한편으로는 성에만 국한된 의도로 드러나거나 한편 유토피아적 과잉양태로 양극화되면서 행복의 계기로서의 사랑의 내용이 빈약해졌다고 지적한다. 김유동・주경식・이상훈 역,『계몽의 변증법』, 문예출판사, 1995, 123~168면 참조.

Y와 함믜 잇는 것도 자미잇다. ─오히려 더 C와보담 더 즐겁달 수가 잇다. 그러치만─아─쓰기도 실타.

「너는 Y의게서 무어슬 求하느냐! 情神上 娛樂보다, 오히려 情慾의 ………」 뉘가, 내귀에 속삭이는 것갓다. 아─나는 Y에게서 정욕의 만족을 구하지 안엇는가?

─情神上 즐거움보다도 오히려!

내가 그와 좀 정답게 이야기하게 된 다음에 첫 번 물은 말은(?)

「잉태하면? ………」이 아닌가!32) (강조는 인용자)

아─情神上 즐거움! 째째로 머리를 드는 이 참사랑으로 나와 Y는 맛매우고 십다. 肉을 써나고 俗을 써나고 人間的을 써난 이 理想의 순간─이 神聖한 순간이─이 참의 순간이, 순간─이 련속되여 時로 되고 日로 되고 年으로 되여, 우리 두사람으로 하여금 그의 우를 것게 하여, 肉的俗的인 우리 사랑으로써 神聖한 理想的 사랑으로 변하게 하면, 아─그째는 ……… 그째는 ……… 나는, 누리에 대하여 布告하리라─

「오─나는 너희보담」이라고 ……….33) (강조는 인용자)

K는 함께 문학을 하면서 정신적 교감을 나누는 친구 C와 연애 중인 Y에게서 얻는 쾌락의 성격을 비교하면서, Y에게서 얻는 기쁨이 더 큰 것은 그것이 정욕이기 때문임을 시인하면서도 자조적인 기분을 드러낸다. 두 번째 인용문에서는 신성하고 이상적인 사랑이란 정신적인 사랑임을 이야기하는데, 그 성격을 "肉을 떠나고 俗을 떠나고 人間的을 떠난" 것으로 규정하고 있다. 이러한 성격의 정신적 사랑이란 단지 정신적 교감의 차원으로만 설명되는 것이 아니라 사회적 제관계를 넘어선 것, 자신의 패쇄적인 자장만을 허락하는 것을 의미한다. 이 폐쇄적 자장의 울타리 속에서만이 자신과 연인과의 육체적인 교섭은 별다른 무리없이 긍정의 계기를 얻을 수 있었던 것이다. Y와의 사랑이 영적인 것이냐 육

---

32) 김동인, 「마음이 여튼 者여」, 『창조』 4호, 1920, 11면.
33) 위의 책, 13면.

적인 것이냐를 두고 끊임없이 번민하던 K가 "나를 사랑하는 여자를 내
가 사랑하는데 그거시 육의 사랑이던 참사랑이던 관계가 무어시며 마음
의 아플거시 무어시랴? 그러타―나의 의무는 다만 Y를 사랑할거시지,
그거시 무슨 사랑이던 분석기에 올녀노아서 이러타저러타 할 필요는 없
다. (…중략…) 맹목적이라야 할 사랑에, 육적이니 영적이니 구별할 필요
는 없다"34)는 자기 합리화에 도달한다. 이러한 합리화를 통해 자신의 성
적 욕망은 은폐되고 더 이상 의문시되지 않는다. 이처럼 오로지 자신에
게만 근거한 세계란 사회적인 차원에서 바라보았을 때에는 맹목적 성격
을 본질로 하며, 그 때문에 사랑의 형상화는 특히나 어려움을 겪었다.
　왜냐하면 그려질 수 있는 것이란 연인들 사이에서 오가는 몽롱한 수
사로 표현된 감정이나 서로의 육체를 보면서 느끼는 정염일 수밖에 없
었기 때문이다. 몽롱한 감정상태나 몸짓으로 오가는 수작이 전부였던
것이다. 조금 보태진다고 해도, 예술에 관한 추상적인 언설이 지루하게
펼쳐질 뿐이었다. 이언 와트는 리처드슨의 『패밀러』를 분석하면서, 낭
만적 사랑의 서사는 두 사람의 관계를 주축으로 하더라도 일상생활의
많은 기본적인 문제들―예를 들어 사회 계층들과 그들의 각기 다른 전
망들간의 갈등들, 또 성적인 본능과 도덕률간의 갈등들―을 포함하도
록 사실적으로 그려질 수 있는 가능성의 좋은 조건이 될 수 있었음을
논증한 바 있다.35) 사랑이 근대소설의 형식과 내용상에 부여한 풍요로
움은 사랑하는 두 연인이 여타의 사회적 관계 속에서의 개인일 때만 얻
어질 수 있다. 사랑의 근거에 사회적 관계가 배제된 자기 자신만을 놓
을 때 벌어지는 역설은 당대의 문학이 사랑에 신성성을 부여한 본질이
었던 정신적 지향조차 그려질 수 없었다는 것이다.36)

---

34) 위의 책, 15면.
35) 이언 와트, 전철민 역, 『소설의 발생』, 열린책들, 1988, 175~222면 참조.
36) 이를 박현수는 나도향 문학에서 추구된 사랑의 성격과 좌절을 통해 규명한 바 있다.
　　박현수, 앞의 논문, 130~141면 참조.

1930년대에 이광수나 이태준 등은 계몽주의 소설에서 성적 욕망이 거세된 정신적 사랑을 그렸는데,37) 구체적인 형상화가 어느 정도 가능했던 것은 두 남녀 주인공이 함께 계몽운동을 위해 동지적인 관계를 구축했기 때문이다.38) 대표적으로 심훈의 『상록수』의 박동혁과 채영신의 사랑이 우리에게 일정 감동을 주는 부분도 이에 기인한다. 말하자면 정신적 사랑은 성적 욕망의 경우보다도 사회적 관계 안에서 주어질 때만이 그 내용을 얻을 수 있는 것이다. 그리하여 동인지문학에서 드러난 사랑의 추상성은 한편으로는 다른 타인과의 관계가 개입되었을 때, 의도하지 않았던 자기기만을 폭로하게 되고 마는 것이다.

사랑하던 여성이 다른 남자와 관계를 맺을 경우, 그 관계는 '사랑'이라 인식되지 않고 전적으로 성적 욕망이라 인식된다. 사랑을 가능하게 한 고독이라는 인간적이고 사회적인 계기조차 자기 자신에만 해당되며, 여성이나 다른 사람들에게는 허락된 것이 아니었다. 하지만 이러한 매도와 비난이란 비록 타자를 부정적인 존재로 전락시키는 방식이기는 하지만, 결코 자기 투사나 자아의 변형태일 수만은 없는 타자의 존재를 증언하는 동시에, 역으로 자기 자신도 결국은 사회와 연루된 존재임을 폭로한다. 비난의 이유가 된 성적 욕망이건 물질적 욕망은 모두 육체와 사람과의 관계를 가정하지 않고서는 생각될 수 없는 것들이며, 그 비난이 윤리적 도덕적 성격이라는 점 자체가 그 자신이 실제로는 사회를 떠

---

37) 1930년대에 들어 이광수와 이태준 등의 계몽주의 소설에서는 육체와는 분리된 정신적 사랑을 주창하는 한편, 1930년대 후반에는 이효석이나 김동리 등의 작품에서는 소위 '토속적 인간형'을 통해 육체의 본능적 원시성이 강조되고 있다. 그 의미에 대해서는 별도로 논의해야겠지만, 이러한 사정이 점증하는 일제 식민지 권력을 내면화하는 과정과 무관하지는 않았을 것이라 짐작하는 바이다.

38) 물론 그 소설들의 사상적 기반이 되었던 1930년대의 계몽주의의 한계적 성격은 간과하고자 하는 것은 아니다. 이혜령, 「이태준 장편소설 연구」(성균관대 석사논문, 1996)에서는 이태준 장편소설에 나타나는 정신적 사랑의 지향이 정치적 사회적 구조의 변경 없이 정신과 도덕 등 문화적 차원에서 사회를 개량하려는 문화적 민족주의와 짝을 이루고 있음을 밝힌 바 있다.

난 존재이지 못하다는 것을 반증하기 때문이다.

4. 개인만을 원천으로 한 자아의 곤경과 형식의 문제

앞에서 살펴본 1920년대 동인지문학의 여성을 바라보는 시선과 그 메카니즘은, 그들이 추구한 예술과 근대적 자아의 추상성과 공허함을 역설적으로 웅변해준다. 동일시든 배제든 궁극적으로 자신의 우월성과 이상화를 드러내고자 하는 목적은 주체 자신의 역사성과 사회성의 제거 없이 실현되기 어렵기 때문이다. 여기에서 과연 동인지 주체들이 식민지 조선을 어떻게 인식하고 있었는가를 물을 수 있을 것이다. 무엇보다 조선의 사회현실이 염상섭의 『만세전』에서는 무덤으로, 『폐허』창간의 취지를 역설한 오상순의 글에서는 '폐허'로 호명되었다는 것을 환기하고자 한다.

> 果是, 廢墟는 死亡과 죽음이 支配하는 것 갓다. 그러면 우리는 고만 죽고 말 것인가? 안이다! 안이다!
> 오늘날 우리는 四柱八字運動等의 迷信을 打破해 버렷고 「샤자」의 쇠사슬도 우리 손에 드러와 녹는 것을 배왓다. 우리의 生은 實로 宇宙的 對生命의 流動的 創造요, 그 活現임을 깨다랏고, 우리가 이 天地에 主人임을 확실히 알엇다. 우리의게 엇지 永久한 죽음이 잇스랴. 果然 陰部의 權威가 어듸잇스며, 死亡의 가시가 어듸잇느냐. 荒凉한 廢墟를 뒷고선 우리의 발밋헤, 무슨 한 개의 어린 싹이 소사난다. 아—貴ㅎ고도 반갑다.39)

"우리 朝鮮은 황량한 廢墟의 朝鮮이요, 우리 時代는 悲痛한 번뇌의

---

39) 오상순, 「시대고와 그 희생」, 『폐허』 창간호, 폐허사, 53면.

時代이다"라는 말로 시작되는 오상순의 글은 언뜻 보면 식민지 조선의 상황에 대한 통절한 인식 위에서 쓰인 듯하다. 그러나 창조=예술에 의해서만 생명을 불어넣어야 할 폐허란, 기실 연원도 역사도 없는 미개척지의 자연과 마찬가지의 것이라는 역설이 도사리고 있다. 말하자면, 그들이 예술을 절대의 가치로 내세울 수 있었던 것은 바로 자신들이 발 딛고 있었던 식민지 조선의 역사성의 거세를 통해 주체에 대한 현실적 속박을 제거하는 것이었다. 그러하기에 이들에게 있어서, 예술을 한다는 것은 자본주의적 분업화에 따른 전문 직업이 아니라, 생 또는 삶 그 자체와 동의어일 수 있었다. 문제는 바로 여기에 있었다.

예술과 생활의 하나됨은 생활이 참으로 이상 또는 정신의 담지자로서 파악된 때에만 성립될 수 있다.[40] 그런데 이들에게 있어 개인적 삶의 토대가 되는 현실적 지반은 이미 그 역사성과 현실성이 거세된 공백지대였다. 조선현실까지 둘러볼 필요도 없이, 이들에게는 개인적 환경이랄 수도 있는 가족과 그 토대마저도 벗어나거나 타도하지 않는 한 건질 것이라고는 하나도 없는 황무지로 드러난다. 적어도 1920년대 초반에 자신의 기원이자 현재적 삶의 토대로서의 가족이 한국소설사에 제대로 형상화된 적이 없다는 것만 보아도 이는 분명하다. 앞에서의 작품 분석에서도 확인했듯이, 아버지는 예술가의 지향을 방해하는 몽매한 권위의 화신이며, 시골의 본처는 참삶으로 통하는 사랑의 걸림목이다. 더한 것은 아예 어디서 태어나고 어떻게 살아왔는지를 모를 고립무원의 고아이거나 가족이 있어도 그 실체조차 거론되지 않는 경우가 허다하다. 물론 이러한 사태를 그들의 근대적 지향을 가로막았던 반봉건적 질곡에 대한 저항이라 의미부여할 수도 있을 것이다. 하지만 반봉건적 질곡이 엉켜있는 조선 현실에서 주체 자신이 어떤 관계를 맺고자 하였나를 묻는다면, 이러한 평가는 너무 쉽게 내려진 것이다.

---

40) 마르쿠제, 김문환 편역, 『마르쿠제 美學思想』, 문예출판사, 1989, 11~12면 참조.

　가령, 1920년대에 조선의 현실을 가장 잘 드러낸 소설로 평가받는 염상섭의 『만세전』에서 그려진 조선의 현실은 이인화의 지향을 가로막는 대상에 관한 접근이자 지향과 현실의 괴리에 관한 원인을 찾아낸 것이라 할 수 있지,[41] 이인화 자신의 삶의 근거이자 토대로서, 즉 질곡일지라도 교섭할 수밖에 없는 현실적 지반으로서 제시된 것은 아니다. 『만세전』의 마지막 부분에 이인화가 동경으로 다시 돌아가는 길에 정자에게 보내는 편지는 결국 자아로의 귀환을 보여주고 있어 이를 실감케 한다.

　　그러나 나는 스스로를 구하지 않으면 안 될 책임이 있는 것을 깨달았습니다. 스스로의 길을 찾아내고 개척하여 나가지 않으면 안 될 자기 자신에게 스스로 부과한 의무가 있는 것을 깨달았습니다. (…중략…) 만일 전체의 '알파'와 '오메가'가 개체에 있다 할 수 있으면 신생이라는 영광스런 사실은 개인에게서 출발하여 개인에게 귀결되는 것이 아니겠습니까? 그러면 우리는 무엇보다도 새로운 생명이 약동하는 환희를 얻을 때까지 우리의 생활을 광명과 정도로 인도합시다.[42]

　동경에서 경성에 이르는 여정 속에서 조선의 현실을 지켜보았지만, 그곳은 자신에게 길을 제시해줄 수 없는 무덤이니 자기 자신에게로 돌아오겠다는 것이 요지이다. 하지만 알파와 오메가인 개인의 내용이 무엇인가를 묻는다면, 그 내용이란 염상섭이 이인화의 시선을 통해 바라본 식민지 조선현실 그것에 비교해 볼 때조차도 턱없이 실체가 없다는 짐작 또한 가능하다. 나는 식민지 조선의 식민이요, 누구 집 자식이라는 말을 하기를 끝내 저어했던 개인의 내용이 감성과 추상의 통일일 수밖에 없음은 분명하다. 여기에서 감성이란 주체의 인식 메카니즘 속에서

---

41) 박현수, 「1920년대 초기 소설의 근대성 연구」, 성균관대 박사논문, 2000, 96~105면 참조. 박현수는 『만세전』에 그려진 조선의 봉건적 질곡이란 근대라는 지배적인 해석틀을 통해 '발견'된 것이라 주장한다. 이러한 지적은 기간 문학사적 인식을 지배해 오던 식민지 근대의 파행성이라는 문제틀에 대한 재고를 요청하고 있다.
42) 염상섭, 『만세전』, 『염상섭 전집』 1권(권영민 편), 민음사, 1987, 105~106면.

부정성 자체로 전화해버린 현실에 대한 환멸감이며, 추상이란 부정성의 현실을 대신할 사회적 실체란 존재하지 않는다는 사실에서 오는 공허 그자체이다. 자아는 사회와 복잡하게 연관되어 있을 뿐만 아니라 글자 그대로의 의미에서 사회 덕분에 현존하는 것이다. 개인의 내용은 사회에서 나오거나 혹은 오로지 객체와의 관계에서만 싹튼다. 보다 자유롭게 사회 속에서 전개되고 사회를 재투영할수록 개인은 풍부해지지만, 이와 반면에 개인을 원천으로 과대선전하는 개인의 제한과 견고성에 대한 주장은 바로 개인을 제한시키며 초라하게 만들고 축소시킨다.[43] 식민지 조선이라는 현실적 속박을 제거해버림으로써 가능했던 예술의 절대화는 역설적으로 예술과 함께 그 속에 아로새겨 넣으려 했던 근대적 자아의 내용을 공허하게 만들었던 것이다. 또한 오로지 자아만을 원천으로 할 때, 그 형식은 자기 증식의 파노라마일 수밖에 없는데, 이는 스스로를 제어할 힘이 없다. 말하자면, 형식의 계기를 찾아야만 하는 난관에 봉착하게 되는 것이다. 그러나 동인지문학 안에서 이 난관을 해결할 길이 전혀 없었던 것은 아니다.

김동인의 「마음이 옅은 자여」의 K는 모든 잘못을 자신의 탓으로 돌리는 반성적이고 성찰적인 면모를 보여주기는 한다. 그 후에 K가 돌아가야 할 세상은, 세속적 현실과 세속적 존재로서의 자기 자신이어야 할 텐데, 김동인은 그 길을 가지 않고 「배따라기」(『창조』 9호, 1921.6) 세계로 전환한다. 알다시피, 「배따라기」의 세계는 운명이 지배하는 세계이다. 죽음에서 끝나는 운명이란 삶의 형식이랄 수도 있을 것이다. 동인지문학의 많은 글들은 바로 죽음에 대하여 말하고 있다.

일종의 에세이라 할 수 있는, 박종화의 「영원(永遠)의 승방몽(僧房夢)」(『백조』 창간호, 1922.1)과 박영희의 「생(生)의 비애(悲哀)」(『백조』 3호, 1923.9)는 다같이 따눈치오(Dannunsio)의 『사(死)의 승리(勝利) Frionfp Dolli Morte』를 들

---

43) 아도르노, 최문규 역, 『한줌의 도덕』, 솔, 1995, 217면.

어 생의 비애와 그것을 초극하는 방식을 이야기하고 있다. 박종화는 "육신엔 아지 못하는 단 이상한 질거움에 쮜여 限없는 歡喜에 헤염치건만 우리는 한 큰 空洞의 缺陷을 깨닷지 안이치 못하겟다, 生이란 永劫의 空洞이요 虛無인 것을 늣지기 안이치 못하겟다"44)라고 하면서 삶의 진리를 위해 육신의 열락을 버리고 죽음을 택한『사의 승리』의 주인공을 찬양한다. 한편 향락적 삶을 산 끝에 결국 죽음에서 최고의 안식과 열락을 얻는다는 주제를 담은 서구 문학 작품을 분석하면서, 박영희는 "人間의 가장 씃업는 享樂은 우리의 肉體 때문에 陷落되고 만다. 우리의 慾望은 씃업스나 우리의 肉體는 限이 잇는 것이다. 그럼으로 有限과 無限 새이서 나오는 부르지즘은 生의 悲哀로 나오는 것이다"45)라는 결론을 내린다. 박종화는『사의 승리』의 줄거리를 분석해가면서 주인공이 시계 소리와 타목장(打木場)에서 들려오는 리드미컬한 연가(連枷)소리에 "時間의 지내가기 쉬움을 생각하게 하고 한 不安한 무서움을 일으키게 하얏다"46)고 적는다.

이 두 사람의 글을 종합해 볼 때, 육체의 쾌락이란 그 자체로 환희인 것만은 분명하지만 육체가 유한하다는 데 바로 삶의 허무와 불안이 존재하는 것이다. 이들이 의지적 죽음—즉 자살을 찬양한 이유는, 자살이 유한한 육체를 죽음으로 인도하는 지속적인 시간의 흐름을 정지시키는 행위이기 때문이다. 이러한 죽음은 형상을 통해 대상의 현존을 영원으로 포착하고자 하는 예술과 유사하다. 아닌게 아니라 염상섭은 수상문「저수하(樗樹下)에서」(『폐허』 2호, 1921.1)에서 죽음도 예술일 수 있다는 논지를 펼친다. 염상섭의 논지는 동인지 주체들이 왜 그토록 죽음에 집착했는가를 집약적으로 보여주고 있다고 해도 좋을 것이다.

---

44) 박종화,「영원의 승방몽」,『백조』 창간호, 1922.1, 58면.
45) 박영희,「생의 비애」,『백조』 3호, 1923.9, 195면.
46) 박종화, 앞의 책, 59면.

모든 死 그 自體가 藝術이라고 생각할 수는 업다. 一切의 死가 藝術일 수 잇다 함은 大自然은 一大藝術이라 함과 가튼 意味박게 안이 된다. 그러나 自然은 오즉 藝術의 藏庫일 다름이요, 우리가 이르는 바 藝術 그 물건은 안이된다. 오즉 觀念에 依하야 形象化하여 그 속에 美와 生命이 流動할 째에만 藝術일 수가 잇다. (…중략…) 그러나 藝術에는 表現의 形式은 無視할 수는 업다. 함으로 死를 藝術的으로 化하랴면 相當한 形式를 要한다. 나는 이 意味로서 情死의 意義를 肯定하랴 한다. 病床에 呻吟하면서 刻一刻으로 威脅하야 오는 自然의 死에 戰慄하는 것은, 얼마나 두려웁고 醜惡할가. 쏘한 불가튼 情熱의 向할 바를 몰나서 「鴛愛鴦戀의 女가 安車의 가온데 서로 抱擁하고 九穢五濁의 세상을 써나 悠悠 理想의 大地에 놂」이, 얼마나 아릿다울가.[47]

염상섭은 자연사(自然死)와 "觀念에 依하야 形象化하여 그 속에 美와 生命이 流動할 째"의 藝術로서의 죽음을 구분한다. 예술로서의 죽음이란 삶을 미학화하는 형식으로 이해할 수 있다. 그 대표적 예를 정사(情死)로 들고 있는데, 이는 얼핏 넘어갈 성질의 것이 아니다. 염상섭은 같은 글에서 "戀愛를 否定하는 나도 情死만은 肯定하랴 한다"[48]고 고백한다. 생각건대, 연애란 시간의 경과 속에서 언제 끝난다는 기약도 없이 시시각각의 불안과 번민을 감수해나가야 하는 것이다.[49] 반면 정사란, 순간의 충일[情]을 영원의 형식[死]으로 포지(抱持)하는 것이라고 할 수 있다. 염상섭이 정사를 긍정한 이유가 바로 죽음이라는 물질적 현상이 지닌 형식적 계기에 있다 해도 그리 무리이지 않다. 공허한 자아의 자기 반복만을 거듭해오던 동인지문학의 전개 과정에서 죽음에 대한 동경은 우선 그 자체로서 예술적 지향의 정당성을 극단적으로 입증하는 방식이었다. 보들레르, 말라르메, 오스카 와일드 등 세기말의 서구문학

---

47) 염상섭, 「저수하에서」, 『폐허』 2호, 1921.1, 65~66면.
48) 위의 책, 66면.
49) 박영희의 「感想의 廢墟」는 실연 후 자신의 고백담과 같은 글인데, "꽃은 썩그면 시드는 것이요 處女는 썩기면 늙은 것이다, 그 마음까지 늙은 것이다"라면서 시간의 흐름에 따른 변화를 저어하고 있다. 『백조』 2호, 1922.5, 75면 참조.

을 통해 얻은 죽음이란 계기는 현실의 부정성을 드러냄으로써, 추구해야 할 가치를 현실이 아닌 예술에서 찾는다는 것을 정당화해준다. 한편으로 이러한 의식적 지향을 죽음을 통해 완결적인 형식으로 물화시킬 수 있었던 것이다. 이상화의 「나의 침실(寢室)로」(『백조』 3호, 1923.9)는 바로 이러한 종합을 통해 얻은 뛰어난 문학적 성과이다.

> 『마돈나』 날이 새련다, 빨리 오렴으나, 寺院의 쇠북이, 우리를 비웃기 전에
> 네 손이 내목을 안어라, 우리도 이 밤과 가티, 오랜 나라로 가고말자.
>
> 『마돈나』 뉘우침과 두려움의 외나무 다리 건너 잇는 내 寢室 열 이도 업느니!
> 아, 바람이 불도다, 그와 가티 가볍게 오렴으나, 나의 아씨여, 네가 오느냐?[50]
> (강조는 인용자)

앞에서 염상섭이 의도한 바의 정사란, 지금 바로 이 순간의 현존을 온전하게 현현시킴으로써 시간의 원한을 넘어서는 것이다. 이상화는 이를 "어린애 가슴처럼 歲月 모르는 나의 寢室"[51]이라 했는데, 시간의 원한이란 단지 거역할 수 없는 물리적 시간에 따른 육체의 쇠진만을 의미하지는 않았다. '쇠북 소리'가 상징하는 바는 명징하다. 그것은 감각적·물질적 육체를 통제하고, 육체적 쾌락에 대한 갈구를 뉘우치고 두렵게 만드는 정신·도덕·제도이다. 이것들은 현세적인 삶을 주조하는 것들이며, 규제되지 않는 행복의 가능성을 파괴한다는 점에서 물리적인 시간보다 더욱 적대적이다. 「나의 침실로」에서 날이 새는 것에 대한 조바심은 규제하는 시선의 포위망 하[52]에서는 자신의 육체가 뉘우침과

---

50) 이상화, 앞의 책, 14면.
51) 이상화, 「나의 寢室로」, 『백조』 3호, 1923.9, 14면.
52) 이는 푸코가 말한바 일망 감시 장치를 연상하면 좋을 듯하다. 일망 감시장치는 " '봄 —보임'의 결합을 분리시키는 장치이다. 즉 주위를 둘러싼 원형의 건물 안에서는 아무 것도 보지 못한 채 완전히 보이기만 하고 중앙부의 탑 속에서는 모든 것을 볼 수 있지만 결코 보이지는 않는다." 감시자가 보이지 않음에도 불구하고 자신이 주목될 수 있

두려움의 대상으로 전락할지도 모른다는 두려움에서 나온다. 여기서 시적 주체는 단지 사회로부터 자신을 격리시키고 단절시킨 자아이진 않다. 오히려 사회의 제관계를 내면화한 자아, 자신의 욕망과 열망들을 검열하는 자아이다. 바따이유에 따르면 에로티시즘의 본질은 성적 쾌락과 금기의 풀 수 없는 엉킴에서 얻어진다고 했듯이,53) 「나의 침실로」가 퇴폐적, 도피적이라는 평가를 받음에도 불구하고, 광포하고도 간절한 열정을 발산하는 이유는 여기에 있다.

5. 동인지 시대 이후 소설의 행방과 그 계기

이상에서 1920년대 동인지문학에 드러난 여성인식을 통하여 동인지 문학의 문학적 성격을 살펴보았다. 사랑이 예술과 함께 근대적 자아를 추구하는 핵심적인 기제일 수 있었던 데에는 여성의 역사성과 사회성을 거세하여 전적인 자기 투사의 대상으로 이상화했기 때문에 가능했던 것이다. 이러한 동일시와 이상화는 예술의 절대화 메카니즘과 동궤를 이루고 있는데, 식민지 조선이라는 현실적 속박력의 제거가 바로 그것이었다. 그리하여 현실은 주체의 우월성을 증거하는 부정성의 전화로밖에 드러날 수 없었다. 이를 사랑이 좌절될 때 여성을 도덕적 윤리적으로 정죄하면서 비난하는 방식을 통해 논증하였다. 이렇게 객체와 현실의 역사성과 사회성을 거세하는 것은 결국 추구하고자 했던 근대적

다는 확신 하에 두는 이 감시 장치는 아주 다양한 욕망으로부터 권력의 동질적인 효과를 만들어내는 장치이다. 즉 검열과 규제는 물리력에 의하지 않고서도 내면화된다. 푸코, 『감시와 처벌』, 오생근 역, 나남출판, 1994, 297~299면 참조.
53) 바따이유, 조한경 역, 『에로티즘』, 민음사, 1989, 117면.

자아의 내용을 빈약하게 만들고 공허한 자기 반복의 결과를 낳았다. 한편, 동인지문학에서 다루어진 죽음은 이러한 양상의 극단이자 완결된 미적 형식의 계기를 지님으로써 동인지 시대 이후 문학의 방향을 암시하고 있다고 판단된다.

종종 운명은 예기치 않았던 죽음이나 개인의 의지로는 어쩔 수 없는 환경과 유전의 탓으로 돌려진다. 죽음과 환경과 유전을 통틀어 말하자면 물질적 속박이라 해도 좋을 것이다. 1923~24년의 문학적 경향은 동인지 시대와는 다른 양상은 띠는데, 거칠게 말하자면 개인의 내면에서 현실세계로 눈을 돌리는 경향이 짙어진다. 이러한 변모는 신경향파 문학의 대두와 거의 시점을 같이하고 있으며 신경향파 문학이란 현실의 발견에 다름 아니었다. 이에 이후 문학사 기술은 신경향파 문학의 발흥과 카프 시대의 개막이라는 대지각 변동으로 자연스럽게 시선이 이동된다.54) 여기에서 잠시 그러한 자연스러운 시선 이동을 지연시킬 필요가 있다. 염상섭의 초기 삼부작 이후의 작품들이나 나도향의 「물레방아」나 「뽕」, 현진건의 「운수 좋은 날」등에서 나타나는 경제적 관계를 중심으로 한 현실의 제관계는 동인지문학에서는 의도적으로 배제되었던 것이지만, 이들 작품에서는 현실의 제관계가 도입되면서 사그라든 것은 바로 동인지문학을 지배했던 근대적 개인의 자의식이었다. 이들 작품에서 드러나는 것은 외적 세계를 주체적 차원에서 구성하는 의식이라기보다는 외적 세계에 대한 반응으로서의 심리에 가까운 것이라고 할 수 있다. 이는 소설의 인물을 지식인에서 하층민―지식인일지라도 물질적 조건이 열악한 처지의 지식인―으로 전환시키는 것과 동시에 일어난 현상이었다. 말하자면 현실적 제관계의 도입은 1920년대 동인지문학을 지배했던 근대 지식인의 자의식을 희생한 대가였다고 할 수

---

54) 이러한 문학사적 시각은 최근에도 이어지고 있다. 대표적인 논의로는, 유문선의 「3·1운동을 전후한 문학적 대응」과 류보선의 「민족과 계급―리얼리즘 소설의 두 좌표」(둘 다 민족문학사연구소 편, 『민족문학사강좌』 하, 창작과비평사, 1995)를 참조.

있을 것이다. 그런데 현실의 제관계 속에서 벌어지는 인과관계는 다름 아닌 소설의 서사원리를 제공했던 것이었다. 환경과 유전이 지배하는 김동인의 「감자」가 자연주의와 유미주의의 규정을 동시에 얻고 있다는 것을 상기해본다면, 1923~24년을 전후로 한 문학의 변화가 무엇을 의미하는지는 재고해야 할 것이다.

성적 욕망의 서사와 그 명암

나도향 『환희』론

1. 연애를 연애한 그들과 『환희』

1920년대 초반 동인지 시대의 개막과 함께 본격화된 한국 근대문학을 지배하던 담론이 예술(문학)의 자율성과 근대적 개인의 발견이었음은 주지의 사실이다. 사회적 실천의 도구로 문학을 생각한 전시대의 계몽주의 문학에 반대하여 동인지 문인들이 예술의 자율성을 옹호했음은 그들의 선언적이고 정언적인 말들을 통해 분명하게 부각되고 있다. 그런데 과연 그들이 자신들의 문학 속에 부조하기를 갈망했던 근대적 개인이란 어떤 형상의 인물인가를 떠올려 본다면 딱히 뚜렷한 형상을 가늠하기 어렵다. 사실 1920년대 초반 우리 문학 속에서 그 초상을 구해 보자면 개척자로서의 파우스트라기보다는 베르테르와 같은 유약한 형상을 발견하게 된다. 예컨대, 김동인의 「마음이 옅은 자여」를 보자. 주요한은 「성격파산」이라는 이 소설에 대한 평문에서 K를 현대 조선 청년의 전형이라고 못박으며, 그러한 전형을 그리고 있기에 가장 예술적인 작품이라고 평가한다.1) 물론 주요한이 "原作品에는 주인공을 산흔 時代와 背景이 그리 분명치 못흐다"고 이 작품이 성취한 리얼리티의 한계를 지적하면서도 K를 전형이라고 한 사정에는, 그 만큼 현실에서도 그러한 지식인의 형상이 많았음을 추정케 한다. 그런데 당시 조선 청년의 전형인 K는 스스로에 대해서 이렇게 토로한다. "이째에 나의 량식은 女子들을 바라보는 것과 空想 두 가지밧에 없엇다."2) 주요한의 언급과 함께 고려해 볼 때, '연애'와 '공상' 이는 비단 「마음이 옅은 자여」의 K의 삶의 양식만은 아닐 것이다.

굳이 작품을 일일이 열거하지 않는다 하더라도 당시의 소설을 읽어보면, 1920년대 열아홉에서 스무 살의 나이에 패기만만하게 문학의 자율성을 옹호하면서 새로운 문학운동의 기수로 나선 그들이 그려놓은 근대적 개인의 초상이란, 문학과 교육에서 배운 근대적 세계상을 '연애'를 통해 자신의 삶의 양식으로 실현하려다 실패한 인물들이라는 데에 도달할 수 있다. 주요한이 K의 연애에 대해, "그는 戀愛를 戀愛하였다"고 말할 만큼, 연애는 어떤 강박적 성격의 것이었음을 짐작해 볼 수 있다. 한 대상을 어떤 이유에서 사랑해야 하는지가 분명치 않음에도 불구하고 남다른 삶의 표상으로 연애에 매달렸다는 점에서 그 강박적 성격은 이해될 수 있다. 그 강박적인 성격의 근원 중 하나는 그 연애가 육체적 가치와 정신적 가치의 쟁투의 장이었기 때문일 것이다. 연애를 통해서 겪는 갈등은 여러모로 세계 속에서 겪는 여러 갈등의 집약이었으며, 더욱이 자신의 내부에서 벌어지는 것이기에 절실한 것이었다. 김동인의 초기 단편인 「약한 자의 슬픔」, 「마음이 옅은 자여」는 물론 염상섭의 「제야」와 「암야」 모두 번민의 주요지점은 주인공들의 성적 욕

---

1) 주요한, 「性格破産」, 『창조』 8호, 1921, 2~8면 참조.
2) 김동인, 「마음이 여튼 者여」, 『창조』 3호, 1919, 29면.

망과 그에 대한 자괴감이라 해도 과언이 아니다. 말하자면, 1920년대 초반 한국 근대문학에 나타난 근대적 개인의 추구는 연애를 통해 전통적 삶의 질서와 관습에 반항하고 성적 욕망의 실현과 좌절 속에서 자기 안의 육체와 영혼의 사투를 겪으면서 이루어졌다고 할 수 있다. 나도향의 『환희』가 놓인 자리는 여기서 멀지 않은 곳이기도 하면서 성적 욕망의 문제가 전면화된 곳이기도 하다.

　나도향의 『환희』는 『동아일보』에 연재되던 당시에는 센세이션을 불러일으켰다.[3] 그러나 후대의 평가는 습작(習作)으로 치부될 정도로 혹독한 것이었다. 그러나 최근 몇 년 들어 나도향의 『환희』를 근대적 자아의 발견 또는 정체성 확립이라는 근대소설의 테마를 담은 작품으로 보려는 연구들이 나와 새삼 주목되었다. 유문선은 이 작품의 완성도에 대한 여러 논자들의 혹평에도 불구하고 낭만적 사랑이라는 주제를 근대적 개인의 발견과 결부시킴으로써 『환희』의 문학사적 위치를 새로 정립하고자 했다.[4] 진정석 또한 『환희』의 사랑을 낭만적 사랑이라 규정하면서 그 본질을 '자기애적 사랑'이라고 말한다.[5] 두 논문 모두 "사랑의 진정한 본질은 자기 자신의 의식을 포기하는 것, 다시 말해서 하나의 다른 자아 속에서 스스로를 망각하고, 그러나 동시에 이러한 소멸과 망각 속에서 비로소 자기 자신을 획득하는 데 있다"는 헤겔의 말을 인용

---

3) 『환희』는 1922년 11월 21일부터 1923년 3월 21일까지 『동아일보』에 연재되었다. 당시 『환희』의 센세이션은 당시 삽화를 맡았던 안석영의 다음 회고를 참고하면 좋을 듯하다. "稻香이 東亞紙에 長篇小說 『幻戱』를 發表하게 되었는데 나희어린 新人의 小說을 所謂 大新聞이요, 民間新聞으로 독보로 자처하는 때요, 또 그때쯤은 이 小說이라는 것이 新聞에서 忽待를 받든 때라 原稿料를 주고 連載한다는 것은 큰 勇斷이요, 큰 胞度다. 어떠튼 이 小說이 발표되게 되자 當者인 稻香은 물론, 白潮동인들도 몹시 기뻐하였고 筆者가 이 小說에 揷畫를 맡게 되었다. 이 소설이 한 번 發表되자 京鄕의 讀者에게서 投書가 많이 날러드러 오는 중에 女人들의 讚辭도 많았으며 東亞紙의 紙數도 많이 부른 듯하다." 안석영, 「朝鮮文壇三十年側面史」, 『조광』, 1938.12, 148면.
4) 유문선, 「데몬과 맞선 영혼의 굴절과 좌절」, 『장편소설로 보는 민족문학사』(정호웅 외저), 열음사, 1993.
5) 진정석, 「나도향의 『환희』 연구」, 『한국학보』 76집, 1994.

하면서 『환희』의 사랑이 근대적 자아의 확립과 결부된 것임을 뒷받침하고 있다. 1920년대 초반 동인지 시대의 개막과 함께 갓 태어난 한국 근대문학을 지배하던 담론이 예술(문학)의 자율성과 근대적 개인의 발견이었음을 상기한다면 이들 연구는 의의 있는 것이다.

그런데 두 논문은 기본적으로 이러한 문제의식을 함께 하면서도, 결론적인 평가는 극단적이다. 유문선은 "곧 『환희』는 젊은 남녀의 사랑을 다루고 있다고는 하였지만, 이들의 사랑은 영혼의 교통으로써 주관의 고양과 성숙을 지향하는 모습이 아니라 '정욕' 혹은 '성욕'의 차원에서 전개된다. 소설 도처에서 부닥뜨리는 낯 뜨거운 장면 묘사에서도 그렇지만 등장인물들 역시 데몬(1920년대 토대의 전근대성 — 인용자)에 의해 굴절된 사랑의 변형태에 휩쓸리고 있다6)"고 말한다. 한편, 진정석은 "『환희』의 인물들에게 있어서 이러한 사랑은 움직일 수 없는 절대적 가치, 다시 말해 일종의 선험적 당위로 설정되어 있다. 등장인물들은 특정한 대상 인물을 사랑하기보다는 사랑이라는 이념 혹은 그러한 상태 자체를 사랑하고 있는 형국인 것이다7)"라고 말한다. 두 사람 모두 『환희』에 나오는 사랑이 자아실현과 결부된 낭만적 사랑이라는 데에는 견해를 같이 하지만, 그것의 지향 내지 발현 양상이 어떠한가에 대한 평가의 지점이 다름을 알 수 있다. 즉 유문선은 '정욕'과 '성욕'의 차원에서 전개되는 굴절된 사랑의 변형태로, 진정적은 『환희』의 사랑을 관념의 표백으로 평가하는 양극단의 결론에 다다른다.

『환희』를 읽어보자면, 별 사건 없이 전개되는 주인공들의 번민과 상념이 한 축을 이루고 있는가 하면 연인을 바라보는 시각과 그네들이 벌이는 행위는 다분히 성적 욕망이 중심을 이루고 있기도 하다. 그런 점에서 이러한 양극단의 결론 중 어느 면이 더 정당한 평가인가를 쉽게 가릴 수 없다. 그렇다고 한다면 두 논자의 결론은 동전의 한 면만을 본

---

6) 유문선, 앞의 책, 28면
7) 진정석, 앞의 책, 138면.

일면적 평가라는 의문을 제기하는 것도 가능할 것이다. 이러한 일면적 평가가 나온 이유는, 두 논자 모두 『환희』의 사랑이 어떤 성격의 욕망을 중심으로 구조화되고 있는가에 대한 면밀한 천착 없이 근대의 전범화된 사랑의 양식인 낭만적 사랑과의 거리 재기에만 힘썼기 때문이다. 여기에서 『환희』의 사랑이 어떤 성격의 것이었나를 확인해볼 필요가 있다. 이는 『환희』의 첫 장만 펼쳐보아도 알 수 있다.

> 그의 어머니는 아직까지 젊었을 때의 습관이 남아 있는지 뽀얗게 분세수를 한 얼굴을 잠깐 찌푸리고 한편 입술을 반쯤 열며 말을 할 때마다 번쩍하고 번쩍거리는 금니가 나타나 보인다. 그의 얇은 쇠퇴하기는 쇠퇴하였으나 아직까지 연붉은 빛이 남아 있는 입술을 애교있게 벌릴 때마다 어린 혜숙의 가슴에도 아지 못하게 무슨 성욕에 대한 감정이 그의 혈관 속으로 흘렀다.[8]

> 혜숙의 어머니는 신식 혼인이란 아주 이상하고도 진기한 사람들이 하지 않는 무슨 신선이나 선녀의 놀음같이 생각하였다. 그러하다가도 신방에서 새색시가 어떻게 옷을 제 손으로 훌훌 벗고 신랑이 누워 있는 이불 속으로 들어가노? 하는 것이 의문이었다. (…중략…) 그리고 은은하게 타는 촛불 앞에 눈을 감고 가만히 신랑에게 「나는 당신이 하시는 대로 맡깁니다」하는 것과 같이 침을 삼키면서 신랑의 손이 자기 몸에 닿기만 기다리다가 신랑의 손이 그의 젖가슴 밑 겨드랑에 닿을 때 얼굴이 확확 달으면서 가슴이 두근두근하고 아지 못하는 꿈 같은 맛을 보는 것이 신랑 신부의 정말 초례같이 생각되었다. (106~107면)

『환희』가 처음 연재될 때 그 삽화에 거의 반나(半裸)에 가까운 여인상이 그려졌다는 것은 단지 독자의 호기심을 유발하기 위한 장치에 불과한 것은 아니었다. 실제로 『환희』의 첫 부분인 혜숙과 혜숙 어머니가 서로를 바라보면서 품는 상념은 육체와 결부된 주체의 욕망을 적나라

---

8) 나도향, 『환희』, 『나도향 전집』 下(주종연·김상태·유남옥 편), 집문당, 1988, 103면. 앞으로 나도향 텍스트 인용은 이 전집에서 하겠으며, 인용문 뒤에 면수만 표기하기로 한다.

하게 묘사하고 있다. 더욱이 인륜의 관계인 어머니와 딸이 서로를 바라
보면서 각각 자신의 성적 욕망을 환기하고 확인한다는 것은 거의 전례
가 없는 대범한 설정이다. 『환희』에 대해서 던져져야 할 물음은 바로
여기에 있을 것이다. 『환희』에 드러난 정욕 내지 성욕의 문제를 비켜가
거나 타락한 사랑의 형태로 치부하기에 앞서 그것이 근대적 개인의 정
체성 확립이라는 근대 소설의 과제와는 관련이 없는지 그 의미망을 살
펴볼 필요가 있다.9)

2. 육(肉)으로서의 자아 발견과 성적 욕망

『환희』의 줄거리는 다음과 같다. 이혜숙은 이복 오빠인 이영철의 소
개로 고학생 김선용을 만나 자신의 인생을 거는 사랑을 약속하지만, 그
사이에 나타난 백만장자의 아들 백우영의 수려한 외모와 유혹에 이끌
려 결국 정조를 빼앗기고 백우영과 결혼하여 불행한 나날을 보낸다. 일
본 유학 중 혜숙과 우영의 결혼 소식을 접한 선용은 자살을 기도하지만
영철의 경제적 도움을 받아 다시 고국에 돌아온다. 선용은 우연한 계기
로 정월이라는 이름으로 개명(改名)한 혜숙과 재회한다. 그 재회를 계기
로 정월은 선용과의 사랑을 다시 이루려 하나 선용은 이미 한 남자의
아내가 된 정월과의 사랑이 불가능함을 인정하고 재도일(再渡日)을 결심
한다. 한편 영철은 기생 설화와 사랑에 빠지게 되나 기생을 사랑하는
데서 오는 사회적 관습 사이에서 갈등하게 된다. 이에 정월은 영철의

---

9) 최근 박헌호는 나도향 소설에서 성적 욕망이 개인의 인간적 각성과 연결되는 과정의
　하나임에 주목한 바 있다. 「삶에 부딪혀 파멸한 근대적 욕망―나도향, 그리고 그의 『어
　머니』」, 『민족문학사연구』 12호, 민족문학사연구소 편, 1998 참조.

애인임을 가장하여 설화를 찾아가 영철을 단념할 것을 종용한다. 이에 낙망한 설화와 영철 사이에 오해가 생기고 결국 설화는 자살을 한다. 오빠 영철과의 여행 도중에 이 사실을 알게 된 정월은 그 사랑의 비극을 낳은 책임과 선용에 대한 사랑의 순수성을 증명하기 위해 자살한다.

이렇듯 『환희』는 죽음에 이르는 사랑의 서사라고 할 수 있다. 사랑 때문에 의지적인 죽음에 이를 수도 있다는 것은, 이들에게 사랑은 '산사람'과 '참인생'으로 통하는 거의 유일한 길로 인식되고 있음을 말해준다. 눈여겨보아야 할 것은 『환희』의 주인공들이 추구하는 '산사람', '참인생'이라는 것이 일종의 에로티즘의 경지와 비슷할 정도라는 점이다.

> 그리고 감상과 비애를 맛보고 또 맛보아 아주 거기에 싫증이 난 선용은 장래에 또 무슨 불행이 있을는지 아지 못하겠다는 불안과 함께 그 여학생 사이에 새로운 행복을 간절히 원하기도 하였다. 너무도 차고, 쓸쓸하고, 푸르스름하고, 가슴이 쓰린 것만 맛본 선용은 **달콤하고 꿈속 같고 붉고 즐거운 몽환적 새 생명을 간망하였다.** (335면, 강조는 인용자)

> 백우영과 결혼하던 그날까지 모든 **열락**(悅樂)**과 행복**을 한없이 누리고 노래할 줄 알았더니 그 후 얼마가 되지 않아 정월은 알지 못하는 가운데 자기 생활의 어딘지 한 구석이 비어 있는 것을 찾아내게 되었다. (265면, 강조는 인용자)

위 인용문에 볼 수 있듯이, 『환희』의 주인공들이 추구하는 삶은 마치 관능적 도취의 상태와 같은 것이다. 다소 추상적이고 관념적인 언명의 형식으로 제시되고 있지만, 그 구체적 표현의 형태는 바로 성적 욕망의 정념에 달뜬 모습으로 드러난다.

> 영철은 아무 대답도 아니하였다. 그리고 자기가 무엇에 홀린 것 같이 자기의 주위가 모두 팔팔 팔팔하는 주정(酒靜) 불의 푸른 불꽃같이 푸른 것으로 물들인 듯할 뿐이요, 가지, 어찌하여 여기에 들어왔으며 설화가 무슨 까닭으로 그리고 달빛같이 푸르고 맑은 눈동자를 반짝이며 자기를 유심히 들여다볼

때 그의 전신으로 돌아가는 붉은 피는 타는 듯한 정욕으로 활활 붙어오르는
듯하였다. 그러다가 온 방 안이 고요함을 깨달았을 때 영철은 가슴이 조이는
듯하여 설화의 희고 부드러운 손을 정신없이 바라볼 뿐이었다. (186면)

선용이가 이 말을 들으며, 그의 여신의 머리털 같은 부드러운 머리털과 한
없는 정욕을 일으키는 그의 흰 젖가슴이 반쯤 풀어진 옷 사이로 내다보이는
것과, 얇은 홑옷을 통하여 따뜻한 살이 하얗게 내비치는 그의 전 육체의 윤곽
을 볼 때 그의 가슴에서 타오르는 사랑의 정은 한때에 눈물날 듯한 정욕을 화
하였다. (348면)

『환희』에서 성적 욕망의 문제는 단순히 인간이라면 누구나 지닐 수
있는 본능으로만 그 의미를 한정할 수 있는 성격은 아니다. 왜냐하면
그들은 성적 욕망과 그것과 관련된 제반 조건의 문제를 자신의 정체성
을 발견하거나 재구축하는 데 중요한 요소로 간주하고 있기 때문이다.
『환희』의 서사를 이끌어가는 주인공들의 선택과 갈등의 계기들은 거의
모두 성적 욕망과 그 실현을 둘러싼 문제들로 제시되고 있다고 해도
과언이 아니다. 가령, 작품의 전반과 후반을 가르는 사건인 혜숙의 변
절과 백우영과의 결혼의 내막을 살펴보자. 혜숙은 선용과의 사랑의 맹
세를 저버리고 백우영의 유혹에 넘어가 결국 처녀의 순결을 빼앗긴다.
혜숙의 순결의 상실은 적어도 거의 전적인 폭력에 의해 순결을 상실했
던 『무정』의 박영채의 경우와는 다르다. 폭력적 요소가 존재하기는 했
지만, 혜숙이 백우영의 유혹에 이끌린 것은 나름대로의 판단이 내렸기
때문이다. 애초에 혜숙은 백우영의 수려한 외모에 이끌리고 있었던 것
이다.10) 혜숙은 오빠 영철의 만류에도 불구하고 백우영의 초대에 응한

---

10) 혜숙은 음악회에서 백우영과 첫 대면하는 자리에서 이렇게 느낀다. "그 청년의 하얀
    얼굴에 까만 눈썹이라든지 모양있게 깎은 머리라든지 전깃불에 반짝반짝하는 하얀 안
    경이라든지 그의 흐르는 듯한 두 어깨라든지 때때로 경쾌하게 웃을 때마다 나타나는
    상아 같은 이라든지 이 모든 것이 혜숙의 가슴을 두근두근하게 할 무슨 세력을 가지
    고 있었다." (136면)

것은 다름 아닌 백우영이 환기시킨 성적 욕망 때문이었다.

> 우영의 얼굴은 영도사에서 볼 적보다 더욱 어여뻤다. 그리고 양복 입은 맵시가 날씬하고 녹신하도록 태도가 있어 보이었다. 그리고 어여쁜 입이 한 번 맞추었으면 좋을 듯이 사람의 마음을 끈다. / 그리고 양복에서 일어나는 구수한 털냄새와 속옷에 뿌린 향수내가 혜숙의 허릴를 홰홰칭칭 감아 잡아다리는 듯이 그윽하다. 그리고 그의 가슴은 수놓은 비단방석 같이 편안해 보였다. (205면)

> 혜숙은 백우영을 오늘 만나기 전까지는 김선용에게 모든 촉망을 두었으며 모든 공상에 현실을 기대하였으나 백우영을 만나 보고 나니까 거미줄 얽듯 공중에 얽어 놓은 공상이 한낱 꿈같이밖에 생각되지 않았다. 백우영에게 모든 환희(歡喜)와 열락(悅樂)을 얻을 수 있을 것 같을지라도 김선용의 보이지 않는 장래에서는 그것을 찾아볼 것 같지는 않았다. 백우영은 모든 미(美)의 소유자라 할 수 있을지라도 김선용은 그렇지 못하였다. (206~207면)

혜숙이 선용에게 걸었던 열망을 공상으로 낙인찍고, 백우영에게 환희와 열락으로 가득한 장래를 걸고자 하는 데 있어서 핵심적 동력이자 현실적 확신을 얻는 것은 첫 번째 인용문에서 적나라하게 묘사된 성적 욕망임을 부인할 수는 없다. 외모에 대한 관심은 바로 그것의 완곡한 드러냄이라 할 수 있다. 가난한 선용과 부유한 우영이 비교되는 것이 아니라, 못생긴 선용과 잘생긴 우영이 비교되는 것이다. 여기에서 새삼 주목해야 할 것은 바로 신체(身體)이다. 혜숙의 선택 동기에서도 알 수 있듯이 대상의 외모로 드러나는 신체는 자아의 정체성 확인과 결부된 욕망을 발견하는 장소이다. 한편 선용은 자신의 가난한 처지와 아울러 준수하지 못한 외모에 대한 심각한 콤플렉스를 가지고 있다.11) 못생긴 외모를 콤플렉스로 내면화한다는 것은 결국 외모로 표상되는 신체가

---

11) "그(=선용)는 그와 같은 할 수 있고, 가질 수 있는 것을 할 수 없고 더 가지지 못하는 동시에 절대로 알 수도 없고 가지지도 못할 것이 하나 있으니 그에게는 여자의 마음을 취케 할 만한 아름다운 용모를 갖지 못하였다." (139면)

자아 정체성 문제의 거점이 되고 있음을 보여준다. 선용이 혜숙이 '자기의 오라버니 영철과 같이 이 세상의 모든 허위와 떠나, 다만 참된 것만 구하는 여자'이기를 바라는 것, 즉 영혼의 아름다움에 더 가치를 두는 여자이기를 바라는 것은 정신에 우월한 가치를 부여하는 것이라기보다는, 그 만큼 자신의 신체적 결함이 내면화되었다는 것을 의미한다.

근대 이전의 사회에서 신체는 자연의 한 측면이었으며, 근본적으로 인간이 단지 주변적으로만 개입하는 과정에 지배되어 있었다.[12] 그러나 근대와 더불어 신분이나 나이·학식 등이 아니라 신체가 타자와 최초로 대면하는 자신의 존재의 표상으로 간주된다. 즉 숙명적이고 자연적으로 주어진 신체가 사회성의 의미를 부여받게 된 것이다. 이러한 사정에서 자신이 어떤 존재로 인식될 것인가의 문제는 우선 자신의 신체에 대한 자의식을 낳게 되는 것이다. 근대 이전의 사회에서는 재생산과 혈통의 순수성을 뒷받침하는 조건에 불과했던 순결성의 문제가 근대에 들어와 자못 더 심각한 문제로 대두되는 것도 이러한 사정에서라고 할 수 있다. 즉 순결성의 상실은 사랑의 조건에 있어 가장 결정적인 신체적 결함인 동시에 정신적 결함으로 간주되기 때문이다.

> 내가 처녀를 사랑하였으면 이런 괴로움이 없었을 터이지. 이렇게 못 믿는 마음이 없었을 터이지. 기생인 설화를 내가 믿으나 기생이란 그것이 나의 마음을 얼마나 괴롭게 하나? 만일 처녀의 순결한 사랑을 내가 받았으면 나는 참으로 흠없는 사랑을 맛보았을 걸!

> 기생인 설화는 자기의 먹을 것을 위하여 즉 자기의 육체의 생활을 위하여 그의 정조를 팔 것이지? 다만 한 찰나 사이라도 남에게 자기의 육체를 허락할 때에 그는 얼마간일지라도 정신으로 그 사람을 사랑하는 생각이 나지를 아니할까? (229면)

---

12) 앤소니 기든스, 권기돈 역, 『현대성과 자아정체성』, 새물결, 1997, 344면.

영철과 설화의 사랑의 비극은 전적으로 사회적 관습과 제도의 완고함 탓으로 돌릴 수 없다. 기생인 설화를 사랑하는 영철의 번민은 순결을 흠 없는 사랑과 그렇지 못한 사랑을 가르는 준거로 내면화했기 때문인 것이다. 다른 주인공들과 마찬가지로 영철에게도 사랑이란 자아실현의 열쇠라고 했을 때, 기생인 설화와의 사랑은 자신의 존재의 완전함을 느낄 수 없게 만드는 것이다. 왜냐하면 두 번째 인용문에서 보듯이 언제나 육체란 자신의 정체성 문제와 동떨어져 존재할 수 없는 것이기 때문이다. 순결성의 문제는 성(性)이 사회적 규범과 만나는 지점에서 발생하는 문제일 뿐만 아니라, 한 개인의 육체와 영혼의 사투의 흔적으로 존재한다.

설화의 경우에도 마찬가지이다. 영철과의 사랑은 설화에게 있어서 영혼과 교통할 수 있는 새로운 육체의 발견에 다름 아니다. 그러나 이 발견은 생계가 관장하는 창부로서의 육체와 영혼이 관장하는 연인으로서의 육체로의 분열의 계기이다. 이 분열은 쉽게 극복될 수 없다는 점에서 비극의 전초이기도 하다. 밥을 택하느냐, 사랑을 택하느냐의 문제에서 끝나는 것이 아니라 자아분열의 양상으로 치달을 수도 있기 때문이다. 정월이 영철의 애인임을 가장하여 설화를 찾아온 후 설화가 자포자기의 심정으로 백우영에게 자기를 내맡긴 것이라든가, 그 상황을 영철에게 목격 당한 후 설화가 실성한 사람처럼 되어버린 것은 자아분열 현상이라 할 수 있다. 여성에게 영혼과 육체의 갈등이 더욱 격화된 양상을 띠게 되는 이유는 순결이 실제로는 여성에게 부과되는 가치이고 여성을 남성에 의해 보여지는 존재라는 사실에 있다. 따라서 『환희』의 두 여주인공의 자살이 어떤 의미에서는 폐쇄적인 자기 내부에서의 쟁투와 침잠의 결화라고 할지라도 리얼리티를 획득할 수 있었던 것이다.

이렇게 성적 욕망의 실현과 그 결과를 둘러싼 자아 정체성의 문제는 심지어 『환희』에서 전근대적인 인물이라 할 수 있는 영철의 아버지에게서도 드러난다. 영철의 아버지 이상국은 죽음을 생각하는 나이에 이르러 육체의 쾌락으로 보낸 삶에 대해 번민하고 있다. 물론 그것이 자신의 아버지에게 큰 불효라는 것, 죽음에 대한 두려움에서 오는 과거의 삶에 대한 회한이라는 것으로 간단히 설명할 수도 있지만, 육체의 쾌락에 탐닉한 것을 죄의식으로 내면화한다는 것 자체에 주목할 필요가 있다. 가령, 그에게 "다만 자기 머리 속으로 지나가는 과거의 환영이 다만 음란하고 간특하고 더럽고 말할 수도 없는 모든 죄악의 메모리의 메모리뿐이었다."(115면) 성적 욕망을 핵심으로 하는 육체적 쾌락에서 비롯된 죄의식은 그의 기독교로의 귀의를 통해서 사랑하는 첩과 딸을 집에서 내보낼 정도로 격화된다는 것에 주목해 볼 필요가 있다. 가라타니 고진에 따르면, 근대적 주체의 형성 과정에서 기독교의 역할을 '육체의 억압' 속에서 존재하는 육체, 정신에 대립하는 육체만을 인정하게 만드는 것이라고 말한다.13) 말하자면, 육체는 늘 정신의 검열 속에 존재하게 되고, 성적 욕망은 이리하여 육체와 영혼의 부침(浮沈)의 매개 장소가 된다. 죄의식과 더불어 나타나는 수치심은 바로 영혼에 의한 육체적 욕망의 자기 검열 속에서 발생하는 것이다. "'사랑' '여자' 이와 같은 말만 하여도 창피하고 해괴망측하게 생각하는 그는 자기 아들의 입에서 그 말이 나온 것을 듣고는 견디지 못"할 정도로 수치를 느끼기도 한다.

염상섭이 「예술과 계성」에서 말한 바 있듯이, 미망과 몽환으로부터의 해방에서 자아각성이 이루어지며, 이때 개인이 발견하는 것은 추악하고 평범하고 비속한, 있는 그대로의 현실이라 할 때 그 현실 중 하나는 바로 육(肉)으로서의 자기 자신이라고 할 수 있다. 이러한 점에서 성적 욕망을 자각한다는 것은 육(肉)으로서의 자기 자신을 자각하는 것의 일환이다. 이상의 논의에서 알 수 있듯이, 『환희』는 성적 욕망의 문제를 근대적 개인의 발견과 확립에 있어서 가장 핵심적인 문제로 삼았다는 데 그 문학사적 의의가 있다.

물론 조금 이른 시기에 발표된 김동인의 「약한자의 슬픔」, 「마음이

---

13) 가라타니 고진, 박유하 역, 『일본근대문학의 기원』, 민음사, 1997, 117면~126면 참조.

옅은 자여」, 염상섭의 「제야」 등에서 성적 욕망의 자각은 근대적 자아 각성의 한 계기로 다루어졌다. 그러나 이들 세 작품은 결국 도덕으로의 귀속으로 끝나고 말았다는 것을 상기해야 한다. 도덕으로의 귀속이란 결국 육체와 정신의 대립 항에서 정신에 우월적 가치를 부여하는 것을 의미한다. 왜 이렇게 되었나를 추론해 보자면, 거기에는 여성이란 도저히 이해하지 못할 자연적이고, 동물적인 존재라는 이식이 도사리고 있다. 단적인 예를 들자면, 「약한자의 슬픔」에서 강 엘리자벳이 남작의 아이를 임신하여 병원에서 진찰을 받을 때 의사의 손이 자신의 몸에 닿자 성적 쾌감을 느꼈다는 식으로까지 형상화된다. 당시 대부분의 소설에 나온 남성 주인공들은 어떤 여성과의 육체적 결합을 통해서 또 다른 삶의 쾌락을 느끼지만 그 쾌락에 과연 정신적 가치가 존재할 수 있는가에 대해서 반문하고 자책한다. 한편 그 여성이 다른 남자를 사랑하게 되거나 결혼하게 되면, 그 여성을 도덕성과 이지적 판단을 결한, 단지 육체적 욕망만을 좇아 사는 존재로 그리기 일쑤다. 이는 단지 여성에 대한 인식이 저열함을 의미하지 않는다. 정신적 가치의 우월성에 손을 드는 것은 결국, 이성·합리성·생산성을 지표로 삼는 근대사회의 가치체계에 대한 순응이다. 그러한 특성들은 여성으로 표상되는 감성·육체성·쾌락과 대립되는 남성적 특성이다.[14] 『환희』가 앞에서 열거한 여타의 작품과 다르게 리얼리티를 성취할 수 있었던 것은 여성 주인공의 사랑을 자각적이고 의지적인 것으로 형상화했기 때문에 가능한 것이다.

『환희』에서 두 남주인공은 살고, 두 여주인공은 죽는다는 것은 눈여겨 보아야 할 가장 중요한 대목이라고 해도 과언이 아니다. 영철과 선용은 사랑을 단념하고 유학길에 오른다. 이는 남성이 사회적 관계와 제도에 더 견고하게 얽혀 있다는 사실과 연관되어 있다. 이것은 근대의 사회적 관계와 제도가 남성에게 더 억압적이라는 사실을 말한다기보다는 남성

---

14) 이러한 남성 주체의 설정으로 이루어진 근대성의 인식에 대해서는 리타 펠스키의 『근대성과 페미니즘』(김영찬·심진경 역, 거름, 1998)에서 자세히 다루고 있다.

에게 자아실현을 위한 더 다양한 가능성들이 사회적으로 열려 있다는 것을 의미한다. 쉽게 말하자면 남성에게 사랑이란 선택할 수 있는 것 중에 하나이지 전부는 아닌 것이다. 반면에 여성들은 그렇지 않다. 분명 근대에 들어 가족 간의 유대의 약화와 개인주의의 대두는 여성에게 제한적이라 할지라도 전에는 생각할 수도 없는 사랑하는 사람을 선택하고 결혼할 수 있는 자유를 부과하였다. 그러나 보통의 여성들에게 사랑이란 자아를 실현시킬 수 있는 거의 유일하고 결정적인 기제라는 의미에서 이 자유에는 파멸적 결과를 초래할지도 모른다는 역설이 도사리고 있다. 정월이 선용과의 사랑을 단념하고 돌아갈 수 있는 곳이란 백우영과의 지리멸렬한 결혼생활이며, 설화가 돌아갈 수 있는 곳이란 생계를 위해 육체를 파는 창부의 삶이다. 그러나 그곳은 일단 자기 자신에게 눈뜬 그녀들이 자신을 스스로 능멸할 생각이 아니라면 돌아갈 수 없는 곳이다. 더욱이 사랑에 있어서 순결성의 이상이 여성에게 더욱 고착적인 형태로 내면화될 뿐만 아니라 사랑을 하고 받을 수 있는 현실적 조건이 된다고 할 때 정월이 결혼한 유부녀이며 설화는 창부라는 신분은 변경 불가능한 육체의, 영혼의 그리고 사회적인 낙인이기까지도 하다는 점을 상기해 본다면, 그녀들에게 돌아갈 곳이란 없으며 달리 추구해야 할 가치도 없었던 것이다. 즉 정월과 설화의 자살은 자신의 정체성을 수호하고자 한 의지적인 것인 동시에 현실의 조건이 강요한 필연적인 것이었다.

3. 현실세계의 거세와 자기의식의 드라마

다시 환기하건대, 『환희』의 주인공들이 추구하는 삶은 마치 관능적 도취의 상태와 같은 것이며, 그 구체적 표현은 성적 욕망에 달뜬 모습으로 육화되고 있다. 이는 영혼만이 아니라 육체로도 지각할 수 있는 자기 존재의 충만성에 대한 열망이라고 할 수 있다. 자기 존재의 충만성이란, 주체적인 활동의 극대화를 통해 대상세계를 전유하는 데서 이루어지는 것이다. 그런데 이 전유의 과정은 결코 진공상태에서는 이루어질 수 없는 것이다. 즉 근대사회의 모든 욕망이 그러하듯이 성적 욕망도 아무리 폐쇄적이고 자족적으로 추구된다 하여도 욕망을 환기시키는 타자의 설정—상상적이든, 현실적이든—을 전제해야 하며, 그 타자는 사회적 제관계 속의 존재이다. 순결과 결혼의 문제만 떠올려 보아도 성적 욕망을 중심으로 한 사랑의 서사가 사회적·심리적·도덕적 제관계의 리얼리티를 그 안에서 충분히 전개할 수 있는 가능성이 있다는 것은 의심할 여지가 없다. 앞 절에서 살펴보았듯이, 『환희』의 두 여주인공의 죽음은 이러한 사랑의 서사가 지닐 수 있는 리얼리티의 가능성을 응축적으로 시사하고 있다. 나아가 주체의 각성과 동시에 포기를 강요하는 근대성의 심연을 드러내 준다.

그러나 『환희』가 맞닿고 있는 현실세계란 순결성을 둘러싼, 즉 성이 사회적 규범과 만나는 지점으로 제한되어 있다는 것에 주의할 필요가 있다. 더욱이 완고한 결혼제도를 극복하고자 하는 노력이나 갈등의 과정이 형성화되어 있지 않다. 좀 더 분명히 말하자면 결혼제도는 『환희』의 주인공들이 뛰어넘어야 할 외적 장벽이기는 하지만 작품 내에서 현실의 문제로 전면화되었다고는 볼 수 없다. 즉 『환희』의 주인공들의 사랑의 현실적 지향은 결혼 자체는 아니다. 여기에서 『환희』의 사랑을 낭만적 사랑으로 규정할 수 있는가에 대한 문제를 제기할 필요가 있다. 낭만적 사랑의 핵심에 자아 정체성의 추구가 놓여 있는 것은 사실이지만, 낭만적 사랑의 사회·경제적 토대의 문제 또한 중요하게 고려되어야 하기 때문이다. 이 후자의 측면을 고려하지 않을 때 낭만적 사랑을 이념태 혹은 이상태로 잘못 규정하는 오류를 낳게 된다.

낭만적 사랑은 부부중심의 근대적 가족제도의 필수적인 상관물이라

할 수 있다. 낭만적 사랑은 오늘날에 있어서도 결혼에 이르기 위한 전제조건으로 인식되고 있다. 바꾸어 말하자면, 낭만적 사랑은 연애결혼과 짝을 이룬다. 이와 관련하여 낭만적 사랑이 근대소설의 핵심적인 서사가 될 수 있었던 것은 그것 자체가 사랑하는 두 남녀의 미래에 대한 기획을 담고 있기 때문이다. 앤소니 기든스에 따르면, 낭만적 사랑은 개인의 삶에 어떤 서사(narrative)의 관념을 도입한다는 점에서 소설의 출현과 얼마간 일치한다. 즉 낭만적 사랑의 표출되는 의미 중 일반적으로 중요시되어오던 어떤 한 사람에게 매달려 그 사람을 이상화하는 것뿐만 아니라 미래가 발전해나갈 길을 기획하고 펼쳐 보이는 것 또한 중요시해야 하며 후자는 전자 아래 깔려 있는 배경적 전제로 보아야 한다는 것이다.15) 한편, 결혼의 성패 여부로 종결되는 낭만적 사랑의 서사는 두 사람의 관계를 주축으로 하더라도 일상생활의 많은 기본적인 문제들―예를 들어 사회 계층들과 그들의 각기 다른 전망들 간의 갈등들, 또 성적인 본능과 도덕률간의 갈등들―을 포함하도록 사실적으로 그려질 수 가능성의 좋은 조건이 될 수 있었던 것이다.16)

『환희』의 전반부에서 혜숙과 선용, 혜숙과 우영의 사랑은 결혼을 지향하는 양상을 보인다. 이들에게 상대방을 통해서 자신의 미래의 삶을 개척하고 기획하는 것으로 인식된다. 즉 이들의 관계에서 서로에 대한 이상화는 상대방과 함께 하는 미래가 자신을 더 높은 존재로 만들어 줄 것이라는 믿음에 기초하고 있다. 그런데 이 과정에서의 갈등은 기본적으로 자기 안에서 펼쳐지는 심리적 공상의 파노라마이거나 에피소드적 사건에 대한 과민 반응에 지나지 않는다. 물론 사랑에 빠진 사람에게 사랑이라는 심리적 현상은 기대와 좌절, 갈구와 배반의 상상적 긴장을

---

15) 앤소니 기든스, 배은경·황정미 역, 『현대사회의 성·사랑·에로티시즘』, 새물결, 1996, 81~93면 참조
16) 이러한 낭만적 사랑이 근대소설에 형식적·내용적으로 부여한 풍요로운 가능성과 성과에 대해서는 리처드슨의 『패밀러』에 대한 이언 와트의 해석이 좋은 참조가 되었다. 이언 와트, 전철민 역, 『소설의 발생』, 열린책들, 1988, 175면~222면 참조

오가는 변덕스러운 것이라고 치부할 수도 있으며, 인물 성격의 유치함
으로 일축할 수도 있다. 그러나 보다 근본적으로 이러한 경향은 사랑을
합법화시키는 결혼은 제도와 사회적 제관계로의 진입이 이들 사랑의
지향점이 아니라는 데서 연유한다. 때문에 사랑의 이상을 추구하는 과
정이 이상과 현실 간의 실제적인 쟁투가 아니라 공상과 상념으로 채워
진다. 『환희』의 서사 전체가 사랑하는 연인에 대한 공상과, 두 연인이
만나는 과정에서 생겨난 성적 정념, 그리고 헤어진 후의 회의와 열망의
교차로 직조되어 있다고 보아도 무리는 아니다.

　사정이 이러하다면, 이들의 사랑의 지향점은 애초에 사회·경제적
제 조건과 일상적 삶을 넘어서려는 차원에 존재한다고 추론하는 것이
가능하다. 즉 현실을 능동적으로 전유하기 위한 하나의 계기로서 사랑
을 하는 것이 아니라, 현실에서 실현할 수 없었던 자기 자신을 사랑을
통해 실현하고자 한 것이다. 이러한 이유에서 『환희』의 서사가 후반부
로 갈수록 성과 결부된 순결성의 문제, 즉 자기 자신의 육체와 영혼의
사투의 문제로 집중됨과 동시에 그 밖의 현실의 제관계들은 희미해지
게 된다. 이는 특히 『환희』의 남성 주인공들이 시종일관 자신들의 삶을
떠받쳐주는 경제적 관계와 경제 행위를 무시하거나 의도적으로 대면하
기를 꺼려하는 것으로 드러난다.

　　자기의 오촌이 돌아가고 자기가 그 집의 양자가 되어 경희의 집에 와 있게
된 것, 또 얼마의 재산을 자기 오촌에게 물려 가진 것이 생각나며 그전에는
자기 오촌도 자기가 문학 공부를 한다는 것을 반대하여 학자를 주지 않던 것,
그러나 오늘은 그전보다 다르게 안일한 생활을 하게 된 것, 또는 신체허약으
로 공부를 채 마치지 못하고 돌아오게 된 것이 생각된다. (…중략…) 그러다가
도 어디 있는지도 알 수 없고 어떻게 되었는지도 알 수 없는 그 일본 여학생
을 쫓아가는 것보다는 오늘 그 정월이라는 여자를 만나 또다시 알 수 없는 사
랑의 쾌락을 나와 그 사이에 얽히게 하여 그와 나와 끝없는 방랑의 길을 떠나
는 것도 좋으렷다 하여 보기도 하였으나 그것은 그렇게 쉽게 되지 않을 일이

었다 하고 곧 단념하여 버리었다. (259면)

선용은 "돈도 없고 학식 없고 인물 곱지 못한 자기에게 어떠한 어리석은 여자가 참사랑을 구하여 따라오리요"(141면) 하면서 혜숙의 사랑을 얻지 못하는 원인을 자신의 의도와 무관한 외적 조건에서 찾았다. 선용에게 있어서 가난이 내면화된 상처로까지 자리 잡고 있었다는 것은 "선용의 죽으려 한 것은 사랑으로 인함이었다. 그러나 그의 죽으려는 얼마간의 동기는 이 돈에 있는 것이다. (…중략…) 그는 혜숙을 무정하고 야속하다고 원망하는 가운데에도 돈 없는 것으로 인하여 모든 것을 단념한 사람이다. 그의 생(生)까지 단념한 자이다"(236~237면)라는 영철의 독백 속에도 등장한다. 그런 선용은 일본에서 귀국 후 신수가 달라져서 등장한다. 선용은 오촌이 죽자 양자로 들어가게 되며 재산 또한 대신 물려받게 된 것이다. 귀국한 선용의 머릿속에 잠깐 떠도는 회상들로 처리되고 있어 소홀히 지나칠 수 있겠지만—작가는 이를 노렸을지도 모른다—, 모든 낙망의 원인이 빈곤에 있었던 선용이 거기에서 벗어난 상태로 재설정되었다는 것은 의미심장하다. 이전의 가난이 선용에게는 즉자적으로 주어진 조건이었던 것처럼, 이 기적과 같은 처지의 변화는 선용의 '행위'의 결과도 아님은 물론 선용에게 반성 없이 받아들여지고 있다는 데 주목할 필요가 있다. 자유로운 영혼의 교통을 꿈꾸는 이 개인주의자는 결코 스스로 자신이 내디딜 땅 한 조각도 만들어 볼 생각도 없었던 자이며, 자신이 딛고 있는 땅이 어떤 곳인가를 의심해 본 적이 없는 자이다. 작가가 『환희』에서 이상적 인물로 형상화하고 있다[17]는 영철도 예외적이지 않다.

영철은 오늘 지배인을 도리어 창피한 꼴을 보이리라 하였다. 그리고 사장이 나를 불러들이거든 사장에게 전후말을 숨김없이 하리라 하였다. 그리고 주머

---

17) 진정석, 앞의 논문, 135면 참조.

니 속에서 선용에게 돈 부칠 때 받은 영수증을 꺼내 보며 사장에게 이러한 증거 서류를 가지고 나의 억울한 것을 변명하면 나를 책망하기는커녕 나를 칭찬하리라 하였다. 그리고 나를 내어쫓기는커녕 경솔히 나를 훼방한 지배인을 책망하렷다. 그러면 그 얼굴이 뻘개서 멍하고 아무 소리를 못 하고 서 있는 꼴을 어찌 보나, 그리고 어떻게 은행의 한 자리를 얻어 월급이나 얼마간 먹으려다가 뒤통수를 툭툭 치고 돌아나가는 지배인의 조카라는 그 사람의 꼴을 어찌나 보나 하였다. 그때의 유쾌할 것을 상상하고 아주 좋았다. (300면)

영철은 자살기도를 한 선용을 "돈 없는 것으로 인하여 모든 것을 단념한 사람이다. 그의 생(生)까지 단념한 자이다"라고 생각하며 선용의 재생(再生)을 위해 자신의 직장이자, 백우영의 아버지가 사장으로 있는 은행에서 '변칙적으로' 돈 천 원을 얻어 보내준다. 영철은 이를 갚지 않는 것을 빌미로 영철을 쫓아내고 자신의 조카를 그 자리에 대신 앉히려는 지배인의 음모에 휘말리면서 영철이 보여주는 모습은 유치하고 파렴치하기까지도 한 도덕적 소영웅주의자일 뿐이다. 영철은 "나는 이러한 좋은 일을 하였으니 이 은행에 그대로 있겠소 하는 것도 어찌 구차스러운 듯하기도 하고 아첨하는 듯도 하였"기에 그 영수증을 찢어버린다. 자기변호를 단념한 근저에는 "겨우 자기의 생의 압박을 면하려고 발버둥질 하는 듯한 것"에 대한 경멸이 자리 잡고 있다. 또한 이러한 경멸의 근저에는 "이 은행에를 다니지 않더라도 나에게 경제의 불편을 깨닫지는 않을 터니이까"라는 갑부 이상국의 아들로서의 여유가 있는 것이다. 애초에 영철은 돈 천 원을 백우영이 갚았다는 사실에서 "한 개 독립한 인격을 가진 사람으로 모욕을" 느낀다. 그런데 그는 아버지에게 가서 돈을 구한다. 독립된 인격을 꿈꾸면서 아버지의 세계를 뛰쳐나왔던 그가 아버지의 경제적 배경에 의지한다는 것은 이율배반이다.

근대 개인주의에서의 개인이란 행위와 사고의 최종심급이기 전에 '환상으로부터 벗어난' 인간임을 의미한다. 이는 근대의 개인은 무엇보다 행위의 존재임을 말한다. 즉 개인이 그 자신의 불굴의 활동으로 영웅이 될 수도 있음을 의미하지만, 그 이전에 철저히 세속적 조건에 놓여 있게 되었으며 하루하루의 일용할 양식을 얻기 위한 노고로 채워지는 일상적인 존재일 수밖에 없다는 것을 의미한다. 그러나 『환희』의 인물들에겐 세속적 조건의 토대를 이루는 경제행위에 대한 의식과 자각이 거의 존재하지 않는다. 돈이란 경제행위를 통하여 벌어야 할 삶의 수단이 아니라, 없으면 자존심에 손상을 입히는 것일 뿐이다. 그들은 오히려 그로부터의 초연함과 세속적 세계에 대한 폄하를 자신의 영혼의 순결성과 영웅성을 드러내는 표지로 삼고 있다. 물론 이러한 경향은 일상적이고 세속적인 삶이 그들의 내면의 요구를 채워줄 수 없을 정도로, 현실이 세속화되었음을 반증하는 것이기도 하다. 또한 그렇게 모든 것이 경제적 가치로 환산되는 현실이기 때문에 순영한 자아를 실현할 곳을 사랑에서 찾게 된다.

그러나 이들의 속화된 세계와의 투쟁은 영혼 안에서 일어나는 것이지, 세계에 대한 실질적 체험에서 비롯되고 그것과 맞섬으로써 일어나는 것이 아니다. 『환희』의 주인공들에게는 '더 높은 자기'로의 열망이 존재할 뿐이다. 실제의 세계는 '더 높은 자기'로의 열망을 장식하기 위해서 차용될 뿐이다. 가난에 치를 떨던 선용이 부유한 친척의 양자이자 상속자가 된다는 설정은 이 사실을 역설적으로 보여준다. 그럴 때만이 백우영이란 인물과의 극단적인 대비 효과를 발하기 때문이다. 백우영은 영철과 선용의 영혼의 순결성을 부각시키는 장식물에 지나지 않는다. 이는 자족적일 수밖에 없다. 때문에 너무 쉽게 세속적 삶을 초월해버리기도 했지만, 또 너무 쉽게 세계의 질서에 체념하고 굴복하게 되는 양극단을 갈팡질팡하게 된다. 갑자기 유산을 물려받은 양자가 된 선용은 정월과의 사랑이 이루어질 수 없었던 원인을 모두 인습에 얽히고 환경을 벗어나지 못한 정월의 탓으로 돌린다. 선용은 자신에게 또다시 사랑을 갈구하는 정월에게 "이와 같이 모순과 당착이 엉킨 이 세상에서는 또다시 그것을 바랄 수는 없겠지요"(284면)라고 말하며, 다시 만날 기약

에 대해서는 "이 세상의 모든 모순과 당착이 사라질 때이겠지요"(285면)
라고 답한다. 영철 또한 "에, 어째 우리 사람에게는 환경의, 모순의, 성
격이 당착이 이같이도 많을꼬?"(222면)라고 한탄한다. 이렇게 선용과 영
철은 모두 자신들의 사랑이 이루어질 수 없는 원인을 쉽게 사회적 인습
과 관습에서 찾고 사랑의 추구를 포기해버리는 것이다. 더욱이 영철은
설화에게 생계를 보장해주지 않는 이상 그녀에게 정조를 강요할 권리
가 없다고 생각하면서도, 그 방편을 모색해 보는 데까지 나아가지는 않
는다. 이들 사랑의 비극의 원인이 이미 신성한 것이 사라져버리고 세속
화된 세계의 완강함에 있는 것처럼 보이지만, 사실은 그들은 '인습'과
'환경'을 즉자적으로 주어진 '운명'으로 받아들여 아무런 투쟁 없이 이
에 항복한 것이다. 그러면서도 '더 높은 자기'에게로의 열망은 중단되지
않는다. 말하자면, 이들은 자기의식의 드라마를 펼치는 것이다. 이러한
자기의식은 자신을 실제적 조건들을 알지 못하고 자신의 신화 속에 몸
을 숨기고 있다는 조건하에서만 변증법적일 수 있는 멜로드마적 의식[18]
라고 할 수 있다. 따라서 이러한 의식의 메커니즘 안에서는 진정한 의
미의 자기 발견도 현실에 대한 객관적 인식도 생겨날 수 없다.

4. 『환희』 이후의 나도향

　『환희』는 성적 욕망의 문제를 전면화함으로써 당대의 사랑의 담론을
지배하고 있던 정신과 육체의 이분법적인 도식을 뛰어넘어 서려고 했
다. 특히 여성의 사랑을 자각적이고 의지적인 것으로 형상화하여 같은

---

18) 알튀세르, 이종영 역, 「'피콜로', 베르톨라치와 브레히트」, 『맑스를 위하여』, 백의,
　　1997, 163면~167면 참조

모티프를 다룬 다른 소설들이 도달하지 못한 리얼리티를 성취할 수 있었다. 그러나 그들이 추구한 사랑이란, 다른 사회적 제관계와 연관을 맺지 못한 채 일상적 삶의 국면에서 떨어져 있었다. 말하자면, 『환희』에서의 사랑은 자아실현의 열망을 가졌음에도 불구하고, 애초에 현실세계로의 능동적이고 주체적인 진입이 아닌 그로부터의 도피를 위한 것이라고 볼 수 있다. 그네들의 사랑이 결국 '환희(幻戱)'일 수밖에 없던 사정이 식민지 조선의 파행적 근대화 과정에 있다고도 말할 수 있다. 그러나 그들이 근대적 지식과 사상, 일본 유학을 통해 배워온 근대적 세계상을 실현시킬 수 있었던 가능성의 영역이 사랑과 공상밖에 없었다는 것을 먼저 지적해야 한다. 그래서 『환희』 이후 나도향의 『어머니』(1925)는 왜 이렇게 강박적인 사랑에 매달려야 하는지 그 현실적 조건들을 형성화하고 있다는 점에서 주목된다.

　『어머니』의 주인공 춘우는 아버지의 빚도 갚아야 하고, 동생 인우도 당장 자신이 일을 해야 먹여 살릴 수 있는 처지이지만, "어디 가서 자비 밥벌이 하나 할 수 없는 처지에 그러한 무거운 짐까지 지기에는 춘우의 힘이 부족하다."19) 이러한 상황이 폭발할 지경까지 왔을 때, 그는 가출을 하고 남편과 자식이 있는 영숙과의 사랑에 몸을 맡겨버린다. 춘우의 사랑은 자신이 존재하고 있는 현실적 여건으로부터의 탈피 욕망에 기초하고 있었던 것이다. 그러나 가정을 떠나고, 자신의 몸을 제단 위에 올려놓는 각오로 시작한 영숙과의 사랑은 지속될 수 없었다. 왜냐하면 근대 자본주의 사회에서는 개인의 내밀한 욕망이라 할지라도 그 욕망의 사회적 제관계의 부침과 삼투압 속에서만 실현과 좌절의 여정에 오를 수 있기 때문이다. 말하자면, 사랑의 물적 조건의 결핍이 사랑을 포기하게끔 만든 것이다. 영숙과 함께 살던 춘우가 모선의 숙명과 위대성을 자각하면서 영숙을 그녀의 딸 청아에게로 돌려보내는 것은, 어머니

---

19) 나도향, 『어머니』, 『나도향 전집』 下, 446면.

로서의 책임감과 같은 전통적, 다시 말해 반봉건적 가치가 주체에 내면
화되었기 때문이 아니다.[20] 영숙은 다시 돌아와 그를 기다리지만, 춘우
는 영숙을 떠난다. 모성의 소유자인 영숙이 그에게 다시 돌아온다는 것
은 이들의 사랑의 파국이 과연 모성에 있었는가라는 의문을 하게 만든
다. 춘우는 영숙이 다시 돌아왔음에도 불구하고, 왜 떠나야 했는가. 단
적으로 춘우는 영숙과의 생활을 지속시킬 수 있는 물적 기반이 허약한
자기 처지 때문에 결국에 그녀를 돌려보낸 것이다. 그는 영숙이 자신과
함께 살면서 남편인 철수에게 받은 패물을 몰래 팔아 생계를 이끌어 가
는 것, 아픈 청아의 약값 때문에 영숙이 다시 철수를 찾아가는 것을 견
딜 수 없었다. '어머니' 또는 '모성'[21]은 어쩌면 이렇게 지리멸렬하고
비참한 자신의 처지를 자기 자신과 타자에게 드러내지 않고, 더욱이 가
장 위대한 사랑이라는 모성애에 자신의 사랑을 희생시킨다는 명분을
부여하는 것이라고 볼 수 있다. 모성은 말하자면 현실과 사랑의 이상을
절충시키는 타협지대였다. 춘우는 결코 자신이 지리멸렬하고 비참한 처
지에 있음을, 그래서 사랑을 포기해야 함을 인정하고 싶지 않았던 것이
다. 여기에서 나도향의 초기작인『환희』와 후기작인『어머니』의 거리가
그리 큰 것인지 생각해볼 필요가 있다.

　나도향의 문학세계는 그 짧은 생애에 흔히 낭만주의에서 사실주의,
혹은 자연주의로 비약적인 전환을 보여주었다는 견해[22]와, 낭만주의로

---

20) 박헌호는 앞의 글에서 모성의 자리로 돌려보내는 것을 주체에게 내면화된 반봉건성
　　의 힘이라고 평가한 바 있다.

21) 나도향의『어머니』에 드러나는 모성의 성격은 반봉건적이거나, 전근대적인 것이라
　　고 할 수 없다. 자녀의 양육과 가족의 안녕의 전적인 책임을 어머니에게 전가하는 것
　　은 부부중심의 가족제도가 형성된 시점, 즉 근대의 소산이다. 그 이전의 전통사회에서
　　자녀의 양육은 대가족 구성원들 모두의 책임이었고, 그들의 신분에 따라오는 관습과
　　방식에 의거하여 이루어졌다고 볼 수 있다. 모성의 신화화는 오히려 성역할의 뚜렷한
　　분법과 함께 여성을 가정 안에 묶어놓는 근대의 산물이다.

22) 김기진, 「도향을 생각한다」, 『현대평론』 7호, 1927.8; 백철, 『신문학사조사』, 신구문
　　화사, 1980; 조연현, 『한국현대문학사』, 성문각, 1982.

일관했다는 견해[23]로 나뉜다. 이러한 견해의 차이에도 불구하고 모든 논의의 최대공약수는 후기작품에는 전기의 과도한 감상성과 울분이 사라지고 객관 묘사의 지향을 보여주고 있으며 이를 비약 내지 발전으로 평가한다는 점이다. 이러한 변모의 배경을 현실의식의 수용이라는 맥락에서 파악하고 있는 것도 지배적이다. 이러한 논의들은 신경향파 문학이 대두하기 직전의 문학사적 지각변동이라는 배경하에 그 설득력을 얻고 있다. 앞의 『어머니』에서 살펴보았듯이, 확실히 나도향의 후기 작품에는 현실적인 제요소들이 많이 드러난다. 그러나 작품 자체 내에서 드러난 현실적 제요소의 증감이 문제가 아니라, 그 요소들이 어떻게 작품의 구성과 이념에 개입하고 있는가를 따져본다면, 사정은 달리 해석될 수 있을 것이다. 여기서 조심스럽게 다음과 같은 추측을 해본다. 나도향의 문학세계에서 현실적 제요소는 서사의 구조적 완결성을 위해 도입되지 않았나 하는 것이다.

그가 발 딛고 있던 식민지 조선은 그의 광활하고 자유롭기 원했던 정신에 비해 더할 나위 없이 좁고 척박했다. 그럼에도 그는 그 정신의 지향을 포기할 수 없었다. 하지만 정신의 끝없는 파노라마의 전개로는 작품은 완결될 수 없다. 모든 예술작품은 완성된 후에라야 존재할 수 있다. 소설은 끝나야 한다. 소설 『환희』가 끝을 맺어 가는 과정을 돌이켜본다. 상념과 공상, 찰나적인 정념으로 전개되던 서사가 자신들의 사랑이 사회적 인습과 관습 때문에 이루어질 수 없다는 남자 주인공들의 자각과, 그 후에도 자신의 사랑의 순수성을 증명하고자 한 여주인공들의 죽음으로 끝난다. 상념과 공상, 찰나적인 정념의 자기 증식적 파노라마는 스스로 제어할 수 있는 힘이 없다. 끝내기 위해서는 어떤 방식으로든 현실의 요소들이 도입되어야 했다. 나도향은 소설의 마침표를 현실에서 구했다. 이는 소설은 끝나야 한다는 미학적 차원의 처방이었다. 마

---

23) 김우종, 「나도향론」, 『현대문학』, 1962.11~12; 이인복, 「나도향론」, 『현대문학』, 1969.12.

찬가지로 『어머니』에서 모성으로의 복귀는 현실논리의 필연성에의 귀
의는 아니었다. 모성으로의 복귀는 서사적 완결성과 함께 현실을 반쯤
긍정하면서도 더 높은 사랑의 실현이라는 명분을 동시에 얻을 수 있었
던 완충지대였다.

인종과 젠더 그리고 민족 동일성의 역학

1920~30년대 염상섭 소설에 나타난 혼혈아의 정체성

1. 식민과 인종 그리고 근대문학

국민문학이란 우리에게는 1930년대 말 1940년대 초 일제의 파시즘과 협력했던 한국문학의 오욕의 명칭이지만, 실제 모든 근대문학은 자국민(민족)의 문학, 즉 국민(민족)문학이다. 국민(민족)국가는 모든 영역에서 '국민'의 동질화를 목표로 한다. 문학의 또한 예외의 영역이 아닌데 이연숙은 이 사정을 "개개의 작품들은 역사 및 연대순으로 즐비하게 나열되면서, 동일한 '국민' 의식의 표현으로 간주되는 것이다. 이렇게 함으로써, '국민'의 역사의 문화적 측면으로서 '국민문학'이라는 영역을 만들어가는 것이다"[1]라고 지적한다. 그런데 세계 각국이 근대 이전의 문학

---

1) 이연숙, 「디아스포라와 국문학」, 『민족문학사연구』 19호, 민족문학사연구소, 2002, 55면.

작품도 국민문학이라는 범주로 계열화시키고, 국민문학을 대학의 학제로 편입시키던 시기는 제국주의의 식민지 쟁탈전과 거기에서 파생되는 이산(離散)에 의해 타민족·타인종이 경계 없이 넘나들던 시기이기도 하다. 이는 한국의 근대문학의 조건이기도 하다.

　조선이라는 나라가 민족─국가로서의 자기 정체성을 형성해가기 시작한 시점은 다른 민족과 인종이 이 땅에 이주하여 더불어 살기 시작한 시점이기도 하다는 점이다.[2] 한국의 근대문학사는 민족문학사의 다른 이름이기도 했고, 그 역도 사실이라는 점이 암묵적으로 동의되어온 상황에서 이러한 사실의 환기는 중요하다. 즉 근대문학 또는 민족문학은 이러한 이질성의 조건에서 혼종성의 위험과 불안을 불식시키거나 망각함으로써만이 민족 동일성이라는 순수성을 지킬 수 있기 때문이다.

　한국 근대문학에서 일본인·혼혈아의 초상을 찾기란 그리 쉽지 않다. 일본의 식민과 공존했던 시대의 문학에서 일본인·혼혈아가 등장하지 않는지에 대해서는 좀 더 근본적인 탐색이 필요할 것이다. 현상적인 차원일 수도 있겠지만, 염상섭 문학의 존재는 이 대목에서 빛을 발한다. 『만세전』(1924)에서 세세하게 묘사된 일본 식민주의자들의 조선인에 대한 인식, 그리고 굴절된 조선인의 자기인식의 문제는 이미 논의된 바 많다. 하지만 아버지는 조선인이고 어머니는 일본인인 혼혈아의 정체성을 묻는 「남충서」(1927)의 진가에 대해서는 김윤식[3]이 오래 전에 언급한 이래로 최근에서야 다시 조명되고 있는 실정이다.[4] 「남충서」뿐만 아니라 『사랑과 죄』(1927)의 류진 그리고 『만세전』에서 이인화가 귀경길에 부산에서 들린 유곽이나 다름없는 일본 국수집의 소녀와 『모란

---

2) 조선총독부의 『통계연보』에 따르면 1876년 소위 '내지'에서 이주한 일본인 수는 약 54명, 1900년에는 15,829명, 1910년에 171,543명, 1920년에 347,850명으로 급격히 증가하여 많을 때에는 75만 명에 이르렀다.(1942)
3) 김윤식, 『염상섭연구』, 서울대 출판부, 1987, 408~409면 참조.
4) 하정일, 「보편주의의 극복과 '복수(復數)'의 근대」, 『염상섭 문학의 재인식』(문학과 사상연구회 편), 깊은샘, 1998, 96~75면 참조.

꽃 필 때』(1934)의 문자 또한 조선인의 피와 일본인의 피가 섞인 혼혈아
이다. 앞의 두 명은 남성이며, 뒤의 두 명은 여성이라는 점을 먼저 지
적해 두고자 하는데, 혼혈이 제기하는 민족 정체성의 문제는 인종적일
뿐만 아니라 성별적인 것이기 때문이다. 이는 식민화가 되기 이전 이미
나타나기 시작했던 민족주의 담론에도 고스란히 드러났다.5) 말하자면
염상섭 문학이 한국 근대문학사에서 이례적으로 제기한 혼혈아의 문제
는 거기에 내재된 성별화된(gendered) 질서를 통해 바라볼 때 좀 더 온전
하게 밝혀질 수 있으며, 나아가 염상섭 문학의 민족주의의 성격 또한
보다 역동적으로 조명될 수 있다.

2. 혼혈의 젠더적 질서와 민족 정체성

　일본이 비백인으로서 유일하게 식민 제국을 지배했다는 사실은 새삼
스러울 것은 없지만, 인종과 혼혈의 문제를 논의하는 데 있어서는 여러
가지 복잡함을 낳는다. 일본은 인종적으로는 황인종이자 한자문화권에
들어 있는, 즉 동종동문(同種同文)의 아시아를 서양=백인의 제국주의를
막기 위한 연대와 공영의 대상으로 삼으면서도, 식민 지배를 정당화하
기 위해서는 아시아 내에서의 인종적 계서제(hierarchy)를 창출하고 정당
화해야 하는 모순을 안고 있었다. 그 모순 또한 아시아를 벗어나 서구
제국의 지위에 들어가야 한다는 상승욕구의 발현이자 인종적으로는 여
전히 황인종일 수밖에 없다는 일본의 자의식이 배어 있는 것이었다. 강
상중은 이러한 일본의 후발 식민지 심상지리를 '열등한 아시아[劣亞]'라

---

5) 고미숙, 『한국의 근대성, 그 기원을 찾아서—민족·섹슈얼리티·병리학』, 책세상,
2001, 42~60면 참조.

는 의식에 괴로워하면서 동시에 '아시아를 깔보는[蔑亞]' 위치라고 규정한다.6)

　아시아 내의 인종적 계서제를 구축하여 제국의 팽창을 정당화 시켰던 일본에서의 인종담론은 식민지 지배에 들어가기 전 내면화되어 있었다.7) 일본의 인종이론은 '아이누인[アイヌ人]', '류우쿠인[琉球人]', '조선인'을 '학(學)'의 대상으로 취급함으로써 '일본인'이란 자기동일성을 보증하기 위한 것이었으며, 사람을 '분류하고 측정하는 기법' 자체가 '일본인'이라는 자기동일성을 보증하고 나아가 실천을 촉구한다는 점에서, 푸코가 말한 것과 같이 '타자를 관찰하면서 구축되는 근대의 지(知)'라는 관점이 개재되어 있다. 일본의 진화론적 체질인류학은 인종개조론과 우생학으로 연결되어, 일본 제국 내의 여러 인종들의 집합체 내에서 적자(適者)를 적소에 배치하여 대동아 공영권을 이룬다는 논리로까지 확대된다.8) 이러한 인종개조론에 입각한 식민 정책 중 하나는 바로 잡혼이었는데, 1920년 4월에 거행된 영친왕 이은과 일본 황족 이방자의 내선결혼(內鮮結婚)은 상징적인 사건이었다. 그 다음 해인 1921년 6월에는 '내선인통혼법안(內鮮人通婚法案)'이 총독부령 99호로 성립되었다. 일본의 이러한 식민 정책에 힘입어 내선결혼의 건수는 1912년에는 116건이던 것이 1925년에는 404건이었다.9) 일본 지배층은 조선인을 피의 혼합

---

6) 강상중, 임경덕·임성모 역, 『오리엔탈리즘을 넘어서』, 이산, 1997, 90면.

7) 박성진, 「일제하 인종주의의 특성과 적용형태」, 『한국근현대사연구』 5집(한국근현대사학회 편), 한울, 1996.

8) 서홍관·신좌섭, 「일본 인종론과 조선인」, 『의사학(醫史學)』 제8권 제1호, 대한의사학회, 1999 참조. 한편, 이 논문은 체질인류학에 근거하여 조선인을 연구한 경성제국대학 해부학교실의 일본인 교수들을 소개하고 있다. 대표적인 인물로는 쿠보 타케시[久保武], 코카네이 요시코[小金井良精], 쿄노 겐지[淸野謙次], 하세베 코톤도[長谷部言人] 등이 있다.

9) 善生永助 편, 『朝鮮人の人口現象』, 朝鮮總督府, 1927, 314면. 박성진의 앞의 글에서 재인용. 104~105면, 한편 그 건수는 1920년대 후반부터는 극감했던 것으로 보인다. 카세타니 토모오[綛谷智雄]가 여러 조사 자료를 종합하여 밝힌 바에 따르면, 1928년에는 40건, 1931년에는 52건 등 100건을 넘지 않다가 황국신민화 정책이 절정에 이르

을 통하여 일본민족으로 동화시키고, 오랜 세월에 걸친 양국인간의 결혼을 통화여 피를 섞음으로써 조선인이라는 의식 자체가 소멸될 것으로 기대했다.[10]

피의 섞음(=혼혈)이 조선인을 일본인으로 동화시키는 데 가장 최선의 방책이라는 기대 자체가 일본의 인종적 우월성에 기반을 둔 것이었겠지만, 인종적 차이의 식별기준으로서 가장 최적인 신체적 차이를 일본인과 조선인 사이에서 찾아내기란 어려운 일이었다. 그 차이는 백인과 흑인의 차이에 비하면 거의 절망적으로 비가시적인 것이나 다름없었다. 영국이 아일랜드 민족을 '하얀 검둥이' '하얀 침팬지'라는 인종적 이미지로 만들어 내었듯이, 일본도 근대성의 정도 문명화의 정도를 통해 조

던 때인 1940년에는 137건으로 조사되어 있다. 조선 내에서의 사정은 이렇지만 일본으로 이주하여 살던 조선인과 일본인 사이의 결혼 건수는 이보다 훨씬 많아 1938년에는 811건, 1941년에는 1,258건, 1942년에는 1,418건이었다. 그리고 내선결혼의 절대다수가 조선인 남성과 일본인 여성간의 결혼이었다. 카세타니 토모오, 「재한일본인처의 형성과 생활적응에 관한 연구」, 고려대 석사논문, 1994, 26~27면.

10) 박성진, 앞의 논문, 104~105면 참조. 한편, 1930년대 말에 이르면 동화 정책의 일환으로 혼혈 정책을 찬성하는 입장과 거기에 반대하는 우생학 계열의 입장이 갈등을 겪게 된다. 전자의 입장은 전쟁이라는 급박한 흐름 속에서 동화 정책의 강화가 절실해졌고, 이는 '완전한 일본인'으로서의 '황민(皇民)'이라는 이름으로 제시된다. 이때의 황민이란 생물학적 혈통의 상이함을 역사적 혈통의 동일함으로 대체하는 것이었으며, 무엇보다 '전황'이라는 '가장 일본적이면서 동시에 가장 보편적인' 고리와 연결됨으로써만 탄생될 수 있는 것이었다. 황민화는 그 핵심을 '국체(國體)'로 하고 있었는데, 결국 황민화의 근본이 '정신'이며 '정신은 스스로 외부에 드러나는 경신숭조(敬神崇祖)의 관념이고, 풍속관습의 개선이며 도의관념의 향상으로 되는 것은 당연한 도리'라는 주장이었다. 반면에 '순수한 일본인'을 주장한 우생학 계열의 입장은 동아신질서에 대한 주장이 제기되고 있는 시점에 막상 그것을 지도할 '진정한 우성인자로서의 일본인'의 숫자는 감소하고 있다는 주장을 하며, 동화 정책 그중에서도 혼혈 정책에 거부감을 표한다. 민족혈액의 순수성을 지켜야 한다고 주장한 이들의 근거는 혼혈에 의해 생식력의 감퇴, 신체의 약화, 여러 가지 형질의 부조화 등의 부작용이 따르게 된다는 것이었다. 이러한 두 입장의 대립적 관계는 표면상 대립적이지만 상호 공존하는 것이라고 할 수 있는데, 왜냐하면 아시아의 연대를 외치는 전자의 입장 또한 일본의 주도성을 명시하고 있듯이, '순수한 일본인'이 확실하게 전제되지 않은 '완전한 일본인'이란 단 한순간도 존재할 수 없는 개념이라는 점에 그렇다. 홍일표, 「일본의 식민지 '동화 정책'에 관한 연구—'창씨개명' 정책을 중심으로」, 서울대 석사논문, 1999, 47~61면 참조.

선인의 인종적 이미지를 창출했다.[11] 여기서 주목할 것은 바로 일본의 이렇게 신체보다는 사회·정신 형질을 중요시하는 인종담론은 이광수의 「민족개조론」이 극단적으로 증명하듯이, 조선의 민족주의 이데올로그들에게도 고스란히 반영되어 있으며, 사회·정신 형질은 이들에게 도덕이란 범주로 재해석되었다는 것이다.[12]

이러한 사정과 관련하여, 염상섭 소설에 나오는 혼혈아들은 단지 잡종 피의 소유자일 뿐만 아니라, 태생 자체가 비합법적이고 비정상적인 성 관계에 의해 태어난 존재로 설정된다는 점은 예사롭지 않다. 『만세전』의 창기는 조선인 여성과 일본인 남성, 『사랑과 죄』의 류진, 「남충서」의 남충서, 『모란꽃 필 때』의 문자는 일본인 여성과 조선인 남성 사이에서 태어난 혼혈아들인데, 이들의 어머니 대부분 윤락업에 종사한 경험이 있는 것으로 보인다.

이러한 양상은 단지 우연한 현상이 아니다. 1876년 강화도조약을 계기로 일본인의 조선이주와 정착은 그만큼 오랜 역사를 갖게 되었으며, 또 대개 일본인의 진출은 윤락업의 진출이기도 했기 때문이다. 『만세전』에서 이인화는 부산항에 도착하여 부산을 일컬어, "조선을 축소한 것", "조선을 상징한 것"이라 말한다. 또한 "거룩한 부산! 조선을 질머진 부산! 부산의 팔자가 조선의 팔자요, 조선의 팔자가 곧 부산의 팔자이었다"[13]는 식으로 부산의 상징적·현실적 의미를 강조한다. 이인화가 조선의 팔자로 바라본 부산의 현재란, 부산의 주민들이 일본인의 이주와 정착에 의해 주변부로 밀려나는 상황, 그리고 양복이니 전기니 물질문명이 들어오면서 조선인은 더 헐벗게 된 상황이었다. 이와 함께 이인화의 시선에 들어온 것은 즐비하게 늘어선 유곽이었다. 송연옥이 밝

---

11) 박지향, 「영국 제국주의와 일본 제국주의의 비교(1)―인종주의를 중심으로」, 『영국 연구』 2호, 영국사학회, 1998, 183~184면.
12) 박성진, 앞의 논문 참조.
13) 염상섭, 『만세전』(고려공사, 1924), 『염상섭 전집』 1(권영민·김우창·유종호·이재선 편), 민음사, 1987, 57면.

힌 바에 따르면, 1876년의 강화도조약에 의해 부산이 개항되자 새로운 시장을 찾는 일본 매춘업자들은 누구보다 먼저 조선에 상륙했으며 도항조건이 간편해진 1878년부터는 도항자는 더 늘어났다. 1879년 말에 나가사키 현[長崎縣]하의 대좌부(貸座敷)업자가 부산에 유곽을 개설하려고 오사카[大阪]까지 창기를 모집하러 갔었다는 기사나 조선에 가서 돈 번 동업자의 말을 따라 요시와라(吉原 : 일본 도쿄 다이토구[臺東區])에 있던 에도[江戶]시대 이래의 유곽가)의 업자가 1890년에 조선에 건너갔다는 기사가 당시 일본 신문에 보인다.[14]

『만세전』의 이인화가 부산의 일본 국수집에서 만난 '혼혈' 소녀는 이러한 식민 문화의 부정적인 상징인 것만은 분명하다. 단지 집과 땅을 내줘버린 물리적 박탈뿐만 아니라, 이 소녀는 정신적 박탈을 분명하게 보여주기 때문이다. "조선 사람 어머니에게 길러 자라면서도 조선말보다는 일본말을 하고, 조선옷보다는 일본옷을 입고, 딸 자식으로 태어났으면서도 조선사람인 어머니보다는 일본 사람인 아버지를 찾아가겠다는 것은 부모에 대한 자식의 정리를 초월한 어떠한 이해관계나 일종의 추세라는 타산이 앞을 서기 때문에 이별한 지가 벌써 칠팔 년이나 된다는 애비를 정처도 없이 찾아 나서려는 것이라고 생각할 제, 이 계집애의 팔자가 가엾은 것보다도 그 에미가 한층 더 가엽다고 생각지 않을 수 없었다."[15] 김윤선은 이인화가 부산에서 발견한 성매매의 공간들은 근대가 만들어 놓은 또 하나의 현실, 즉 조선의 비참한 현실적 공간이었으며 성적 대상으로 전락하면서도 비판적 자기 정체성을 갖추지 못한 어린애가 있는 공간이라고 지적한다.[16] 타당한 지적이지만, 바로 그 소녀가 성매매의 대상이자 '혼혈아'라는 것을 좀 더 고려할 필요가 있

---

14) 송연옥, 「일제 식민지화와 공창제의 도입」, 서울대 석사논문, 1998, 7면.
15) 염상섭, 앞의 책, 58면.
16) 김윤선, 「1920년대 한국 소설에 나타난 성담론 연구—성매매 문제를 중심으로」, 고려대 박사논문, 2001, 162면.

다. 이 소녀가 제기하는 문제가 바로 민족 동일성, 그러니까 순수성의 영역이기 때문이다. 이 혼혈 소녀는 단지 그녀가 혼혈아이기 때문이 아니라, "비정상적인 성"="더럽혀진 피"이라는 도식을 성립시키고 있다는 점에서, 문제가 되고 있다고 봐야 한다. 매춘이란 이미 그 자체가 민족의 혈통을 더럽히는 것으로 인식되었다. 예컨대, 현진건의 「타락자」(1922)는 기생과의 성적 탐닉에 빠져들어 성병을 얻은 지식인 남성이 그 성병이 아내의 태중에 있는 태아에게까지 감염되었다는 사실을 통해서 얻게 된 참회의 내용은 다음과 같은 기생퇴치론이었다. "유위유망한 꽃다운 청춘에 무슨 노릇을 못해서 화류계에서 세월을 보낸단 말입니까. 그들은 제 일평생을 그르칠 뿐만 아니라 그 해독을 제 자손에까지 끼치어 제 가족을 멸망시키고 제 민족을 멸망시키는 사회의 죄인이고 인류의 죄인이 아닐 수 없습니다."17) 혼혈은 이렇게 비정상적인 성과 결부되어 매독 등 성병에 의해 혈통이 혼탁해지는 것처럼 '더럽혀진 피'의 육화된 상징 그 자체가 되었다고 볼 수 있다.

그런데 주의할 것은 염상섭 소설에서 여성 혼혈아만이 최종적으로 '더럽혀진 피'로 낙인찍힌다는 점이다. 나중에 다시 논의하겠지만, 「남충서」의 충서나 『사랑과 죄』의 유진은 혼혈아로서의 정체성 갈등을 겪다가도 최후에는 그 갈등을 극복하고 민족 정체성을 회복한다. 하지만 『만세전』의 혼혈 소녀나 『모란꽃 필 때』의 문자는 전혀 달랐다. 문자는 가세가 기울긴 했지만 친척 중에 세력가인 남작도 있는 김대감과 일본인 첩 사이의 소생이다. 그녀의 어머니와 따로 나와 살고 있는 문자의 집은 "화양절중에 뒤로 온돌방과 마루 부엌 합해서 서너 간을 따로 드린 말하자면 거죽은 양식이요 안은 일본식 조선식이 섞어작이었다." 문자 모녀가 주로 사용하는 아래층의 방은 "이 집 주인들이 조선옷을 입은 것과는 좀 어울리지 않았고 집 제도와는 걸맞게 일본식으로 치장을

---

17) 현진건, 「타락자」(『개벽』, 1922.1~4), 『현진건 전집』 4(이재선 · 김시태 편), 문학과비
   평사, 1988, 70면.

하여서 단스(의장)도 놓이고 〈도고노마〉(床の間 : 일본식 방의 상좌(上座)에 바닥을 한 층 높여 만들어 놓은 곳—인용자) 에는 족자와 꽃병도 놓였으며 벽에 걸린 일복도 눈에 띠이고 방성 화로들까지 모다 일본식이다.”18) 문자 모녀의 집은 이족혼과 혼혈을 문화적 잡종성의 형태로 보여주는 데 그치는 것은 아니다. 이 집에서는 남녀들이 한자리에 모여 마작판을 벌이거나 술을 마시는 장소이기도 하다. 매춘의 공간은 아닐지라도 어느 정도는 퇴폐적인 유희가 이뤄지는 공간이다. 문자 어머니의 정체는 바로 이 공간에서 드러난다.

> 이렇게 인사를 하면서 술을 따르는 주인마님의 술병 드는 솜씨부터 일본식으로 익숙한 것은 이 부인이 술을 자시기 때문인지 혹은 소시 때에는 어염집 아낙네가 아니요 좀 놀아본 찌꺼지인지 이 집 큰 아들이나 진호의 눈에나 띠었지 다른 소녀들은 물론이요 영식이의 눈에도 분간을 못할 것이다.19)

화류계에 드나들던 경험이 있던 남자나 알아볼 수 있는 문자 어머니의 태도는 남자를 제법 다룰 줄 아는 섹슈얼한 것이었다. 문자는 스무 살의 나이었지만 “모친에게서 받은 기품”이 있어서 “남자의 마음을 조종할 줄도 알고 남자의 마음을 저울질할 줄도 알았다.”20) 문자는 어머니와의 간계를 통해 소문난 상인의 아들이자 신성이의 약혼자였던 진영식을 가로채어 결혼하여, 유학을 명목으로 동경으로 유학을 떠난다. 거기에서 문자의 생활은 향락적이고 방탕한 것이었다. 댄스홀이나 고급 상가이자 유흥가인 긴자[銀座]가 문자의 주무대였으며, 남편이 있는 몸으로 일본 정계에서 명망 있는 가문의 일본인 청년 미우라 히데오[三浦秀夫]를 유혹하는가 하면 남편 몰래 서양 청년과 휴양지로 피서를 가기도 한다. 즉 ‘혼혈’의 정체성은 문자에게서도 퇴폐적이고 방탕한 성의

---

18) 염상섭, 『모란꽃 필 때』(『매일신보』, 1934.2.1~7.8), 『염상섭 전집』 6, 56면.
19) 위의 책, 64면.
20) 위의 책, 122면.

문제로 드러났던 것이다.

반면에 「남충서」의 남충서, 『사랑과 죄』의 류진의 경우 타락한 성의 문제는 그들 자신이 아니라 아버지들의 도덕적 성적 타락의 문제와 결부된다. 남충서의 아버지 남상철은 "당당한 혁명가로 소년시절부터 십여 년을 일본에 망명하니만큼 신용할 수 있지마는 지금의 부친이 진짜인지 가짜인지 친일파라는 패를 차고 다니는 터"21)이다. 그뿐만 아니라 여학생첩, 기생첩도 모자라 죽은 아내의 동생인 처제를 집에 들이려고 한다. 류진의 아버지 류택수 또한 "스물 안에 일본 가서 있다가 미국에를 두세 번씩 갔다 온 옛날의 지사"22)였지만, 지금은 재색에 빠져 사는 부르주아일 뿐이다. 지사에서 친일파로의 전락, 도덕적 타락은 이렇듯 성적 타락과 동일한 지평으로 설정된다. 근대 계몽기의 민족주의 담론에서 매국노·탐관오리 등을 '적국놈에게 시집하는 년', '적국 년에게 장가가는 놈'과 유사한 위상에 놓으면서, 반민족적 행위는 민족의 순수성, 결국 피를 더럽히는 행위로 인식되었다.23) 남상철과 류택수의 친일파로의 전락이 성적 타락과 함께 가는 이유 또한 마찬가지의 맥락인 것이다. 이러한 차원에서 볼 때, 남충서와 류진이 혼혈아로서의 혼란스러운 정체성을 극복하고 민족적 정체성을 확보하는 일이란 단지 조선인인 부계의 생물학적 혈통만을 받아들이는 데에서 끝나지 않는다. 일단은 민족으로의 귀속됨을 자명한 소여로 인식하는 것, 그리고 민족의 숭고화가 동시적인 과정으로 이뤄져야 한다.

> 하지만 사실은 사실이다. 전통(傳統)이란 것처럼 무서운 것은 없다. 관념으로나 의식으로 민족이란 자각은 업는 경우라도 그 민족의 전통이란 무거운 짐을 누구나 지고 다니니까 하는 수 없는 일이지. …… 무거운 짐이 아니라 핏속에 요약(要約)되어서 흐르는 것이다. 모든 진리가 뒤집혀도 그것만은 영원

---

21) 염상섭, 「남충서」(『동광』, 1927.1~2), 『염상섭 전집』 9, 287면.
22) 염상섭, 『사랑과 죄』(1927.8~1928.5.4), 『염상섭 전집』 2, 117면.
23) 고미숙, 앞의 책, 53면.

한 비밀이요, 또 아무도 속일 수 없는 사실이다. …… 대관절 사람이 민족을
떠나서 살 날이 있을까? —그것은 어떠한 남자를 붙들고서라도 아버지라고 부
르고 북극의 인종이 남극의 도회를 거니는 창부(娼婦)에게 어머니라고 절하는
때의 일일 것이다.24)

　　에티엔 발르바르는 주민들을 '민족화'한 의제적 종족체(ethnicité fictive)
는 과거 또는 미래에, 마치 그들이 스스로 기원과 문화적 동일성, 그리
고 개인들과 사회적 조건을 추월하는 이해관계의 동일성을 지닌 자연
적 공동체를 형성한 것처럼 표상된다고 지적한다.25) 위의 인용문에서
남충서의 인식은 이를 보여준다. '전통'이란 용어는 마치 장구한 세월
동안 개개인에게 유전자처럼 전해진 민족 정체성의 각인을 의미한다.
남충서에게 한 민족에로의 귀속은 개인적 조건을 초월한 것이기도 하
다. 남충서에게 민족이란 "모든 개인을 유일한 하나의 종족적 동일성에
귀속시키며, 그리하여 인류 전체를 잠재적으로 각각 한 민족에 대응하
는 상이한 종족체들로 분할시키는 보편주의적 표상에 토대를 두고"26)
있는 것이다. 이렇게 민족에의 귀속됨을 '아무도 속일 수 없는 사실'로
자연화 하는 전제 하에서 '혼혈'이라는 개인적 조건의 문제는 부차화
된다. 여기서 동시에 수반되어야 하는 것이 민족의 숭고화이다.
　　이것은 개인적 차원에서는 '민족됨'의 열도의 문제이다. 남충서와 류
진의 조선 민족으로의 최종적인 귀속은 아버지들의 타락상을 극복함으
로써 온전하게 이뤄진다. 그것은 민족해방운동에의 동참이란 형태로 가
시화되기도 하지만, 동시에 그것은 성적 욕망의 처리방식과도 관련 있

---

24) 『염상섭 전집』 9, 289면.
25) 에티엔 발리바르, 서관모 역, 「민족형태—그 역사와 이데올로기」, 『이론』 6, 1993년
　　가을, 121면. 여기서 발리바르는 의제(fiction)라는 용어를 역사적 효과를 초래하지 않는
　　순수하고 단순한 환상이라는 의미가 아니라 제도적 효과의 의미로 사용한다. 어떤 민
　　족이든 자연적으로 종족적 기초를 갖는 것이 아니라, 바로 민족국가의 제도적 효과에
　　의해서 '자연적' 민족으로 표상한다는 의미이다.
26) 위의 글, 122면.

다. 남충서와 류진은 앞에서 살펴본 여성 혼혈아와 다르게 교양이나 학력의 면에서 뛰어날 뿐만 아니라, 특히 성의 문제에 있어서는 결백한 인물이란 점은 여기서 각별할 수밖에 없다. 「남충서」보다는 『사랑과 죄』에 이러한 사정은 분명하게 드러난다. 혼혈아가 아니지만, 『사랑과 죄』에서 친일 귀족의 자제인 이해춘이 자신의 기득권을 포기하고 '봉천행'을 선택하는 과정은 정마리아의 성적 유혹을 떨쳐버리고, 지순영의 정결성을 보호하는 과정이기도 했다. '자멸적 초연주의자'였던 류진 또한 아버지 류택수의 간계로부터 지순영을 구출하고 보호하는 일에 함께 동참하다가 이해춘·지순영과 함께 봉천행을 택한다.

「남충서」에 나오는 P.P 단이라든가 『사랑과 죄』에서 인물들이 연루되는 지하조직운동은 사회주의에 대한 염상섭의 동정자(sympathizer)적 관점을 보여주기는 하지만, 정작 소설 내부의 인물의 삶들과 별다른 구체적인 관련성이 없는 것으로 평가되었다.[27] 온당한 지적이지만, 여기에 덧붙여야 할 것은 염상섭에게 있어서, 어떤 형태이든 민족해방운동에의 동참은 '민족됨'의 열도를 증명하는 한에서만 의미가 있으며, 그 열도를 가늠하는 중요한 기준은 바로 섹슈얼리티의 문제였다는 점이다. 수호하거나 구축해야 할 민족 정체성이란 물질적 영역에서가 아니라 내적 정신적 영역에서 찾아졌다는 것을 의미한다. 바꿔 말하면, 식민지지배를 가능하게 했던 물질적 영역 자체의 철폐가 민족 정체성의 회복으로 직결되지는 않는다는 것이다.[28]

---

27) 하정일, 앞의 책, 73~74면 참조.

28) 차테르지에 따르면, "반식민 민족주의는 그것이 식민권력과의 자신의 정치적 투쟁을 시작하기 훨씬 전에 식민사회 가운데서 자신의 통치권의 영역을 창출한다. 반식민 내셔널리즘은 사회적 제도와 실천(practices)의 세계를 두 개의 영역, 즉 물질 영역과 정신 영역으로 나눔으로써 이를 수행한다. 물질적 영역은 경제와 외교, 과학과 기술과 같은 '외부(outside)'의 영역으로, 이 영역은 서구가 자신의 우월성을 증명해왔던 영역이자 동양이 굴복했던 영역이다. 따라서 이 영역에서, 서양의 우월성은 인정되어야만 하고 그것의 성과는 주의 깊게 배우고 모방되어야만 한다. 다른 한편으로, 정신적 영역은 문화적 정체성의 '본질적인' 각인을 품고 있는 '내적' 영역이다. 따라서 물질적

차테르지에가 말한 대로, 마찬가지의 의미에서 가족은 민족주의 전략에 중요한 거점이었다. 가족은, 식민 국가가 진입할 수 없는 민족의 독자적 영역, 달리 말하자면 민족주의가 자신의 관할권을 주장한 영역 중의 하나였다.[29] 가족을 통해서 민족 정체성이 반추되는 것이 아니라, 민족 정체성을 통해서 가족은 재규정된다. 가족은 언어와 복식 등 문화와 전통의 수호를 위한 거점으로 정의된다. 이에 염상섭 소설에서 혼혈 아들이 보여주는 정체성의 문제는 무엇보다 언어나 의복과 같은 문화적인 차원에서 조명된다. 「남충서」의 충서의 동생 효자는 "말도 조선말은 여간 서투르지 않고 또 한사코 쓰지도 않으며 조선옷은 몸에 걸치어 본 일이 한번이나 있는지 모른다."[30] 『만세전』의 혼혈 소녀는 조선옷보다는 일본 옷을 더 좋아하고, 일본말을 더 잘한다. 『모란꽃 필 때』의 문자의 생활방식이나 취미는 거의 조선식이라 할 수 없다.

염상섭 소설에서 혼혈아들 중 유독 여성들만이 이러한 민족적 정체성을 상실한 존재라는 점은 특기할 만하다. 이는 그들이 가족구성원으로서 정당한 자격을 얻지 못한데서 연유한 것이었다. 『만세전』의 혼혈 소녀는 논외로 치더라도, 문자나 효자는 일본인 어머니와 따로 나와 살며, 상대적으로 아버지와 친가의 친척들에게 관심을 받지 못한다. 물론 이는 전통적으로 가부장제가 대를 잇는 것에서뿐만 아니라 교육적·경제적인 차원에서도 성차별적임을 보여주는 것이다. 하지만 단지 이 사태를 가족제도의 봉건성 차원에서만 해석할 수 없다. 이 작품들이 제기하는 것이 결국 민족 정체성의 문제임을 감안한다면, 오히려 민족주의의 전략에서 여성에게 주어진 위치와 역할에 대해서 생각하는 것이 유효하다. 특히 『모란꽃 필 때』의 문자나 『만세전』의 소녀가 결코 민족

영역에서 서구의 기술들을 훌륭하게 모사하면 할수록, 자신의 정신적 문화의 독이성(distinctness)을 보존할 필요성은 더욱 커진다." Partha Chatterjee, *The nation and Its fragments*, Princeton University Press, 1993, p.6.

29) Partha Chatterjee, Ibid., p.9.

30) 『염상섭 전집』 9, 279면.

구성원의 일원이 될 자격이 없는 이유는 그녀들이 비정상적 성에 의해 태어난 자신들의 운명을 성적 타락과 방종에 의해 강화시키고 있기 때문이었다. 여성은 자신의 섹슈얼리티를 처녀성과 모성성에 국한시킬 때만이 민족 구성원의 자격을 얻을 수 있었던 것이다. 염상섭 소설은 혼혈이라는 이례적인 문제를 제기했음에도 불구하고, 남성 혼혈아는 모두 조선인으로서의 민족 정체성을 회복하고, 여성 혼혈아는 민족에서 배제되는 양상을 보여준다. 이는 「제야」(1922), 『해바라기』(1923), 『너희가 무엇을 얻었느냐』(1923~24) 등 염상섭 문학에서 노골적으로 드러나는 여성혐오주의의 연장선상에 있는 것이기도 하다. 하지만, 염상섭 개인의 편견으로만 치부할 수 없는데, 당대의 신여성을 둘러싼 담론은 여성의 정체성을 민족 구성원이 될 수 있는 자격과 결부시키는 양상을 보였기 때문이다. 『너희가 무엇을 얻었느냐』에서 묘파된 연애와 성 풍속을 "민족성"의 문제로 일반화시키는 김중환의 화법이나, 『사랑과 죄』과 『삼대』(1930)에서 타락한 아버지의 세대와 아들의 세대를 가늠하는 중요한 기준은 바로 성 모럴이라는 사실은 염상섭의 여성혐오주의가 민족적 대의에 의해 합리화되고 있음을 보여준다. 민족주의는 섹슈얼리티를 관리하는데 도움을 주며, 게다가 변모하는 성적 태도를 기존 규범에 흡수시키고 길들이는 데 있어서 수단을 제공하기도 했던 것이다.31) 따라서, 여성 혼혈아는 민족에서 제외되는 양상이란 민족주의의 성별화된 질서의 승인을 통해서 이루어졌다고 볼 수 있다.

한편으로, 이는 여성성을 열등한 인종의 표지로 보았던 식민주의와 인종주의에 대한 내면화의 결과이기도 하다. 식민담론은 언제나 성차별에 사로잡힌 '남성'과 '여성'의 이미지를 떠올리게 하는데, '남성'=식민자=제국에 의해 '여성'=피식민자=종속국이라는 표상이 창출되었던 것이다.32) 즉 피식민자의 열등성은 '여성성'의 특징으로 설명되었으며,

---

31) George L. Mosse, *Nationalism and Sexuality : Middle-Class Morality and Sexual Norms in Modern Europe*, The University of Wisconsin Press, 1985, p.10.

'여성성'은 열등한 인종의 뚜렷한 표지였다. 이때의 여성성이란 특히 멈추지 않는 관능, 무절제한 성욕과 같은 것이었으며, 자율성의 결여, 비합리성과 같은 성질의 것이었다. 염상섭 소설에서 여성 혼혈아만 바로 비민족의 범주로 설정되는 것은 이 같은 맥락에서였다. 최정무에 따르면, 민족주의 담론이 유아화되고 무기력해진 또는 탈남성화된(emasculated) 민족을 재건하는 것을 핵심 임무로 삼는다.33) 이때의 탈남성화된, 바꿔 말해 여성화된 민족의 표상이란 바로 '남성'=식민자=제국에 의해 창출된 것을 내면화한 것이었으며, 따라서 이를 극복할 것을 목적으로 삼는 민족주의 담론이 처녀성과 모성성에 국한된 여성상의 창출로 향하는 것은 당연한 수순이다.

3. 민족적 전범으로서의 여성과 역전된 오리엔탈리즘

염상섭 문학의 탁월함은 다른 데서가 아니라 일상생활의 감각으로 자본주의 하에서의 삶을 묘파하고 있다는 데서 찾아졌다. 따라서 민족주의건 제국주의건 그것은 부차적인 문제였음을 김윤식은 「남충서」를 논하는 곳에서 이렇게 말한다. "자본주의의 터밭 위에서 생겨난 상부구조(이데올로기)가 민족주의·제국주의인 것이다. (…중략…) 근대적 삶만이 있지 거기에는 조선민족이나 일본민족의 인식 따위란 스며들 틈이 없다. 다만 있는 것이라곤 근대적 삶의 제일 확실한 법칙(이것이 이념이다)으로서의 힘, 곧 재력(돈)으로 여기에 모든 의식이 수렴될 따름이다."34)

---

32) 강상중, 앞의 책, 89~90면.

33) Chungmoo Choi, "Nationalism and Construction of Gender in Korea", *Dangerous Women*, edited by Elaine H. Kim and Chungmoo Choi, Routledge, 1998, 24~25면.

이를 지금껏 이 글이 논의한 맥락과 연관지어 말하자면, 염상섭 소설에서 인종적 타자란 존재하지 않았으며, 존재한다 해도 부차적인 것이었다는 것이다. 다시 말해, "염상섭이 조선인이라고 결코 일본인으로 될 수 없음은 숙명적인 사실이다. 이 숙명이란 그러나 근대적 삶, 곧 자본주의 법칙 속에서는 아무런 의미를 갖지 않는다"[35]는 것이다. 물론 염상섭에게 일본은 결코 인종적 타자가 아니었다. 하지만 결코 인종적 타자가 없었던 것은 아니며, 그 인종적 타자의 존재가 현실태를 뛰어넘는 이념형으로서의 '근대'의 성격과 맞물려 있었다는 사실을 확인할 필요가 있겠다. 인종적 타자는 일본이 아니라 서양이었으며, 이념형으로서의 근대의 성격은 오리엔탈리즘으로 요약된다. 이를 잘 드러내주는 것은 역설적이게도 『사랑과 죄』의 심초매부와 『모란꽃 필 때』의 추수화백이다. 이 둘은 모두 일본인이자 화가였다.

심초는 "육십이 넘도록 반생을 반도의 풍물과 우로에 젖어 난 사람"[36]이었다. 금강산 구경 온 것이 인연이 되어 조선팔도의 명산대천은 그의 발길이 안 닿은 데가 없고, 조선의 수학원에서 도화교사가 되어 조선에 서양화를 알리었고, 조선 궁중용어를 연구하기도 했고, 조선 고전문학과 속요에 조예가 깊을 뿐만 아니라, 생활방식 자체가 먹는 것이나 입는 것에 있어서 조선식이었다. 여하튼 조선에 대한 심초의 관점은 야나기 무네요시[柳宗悅]를 연상시킬 정도로 미적인 것에서 출발한 연민의 정서로 판단된다. 심초가 바라보는 현재의 조선은 아래 구절에서 선명하게 요약된다.

> 심초씨는 젊은 조선청년을 보면
> 「당신네들은 〈정말 조선〉이 어떠한 것을 아시오 지금 조선은 〈튀기〉입니다.

---

34) 김윤식, 앞의 책, 432면.
35) 김윤식, 앞의 책, 433면.
36) 『염상섭 전집』 2, 308면.

진짜 조선의 거의 다 헐려 나가고 지금 남은 것은 조선인지 일본인지 서양인
지 까닭을 모를 반신불수가 되었소 인제는 조선에 더 살 흥미조차 잃었소」하
며 무연히 탄식하는 일이 많다.37)

정호웅은 이 대목을 통해서 당대 사회의 서구화 또는 일본화를 초래
하는 맹목적인 서구지향은 제국주의 침탈과 동궤에 놓이는 것임을 염
상섭이 명민하게 꿰뚫어보고 있었다고 평가한다.38) 이는 일면적으로만
적절하다. 왜냐하면, 서구화에 대한 반대가 일본을 포함한 제국주의 일
반에 대한 저항일 수 있겠는가, 그리고 이 작품 내에서 이 발화가 누구
의 발화였는지에 대한 문제는 더 면밀히 검토되어야 하기 때문이다. 단
도직입적으로, 서구문화의 나쁜 건강을 치료하기 위한 강장제로서 비서
구적 타자성을 처방하는 일이 '신오리엔탈리즘'이라는 범죄를 예고하는
것일 수도 있음39)을 상기해야 한다. 앞의 인용문의 발화자가 일본인 그
것도 화가라는 사실이 예사롭지 않은 것은 바로 이 지점에서이다. 최종
적으로는 대동아공영권으로 요약된 일본의 동양주의가 내세운 바는 곧
타락 없는 동양의 근대를 세우자는 것이었고, 그것은 개인주의와 물질
적 풍요로 상징되는 서구적 근대성에 대한 적대감의 발로였다. 언뜻 연
대와 동일화의 외피를 쓰고 있어도 대동아공영권 또한 다른 아시아 제
민족과 일본의 차별과 위계는 결코 무화되지 않는 식민주의 담론임은
물론이다.40)

---

37) 위의 책, 309면.
38) 정호웅, 「식민지현실의 소설화와 역사의식—염상섭의 『사랑과 죄』, 위의 책, 474면.
39) 릴라 간디, 이영욱 역, 『포스트식민주의란 무엇인가』, 현실문화연구, 2000, 107면.
40) Leo Ching에 따르면, 일본의 동양의 연대와 공영을 외치는 아시아적 문화주의와 일
    본을 동양의 제민족과 구별하여 우월한 인종으로 자리매김하는 탈아시아적 인종주의
    는 제국주의의 동일한 동전의 양면일 뿐이다. 레오 칭은 메이지 시기 오카쿠라 텐신
    [岡倉天心]과 타구치 우기치[田口卯吉]의 담론을 분석하면서, 다음과 같이 정리한다.
    "일본은 한편으로는 일본을 높이고 '백인' 식민권력과의 동일화에 있어서 동양의 비참
    한 인종들로부터 자신을 차별화하기 위해서는 지배적인 인종 사상에 화답할 필요가
    있었다. 하지만 다른 한편으로는, 역설적이고도 동시적으로 바로 이러한 과학적 인종

지순영을 납치해서라도 자신의 성적 야욕을 채우려는 간계를 꾸미고 있는 류택수를 직접 찾아가서 그를 훈계하다시피 하는 심초는 또한 "조선사람에게는 입밖에도 내지 않으나 속으로는 은근히 자랑하는 '야마토다마시이(やまとだましい: 大和魂—인용자)'의 소유자,"41) 즉 일본혼의 소유자이다. 전지적 화자는 "이 사람도 일한합병에 대하여 숨어 있는 공로자라고도 하겠지마는 정치적 의견은 별로 가진 것은 없는지 이때까지 누구에게나 정치담을 한 마디도 꺼낸 일은 없다"42)는 단서를 다는 등 이 심초라는 인물에 대해 어떤 거리를 두고 있는 듯도 하지만, 사실상 심초의 감춰진 일본주의와 조선 애호는 '동양주의'라는 맥락에 있어서는 배치되거나 대립적인 것이 아니다.43) 심초의 서사상의 역할은 이해춘을 도와 지순영이라는 순결한 처녀를 류택수의 마수로부터 보호하는 데 있었다. 타락하지 않은 순결한 처녀성에 그야말로 오리엔탈리즘이라고 호명한 자가 있으니, 그는 바로 『모란꽃 필 때』의 일본인 화백 추수였다.

「한 말로 말하면 그 여자는 현대적이지 아메리카니즘이란 말일세. 그러나 박상은 그 후의 사람 아메리카니즘 뒤에 올 사람이지.」

주의의 표피적인 계층화를 피할 수 없었기에, 일본은 결과적으로 자신의 식민 야욕을 정당화하는 데 있어서 자신의 '황색' 이웃들과의 인종적 문화적 상호연관성을 구축했다." Leo Ching, "*Yellow Skin, White Mask : Race, class, and identification in Japanese colonial discourse*", Trajectories : Inter-Asia Cultural Studies, edited by Kuan-Hsing Chen et.al. London : Routledge, 1998, pp.67~68.

41) 『염상섭 전집』 2, 370면.

42) 위의 책, 308면.

43) 조선문화에서 긍정적인 것을 찾으려는 움직임은 조선에 대한 지배권이 확고하게 되는 1920년대 이후에야 나타난 현상이다. 小田內通敏, 今和次郎, 柳宗悅 등은 조선문화와 식민지 민중에 대한 호의와 연민을 보낸 대표적인 민속학자들이다. 이들의 조선문화에 대한 관점은 식민지 문화에 대한 야만관에서 벗어난 진일보한 것이었다. 하지만, 일본의 민속학을 조선에 적용했던 이들의 호의와 연민은 조선의 식민지적 현실이라는 정치적 문제를 괄호에 넣음으로써, 궁극적으로는 '아시아의 연대', 동화를 통한 가상의 공동체 실현이라는 일본 제국주의의 이상에 더욱 고도의 방식으로 부응했다고 볼 수 있다. 박현수, 「한국 문화에 대한 일제의 시각」, 『비교문화연구』 4호, 서울대 비교문화연구소, 1998 참조.

「그러면 신세이상의 초상에는 제목을 〈그 후에 올 사람〉이라거나 〈아메리카니즘 이후〉라고 붙이시면 좋겠지요」

하고 삼포청년은 웃는다.

「그래서는 너무 그림 제목이 아니라 소설제목이 되지 않나 그림은 미적표현(美的表現)이 제일의(第一義)가 아닌가. 어쨌든 후미꼬상(문자)의 것은 모던이요 아메리카니즘에다가 결혼 후의 젊은 여자의 기분을 나타내었지만 이번에는 아메리카니즘 이후—다시말하면 아메리카니즘에 세련이 되고 세례를 받고 거기에 지친 이후에 오는 오리엔탈리즘(동양주의)라고도 할만한 다음 시대의 여성이 표현될 것일세. 그것은 박상 자신의 소질이 그렇기도 하거니와 그 처녀성이 충분히 그런 의사를 표현해 줄 것일세」[44]

추수화백은 문자와 신성 두 여성의 성격의 대조를 '아메리카니즘 대 오리엔탈리즘'이라는 이데올로기 차원으로까지 고양시킨다. 문자를 모델로 삼은 그림의 제목이 "H부인의 초상"이고, 신성의 것은 "소녀"라는 점에 착안을 해보자. "이름도 모를 훌란한 양장을 나는 잠자리 같이 원체 남들이 칭찬하는 그 매끈한 몸매에 빈 틈 없이 입은" 문자의 초상화는 "행복과 생의 힘에 넘치는 아름다운 여성"을 표현한다. 반면에 양장이 아닌 조선옷으로 흰 저고리에 연보라 빛 치마를 입은 신성의 초상화는 소녀의 청초한 처녀성을 통해서 "문자에게서 발견할 수 없을 이상과 매력"을 표현했다. 말하자면 문자는 관능적인 풍요의 상징이라면, 신성은 순결한 처녀성의 상징이다. 초상화라는 예술작품에서 드러나는 심미적 가치 이상의 차이가 작품 내 두 여성의 삶의 방식에 내재해 있다. 문자는 앞에서 살펴보았듯이, 혼혈아이기도 하고 소비적이고 성적으로는 방탕하고 문란한 생활을 한다. 여기서 아메리카니즘의 의미는 분명해지는데, 그것은 연애지상주의=(부르주아적) 개인주의=향락주의의 동의어였던 것이다. 즉 아메리카니즘은 부르주아적 향락과 쾌락을 의미하는 말로, 서구적 근대화의 부정성을 드러내는 말이었다.[45] 추수화백은 미

---

44)『염상섭 전집』6, 234면.

술전람회에 출품하면서 "H부인의 초상"에는 500원, "소녀"에는 600원
이라는 그림 값을 책정함으로써 순결한 처녀성에 더 높은 가치를 두고
있음을 분명히 한다.

『모란꽃 필 때』의 문자뿐만 아니라, 그밖에도『사랑과 죄』의 정마리
아,「이심」(1929)의 춘경은 물질적 욕망과 성적 욕망에 달뜬 서구화된 신
여성의 형상을 뚜렷하게 제공한 작품이다. 특히 양장 차림은 사치스러
운 소비문화와 성적 불미스러움의 상징이기도 했다. 실제로『모란꽃 필
때』의 문자와『이심』의 춘경은 서양 남자와 성적 관계를 맺은 혐의가
농후하다는 식으로 설정되었다.46) 이러한 서구화된 신여성에 대한 반감
에 내재해 있는 남성 엘리트들의 자체의 심리적 기제는 서구의 물질적
풍요에 대한 열등감의 발로이기도 하고, 실제로 식민지 자본주의의 심
화에 따른 사회·문화적 폐해에 대한 인식이기도 하다. 그러나 이것이
오리엔탈리즘으로 전화되어 가는 과정은 백인종 대 황인종이라는 대립
구도를 설정했던 일본의 제국주의 이데올로기의 내면화 과정이기도 했
음은 부정할 수 없다.47) 앞서 살펴본 두 작품의 일본인 화가의 시선을
우리에게 널리 알려져 있는 야나기 무네요시의 시선으로 바꿔서 생각
해 본다면, 역전된 오리엔탈리즘의 기만성은 좀 더 분명해진다. 예컨대,
야나기는 고려자기에 대한 자신의 감상적 묘사를 통하여 눈물·비애·
가냘픔·섬세성의 이미지로 조선문화를 특징지었다. 그것은 결국 수동

---

45) 전은정,「일제하 '신여성' 담론에 관한 분석」, 서강대 석사논문, 1999, 46~48면 참조.
46) 이혜령,「한국 근대소설의 섹슈얼리티 연구」, 성균관대 박사논문, 2002, 55면.
47) 이미 구한말의 민족주의 담론이 인종 담론과 함께 갔다는 사실은 최근 몇몇 연구자
   를 통해서 이루어졌다. 식민지화가 되기 이전에도 동과 서, 황인종과 백인종의 적자생
   존이라는 오리엔탈리즘과 옥시덴탈리즘은 지식인들에 내면화되었다는 사실이 지적된
   바 있다. 다음을 참조
   김도형,「대한제국기 계몽주의계열 지식층의 '삼국제휴론'ー'인종적 제휴론'을 중심
   으로」,『한국근현대사연구』13, 한국근현대사연구회, 2000; 장인성,「'인종'과 '민족'의
   사이ー동아시아연대론의 지역적 정체성과 '인종'」,『국제정치논총』제40집 4호, 한국국
   제정치학회, 2000; 전복희,「19세기말 진보적 지식인의 인종주의적 특성ー「독립신문」과
   「윤치호일기」를 중심으로」,『한국정치학회보』제29집 1호, 한국정치학회, 1995.

적, 복종과 순종의 미덕, 지배당하고, 이성이 아닌 감성, 희생과 인내와 감수의 정신으로 말해지는 동양에서의 전통적 여성상과 함께 조선문화의 나약함을 상징한다.[48] 역설은 바로 반식민 민족주의가 이러한 여성상 창출에 공통된 이해관계를 갖고 있었다는 것이다.

4. 맺음말

염상섭 문학에 대한 평가는 '자본주의적' 근대성에 무게를 두느냐, 아니면 민족주의적 성격에 무게를 두느냐에 따라 크게 달라졌지만, 최근 '식민주의'의 문제 설정을 통해 식민지적 근대성을 밝히려는 시도가 생겨나고 있다. 예컨대, 「만세전」은 단지 당대의 조선 현실에 대한 치밀한 보고서가 아니라, '자기 비하와 민족적 열등감으로 요약되는' '식민지화의 심리적 효과'를 잘 드러내 주는 작품으로 재조명되었다.[49] 말하자면, 식민지 근대의 현실을 어떻게 바라보았느냐의 문제는 어쩔 수 없이 식민주의자의 그것과 겹쳐지거나 공모할 수밖에 없는 사실과 그 지점을 세밀히 파악한다면, 우리는 염상섭 문학의 근대성과 민족주의의 성격을 더욱 역동적으로 재구성할 수 있을 것이다.

이 글은 자민족의 문학으로서의 근대문학이 형성되던 시기는 식민지 쟁탈전에 의해 이질성과 혼종성의 위험이 산재했던 시기라는 데 주목해 보고자 했다. 염상섭의 『만세전』, 「남충서」, 『사랑과 죄』, 『모란꽃 필 때』는 그러한 대내외적 조건을 혼혈이란 문제를 통해 반영하고 있다는

---

48) 김광억, 「일제시기 토착 지식인의 민족문화 인식의 틀」, 『비교문화연구』 4호, 서울대 비교문화연구소 편, 1998, 86면.
49) 하정일, 앞의 책, 앞의 글 참조.

점에서 문학사적으로 이례적인 것이었다. 그러나 거기에 내재된 젠더적 질서는 일본식 오리엔탈리즘으로 대변되는 식민주의와 민족주의의 상동적인 이해관계를 보여주기에 충분했다. 남성 혼혈아는 민족 동일성을 확보하는 반면, 여성 혼혈아는 그러한 계기조차 거세당하는 양상이었다. 여기에 내재된 성별화된 질서는 민족주의가 내세운 민족 정체성이란 섹슈얼리티에 대한 남성 중심적 태도에 근거하여 확립되었음을 보여준다. 이와 관련하여,『사랑과 죄』과『모란꽃 필 때』에 등장하는 일본인 화가의 시선은 바로 이렇게 창출된 민족 정체성에 일종의 권위를 부여해주었는데, 그것은 다름 아닌 오리엔탈리즘이었다.

두 개의 성적 위계질서

1. 이효석 문학, 시적 세계의 견고한 산문성

『한국문학사』(1973)에서 이효석의 이름조차 언급하지 않았던 김현은 그보다 이른 시기에 "효석은 나에게 전혀 흥미 없는 작가"였지만 『화분』(1939)은 이효석 문학에 대한 기존의 선입관이나 통념을 버리도록 자신에게 저항해 왔다고 고백한다.[1] 이 고백으로 모두를 삼은 글에서 김현은 무엇보다 『화분』의 언어와 문체에 주의를 기울이고 있지만, 『화분』이 많은 논자들의 이목을 끈 주된 이유는 "愛慾의 萬華鏡 펼쳐보였다는 점에서 가장 代表的인"[2] 작품이기 때문이다. 일찍이 백철이 자연과 性이 이효석 작품의 주조를 이루고 있음[3]을 간파한 이후에 성의 문제는 그의 문

---

1) 김현, 「李孝石과 「花粉」―存在에의 잠김」, 『사상계』, 1966.3.
2) 김교선, 「調和美의 頂點―李孝石의 作品世界」, 『현대문학』, 1975.3, 305면.

학 세계를 들여다보는 중요한 바로미터가 되었다. 이에 대해 좀 더 정교하게 논의한 정한모는 "어디까지나 純粹性의 한계를 에덴(Eden)的인 性本能의 세계에 두고 현대의 기계화한 모럴의 틀 속에서 왜곡된 인간의 성을 動植物性의 청순으로 演繹하면서 에덴(Eden)적인 순수한 세계에까지 소급하는 性의 純粹化를 위한 지향이 곧 孝石文學에서 가장 커다란 주류를 이루고 있다"4)고 주장한다. 윤병로는 『화분』을 두고, '애욕의 갈등'과 '육체의 교섭'을 그려 Eden적 성의식이 어떠한가를 보여주고 있으며 성윤리를 가장 리얼하게 터치하고 있는 작품이며, 또한 조화와 시적 정서로 산문세계가 지녀야 할 예술성을 높이 승화시킨 작품으로 평가했지만,5) 『화분』은 이효석의 '자연과 성'의 문학에 일말의 긍정성을 인정할 것인가, 말 것인가의 기로에서 서게 한 가장 논쟁적인 작품에 꼽힌다. 현재로서도 충격적이랄 수 있는 동성애와 인물들 간의 일탈적인 혼음난무의 세계가 「메밀꽃 필 무렵」, 「들」 등에서 보여준 세계와는 거리가 있을 뿐만 아니라, 정작 『화분』의 대단원이 말하는 모럴이란 사회의 인습과 도덕의 준수하라는 식의 식상한 행복론이었다는 지점에서 이 작품의 논쟁적인 성격은 더욱 극화된다.6)

　필자 또한 이 논쟁의 지점에서 글을 시작하려고 한다. 물론 더 진전된 논의가 없는 것은 아니다. 「장미 병들다」, 「수난」, 『화분』, 『벽공무한』 등 도시를 배경으로 타락한 문명과 성의 얽힘을 보여준 작품들을 시각적인 것이 지배하는 근대 도시문화의 성격과 결부시킨 논의가 있다. 최익현은 이효석에게 도시가 하나의 거대한 풍경 내지 분위기였듯이, 이

---

3) 백철, 「作家 李孝石論—最近傾向과 性의 文學」, 『동아일보』, 1938.2.25~27.
4) 정한모, 『현대작가연구』, 범조사, 1959, 67면.
5) 윤병로, 「푸른 꽃이 슬프다는 화분」, 『여원』, 1962.3.
6) 이러한 견해는, 정명환, 「僞裝된 順應主義」, 『창작과비평』 12~13호, 1968년 겨울~1969년 가을; 주종연, 「文學에 있어서 性의 問題—李孝石과 D. H. Lawrenc의 比較」, 『국어국문학』 48, 국어국문학회, 1970.5; 이상섭, 「愛慾文學으로서의 特質—李孝石의 作品世界」, 『문학사상』, 1974 참조.

들 작품들의 여성은 남성적 주체의 시선에서 벗어나지 못한 대상이었으며 더욱이 감각의 다른 이름에 불과했기에 무규범성이라는 결과를 낳았으며 이효석은 이를 미의 특권화—즉 심미주의로 상쇄하고자 했다고 주장한다.7) 이러한 주장은 근대 도시문화라든가, 남성적 주체의 시선 등 다양한 층위의 총체 속에서 이효석 문학의 '性'을 바라보고 있다는 점에서 진일보하다. 또한 이효석의 심미주의와 구라파주의로 드러나는 엑조티시즘을 논하는 데 있어 기존 논의들은 『화분』의 등장인물인 피아니스트 영훈의 말을 가장 많이 인용하면서도, 『화분』의 서사구조의 일부로 바라보지 않은 데 반해 최익현의 논의는 심미주의의 유기적 관련성을 해명하고 있다. 그러나 '기성 한국사회에 대한 도전'8)처럼 보였던 『화분』의 세계가 왜 기존 사회규범에의 안주라는 평범한 모럴에 귀결했는가라는 점을 『화분』 내적인 구조 분석을 통해서 해명한 것은 아니었다.

이러한 사정은 그 논쟁적인 성격과 허다한 언급에도 불구하고, 『화분』에 대한 본격적인 작품론은 존재하지 않았다는 사실을 반증하기도 하지만, 이효석 문학에서 '성'이라는 분석의 프리즘이 가질 수 있는 역동성과 총체성을 간과했기 때문이다. 그간 논의가 D. H 로렌스와 이효석과의 거리를 잰다거나, 결과론적으로 사상성과 리얼리티의 열도를 가늠하는 데서 멈춰버린 감이 없지 않다. 이 글은 정신분석학에 근거한 방법론에 전적으로 의지하지는 않지만, 정신분석학은 성적 존재로서의 인간의 경험, 인간의 성적 관심과 성적 병리들은 개인의 삶을 모양지어주는 욕망과 두려움 등을 외화시킨다는 것을 확인해주었다. 말하자면 성은 주체가 주체 자신을 바라보는 창일 수 있다는 의미이다. 한편 성욕이란 단지 자연적으로 주어진 본능이 아니라 역사적으로 구성된 것이라는 푸코의 견해를 따를 때, 성은 관계적인 것이다. 따라서 '성'을

---

7) 최익현, 「이효석의 미적 자의식에 관한 연구」, 중앙대 박사논문, 1998.
8) 정명환, 앞의 글, 『이효석 문학전집』 8, 173면.

중심에 놓았을 때. 그 외연은 개인의 내밀한 욕망에서부터 사랑과 결혼, 가족, 나아가 성욕을 통제하는 사회규범과 제도 및 권력관계 등을 포괄한다.

중일전쟁(1937)에 이어 태평양전쟁(1940)이 발발하여 시국이 전쟁에 휘말린 시점에서 쓰인『화분』의 주요한 무대인 평양의 '푸른 집'과 백계 러시아인의 별장촌인 주을은 당대의 현실을 통해서 구성된 공간이 아니라 '이효석의 의식 속에 상상된 미적 구조물'[9]이라는 지적이나,『화분』의 세계가 '비너스와 아도니스라는 언어에 묻혀있다'[10]는 지적이나 모두『화분』에서는 당대의 사회성과 역사성을 찾아볼 수 없다는 말에 다름 아니다. 그러나『화분』이 주조해 내고 있는 '성'의 세계를 들여다본다면, 의외로 견고한 질서―단지, 작품 내적 질서라고만은 할 수 없는 질서를 만나게 된다. 이 글은『화분』의 세계를 관류하고 있는 두 개의 성적 위계질서를 규명하고자 하는데, 하나는 이 작품의 서사구조를 관장하고 있는 '처녀성 정복과 비밀의 서사'이며, 다른 하나는 소설 내 인물의 사회경제적 위계질서와 짝을 이루고 있는 '성의 사회적 위계질서'이다. 이를 통해 소설이라기보다는 시적 산문의 세계 혹은 수필에 더 가깝다[11]는 이효석의 문학세계가 실상은 얼마나 현실의 견고한 산문성에 긴박되어 있었나를 논증하고자 하며, 한편으로는 예술로의 수렴이 의미하는 바를 밝히고자 한다.

---

9) 최익현, 앞의 글, 157면 참조.
10) 김현, 앞의 글, 274면.
11) 이러한 견해는 이효석 문학에 대한 논의 대부분에서 나타난다. 대표적으로는 김동리, 「散文과 反散文」, 『민성』 4호, 1948.8; 김윤식, 「모더니즘의 정신사적 기반―이효석의 경우」, 『문학과지성』, 1977년 겨울; 김해옥, 「이효석 소설 연구」, 연세대 박사논문, 1993.

2. 처녀성 정복과 비밀의 서사

　다소 장황하겠지만 『화분』의 줄거리를 정리하자면 다음과 같다. 현마는 교외에 '푸른 집'을 마련하고 첩(妾) 세란과 그녀의 동생 미란과 생활한다. 현마가 동성애적인 사랑을 느끼고 있는 단주가 '푸른 집'을 방문하면서 이들의 관계는 얽히게 된다. 단주와 미란은 서로에 대한 감정을 느껴 '푸른 집'을 탈출해 외국으로 도피하려 하지만 이를 알게 된 현마가 가로막는다. 이 둘의 관계를 정리시키고자 한 현마와 세란의 계획 하에 현마는 미란을 데리고 동경 출장을 가고, 단주는 세란과 함께 '푸른 집'에 머무르게 된다. 이때 단주는 세란의 유혹에 넘어가 성 경험을 하게 되며 그들의 불륜은 지속된다. 한편 미란은 동경의 음악회를 통해 천재적인 예술가의 삶을 동경하게 되고, 현마는 미란을 향한 욕정 때문에 부대껴하다가 한 번의 키스를 대가로 미란에게 피아노를 사주게 된다. 그때 백화점에서 피아노를 두고 실랑이를 벌이던 젊은 음악가 영훈은 우연치 않게 곧 미란의 과외교사가 된다. '푸른 집'에 돌아와 미란의 마음이 피아노와 영훈에게 쏠리자 단주는 질투심을 느낀다. 그러다 병상에 눕게 된 단주의 아파트를 방문한 미란은 그때의 분위기에 휩쓸려 단주에게 몸을 허락한다. 여기에 자괴감을 느낀 미란은 더욱 음악과 영훈에게 매진하고 단주에게는 냉랭해진다. 이런 가운데 영훈을 사모하던 가야는 영훈의 연구소에 머물러 있었는데, 그녀의 정혼자인 갑재가 영훈에게 일격을 가하는 사건이 벌어지고 영훈은 자취를 감춘다. 피서철이 다가오자 '푸른 집' 사람들은 주을의 노비나 촌에 있는 죽석과 만태 부부의 별장으로 피서를 가게 된다. 거기서 미란은 영훈을 만나 감정의 교감을 느끼지만 어느 날 밤 현마가 겁탈하여 혼자서 도망친다. '푸른 집'에 남겨져 옥녀와 성적 유희를 즐기던 단주는 이런 사단이 난 줄도 모르고 현마와 교대해 별장으로 가지만 미란은 없고 세란의 열정에 몸을 맡기게 된다. 이때 영훈은 단주와의 싸움 속에서 '푸른 집' 남자들의 미란에 대한 음모를 알게 되지만 연구소로 돌아와 그곳에 숨어 있던 미란에 대한 사랑을 지속한다. '푸른 집'에서 벌어지는 세란과 단주의 불륜은 여기에 질투를 느낀 옥녀의 고자질로 현마가 알게 되어 파국을 맞게 되고, 미란은 현마의 도움을 받아 영훈과 함께 예술을 위해 구라파로 떠난다.

한 연구자는 『화분』에는 동성애적 관계를 포함하여 삼각관계가 무려 여덟 개나 나타나고 있음을 보여주면서, 그 만큼 복잡한 구조 분석을 시도했다.[12] 『화분』에 나오는 현마와 단주의 동성애 관계는 잠시 제쳐두고, 남녀관계를 중심으로 생각해보자면 단주·현마·영훈 모두 미란을 향하고 있음은 쉽게 드러난다. 그렇다면 왜 미란인가를 물어야 할 것이다.

> 지금도 옥녀는 한가한 틈을 타서 잠간 부엌 일을 멈추고 철벅거리는 미란의 자태를 창밖에 서서 물끄러미 들여다보면서 그 고운 살결을 탐내고 있는 것이다. 보얗게 서리운 안개 속에 움직이는 처녀의 자태는 배춧단같이 멀쑥하면서도 물고기같이 퍼들퍼들하다. 봉곳한 팔이며 앵도알 같은 젖꼬지가 그래도 보기는 아까운, 뒤어들어가서 만져라도 보고 싶은 것이다. 자기가 만약 사내라면 그 흰 다리를 독수리같이 물어뜯고야 말 걸, 망간 북새들을 친 찔레나무 아래 밤이 마음있던 짐승이라면 그 고운 팔다리를 그대로 두지는 않았을 것을 생각하면서 아무리 들여다보아도 귀중한 보물같이 싫어지지 않는다. [13]

프로이트는 「성욕에 관한 세 편의 에세이」에서 "'아름답다'는 개념이 성적 흥분에 뿌리를 두고 있으며, 그 본원적인 의미가 '성적으로 자극적인'이었다는 데는 의심의 여지가 없다"[14]고 쓰고 있다. 위의 인용문

---

12) 권정호, 「이효석 소설 연구—구조 분석을 중심으로」, 성균관대 박사논문, 1989, 141~152면 참조.
13) 이효석, 『화분』, 『이효석 전집』 8, 창미사, 1983, 77~78면. 앞으로 이효석 작품에 대한 인용은 『이효석 전집』에 의거하며, 본문에서 전집 권수와 면수만 밝힌다.

은 옥녀의 시선으로 훔쳐 본 미란의 목욕 장면이다. 이 장면에서 미란의 '아름다움'은 분명 성적인 차원의 그것이다. 옥녀가 '자기가 만약 사내라면' 그리고 '짐승이라면'이라는 가정법에 의해 진술하고 있듯이 같은 여자가 생각해도 미란의 몸은 남성의 성적 욕구를 자극하게 충분히 아름답고 매혹적임을 보여준다. 이 점에서 옥녀의 시선은 사실은 남성의 시선[15]이라는 점은 수긍할 수 있는 견해이다. 그런데 미란의 아름다움은 이제 막 성숙한 '처녀'라는 사정에 의해 더욱 증폭된다. 목욕 장면도 그렇거니와 『화분』의 첫 부분은 미란의 '처녀성'을 드러내는 데 할애되고 있다는 데 주목할 필요가 있겠다.

여학교를 졸업하고 아이의 티를 벗어낸 동생 미란에 대한 세란의 시선과 감회를 보자면, 세란은 미란의 몸에서 그 자체로서의 성숙을 발견하기보다는, 성징(性徵)을 발견한다. 이는 "아깝다. 이 고운 몸을 날도적한테 뺏길 생각을 하면"(74면)이라든가 "무르녹은 봉오리가 하룻밤 비에 활짝 피어버린다는 게 슬픈 일이란다"(74면)라는 세란의 말에서도 드러나는데, 세란은 처녀의 몸에 예정된 운명에 대해서 말하고 있는 것이다. 이 밖에도 '푸른 집'의 수풀이 우거진 뜰 안에서 뱀에 물릴 뻔한 사건과 미란의 월경 혈이 욕조 안을 붉게 물들인 사건, 그리고 이 사건을 세란이 떠들어대자 집을 나간 미란과 뒤쫓아 나온 단주가 함께 본 영화가 아담과 이브의 운명을 그린 〈실낙원〉이라는 것 모두 『화분』의 첫 부분에 배치되어 미란의 '처녀성'과 그 운명을 중심으로 서사가 전개될 것임을 예고한다.

미란의 처녀성은 순결하기에 정복의 대상이기도 하지만 순결하기에 경외의 대상이기도 하다. 동경에서 미란과 보내는 나날들 동안 미란을 정복하고자 호시탐탐 기회를 노리지만 그럴 수 없었던 현마는 거리의

---

14) 프로이트, 김정일 역, 「성욕에 관한 세 편의 에세이」, 『프로이드 전집』, 열린책들, 1998, 264면.
15) 최익현, 앞의 글, 160면.

창녀와 밤을 보낸 다음날, 피아노를 사주는 대가로 미란의 입술을 완력으로 덮친다. 그런 후에 현마에게 드는 감정이란, "간밤의 숨은 행동을 생각하고 더럽혀진 자기의 몸과 순결한 미란의 몸을 대조하게 될 때 누추한 자격으로 신성한 것을 겨누고 범한 듯 부끄러웠다"(138면)는 식이다. 첩의 동생도 처제인지라 세란과의 관계를 생각하자면, 현마의 행동은 근친상간의 금기를 깨뜨리고자 한 것이고 죄책감을 느끼자면 응당 그에 대한 것이어야 하겠지만, 현마의 자괴감은 미란의 처녀성을 내면화한 데서 비롯된다. 미란은 정복하고 싶지만 정복하기 어려운 존재인 것이다. 이는 단주와의 관계를 통해서 그 성격이 부조되고 있는 세란과 옥녀를 미란과 비교해 보자면 미란의 '처녀성'의 정체란 무엇인지가 더욱 분명해진다.

세란은 현마와 미란이 동경에 간 사이 단주를 자신의 침실로 유인하고, 淫畵를 보여주는 등 대담한 유혹을 통해 단주를 성적 유희의 제물로 삼는 요부로 등장한다. 한편 현마와 세란, 미란 등 주인네들이 피서를 떠나 '푸른 집'을 비운 사이 단주는 옥녀를 유혹해 성 관계를 맺지만 나중에는 옥녀가 오히려 단주와의 성적 탐닉을 주도하는 변신을 보인다.

단주는 몸을 던지면서 말 이상의 설명을 몸으로 하는 수밖에 없었다. 옥녀를 한층 부채질해 주는 결과가 되어서 찰거머리같이 엉겨들게 될 때 단주는 자기가 시작한 그 열정의 도가니 속에서 도리어 숨이 막히고 기가 지쳐서 낙지다리같이 휘줄그레해지고는 말았다. 세란과의 때와도 흡사했다. 저편에서 걸어 오는 열정이 처음에는 단술이어서 마시기 시작한 것이 차차 진해지면서 모르는 결에 흠뻑 취해 와서 기진맥진한 끝에 혼몽상태에 이르게 되는—그런 눅진한 열정을 욕심스럽게 요구하는 점에서 옥녀는 세란과 흡사했다. 조그만 몸속 어느 구석에 그런 무진장의 열정이 숨어 있나를 의심하면서 단주는 까빡 취해버리고야 말았다. 탁하고 혼몽한 속에서는 한 모금의 찬물을 원하게 되듯 단주에게는 으레히 한 줄기의 깨끗하고 맑은 것—미란을 생각하게 되는 것이 버릇이었다. 세란과의 때에도 번번이 미란의 자태가 날카롭게 숫던 것이 옥녀와의 불더미 속에서도 역시 미란의 초초한 환영이—그만이 세상에서 귀하고 신성한 것인 듯 눈부시게 떠오르는 것이다. (230면, 강조는 인용자)

즉, 단주에게 이 두 명의 여인은 결국 멈출 수 없는 성적 욕망에 달뜬 화신이자, 그 정염 속에 휩싸이다 보면 "문득 독약냄새를 맡은 착각"(242면) 생길 정도로 자신을 파멸의 구렁텅이에 빠뜨리는 요부(femme fatale)일 뿐이다. 이들 요부들과 비교할 때 강조된 부분에서 보듯이 미란은 순결한 처녀지로 표상된다. 특히 이미 단주가 단주의 아파트로 미란이 문병을 온 날 미란의 처녀성을 정복했음에도 불구하고 미란은 여전히 '깨끗하고 맑은' 표상으로 지속된다는 점을 염두에 두어야 한다. 말하자면 미란의 처녀성이란 육체의 것이면서도 육체 이상의 것임을 의미한다. 우선, 세 여성 중 오직 미란만이 '자의식'을 가진 존재로 부각되고 있다는 점은 그래서 중요하다.

> 딴은 어둠 속에 솟아 있는 단주의 자태를 미란은 오늘 그 어느 때보다도 아름다운 것으로 보았다. 어둠 속에 솟아 있는 하아얀 초상—고전의 명화 속에 그런 그림이 있었던 듯이, 있을 듯이 짐작된다. 얼굴의 잔 선들은 말살해버리고 윤곽만을 드러내고 그 윤곽 속에 이목구비를 짐작케 하는 어둠의 수법이 놀라운 것이었다. 약한 것이 약하므로 말미암아 아름답게 보이는 때가 있다. 강한 것이 아니고 영웅이 아니고 천재가 아니고 약하고 병들어 있는 까닭에 아름다운 것—그날의 단주의 자태는 그런 것이었다. 아름다운 것에 대해서 사람은 이치도 연유도 없이 무턱대고 머리를 숙이고 항복해야 한다. 아름다운 것의 절대적인 특권인 것이다. 미란은 그날 저녁 오래간만에 단주의 모양에 정신을 뽑히웠다. 반성을 허락하지 않는 순간의 감정인지 모르나 그 순간의 감정이 절대적인 것이었다. (170면)

> 그 죄에는 벌이 있을 듯—자연의 계시를 기다리지 않고 마음대로 임의의 시간에 계율을 어긴 데 대해서 천벌이 있을 듯도 한 생각이 났다. 이런 복잡한 뉘우침과 반성은 곧 단주에게 대한 염증으로 변했다. (…중략…) 그 결과는

미란을 몰아다가 한갖 예술의 길로 향하게 했다. 정진에 대한 자각이 굳어지고 영훈에게 대한 존경이 극진해 갔다. (173~174면)

첫 번째 인용문에서 보듯이 단주와의 육체적 교섭을 맺게 된 미란의 내적 동기는 성적 욕망 자체로만 해석할 수 없는 성질의 것이다. 미란에게 아파 누워 있는 단주가 아파트 내부의 빛과 어둠의 연출 속에서 '고전의 명화'처럼 병적 아름다움을 지닌 예술작품으로 표상한다. 그러하기에 단주와의 육체적 교섭은 '아름다운 것'에 대한 항복이지, 성적 욕망에의 굴복이 아니다. 물론 그로 인한 쾌락이란 인공물인 예술작품이 주는 쾌락과는 다른 육체의 쾌락이지만, 두 번째 인용문에서 보듯이 미란은 여기에 대해 후회를 한다. "한꺼번에 세상을 알아버리고 복잡한 우주의 신비를 잡아버리고 아까까지의 세상을 하직하고 새로운 세상에 들어선 듯—복잡한 감동"(173면)을 느꼈음에도 불구하고, 미란의 전도는 성적 탐닉이 아니라 '예술'과 예술가 영훈에 대한 존경이다.

처녀가 아니라 처녀성은 그것이 개인에게 있어 공존하는 중요한 것이 될 때부터 남성에게서 분리된 자격으로서, 즉 남성과의 접촉에 굴복하지 않는 존재로서의 여성성을 구축하는 것이다.16)

예술과 영훈에 대한 정신적 사랑이 단주와의 성교로 더럽혀진 육체의 처녀성을 갱생시키는 매개가 되고 있다는 것, 그리고 영훈에게 헌신적인 사랑을 보냈던 순결한 처녀 가야의 죽음이라는 희생을 통해 최종의 정화의식을 치른다는 것은 이 글의 마지막 절에서 별도로 다루겠지만, 미란의 이 같은 '처녀성'은 단주에게는 결국 '마음의 굴복'(244면)이라는 과제로 제시된다는 사실은 처녀성이 놓인 좌표가 무엇인지를 보여준다.

한편 미란의 처녀성이라는 상태는 '비밀'에 부쳐지고 있기 때문에 지속되는 상태이다. 단주와 미란의 관계, 현마와 미란의 관계는 그 전모는

---

16) 나탈리 에니크, 서민원 역, 『여성의 상태』, 동문선, 1999, 31면.

각각의 두 사람들만 알고 있는 비밀의 서사로 남게 된다. 즉 단주는 현마와 미란의 관계를 모르고 있으며, 현마는 단주와 미란의 관계를 모른다. 영훈 또한 단주를 통해 '푸른 집' 남자들과 미란과의 비밀을 눈치채지만, 미란을 통해 사실을 확인하지는 않는다. 우선『화분』의 서사는 이 비밀유지 의해 전개되고 있다고 해도 과언이 아니다. 단주와 미란의 관계가 애초에 공공연하게 발설되었다면, 현마가 지속적으로 미란을 정복의 대상으로 삼지도 않았을 것이기 때문이다. 이렇게 서로가 서로의 관계를 모르고, 비밀을 지키는 상황 속에서 미란은 '처녀'로 남게 된다. 미란 자신이 그 사실을 결코 발설하기 않는다는 것 또한 중요하다. 예컨대 그 이유는 자신이 처녀가 아니라는 사실을 신혼 첫날밤 신랑에게 고백하여 비극의 운명을 맞는 토마스 하디의『테스』의 테스만 참조해도 충분하다.『화분』의 대단원이 합법적인 부부인 죽석 부부의 행복론과 구라파로 떠나는 미란과 영훈에 대한 축복으로 짜여 있다는 사실은 이와 무관하지 않다. 즉 미란의 처녀성의 파란만장한 항해가 닻을 내리는 지점은 바로 합법적인 결혼, 다른 말로 성에 대한 배타적 독점계약이며, 이를 가능하게 하는 전제야말로 '처녀성'이기 때문이다.

3. 성의 사회적 위계질서

앞에서 살펴보았듯이,『화분』의 서사가 처녀성의 정복과 처녀성의 지속을 온존시키는 비밀의 서사인 점을 인식한다면 '애욕의 만화경'을 펼쳐 보인『화분』이 결국에는 만태와 죽석 부부의 평범한 행복론으로 끝난다는 사실에 석연해 할 필요는 없다. 만태와 죽석 부부의 평범한 행복에 대한 자각, 영훈과 미란의 구라파 행은 그보다 앞서 일어난 사건인 세란과 단주의 간통장면이 현마에게 발각된 사건으로 인해 세란과 단주는 쫓겨나는 신세가 된 사건과 극명하게 대비를 이루면서 허락되고 보호받아야 할 성은 합법적 부부의 성이라는 모럴을 웅변한다. 여기서는 그 모럴을 선명히 부각시킨 세란과 단주의 파멸은 단지 성적 탐닉의 결과만이 아니라 그것이 주인의 은혜를 배반한 결과라는 데 주목하고자 한다. 이는 누구보다 죽석의 남편인 만태의 시선이 잘 보여준다.

> 요란한 소리에 만태들은 방문을 비끔히 열고 세란들의 방면을 건너다보면서 눈살을 찌푸리고, 일은 났어 집에다 공연한 족제비들을 기르다 현마 망신할 날두 멀지 않았지, 쓸데없이 첩은 왜 두구 미소년은 왜 사랑하는 거야, 아무리 지각 없는 것들이기루 환장을 한 셈이지, 자기들을 길러 주는 주인의 눈을 속여 그래 저렇게까지 농탕을 칠 법이 있다는 말인가 하면서 아내 죽석에게 몸 서리를 쳐보았다. (242면, 강조는 인용자)

현마가 떠나고 없는 피서지 별장에서 벌이는 세란과 단주의 음탕한 작태를 보는 만태의 시선은 현마가 첩을 두고, 미소년을 사랑하는 등 합법적 제도와 규범으로부터 벗어난 것에 대한 비난에 쏠린 듯하지만, 정작 세란과 단주에게 비난의 화살을 돌리고 있다. 이유는 '자기들을 길러 주는 주인의 눈'을 속였다는 데 있다. 여기에서 주인이란 당연히 현마이고, 현마의 주인됨은 '푸른 집'의 세란과 미란 그리고 단주에게 살아갈 수 있는 경제적 기반을 전적으로 제공하고 있다는 사실에 기초한다. 따라서 세란과 단주의 행위는 불륜이라는 치정의 범주에 속하는 게 아니라 '배은망덕'(265면)에 속하는 것이다. 정사현장이 발각된 대가로 세란은 눈알이 깨지고, 단주는 팔이 부러졌지만, 만태는 흡족한 벌이 못된다고 하면서 "현마 편으로 본다면 아직두 천벌이 부족한 듯해. 그것쯤으론 맘이 시원하지 못할걸"(282면)이라고 불평한다. 만태가 현마를 피해자로 여기며 관대한 아량으로 두둔하는 근거는 현마의 사회경제적 기반이다.

『화분』의 대단원에서 현마가 자신이 강간한 미란에게서 용서를 받을
수 있었던 것 또한 그의 경제력 때문이다. 현마는 영훈과의 구라파 여
행 경비를 부탁한 미란에게 죄에 대한 대가이자 미란과 영훈에 대한 축
복인 것처럼 스스럼없이 돈을 내어준다. 이러한 자발적인 호의에 "친친
감은 현마의 붕대가 돌부처의 새하얀 귀고리같이 가슴 속에 배어오면
서 미란은 더 뒤를 돌아볼 용기조차 없었다."(278면) 미소년을 탐했던 호
색한이자 미란을 범한 강간범인 현마는 피해자에 대한 경제적 시혜를
통해 마치 순결한 딸의 결혼을 위해 지참금을 내놓는 아버지가 됨으로
써, 도덕적 신뢰까지 회복하게 된 것이다.

사회경제 기반에 의한 종속적 위계질서는 현마―세란, 현마―단주만
이 아니라, 세란과 단주의 관계에게서도 그대로 적용된다. 현마가 단주
를 성적 탐닉의 대상으로 삼거나, 세란이 단주를 지속적으로 성적 탐닉
의 대상으로 삼을 수 있었던 데에는 단주에게는 사회경제적 기반이 부
재했기 때문이다. 세란은 때때로 자신에게 고분고분하게 굴지 않는 단
주에게 "누가 그 눈치 모를까봐. 사람이 앞이 닦여지면 욕심이 나는 법
이라구. 룸펜노릇 하면서 찻집에서 뒹굴던 올챙이적 생각을 좀 해보지.
이래저래 처지가 흡족해지니까 눈앞을 깔보구 아닌 욕심만 내면서
……"(166면)라며 힐난한다. 단주는 룸펜의 처지에서 자신의 구해준 현마
에게 굴종해 왔지만, 그의 첩인 세란에게서도 마찬가지의 지위를 강요
받았던 것이다. 세란과의 관계를 청산하고 싶어도 뜻대로 할 수 없는
상황, 이는 경제적 굴종의 상태는 성적인 굴종의 조건임을 말해준다. 한
걸음 나아가 단주가 이러한 처지를 십분 이용하여 미란을 유혹하기 위
해 자기 연출을 감행한다.

어쩌다가 미란이 혼자서 찾아와 주는 때면 방안은 고요하고 침대에 누운 단
주의 모양은 한껏 슬프게 보여서 단주가 생각하는 효과가 제물에 충분히 발
휘되었다. 의지가지 없는 외로운 사람이 여기에 병들어 누웠도다―그런 인상

을 주기에 성공하였던 것이다.

　미란이 단독 두 번째 찾아오던 날 저녁, 그런 효과는 예측 이상으로 발휘되었던 것을 단주는 안다. 자신 그런 효과를 꾸며 놓고는 동시에 다른 편에 서서 그것을 계산하고 측량하는 국회자 — 말하자면 자기도 모르는 동안에 한 사람의 배우노릇을 하는 셈이었다. (167면)

　스스로를 연출된 존재로 드러낸다는 것, 즉 타인의 시선에 지배받는 존재가 된다는 것은 신을 대상화한다는 것을 의미한다. 단주는 실체가 아닌 연출된 이미지로 보이기를 원한다. 하지만 그 연출된 이미지의 현실적인 재료가 다름 아니라 단주의 사회경제적 지위라는 것은 단주가 조장하고자 한 분위기가 푸른빛이 상징하는 비극적 정서이며, 미란에게서 얻어내려는 감정이 동정 내지 연민이라는 데서 드러난다. 현실이라는 이성의 질서를 감성의 질서로 역전시키고자 하지만, 감성의 질서는 결코 이성적 질서를 역전시키지 못한다. "신비와 공상은 날아가고 어둡고 침침한 방안의 환멸의 굴속으로 변하고 감상을 위조하고 도롱룡의 안개를 뿜고 있는 비극 배우 단주는 평범하고 산문적인 한 마리의 나귀로 되돌아가고 말았다."(174면) 즉 온전한 남성적 질서의 확립은 결코 여성을 성적으로 굴복시키는 것만으로 완성되지 않는다.

　한편 세란, 미란과의 관계와 옥녀를 비교할 때, 단주와 성 관계를 맺은 여성들의 성적 위계질서는 그 전모를 드러낸다. 주인의 첩인 세란과의 관계에서는 현마에 대한 죄책감에 시달리고, 미란을 성적으로 굴복시키기 위해서는 비극배우처럼 자기 연출을 해야 했던 단주에게 "옥녀와의 경우가 가장 헐하고 수월했던"(225면) 이유는 자명하다. 옥녀는 하녀였던 것이다. 이러한 성적 위계질서가 그녀들의 사회경제적 위계질서와 무관하지 않다는 것은 『화분』에서도 충분히 드러나지만, 이효석의 다른 작품들도 시사하고 있는 바이다. 이효석의 「들」(『신동아』, 1936.2)의 옥분과 「분녀」(『중앙』, 1936.1~2)의 분녀는 사회적으로 하층민이다. 그리고

쉽게 남성에게 성적 굴복을 하고 마는 여성들로 그려지고 있다. 심지어
는 그녀들의 가치관 자체가 성적 무규범 상태를 낳았다는 가정 하에 설
명한다. 예컨대 분녀를 보자면, "어차피 기구하게 시작된 팔자였다. 명
준이 때나 천수 때나 누구인지 모르고 강박으로 몸을 맡겼다. 당초에
몸을 뜯고 울고 하였으나 지금 와 보면 명준이나 천수나 만갑이까지도
―다 같다. 기운도 욕심도 감동도 사내란 사내는 다 일반이다. 마치 코
가 하나요 팔이 둘인 것 같이 뛰어나지 못한 사내도 나은 사내도 없고
몸을 가지고만 아는 한정에서는 그 누군가 굳이 싫은 것도 무서운 것도
없다. 명준에게 준 몸을 만갑에게 못 줄 것도 없고 만갑에게 허락한 것
을 천수에게 거절할 것이 없다.(『이효석 전집』 1, 368)고 생각하는 것이다.
말하자면 하층민 여성은 사회적으로나 성적으로, 나아가 도덕적 위계질
서에서도 최하위에 놓여 있는 형편이다.17) 현마가 『화분』에서 도덕적
신뢰까지 회복한 반면, 옥녀는 그저 쫓겨나는 신세가 되고 말았다는 사
실은 사회적 위계질서가 성적 위계질서와 짝을 이루고 있음을 말한다.

4. 예술에 의한 현실 봉인의 의미

『화분』이 종국적으로 지향하는 규범과 질서가 현실의 그것과 다르지
않음은 앞에서 논증한 바이다. 그렇다면, 미란과 영훈의 구라파 행, 즉
예술에의 지향은 무엇을 의미하는가를 물어야 할 순서이다. 더욱 정직
하게 묻자면, 이런 물음이 가능하다. 예술에의 지향이 이러한 규범과 질

---

17) 이는 문학사적인 계보를 이루고 있다는 점에서 별도의 고찰이 필요하다. 나도향의
　「뽕」, 김동인의 「감자」, 김유정의 「산골 나그네」 등에 등장하는 여주인공들은 모두 하
　층민에다 성적 무규범을 보인다.

서를 벗어나는 것인가. 『화분』의 예술지상주의자이자 구라파주의자 영훈의 언설은 이효석 문학의 심미주의와 엑조티시즘을 확증하는 데 더할 나위 없이 좋은 참조가 되어 왔다. 그러나 『화분』의 서사와 결부시켜 이 물음에 답하자면, 영훈의 언설만을 따로 떼어놓고 논하는 것은 부적절하다. 오히려 음악가 영훈에 대한 흠모를 포함하여 예술에 대한 지향이 단주와의 성교로 더럽혀진 미란의 처녀성을 갱생시키는 매개가 되고 있다는 데 주의를 돌릴 필요가 있다. 왜냐하면 미란의 예술에 대한 지향은 일종의 승화(昇華, sublimation)로 볼 수 있기 때문이다.

프로이트에 따르면, 승화란 유아기에 성적(性的) 사상(事象)으로 향하고 있던 리비도(libido)가 7~8세가 되어 성적 잠복기로 들어섬과 동시에 사회화되어 유희·운동·학습 등 사회생활에 필요한 행동으로 전향되는 것을 말한다. 즉 성욕적인 혹은 사회적으로 저급한 대상을 향해 있던 에너지가 사회적으로 높은 발달단계에 있는 행동으로 전용되는 것을 의미한다. 예술은 특히 승화에 의한 성취목록 중 상위를 차지한다.[18] 유아기 성욕에 관한 프로이트의 이론에 전적으로 의지하는 것은 무리이지만, 예술이 미란이 다시 여성으로서의 합법적 상태인 처녀성을 회복하는 계기가 된다는 것은 예술이 성적 욕망의 계기를 차단하고, 더 높은 자신에게로의 발전, 즉 사회화를 위한 유용한 매개가 되고 있다는 것만은 분명하다. 처녀성이 단지 육체의 자연적 상태 자체가 아니라 사회적 규범과 도덕적 가치의 좌표에 위치한다는 것은 이미 살펴본 바이다. 처녀성은 육체 그 자체와 다르게 문명화된 상태인 것이다.

단주와 세란, 단주와 옥녀의 성적 탐닉의 행위가 '원시인의 자웅'(228면)의 짓이자 그러하기에 '선악을 가릴 수도 없고 흑백을 고를 수도 없는 불결한 정경'(267면) 인 것이다. 이들의 성적 탐닉은 사회화될 수 없고, 문명화의 통로가 막힌 야만의 상태인 것이다. 미란이 가야의 정혼자

---

18) 프로이트가 승화라는 용어를 출판물에 처음 쓴 것은 「성욕에 관한 세 편의 에세이」(1905)에서이다.

인 갑재가 체육가라는 사실에 "육체의 힘을 재주 삼는다는 것이 인간의 재주로서는 가장 하질인 것이어서 체육 편중의 현대주의라는 것이 원시로 돌아가라는 고함 소리같이 속되게 들리는 것이었다. 육체라는 것은 인간의 원시적 전제인 것이요 체육을 힘쓰지 않는다고 문화를 감당해나가지 못하리만큼 체력이 퇴화되고 인류가 멸망할 법은 없는 것이다. 육체는 동물의 자랑거리일는지는 몰라도 인간의 자랑거리는 못된다"(176면)고 하는 것이나 더욱이 육체의 완력으로 공격을 감행하는 갑재와 얻어맞는 영훈을 "야만과 문명의 대립"(197면)으로 보는 시각은 예술의 위치가 어디에 놓여 있는지를 암시한다. 즉 예술이란 자연/문명 내지 원시/문화의 위계적 대립 속에 구현된 가치이다. 가야의 존재는 여기서 빛을 발한다.

애초에 미란은 영훈을 사모하는 가야가 사시라는 육체적 결함을 갖고 있으며 거기에 비할 때 자신의 미모가 월등하다는 것을 근거로 연적인 가야와의 경쟁에 이긴 듯한 우월감을 느낀다. 그러나 현마에게 강간을 당한 후 영훈의 연구소 방 속에 몸을 숨겨 "수녀가 수도원에서 기도 생활 하는 것 같이"(241면) 지내는 미란의 참회 과정에 동반한 것은 다름 아니라 가야의 시(詩), 즉 예술이었던 것이다. 가야의 시는 미란에게 있어서 영훈에 대한 가야의 사랑은 물론 가야의 인격 자체를 재평가하게 하게끔 만든다. 이러한 깨달음은 많은 수난을 겪은 후이지만 미란이 현마와의 동경 행에서 천재 피아니스트 소녀의 독주회를 보고 난 미란의 감회와 먼 거리에 있는 것은 아니다.

사람의 숲을 뚫고 차는 거만하게 움직이기 시작했다. 수많은 어리석은 나귀들은 한 필의 준마를 보내면서 천치 같은 얼굴들을 지니고 줄레줄레 움직였다. 자기도 필연코 그중의 한 사람일 것이기는 하나 미란은 그 천치 같은 얼굴들에 구역이 나고 염증이 나며 군중의 낯짝 하나하나에다가 침을 뱉고 발로 밟아서 까뭉기고 싶은 충동이 솟았다. 어리석고 둔하고 추접스러운 군중의 꼴이 금시 견딜 수 없이 싫어지고 그 감정은 곧 자기 경멸로도 변하면서 범상한 모습 속에 차게 빛나는 눈망울을 감춘 소녀의 자태가 역시 으뜸가는 것으로 여겨졌다. (129면)

「왜 이 고장에는 아름다운 것이 없나요?」
가야의 대꾸였다.
「버려 둔 정원이나 빈민굴 같은 속에 아름다운 것이 있으면 얼마나 있겠습니까? 고려나 신라 때에 얼마나 아름다운 것이 있었던지는 모르나 오늘 어느 구석에 아름다운 것이 있습니까? 흰 옷을 입기 시작한 때부터 빛깔을 잊었고 아악과 함께 음악이 끊어졌고—천여년 동안 흙벽 속에 갇혀 있느라구 아름다운 것을 생각할 여지가 있었습니까? 제 고장을 나무래기야 야박스러우니까 허세들을 부려보는 것이지요」 (179면)

첫 인용문에서 수많은 어리석은 나귀들 / 한 필의 준마는 군중 / 천재를 빗댄 것인데, 여기에서 천재란 천재 소녀 피아니스트에서 일반화된 예술가를 말한다. 이러할 때 예술은 일상다반사의 범속과 비참의 처지를 초월하기 위한 기제인 것이다. 그 다음 인용문에 나오는 영훈의 아름다움에 대한 견해 또한 같은 맥락에서 볼 수 있을 것이다. '버려 둔 정원이나 빈민굴 같은 속'—이는 구라파의 문명과 문화에 비교하여 보았을 때의 조선 현실을 가리킨다. '버려 둔 정원'이나 '빈민굴 같은 속'이나 모두 문화와 문명의 빛이 드리우지 않은, 즉 인간적이지 않은 자연 상태의 무질서와 비참함을 말하는 것은 매일반이다. 그 속에 담긴 경멸의 어조를 "미란은 그 천치 같은 얼굴들에 구역이 나고 염증이 나며 군중의 낯짝 하나하나에다가 침을 뱉고 발로 밟아서 까뭉기고 싶은 충동이 솟았다"라는 언술과 겹쳐 읽는다면, 경멸의 수사 이면의 의도는 '정복'이라고 해도 과언이 아니다. 말하자면, 예술은 권력화된 주체의 개념과 떼어낼 수 없는 지위를 확보한다.

사회성과 주체성은 무질서하고, 불결하고, 부적절한 것을 배제한다.[19]

이러할 때, 『화분』의 서사에서 천재=예술가의 지위에 선다는 것은 무질서와 비참함에서 벗어나는 것이며, 모든 위계질서의 상층의 일원이 된다는 것을 의미한다. 후자는 부연할 필요가 있겠는데, 예술에 대한 지향이 예술만을 절대적 가치로 인정한다거나, 그 때문에 현실 도피의 결과를 낳는다는 것을 뜻하지는 않는다. 왜냐하면, 『화분』에서 예술로의 수렴 과정은 배제해야 할 세계와 그렇지 않은 세계를 분별하고 질서화하는 과정이기 때문이다. 이미 살펴보았듯이, 처녀성을 전제로 한 합법적 결혼만을 허락하며, 사회경제적 지위가 성적 위계질서, 나아가 도덕적 위계질서까지 규정하는 세계가 『화분』이 용인하는 세계이다. 『화분』에서의 예술이란 이러한 세계의 안자락에서 보호되고 장려되는 것이지, 다른 것이 아니다.

지금까지 논의한 바에 따르면, 『화분』의 세계에서 제국주의 침략 전쟁이 격화되고 있던 당대의 정신사를 읽어낼 수 있는 시선을 하나 발견하게 된다. 오리엔탈리즘 또는 식민주의이다. 『화분』의 서사는 자연과 문화, 원시인과 문명인, 타락과 순결의 대립적 위계질서를 빈틈없이 주조하고 있다. 이들 이분법 자체가 서구 문화에 뿌리 깊은 사고방식이며, 서구는 식민지 침략과 경영 과정에서 동양이라는 타자의 발견과 함께 각각의 대립항의 전자의 실체를 확보해나갔음은 주지의 사실이다. 이러한 문법을 『화분』은 그대로 구현하고 있는 것이다. 더욱이 복잡하고 심각한 것은 『화분』의 서사의 주요한 축을 이루는 젠더(gender)와 계급의 질서는 식민지와 피식민지는 물론 식민지 내부의 여성과 남성, 하층민과 기득권층의 불균등한 권력관계에 대한 무반성적인 반영에 있다. 이러할 때, 일제 말기 한국문학에 나타난 식민지 체제의 내면화 문제에 대한 논의는 저항이냐 순응이냐는 민족주의를 심급으로 삼는 손쉬운 가치 판단 이전으로 돌아가야 한다.[20] 하나의 예에 불과하겠지만, 식민

---

19) 프란세스 팍토, 이민아 역, 『미인』, 까치, 2000, 156면.
20) 최익현은 앞의 논문에서 식민지 체제에서의 글쓰기 자체가 체제의 영속성을 전제하

지 조선의 문학인 『화분』에서 식민지와 피식민지 안팎을 구분할 수 없
으며, 누구를 가리켜 억압받는 식민지 민족이라 해야 할지 분간하기 어
려운 상황에 직면하고 있기 때문이다. 이효석의 『화분』은 먼저 헤아려
야 할 식민지의 사상(事狀)과 그 사상(事狀)의 구조가 있음을 증언한다.

3_부

남성성 회복의 서사와 파시즘

1930년대 가족사연대기 소설의 형식과 이데올로기

식민주의의 내면화와 내부 식민지

젠더와 민족·문학·사

소설의 정치학과 문학 동일성에의 욕망

남성성 회복의 서사와 파시즘

1. 파시즘과 1930년대 후반 소설의 섹슈얼리티

이 글은 1930년대 중·후반 문학에 나타난 섹슈얼리티라는 프리즘을 통해서 파시즘의 문제를 해명하고자 한다. 그간에 1930년대 파시즘과 문학의 관련성은 만주사변에서 태평양 전쟁까지 15년 동안의 전쟁을 획책했던 일제에 의한 정치적 그러니까 문학 외적 강요 정도로 인식되어 오던 것이 사실이다. 그러나 당대 소설에 나타난 섹슈얼리티의 제양상을 살펴보았을 때, 파시즘은 문학 외부에서 강요된 것이거나 일시적이고 우발적인 것이 아니었으며, 오히려 근대적인 성적 규범과 성적 질서의 재생산과 갱신에 동참하는 것이 파시즘을 내면화하던 과정에 다름 아니었다는 것을 확인할 수 있다. 여기서 1930년대 중·후반 한국 근대소설의 섹슈얼리티의 양상을 살펴볼 필요가 있다.

섹슈얼리티의 문제로 접근했을 때, 당시의 소설은 크게 두 가지로 대별해볼 수 있다. 하나는 이태준과 이광수 등의 계몽주의 소설에서 나타난 양상이다. 대체로 정신적·도덕적 가치와 물질적·육체적 욕망 사이에서 무엇을 택할 것인가, 그리고 사회와 민족을 위한 삶의 도정으로 나아갈 것인가 아니면 개인의 향락적이고 이기적인 삶의 차원에 머무를 것인가가 이들 소설이 제시하는 윤리적 의도이다. 계몽주의 소설의 서사에서 성적 욕망은 억압되고 자제되어야 하는 부정의 대상으로 제시되며, 그것의 승화에 성공하느냐 마느냐가 작중 인물의 전도(前途)에 관건이 된다. 따라서 여성성은 처녀성과 모성성에 국한되었다. 다른 하나는, 1930년대 중·후반 이효석·김동리·정비석 등이 창출한 토속적 인간형의 세계이다. 자연을 무대로 펼쳐지는 이들의 작품에서 작중 인물들은 서구적 개인주의에서 입각한 근대적 개성도 아니며, 그렇다고 계급의식을 담지한 계급적 주체 또한 아닌데, 이들 토속적 인간형의 성적 욕망은 금기와 규범의 경계조차 존재하지 않는 본능적인 것으로 제시된다. 특히 여성의 성은 무분별한 것으로 그려지지만, 가부장적 질서는 결코 철회되지 않았으며, 오히려 더욱 폭력적인 양상을 보였다.[1]

이 글은 이광수의 『사랑』(1938), 김동리의 「황토기」(1939), 정비석의 「삼

---

[1] 이혜령, 「한국 근대소설의 섹슈얼리티 연구」, 성균관대 박사논문, 2002 참조. 이렇게 크게 대별해 볼 수 있는 두 가지 양상에 덧붙여, 생계형 매춘을 하는 여성들이 나오는 소설의 섹슈얼리티도 생각해 볼 수 있을 것이다. 이상과 김유정이 대표적이며, 강경애 등 그 밖의 많은 작가들의 작품에서도 생계형 매춘 모티브가 등장한다. 여성의 매춘이 생계를 위한 불가피한 것이 하더라도, 기본적으로 여성의 성을 매매할 수 있게 만드는 전제, 즉 여성의 성은 남성의 소유이며 금전에 의해 교환될 수 있다는 남성적 질서는 이들 소설에서도 고스란히 반영되어 있다. 이상의 소설에 나오는 여성 인물들이 어머니와 악녀의 이미지를 동시에 가진 것으로 형상화되고 있는 사실이나, 김유정 소설에서 교환가능성 있는 여성은 성적 능력을 지닌 성숙한 여성이라는 사실은 이들 소설에서도 여성 섹슈얼리티에 대한 인식이나 남성 중심적 질서에 대한 인식이 기존의 그것과 그렇게 크게 벗어나지 않는다는 것을 보여준다. 강경애는 섹슈얼리티에 대한 계급적 입장을 고려하였지만, 『인간문제』에서처럼 여성이 남성 프롤레타리아의 주체적 각성을 위한 제물이 된다거나 아니면 「소금」 등과 같은 작품에서처럼 모성으로 귀결되는 양상을 보인다.

대」(1940) 등에 나타난 섹슈얼리티의 양상을 살핌으로써 남성 중심적인 질서의 의식적 무의식적 승인이 당대의 극단적인 지배논리인 파시즘과 어떻게 연루되고 있는지 해명하고자 한다. 이들 세 작품은 1930년대 후반 문학의 경향과 맞닿아 있으며, 제경향들에 나타난 섹슈얼리티의 성격을 극단적으로 보여주는 작품들이라는 점에서 분석의 대상으로 삼았다. 이광수의 『사랑』은 애정의 삼각관계를 갈등의 축으로 개인과 집단, 욕망과 금욕의 양자택일적 선택의 서사를 보여줬던 1930년대 장편소설의 경향 속에서 위치한 작품이자, 그러한 모럴이 나아갈 수 있는 이데올로기적 함의를 극명하게 보여주는 작품이다. 김동리의 「황토기」는 1930년대 중후반 뚜렷한 문학의 흐름으로 대두한 토속적 인간형의 세계를 대변하는 작품이다. 이러한 문학 경향은 '세대－순수 논쟁'을 발단으로 자기 가시화를 시작한 일제 말기 세대의 소산이다. 이들은 '모더니즘' 세대의 미적 자율성이라는 의식의 계보에 연장선상에 서지만 어떤 근대적 보편 이념과도 거리를 둔 순수문학과 그에 걸맞은 자의식을 드러냈다는 점에서 달랐다. 김동리는 바로 세대 논쟁에서 적극적으로 신세대의 문학적 입장을 대변했을 뿐만 아니라, 「황토기」는 그의 「무녀도」(1936) 등과 함께, 근대에 대한 회의, 고향·전통으로의 회귀, '생명' 혹은 '인생'의 관점 강조, 자연에로의 귀의로 요약되는 일제강점기 말기 신세대의 미적 의식이 응축된 토속적 인간형의 세계를 극명하게 보여주는 작품이다.2) 정비석 또한 「성황당」(1938) 등을 통해 토속적 인간형의 세계를 보여준 작가이다. 그런데 정비석의 「삼대」라는 작품은 바로 토속적 인간형의 세계를 다룬 제 작가의 작품에서는 은폐되거나 거세된 당대의 사회·문화적 상황과 함의들이 무엇이었는지를 가감 없이 보여준다는 점에서 주목을 요한다.

기존 문학사의 서술에 따르자면, 이 상이한 문학세계는 결코 같은 범

---

2) 이상의 신세대 문학에 대한 개괄적인 논의는 한형구의 「일제 말기 세대의 미의식에 관한 연구」(서울대 박사논문, 1992)에서 참조.

주에서 다루어질 수 없을 것이다. 하지만 전쟁과 함께 파시즘이 심화되던 시기인 1930년대 중반 이후 문학에 나타난 섹슈얼리티의 양상은 단순히 '친일'이라는 정치적 표상의 유무와 그에 대한 도식적 연역을 넘어서서 소위 파시즘과 관련된 지배적인 사회문화적 함의들이 무엇이었는지를 보여줄 수 있을 것이다.

2. 의사(擬似) 공동체의 모델로서의 가족과 파시즘―이광수의『사랑』

이광수의『사랑』은 석순옥과 그녀의 영적 동경의 대상 안빈을 내세워 육체적 존재를 이기적이고 향락적인 욕망의 담지체로 낙인찍고, 정신적·도의적 나아가 종교적 사랑과 존재를 실현하자는 서사를 전개한다. 애초에『사랑』의 전반부를 차지하고 있는 안빈의 '실험'은 이러한 지향을 뚜렷하게 보여준다. 안빈은 학위취득과 관련된 연구를 위해 '혈액'검사를 한다. 육체를 가진 인간이 사랑이라는 감정을 품게 될 때, 혈액 속에서는 어떤 반응이 일어나는가가 안빈의 연구과제였다. 안빈은 허영과 석순옥의 혈액을 검사한 결과, 애욕의 번민에 빠진 인간 허영의 혈액에는 유황과 암모니아 냄새가 나는 '아모로겐'이, 애욕을 초월한 자비로운 사랑을 지닌 석순옥의 피에서는 향기로운 '아우라몬'이 나온다는 결과를 얻는다. '성인의 피에서나 얻어 보리라고 상상하고 있던' 아우라몬을 석순옥의 피에서 발견한 것이었다.『사랑』의 서사가 지향하고 있는 극단의 정신주의와 도덕주의의 진위가 어떠하든 이것들이 과학실험이라는 방식을 내세워 증명되고 있다는 것은 예사롭지 않다. 파시즘적 인종주의에서 생물학, 위생학, 우생학 등 자연과학의 발전에서 비롯된 지식들을 통합주의적으로 이용했다는 것과 무관하지 않기 때문이

다.3) 『사랑』에서 혈액실험은 인종을 분류하고 서열화하는 것은 아니지
만, 허영과 같은 저열한 인간형과 석순옥과 안빈과 같은 숭고한 인간형
을 나누고 질서화하는 데 '객관적 실증성'을 보장해주기 때문이다. 허영
으로 대표되는 저열한 피의 운명은 또한 병리학에 의해 증명된다. 허영
은 육체적 욕망을 난잡한 방식으로 충족시켰던 결과, 심장병과 매독을
얻어 반신불수가 되고 결국에는 유행성 인플루엔자에 감염되어 죽기
때문이다. 이귀득과의 사이에서 난 허영의 아들 허섭 그리고 허영의 어
머니마저 죽고, 석순옥과의 사이에 난 허영의 딸 길림만이 살아남아 안
빈의 '북한 요양원'에 합류하게 된다. 이렇게 피의 순수성을 통해 작중
인물의 운명은 계통화·서열화된다.

　석순옥은 안빈의 요양원에서 기능적 의사가 아니라, 자애로운 어머니
가 되어 환자들을 정성껏 돌본다. 이러한 설정은 흔한 것이었다. 1930년
대 계몽주의 소설에서, 남성 계몽주체에게 부여된 인격(personality)은 가부
장이며 여성에게 부여된 것은 어머니였다. 예컨대, 이태준의 『제이의 운
명』에서 "필재는 관동의숙의 바깥주인처럼, 마리아는 관동의숙의 안주
인처럼 한 집안을 이룩하듯 그들은 팔을 걷고 덤볐다. 그들을 따르는 것
이 그랬고 그들의 덕성에 감화되어감이 또한 그랬다."4) 이광수의 『흙』
의 허숭 또한 살여울에서 일어나는 모든 일을 관장하는 아버지로서의
역할을 맡고 있으며, 윤정선은 허숭이 윤정근의 모함에 의해 수감된 이
후 아버지를 대신해 고향을 묵묵히 지키는 어머니의 소임을 다한다. 문
제는 이렇게 남성 계몽 주체들이 구축한 의사(擬似) 공동체가 가부장적
가족의 단위를 확장시킨 것에 불과하다는 사실이다. 『사랑』은 좀 더 극
단적인데, 안빈을 정신적 지주로 삼은 '북한 요양원'은 신성가족(神聖家
族)을 방불케 하기 때문이다. 순옥뿐만 아니라 안빈을 사모하거나 동경

---

3) 김수용·고규진·최문규·조경식, 『유럽의 파시즘』, 서울대 출판부, 2001, 62면 참조.
4) 이태준, 『제이의 운명』(『조선중앙일보』, 1933.8.25~1934.2.23), 『이태준 문학전집』 13,
　서음출판사, 1988, 393면.

해 왔던 작중의 모든 여성들—수선·인원·영옥—은 안빈에 대한 감정과 애욕을 모두 승화시켜, 자애로운 어머니나 정결한 누이처럼 그의 요양원 사업에 동참한다. 이러한 양상은 자비롭고 현명한 가부장에 대한 자발적 순종이라 할 수 있다.

> 첫째로 우리가 시시각각으로 고마운 절을 드릴 분은 우리의 마음속에 옳음의 씨를 주시는 부처님이시고—하나님이라든지, 원 이름야 무에라든지말야. 우리 속에 사랑의 씨가 없었더면 우리의 지난 생활이 어떠하였겠나? 둘째로 우리가 시시각각으로 고마운 절을 드릴 분은 우리 조국님이시고, 조국님이 아니시면 어떻게 우리가 질서있는 사회에서 살기는 하며 옳은 일을 하겠나? 그런데 우리가 조국님의 은혜를 느끼는 감정이 부족해.
> 세째로는 부모시고, 넷째로는 중생, 즉 남님이셔. 남님이란 말은 퍼 서투른 말이지마는 우리가 남이니 남들이니 하고 가볍게 생각하는 것이 잘못이어든. 우리가 중생의 은혜 속에 살지 않나? 그러니까 남님이라고 불러야 옳을 거야. (…중략…) 나 안빈이가 오늘 할 일은 부처님, 나라, 어버이님, 남님을 그대들에게 소개하는 일야.5)

이상적인 가족은 늘 이상적인 국가의 최소단위, 또는 모델로 기능했다는 점을 환기할 필요가 있다. 『사랑』에서 안빈에 대한 자발적 순종은 국가에 대한 자발적 순종을 상징한다고 볼 수 있다. 아닌게 아니라, 안빈은 환갑을 맞이해 자신의 사업에 동참한 모든 여성들과 자녀들을 불러놓고, '우리가 시시각각으로 고마운 절을 드릴 분'은, 첫째 사랑과 옳음의 씨를 주시는 부처님, 또는 하나님, 둘째 질서 있는 사회에 살게 해주고 옳은 일을 하게 해주는 조국(祖國)님, 셋째 부모, 넷째 중생이라는 내용의 설교를 한다. 안빈의 설교를 뒤에서부터 읽어보자면 익명의 개인(국민)→가족→국가→신이라는 확장적 논리는 각각의 화살표에 부등호(〈)나 포함기호(⊂)를 삽입해도 무방한 위계질서를 명백히 드러내고

---

5) 이광수, 『사랑』(박문관, 1938), 『이광수 전집』 6, 삼중당, 1971, 297~298면.

있다.

이 확장적이고 위계질서적 논리의 위험은 1930년대 일본이 군국주의화를 정당화하던 논리와 유사하다는 데 있다. 1930년대 일본의 군국주의화의 자기 정당화 논리는 서구의 자유주의·개인주의에 대한 비판을 통해서 만세일계(万世一系)의 천황의 존재, 국체명징(國体明徵)으로 귀결되는 논리였다. 이것의 교과서적 정리라 할 수 있는 일본 문부성의『국체의 본의[國体の本義]』(1937)에서는 서구적 근대가 기반하고 있는 사상적 핵심을 개인주의라고 규정하고, '개인주의'는 개인이라는 일면만을 추상하여 '개인'이라는 것에 함께 하고 있는 국민성과 역사성을 무시하는 한계를 지닌다고 비판하였다. 따라서 이 논리는 서구에서는 개인을 넘어서는 주체가 존재하지 못하고 개인의 행복증진의 수단으로 자유·평등·독립 등이 주장될 뿐이라고 폄하한다. 그리고 '공산주의' 역시 개인의 단순한 집합으로서의 '계급'을 설정하고 있을 뿐 '경제적 이익'이라는 틀에 매몰되고 있다고 지적한다. 결국 이러한 서구적 근대의 한계를 넘어설 수 있는 것은 오직 '천양무궁(天壤無窮)의 황운(皇運)'을 펼치는 것뿐임을 역설한다. 즉 현인신(現人神) 천황의 인정(仁政)을 받아들이라는 것이다.[6]『사랑』의 서사는 그 자체로는 극히 비역사적이고 비사회적인 폐쇄적 시·공간 속에서 전개되고 있음에도 불구하고 그 대단원의 장에서 제시된 개인(국민)→가족→국가→신이라는 전체화의 논리는 당시 일본의 파시즘의 논리를 상기시킨다.

마루야마 마사오는 국체(國体)로서의 천황을 정점에 둔 가족주의적 경향은 일본 파시즘의 특수성으로 지적하지만,[7] 더욱 근본적으로 파시즘 이데올로기가 근대의 남성 중심적인 젠더화된 체계와 정치학에 기반하고 있으며 이를 더 극단적으로 재생산하고 있음을 기억해 둘 필요

---

6) 홍일표, 「일본의 식민지 '동화 정책'에 관한 연구」, 서울대 석사논문, 1999, 18~26면 참조.

7) 마루야마 마사오, 김성근 역, 『현대정치의 사상과 행동』, 한길사, 1997, 78~79면 참조

가 있다. 파시즘은 위기와 타락에 물든 현실세계의 총체적 파괴와 재생을 주창하면서, 용기와 소명의식, 강력한 전사체제로서의 사회에 대한 동경 등의 남성적 인간학과 윤리학, 사회관, 국가관을 형성해왔던 것이다.8) 『사랑』에서 확인할 수 있는 것은 이러한 파시즘의 논리가 바로 성적 욕망에 대한 금욕적 규범의 내면화와 성별 역할의 뚜렷한 확립을 통해서 내면화되어 있다는 점이다. 사랑이 성적 욕망의 계기와 그것의 실현을 초월한 탈관능적인 경지에 이르게 되는 과정은 여성들의 성적 욕망을 승화시키는 과정과 정확하게 일치하며, 그녀들의 공동체에서의 역할을 탈성화된 '어머니'로 한정시키는 과정과 동궤를 이룬다. 무엇보다 이러한 과정의 구심점은 신격의 위치까지 고양된 아버지-남성이었다. 이를 통하여, 의사(擬似) 가족은 신성한 국가의 모델이 될 수 있었던 것이다.9)

---

8) 권명아, 「수난사 이야기로 다시 만들어진 민족 이야기」, 『문학 속의 파시즘』(김철·신형기 외저), 삼인, 2001, 247~257면 참조. 권명아의 이 글은 파시즘과 젠더의 관련성에 관한 연구들을 나름대로 총괄하고, 전후 5·16 군부 쿠테타에서 1990년대에 이르는 극우 이데올로기 담론에서는 남성적 인간학에 기초하여 민족과 국민이라는 주체를 재창조하는 양상이 뚜렷하게 드러나고 있음을 논증한 글이다. 파시즘과 젠더에 관련한 논의는 아직 한국에서 본격화되지 않았지만, 전후 민족주의 담론에 내재한 젠더의 정치학에 대해서는 일레인 김과 최정무가 엮은 *Dangerous Women : Gender and Korean Nationalism*(Routledge : New York and London, 1998)은 시사하는 바가 많다.
9) 한편, 이러한 금욕적 성적 규범과 성적 역할의 확립은 비단 파시즘뿐만 아니라 당대의 민족주의 담론과도 관련돼 있다는 점에서도 주목을 요한다. 전은정은 1920~30년대 신여성 담론은 언제나 민족의 후손을 생산하고 양육해야 할 모성을 역할을 강조하는 방향으로 귀결되었으며, 이렇게 부여된 역할에 따르느냐 마느냐가 여성이 민족의 정당한 일원이 될 수 있느냐 없느냐를 결정했다고 지적한다.(「일제하 '신여성' 담론에 관한 분석」, 서강대 석사논문, 1999) 한편 민족 전범으로서의 모성적 여성상의 형상화는 문학에서는 1930년대 본격화되었다. 대표적으로 이태준의 「성모」(1935~36)는 이러한 여성의 모성화 과정을 보여주는 대표적인 작품인데, 심진경이 지적했듯이 여성의 모성화는 여성 섹슈얼리티에 대한 다양한 규제와 통치로 실현된다(상허문학회 편, 「이태준의 『성모』 연구」, 『상허학보』 8집, 깊은샘, 2002). 이렇게 여성 섹슈얼리티에 대한 규제와 통제를 통해 남성성과 남성 중심적 질서를 강화시키고자 했던 민족주의가 향후에 어떻게 파시즘으로 전화되었나를 보기 위해서는 이광수의 『사랑』과 같은 작품을 보아도 충분하겠지만, 해방 후 남한의 정권과 우익 세력들의 담론에서 이러한 특징이 현저하게 드러난다. 여기에 대해서는, 권명아의 위의 책 참조

3. 야수적인 남성적 질서와 파시즘-김동리의 「황토기」

1930년대 중·후반 김동리·이효석·정비석 등이 창출한 토속적 인간형의 세계는 문학의 한 경향을 이루게 된다. 도시와 시골, 문명과 자연, 정신과 육체의 위계질서가 전복되는 세계가 제시되었던 것이다. 이들 작품에서 자연은 인간 문명의 인위적 구조와 대조를 이루어 유기적으로 성장해 온 것, 인간에 의해 창조되지 않은 것이라는 의미를 획득한다. 동시에 그것은 자연적 상태로 남아 있는, 최소한 다시 한 번 자연적인 상태로 돌아가려는 경향을 보이거나, 혹은 열망하는 인간의 내면성의 한 측면으로 이해될 수 있을 것이다.[10] 이러한 의미에서, 이들 작품은 문명의 불만을 드러낸 것이자, 자연으로 환원될 수 있는 인간 본성에 관한 휴머니즘 차원에서 조명되곤 했다.[11] 이러한 평가가 전적으로 틀린 것은 아니지만, 토속적 인간형의 세계가 또 다른 남성성의 재현을 보여주고 있다는 점이 간과됐다는 점에서 문제가 있다.

예를 들자면, 김유정의 들병이 모티브 내지 매춘 모티브를 다룬 작품들에서, 여성의 성적 능력을 매매할 자유는 남편이나 아버지 등 가부장으로서의 남성에게 있었다. 이 남성들은 마치 공창제의 주체인 국가와 같이 성 매매가 원활히 이루어지도록 관리하고 배려한다. 「소낙비」(1935)에서 춘호는 아내를 이주사에게 보내기 전에 머리를 곱게 빗어주는가 하면, 「솥」(1935)에서 들병이의 남편은 우연히 보게 된 아내의 성 매매의 현장에서 "어서 편히들 주무시게유"할 뿐이다. 어찌 보자면 무능력한 남성의 회화화이며, 기존의 논의들이 그렇게 보아왔듯이 순박성과 천진성의 발현이며, 따라서 김유정 특유의 휴머니즘으로 해석할 여지가 없는 것은 아니다. 그러나 여성의 정조에 대한 배타적 소유권을 보장하는

---

10) 게오르그 루카치, 박정호·조만영 역, 『역사와 계급의식』, 거름, 1986, 210~221면 참조
11) 한형구, 「일제 말기 세대의 미의식에 관한 연구」, 서울대 박사논문, 1992 참조

남성의 물질적 기반 자체가 붕괴되었음에도 불구하고, 가부장적 질서는 오로지 성적 능력을 매매하여 자신의 남편을 부양한다는 방식으로 유지되고 있다. 여기에서 남성들은 자신의 무능력에 대한 자책이나 결혼 제도의 모럴을 오히려 의식하지 않음으로써, 여성의 성적 능력을 지배하는 권능을 발휘하고 있는 형국이라고 해도 과언이 아니다. 역설적으로, 성적 규범과 제도의 일탈을 통해서 강력한 남성성의 재현이 이루어진 것이다. 이러한 경향은 비단 토속적 인간형의 세계를 그린 작품들에만 해당하는 것은 아니었다. 예컨대, 근대적 이성을 신뢰했던 작가였던 김남천의 「이리」(1939)에서, 도시 문명과 일상적 삶에 찌든 지식인 남성 엘리트들은 선악이라는 모럴을 넘어선 '강렬한 성격'을 갈망하다, 시골에서 여성을 유인해서 서울 윤락가에 파는 인신매매꾼과 포주 두 남자가 한 여자를 두고 벌이는 폭력사건에서 그것을 발견한다. 즉 강렬한 성격이란, 여성을 성적으로 지배하는 강력한 남성성의 표상이었던 것이다. 김동리의 「황토기」(1939)와 같은 작품은 이 점을 극명하게 보여준다.

「황토기」는 쌍룡설 등의 설화를 구현하고 있지만, 또 다른 한 축의 서사는 분이와 설희가 억쇠와 득보의 관계에서 갈등을 야기하는 양상을 보여주는 데 주력한다. 애초에 낯선 사내인 득보가 황토골에 들게 된 것도 그 마을 술집 작부로 있는 분이 때문이었다. 황토골로 오기 전 득보의 이력이란 것도 특이한데, 존속살해·간통 등 사회적 금기를 깨뜨리는 것이었다. 여기에 덧붙여 분이와 득보의 관계라는 것도 묘연했다. "득보가 분이를 두고 딸이니 조카니 하는 것처럼, 득보에 대한 분이의 태도도 또한 야릇한 것이 있어, 어떤 때는 아저씨랬다 어떤 때는 그이랬다, 심하면 아주 득보라고도 불렀다."12) 득보와 분이의 관계가 근친상간의 혐의가 있는 것은 물론이고, 득보가 선심 쓰듯 분이를 억쇠의 처로 들여앉혀 준 후에도 분이는 다리 하나를 가운데 두고 있는 득보의

---

12) 김동리, 「황토기」(『문장』, 1939.5), 『김동리 전집』 1, 230면.

집을 드나든다. 이런 분이를 단념하고 억쇠가 설희를 처로 맞아들이자 득보는 설희를 호시탐탐 노린다. 「황토기」에서 득보-분이-억쇠의 관계나 억쇠-설희-득보의 관계에 대해, 원시공동체 사회에서처럼 성을 공유하고 있다거나 근대적 규율의 산물인 성통제 장치를 위반하고 있기 때문에 전근대성을 의미화하고 있다[13)는 평가도 가능하다. 이는 자본주의적 교환원리와 근대적 성 통제장치에 대한 비판을 「황토기」가 담고 있다는 뜻으로 구체화할 수 있다.

그러나 이러한 평가를 내리면서 간과한 것이 있다면, 누가 누구의 성을 공유하고 있는가의 문제이다. 이 작품에서, 여성의 성은 화폐를 매개로 교환되지는 않지만 점유나 증여의 대상이 되고 있다. 바로 이 점에 의해 여성은 더욱 폭력적인 남성적 질서에 종속된다. 물론 「황토기」의 폭력성이 주조되는 핵심적 기제가 분이의 득보에 대한 제어할 수 없는 성적 욕망에 있다는 것도 무시할 수는 없다. 분이는 득보가 들이는 여자들을 해코지해서 내쫓는가 하면 급기야 설희를 칼로 찔러 죽이고, 득보에게도 치명적인 상처를 남긴다. 하지만 분이의 집착적인 성적 욕망이 낳은 폭력성은 「황토기」의 세계를 지배하고 있는 남성적 질서에 의해 야기되었으며 격화된 것이다. 술을 마시며 피투성이가 되도록 싸우다, 춤을 덩실 추다 다시 싸우는 식으로 억쇠와 득보가 황토골 안냇벌에서 펼치는 "거룩한 향연", "이에 견준다면 분이나 설희의 자색(姿色)도 한갓 이 놀이를 돋우고 마련키 위한 덤에 지나지 않을 듯했다."[14) 즉 여성들과의 관계는 억쇠와 득보, 두 남성의 영웅 신화에 포섭된 것이자, 두 남성의 영웅성을 드러내는 매개에 불과하다. 득보가 물건을 건네듯 분이를 억쇠의 처로 들여앉힌 것이라든가, 설희가 억쇠의 처가 된 사연이 "그동안 이미 오래 전부터 마음을 두고 몇 차례 집적거려보기까지

---

13) 김양선, 「1930년대 후반 소설의 미적 근대성 연구」, 서강대 박사논문, 1997, 145면 참조.
14) 『김동리 전집』 1, 219면.

하여오던 억쇠가 드디어 그녀를 손에 넣고 말았던 것이다"15)라는 진술로 표명되듯이, 두 여성은 남성적 질서에 폭력적으로 종속된 존재이다. 그 질서란 어떤 제도와 규범 등 아무런 매개도 없이 직접적인 여성에 대한 지배이기 때문에 더욱 폭력적일 수밖에 없다.

여기서 「황토기」에 나타난 폭력적이고 야수적인 남성적 질서에서 파시즘과의 연결고리를 찾아낸 김철의 견해는 주목을 요한다. 김철에 따르면, 「황토기」에서 전면화된 남성주의는 억쇠와 득보의 엄청난 힘과 생명력에 대한 무한한 찬양과 야수성에의 경도로 나타난다. 거친 것에 대한 예찬 또는 길들여지지 않은 야성적 본능에 대한 승인 등의 자연주의적 경향이 현대문화에 대한 치유책으로 제시되는 것이야말로 파시즘 문화의 한 주요한 원인이라는 것이다.16) 또한 눈여겨보아야 할 것이 있다면 바로 억쇠와 득보, 즉 남성들 간의 유대이다.

> 득보의 목을 안고 한참 동안 엎치락뒤치락하던 억쇠는 갑자기 큰 소리로 껄껄 웃어대었다.
>
> 그의 왼면 귀가 붙어 있을 자리엔 찢긴 살과 피가 있을 따름, 귀는 절반이나 득보의 입에 가 들어 있고, 득보는 아끼는 듯 그것을 얼른 뱉어내려고도 하지 않았다.
>
> 이리하여 해가 지고 어두운 산그늘이 내려오도록 이 커다란 피투성이들은 일어날 생각도 없이 연방 서로 피를 뿜으며 엎치락뒤치락하고 있는 것이다.17)

---

15) 『김동리 전집』 1, 234면.

16) 김철, 「김동리와 파시즘」, 『국문학을 넘어서』, 국학자료원, 1999, 52~55면 참조. 이와 함께 「황토기」뿐만 아니라, 김동리의 「무녀도」·「바위」·「산화」·「등신불」 등 과거-현재-미래의 계기성이 무너진 시간적 배경의 추상화로 제시된 설화적 시공간은 사건의 우연성이나 돌발성에 대한 의문을 봉쇄시킴으로써, '역사'는 부정되고 현재만이 절대적으로 고착되는데, 이를 퇴행적 복고주의나 탈근대성을 선취한 것으로 바라보는 양극단의 평가는 모두 소재주의에 긴박된 평가라고 비판한다. 김철에 따르면, 오히려 김동리의 소설들은 파시즘의 정치와 모더니즘의 문화가 공유하고 있는 지반에서 탄생된 것인데, 모더니티의 부정적 속성을 비합리적인 힘과 종교적 신비주의에 대한 믿음 또는 야성적 본능에 기댐으로써 치유하고자 하는 파시즘적 사고에 깊이 연관되어 있다. 56~59면 참조.

그 한뼘도 넘어 될 득보의 단도 날이 자기의 가슴 한복판을 푹 찔러, 이 미칠 듯이 저리고 근지러운 간과 허파를 송두리째 긁어내어준다면, 하는 생각과 함께 자기 자신도 모르게 몸서리를 한 번 치고, 문득 걸음을 멈추며, 고개를 들었을 때, 해는 이미 황토재 위에 설핏한데, 한 마장 가량 앞에는 득보가 터덕터덕 혼자서 먼저 용냇가로 내려가고 있었다.18)

「황토기」의 액자 안 이야기는 억쇠와 득보의 '향연'에서 시작해 '향연'으로 끝난다. 이것이 싸움이 아니라 향연일 수 있는 것은 싸움이라는 형식의 대립성이 서로의 살과 피를 향유함으로써 무화되고 있는 양상에 이르고 있기 때문이다. 첫 번째 인용문에서, "귀의 절반이나 득보의 입에 가 들어 있고, 아끼는 듯 그것을 얼른 뱉어내려고도 하지 않았다"는 구절은 이를 잘 보여준다. 이는 두 영웅이 혈육(血肉)을 같이 하고 있는 동일자임을 상징한다. 작품의 마지막 부분인 두 번째 인용문은 둘은 서로의 죽음을 갈망하며 죽임을 당하는 것에 전율과 같은 희열을 느끼고 있는 상황을 보여준다. 이러한 죽음에의 충동 또한 극단적인 대립 관계가 아니라 궁극적으로 서로에 대한 육체의 전유를 의미한다. 이는 두 말할 것도 없이 '힘' 그 자체를 의미하는 남성성의 극화이자, 남성 유대의 상징이다. 따라서 「황토기」에 제시된 쌍룡설 등의 설화는 야수적인 남성적 질서의 폭력성을 정당화시키고 심미화시키기 위한 장치에 불과하다.

파시즘에서 나타나는 남성지배는 단지 여성 섹슈얼리티에 대한 통제와 억압에 국한되는 것이 아니라 그것을 통해서 남성들 간의 유대 강화를 기도한다. 이런 의미에서 파시즘과 섹슈얼리티에 대한 모든 논의가 남성 공동체라는 비전을 환기시킨다19)는 모세의 지적은 경청할 만하다.

---

17) 『김동리 전집』 1, 224면.
18) 『김동리 전집』 1, 245~246면.
19) George L. Mosse, *Nationalism and Sexuality : Middle-Class Morality and Sexual Norms in Modern Europe*, The University of Wisconsin Press, 1985, pp.153~180 참조.

이런 의미에서 파시즘은 여성적인 것에 대한 극단적인 혐오감을 내포하고 있다고 볼 수 있다. 여성적인 것이란 무기력함·무능함·퇴폐성 등과 동일시되곤 했다. 실제로 당대의 모더니즘 소설에서 룸펜 프롤레타리아의 위치로 전락한 남성 엘리트의 초상은 무능하고 무기력하고 퇴폐적인 것이었으며, 이는 남성성의 약화, 달리 말하자면 여성화에 다름 아니었다. 비단 모더니즘 소설에서뿐만 아니라 김동리의 「술」(1936), 「두꺼비」(1939)나 「혼구」(1940)와 같은 작품은 당대의 시대상황과 관련하여 남성 엘리트들의 무기력과 무능력을 형상화한 작품이다. 이러한 남성 엘리트의 초상과 비교하자면, 「황토기」의 억쇠와 득보의 야수적인 형상은 남성성의 약화를 미학적으로나마 상쇄하기 위한 것이라고 볼 수 있다. 파시즘은 근대사회의 조직적 분화로 인해 생긴 병리현상을, 이른바 문화 이전의 직접적 자연성으로의 복귀—피와 흙—에 의해 극복하려고 했다.[20] 이는 파시즘 시기의 예술과 문화를 통해서 잘 드러났는데, 규범과 제도로부터 벗어난 자연으로서의 육체에 대한 찬탄이 하나의 경향이었으며 그때의 육체란 무엇보다 강인한 남성성의 외화였던 것이다. 「황토기」의 무대가 되고 있는 황토벌의 반문명적 반제도적 성격과 야수적 남성성의 재현은 이 모든 것을 압축적으로 보여준다.

---

20) 마루야마 마사오, 앞의 책, 443면 참조.

4. 전쟁의 심미화와 파시즘—정비석의 「삼대」

정비석의 「성황당」(1937)은 본능적이고 원시적인 인간의 삶을 성황님의 은총이라는 전체 속에 용해시키면서 자연에게 부과된 운명의 힘에 조응하는 유토피아를 제시했다. 운명이라는 말은 인간 개개의 삶이란 결국에는 불가항력적인 질서에 용해될 수밖에 없다는 의미를 함의한다. 이렇게 초역사적이고 초인간적인 개념의 역사성을 보여주는 작품은 정비석의 「삼대」이다. 이 작품은 "철학은 과거의 불행, 미래의 불행에서는 용이히 이긴다. 하나, 현재의 불행은 항상 철학에 이긴다"는 라로슈푸코의 「잠언록」의 한 구절을 모두(冒頭)로 삼는다. 이렇듯, 사상과 이성에 족쇄를 채우고 거기에 종언을 고하는 경향은 1930년대 중·후반 문학의 정신사적 배경을 이루기도 한다.21) 「삼대」에서 형세는 사회주의 운동가였으나 지금은 무기력하게 창백해진 그의 형 경세와 당대에 농후하던 사상의 폐색 현상과 2차 세계대전이 발발한 구주정세를 두고 대화를 나눈다. 경세는 무기력한 상태이나마 인간의 이성의 힘으로 이러한 사태를 막아보는 것이 도리이라고 말하는 반면에, 형세는 당대의 세계대전은 무질서의 세계이지만 이는 필연적이며 따라서 시대의 운명이라고 이야기한다. 즉 인간의 의지와 지성과 무관하게 사실은 사실대로 전개되기에 그것을 긍정할 수밖에 없다는 논리를 펼치는 것이다.22) '사실수리론'이 수락되는 지점이다. 문제는 이러한 '사실수리론'이 단지 당대의 정세인식을 문학 텍스트 내로 건조하게 옮겨 놓은 것만은 아니라는 데 있다.

수천의 기마병대가 맹렬한 기세로 광야를 정벌하면서 돌연 스크린의 한복

---

21) 이에 대해서는 한형구의 앞의 논문 참조.
22) 정비석, 「삼대」, 『인문평론』, 1940.2, 156~157면 참조.

판으로 질풍같이 나타났다. 평화롭든 벌판엔 별안간 휘호리바람이 휘모라치듯 정복의 의욕에 물닐줄을 모르는 기마와 병사는 멀리 산위의 적을 목표로 우뢰같이 휩쓸여 버린다. (…중략…) 산 넘은 편에 매복했든 적군이 창황하여 어쩔줄을 몰라 쩔쩔매면서도 반항을 하나 기마병대는 힘안드리고 적군을 소탕하고 상상봉에 일장기를 꽂는데서 영화는 끝난다.[23)]

형세는 연인 미례와 함께 극장에서 위와 같은 전황 뉴스 스크린을 본다. 소설 속에 자세히 묘사된 이 영화가 적지를 점령한 일본군의 승리를 보여준다는 것 자체가 이 작품을 노골적인 친일문학으로 평가하는 데 손색이 없게 한다. 그러나 무엇을 통해서 여기에 이르렀나에 대해서는 주목할 필요가 있다. 왜냐하면 단지 '친일'이라는 단순한 규정에 머무른다면 놓치는 것이 너무 많기 때문이다. 인간 이성과 그 소산인 현대문명의 비합리성과 야만성을 인식하게 된 계기인 세계대전은 인간 이성의 종언에 더할 나위 없는 증빙이 되겠지만, 이 작품에는 전쟁이라는 현상 자체에 대한 직관적이고 감각적인 '찬탄'이 함께 개입되고 있다는 점에 주목해야 한다. 형세는 극장을 나온 후에도 이 전황 뉴스 장면을 지워내지 못한다. "물론 한 사람의 병사와 한 마리의 기마로 본다면 거기에는 더할 수 없는 고난과 고초가 연모이기는 하지만 수백이 한 덩어리로 엉크러져 산과 들을 정복해나가는 거기에는 고난인세에 오직 정복의 찬란한 아름다움밖에 없어 보였"던 것이다. 인간의 육안만으로는 결코 전쟁을 웅장한 스펙타클로 볼 수 없다. 오로지 카메라의 눈을 통해서만 전쟁은 스펙타클이 된다. 그러한 스펙타클을 통해 병사 한 사람 한 사람, 말 한 마리 한 마리는 개체성을 상실하고 하나의 거대한 사물(덩어리)로 인지되기에 이른다. 두말할 필요도 없겠지만, 이 거대한 사물성은 힘에 의한 정복을 아름다운 것으로 느끼게 만든다. 형세는 전쟁 영화에 탐닉하게 된다. 혼자서 영화를 보러간 형세는 다음과 같은 장면

---

23) 위의 책, 146~147면.

을 본다.

맨 처음엔 만리장성인가 싶은 철벽 같은 그야말로 란공불락의 성벽이 나타나고 그 다음으로 차츰 고색이 창연한 고루 거각이 나타나고, 시가지가 나타나고, 성벽을 의지삼아 진을 친 적의 군사들이 나타나고―가장 평화스럽게 보이는 도시의 창공에는 돌연 으르렁거리는 폭음과 함께 행열도 정연한 열두 대의 荒鷲 폭격기가 제비처럼 나타나더니 갑자기 폭 아래로 꺼져 내려오면서 폭탄들을 던진다. 열 두 대의 비행기에서 빗발같이 떨어지는 폭탄은 쏜살같은 속력으로 커다란 삘딩에 붓줍기와 함께 쾅! 소리를 내며 지붕이 와슬렁와슬렁 허물어지고 연기가 삽시에 시가에 가득차지고 그리자 한편에서는 화염이 맹렬한 기세로 하늘을 찌를 듯이 타오른다. 평화롭던 도시, 문화를 자랑하던 도시를 참으로 놀랄 만한 속도로 파멸의 세례를 받는다. 그것은 인간의 힘이 아니라 거대한 운명의 힘만 같았다. (…중략…) 화면은 다시 바뀌어 어지럽게 파괴된 거기에 문득 시가전이 전개 되었다. 육탄과 육탄의 충동이었다. 배랑을 둘러메고 철감투를 짓눌러쓰고―창검을 든 수백 수천의 용사들이 오직 「이기겠다」는 한 개의 공통된 목적하에서 적을 향하여 이리같이 덤벼드는 그것은 야만적인 행동이면서도 벌써 결코 야만적이 아니었다."24)

전황 뉴스의 스크린을 본 형세의 감상은 사유의 책무로부터 벗어난 감각적 직접성에 대한 경외감이다. 그가 전쟁에 경탄할 수 있는 것은 그것에 의해 야기되는 살육과 파괴를 인간의 고통과 인간성의 파멸로 인식하는 것이 아니라, 그것을 감각적 대상으로 간주하기 때문이다. 벤야민은 일찍이 파시즘을 '정치의 예술화'로 정의하면서 그것의 가장 극명한 예를 '전쟁'으로 지목한 바 있다. 벤야민은 에디오피아 전쟁을 두고 한 마리네티의 선언문을 분석하면서, 파시즘의 예술은 (카메라를 통한) 기술에 의해 변화된 지각의 예술적 만족을 전쟁에서 발견하고 있다고 지적한다. 전쟁을 하나의 거대한 장관으로 바라보는 심미화를 일컬

---

24) 위의 책, 159~160면.

어, 벤야민은 "인류의 자기소외는 인류 스스로의 파괴를 최고의 미적 쾌락으로 체험하도록 하는 단계에 이르렀다. 이것이 파시즘이 행하는 정치의 예술화 상황이다"25)라고 말한다. 한편 이렇게 심미화된 전쟁의 이미지는 형세에게는 지극히 남성적인 것으로 다가온다. 형세는 오로지 힘의 승리, 강자의 승리만이 인정되는 세계의 표상으로 전쟁을 받아들인다. 전쟁의 수행자가 남성이라는 차원에서도 그러하지만, 형세의 경탄이 정복과 승리로 귀결된다는 점에서도 이를 확인할 수 있다. 육탄돌격을 하는 수천 수백의 용사들을 이리떼에 비유한 대목은 야수적 남성성의 이미지에 대한 찬탄에 다름 아니다.

이렇게 하여 남성성의 표상을 갖는 '전쟁' 스크린에서 느낀 감동은 그 자체로 끝나지 않았다. 처음 전쟁 영화를 본 후 형세와 연인 미례는 저녁식사를 하면서 "그래, 보는 사람이 그만치 감동될 젠 실상의 병사들은 얼마나 상쾌한 것일까", "그보다두 전 피정복자의 입장에서 생각해 봤어요. 정복이 그만치나 철저한 것이라면 정복되는 편으로도 오히려 상쾌할 것 같았어요! 찬란이라는 문구의 참된 뜻을 오늘에야 알아보았어요!"라는 대화를 나눈다. 그 자리에서 "형세는 유난스럽게 빛나는 미례의 눈에서 또 한번 정복의 쾌감을 맛보며 말 다리같이 굼틀거려지는 자기의 사족을 느끼었다." 그날 밤, 미례의 아파트에서의 미례와의 섹스는 "전혀 '전시'의 덕분이기도 하였던 것이다." 이렇듯 두 남녀의 섹스는 형세 편에서의 정복의 가학과 미례 편에서의 피정복의 피학, 즉 전쟁을 모방하고 즐기는 향연이었던 것이다. 여기서 특기할 만한 것은 형세(정복)─미례(피정복)이라는 남성적 질서이다. 이 남성적 질서는 섹스 속에서 향유할 만한 쾌락으로 심미화된다. 형세의 형 경세가 아내와 자식으로부터도 경원시 되는 무기력한 남성의 전형으로 형상화되고 있는 것과 겹쳐 읽어본다면, 성적 지배 질서에 의해 모방된 전쟁이란 형세에

---

25) 발터 벤야민, 반성완 편역, 「기술복제시대의 예술작품」, 『발터 벤야민의 문예이론』, 민음사, 1988, 231면.

게 있어서는 강한 남성성의 극단적인 재현이었던 것이다.

다시 강조하자면, 남성성의 숭배에는 여성 혐오가 도사리고 있다. 형세에게 있어서, 자신이 외박을 하고 돌아와도 일언반사 불평을 하지 않는 아내 정숙의 부덕(婦德)은 비굴함이자 동물적인 굴종에 지나지 않았다. 아내 정숙은 밥술이나 얻어먹는 "말하는 동물"에 불과하며, 따라서 "야욕적인 교섭"을 제외하고서는 아내와는 아무런 거래도 없었노라고 형세는 냉소한다. 정숙과의 결혼이 아버지의 강요에 못 이겨 한 정상은 참작되어야 하겠지만, 자신의 어머니 또한 동물적 굴종의 삶을 살았다고 본다는 점에서는 형세의 여성인식에는 근본적인 혐오감이 배어 있는 것으로 판단된다. 전선의 병사들에게 보내는 통조림 공장에 근무하는 미례의 독립성과 명랑성·적극성은 아내와 어머니와 대조적인 것 같지만, 이미 확인했듯이 미례와의 관계에서도 남성 우월적인 지위는 여전히 고수되고 있다는 점에서 본질적인 차이는 없는 것이다. 이는 근대적 성적 규범과 성적 질서의 재생산과 갱신일 뿐이다. 그것은 파시즘의 광범위한 이데올로기적 효과 창출, 나아가 대중 동원에 있어서 중요한 관건이었으며, 더욱 중요하게는 파시즘과 섹슈얼리티에 대한 모든 논의는 언제나 남성성에 대한 숭배와 지배 엘리트로서의 남성 공동체로 귀결되었다.26) 그러한 남성 공동체가 형성되고 유지될 수 있는 장은 전쟁을 통해서 가장 쉽게 창출될 수 있었다. 이 작품이 대단원이 형세가 가출하여 미례와 함께 북지, 즉 전선으로 가는 것이었음을 다시 상기할 필요가 있다. 전선이란 다른 어떤 곳보다 남성성을 증명할 수 있는 곳이자 확인할 수 있는 곳이기 때문이다.

---

26) George L. Mosse, op. cit., p.176.

5. 도덕-토속성-전쟁, 남성성 회복의 서사

헤롤드 지겔에 따르면, 유럽의 19세기 말 20세기 초는 프로이트 사상에 명시된 인간의 육체와 성에 대한 지대한 관심을 발판으로, 육체와 성에 대한 각별한 관심을 넘어서서 육체를 숭배하던 시대였다. 특히 여성적이고 퇴폐적인 인종으로 규정되었던 유태인에 관한 인종 담론과 이미 정치력을 상실한 부르주아 민주주의에 대한 비난이 뒤섞이면서, 퇴폐적인 삶과 규범에 얽매인 생활에 대한 반발은 한편으로는 강력한 도덕적 혁명, 다른 한편으로는 원시적 활력과 강한 남성성에 대한 갈망을 낳았으며, 바로 이러한 문화적 분위기가 전쟁과 파시즘으로 수렴되었다는 것이다.[27]

이상에서 살펴본 1930년대 말 이후 문학에 나타난 섹슈얼리티의 제 양상은 기존의 성적 규범과 성적 질서가 파시즘으로 수렴되는 지점을 잘 보여준다. 이광수의 『사랑』이 구축하고 있는 의사 공동체는 인간의 성적 존재로서의 성격을 탈각시킨 신성가족을 모델로 하고 있다. 이 공동체는 여성의 희생에 기반하고 있을 뿐만 아니라, 여성은 안빈이라는 신격화된 가부장적 존재의 역할과 기능을 돕는 도구적 존재라는 점에서 남성적 질서의 승인에 기반을 둔다. 이러한 양상은 이 소설이 당대의 문맥에서는 천황제를 기축으로 한 파시즘의 논리와 체제를 내면화하고 있음을 보여준다. 한편 김동리의 「황토기」에서 성적 욕망은 무질서한 본능의 차원에서 재현되었지만, 남성적 질서가 철회된 세계는 아니었다. 오히려 남성의 힘을 극대화시킨 야수성과 자연적 본능에 대한 무비판적 찬탄을 통해 남성적 질서에 의해 야기된 폭력성과 야만성을 은폐하고 심미화시킨다. 이러한 강한 남성성에 대한 갈구는 파시즘 미

---

27) Harold B. Segel, *Body Ascendant*, Johns Hopkins Univ. Press, 1998 참조.

학의 또 하나의 본질인데, 이를 보다 극명하게 보여준 작품은 정비석의 「삼대」였다. 스크린에 잡힌 전쟁을 심미적 경험으로 받아들인 「삼대」의 주인공은 이것을 섹스 속에서 모방한다. 전쟁은 남성 중심적 성적 지배 질서의 확인이자, 강한 남성성의 심볼이었던 것이다.

이러한 극단적인 남성성의 재현과 문학적 전유를 낳게 한 상황은 그 밖의 작품들을 통해서 대략이나마 짐작해 볼 수 있다. 동시대의 이상을 위시한 모더니즘 소설에서는 무기력하고 무능력한 남성 엘리트의 초상이 제시되었으며, 토속적 인간형의 세계를 그린 김동리나 이효석의 작품에서도 그러한 지식인의 초상은 쉽게 발견된다. 또한 이광수의 『사랑』에 나오는 허영과 같은 인물은 퇴폐적인 인간형인데, 이 모든 남성 엘리트의 상태는 합리성과 이성으로 상징되는 남성성의 약화를 보여주는 것이자 남성의 여성화를 의미한다. 당대 폐색이 짙어가던 사회 정치적 상황을 두고 볼 때, 오히려 이러한 작품들이 지식인 남성이었던 작가들을 둘러싼 현실과 더욱 근사치에 있다고 해도 과언은 아닐 터이다. 바로 극단적 남성성의 재현은 남성성의 약화라는 현실적 상황에 대한 심리적 미학적 상쇄 내지 보상을 위한 것이었다.

여기서, 좀 더 주목해야 할 것은 다음과 같다. 「황토기」와 같은 토속적 인간형을 그린 작품은 1930년대 말 이른바 '암흑기'에 한국문학의 명맥을 유지했던 순수문학으로 보통 받아들여져 왔다. 하지만 이상을 통해 볼 때, 암흑기의 본질, 토속성의 이면에는 이와 같은 파시즘으로 전화되는 당대 상황에 대한 역설적·감각적·직접적 승인이 자리 잡고 있는 것이며, 이는 남성지배의 극단화된 형태를 심미화시킨 것으로 확인된다.

물론 이러한 상황을 일제의 파시즘 이데올로기의 직접적인 강요와 주입이라는 일시적 결과로 보는 것은 속단이다. 오히려 전통적인 가부장제에 내재한 성적 규범과 질서의 유지와 존속, 그것에 대한 성찰의 부재가 파시즘을 내면화하기 위한 토양이 되었다고 보는 것이 타당하

다. 그런데 고려해야 할 것은, 일제의 호적제도 정비, 창씨개명 등의 대
표적인 식민 정책은 바로 이러한 토착적인 가부장제에 대한 면밀한 고
려와 변용을 통해서였다는 점이다. 일본은 조선후기 양반의 규범인 가
부장제도를 탈역사화하여, 그것을 '조선문화'로 고착화시키고, 이를 식
민지 통합과 지배에 적극적으로 활용했다.[28] 이는 일본이 천황을 정점
으로 한 거대한 가족국가 이념을 현실화해나갔던 것과 긴밀한 연관을
갖고 있는데, 1930년대 말 식민지 동화 정책의 정수가 지원병 및 징병
제도의 실시의 기초가 되는 '호적제도'의 정비와 밀접하게 관련 있는
'창씨개명'이었음을 상기해도 충분할 것이다.[29] 가부장제도를 하나의
관습적인 것으로 일반화시킨 논리는 그것이 고착화될 수 있는 식민지
의 현실에 근거하고 있었다. 즉 식민지 규율권력이 가장 심층적으로, 또
광범위하게 작용하는 지점은, 바로 식민지배 정책의 방식과 의도가 식
민지가 종래에 가지고 있는 사회적 의식의 양식과 결합될 수 있는 곳이
라고 할 수 있다. 그것은 바로 가부장제였던 것이다. 이것이 파시즘이
내면화될 수 있는 더할 나위 없이 좋은 토양이 되었다는 것은 부정할
수 없다. 더욱이 앞의 작품들이 보여주는 양상은 일제 말기 파시즘의
수용이 단지 친일이나 전향과 같은 단지 사상적·정치적 차원이 아니
라, 종래의 사회적·문화적 규범에 대한 무비판적 수용과 갱신을 통해
서도 이루어지고 있으며, 바로 그 지점에서 구체적인 일상의 차원으로
내면화된다는 것을 증명한다.

이 글에서 다루진 않았지만, 총동원령의 상황에서 태평양전쟁의 참
전과 후방지원을 노골적으로 획책한 국책소설이라 해도 무방한 정비석
의 『청춘의 윤리』(1944)라는 작품은 단지 일제의 총동원의 선전문구를
그대로 옮긴 것이 아니라, 남성답게 사는 방법으로서 사회와 국가의 헌

---

28) 양현아, 「한국적 정체성의 어두운 기반—가부장제와 식민성」, 『창작과비평』 106호,
  창작과비평사, 1999년 겨울, 58~63면 참조.
29) 창씨개명 정책의 실시 동기와 과정에 대해서는 홍일표의 앞의 논문 참조.

신, 나아가 전쟁 참여를 제시하고, 그러한 남성을 보조하고 국가의 미래를 위해 건강한 아이를 낳아 양육하는 여성을 이상화하는 서사를 제시했다. 즉 성별 역할의 공고한 분할과 그것과 국가 이데올로기와의 결합을 통해 총동원의 일상적 모럴을 구체화하는 서사를 전개하고 있다는 점은 역설적이다. 정비석은 토속적 인간형의 작가이기도 하기 때문이다. 『사랑』이 보여준 강력한 도덕적 혁명과 「황토기」가 보여준 원시적 활력과 강한 남성성에 대한 갈망은, 그것이 남성지배를 공통분모로 하는 한 그리 멀거나 다른 세계가 아니며, 이 양자는 바로 파시즘으로 수렴되었다.

1930년대 가족사연대기 소설의 형식과 이데올로기

1. 차이와 반복

무릇 형식이란 정체성을 드러내기 위한 방식이기도 하지만, 정체성을 창조하는 방식이기도 하다.[1] 1930년대 후반부터 40년대 초에 발표된 『대하』·『봄』·『탑』[2] 등의 가족사연대기 소설은 실로 새로운 정체성을

---

1) 정진배, 『중국 현대문학과 현대성 이데올로기』, 문학과지성사, 2001, 64면.
2) 이 글은 다음의 텍스트를 대상으로 삼겠다.
　　김남천, 『대하』, 인문사, 1939.1; 이기영, 『봄』, 대동출판사, 1942; 한설야, 『탑』, 매일신보사 출판부, 1940.8. 단, 『탑』의 단행본의 경우, 신문연재분(『매일신보』, 1940.8.1~1941.2.14) 중 마지막 3회분인 155~157회분의 경우가 누락되었으나, 그 부분의 중요성을 인정하여 그 부분은 신문판본을 사용하겠다. 이 누락된 부분이 전체 서사구성상 차지하는 비중과 중요성에 대해서는 다음을 참고
　　박헌호, 「30년대 후반 '가족사연대기' 소설의 의미와 구조」, 『민족문학사연구』 4호, 민족문학사연구소, 1993, 257~258면 참조.

창조하는 하나의 방식이었다. 한국 근대소설사에서, 개인적 차원에서는 청소년기를, 역사적 차원에서는 개화기를 근대적 주체의 정체성 형성의 시원적인 단계로 설정하고 가부장으로서의 아버지 형상을 이들 작품만큼 풍요롭게 제시한 소설은 없었다. 이 글의 목적은 바로 이러한 차이로 집약되는 새로운 정체성 창조방식의 내적 질서와 그것의 효과로 산출된 이데올로기를 밝히는 데 있다.

가족사연대기 소설은 근대라는 문제들이 시원적이고도 첨예하게 드러날 수 있었던 개화기의 시대를 배경으로 소설이 창작되었던 당대의 현세인의 기원과 생성의 과정을 밝혀 보려는 의도 하에 생산되었다.[3] 이러한 의도는 분명히 '근대'의 필연적 도래와 승리라는 역사적 목적론에 부합하고 있으며, 따라서 그 목적론의 실현자로서의 근대적 주체의 형성과정이 서사의 동력이다. 그러나 가족사연대기 소설에 대한 기간의 연구에서도 지적되었듯이, 그 의도는 실패했음이 판명되었다. 예컨대, 정호웅은 김남천의 『대하』의 실패를 "토대와 상부구조의 규정적 관련성을 문제삼는 경향소설의 전통에서 일탈함으로써 결정적인 파탄에 봉착하고 말았다"고 평가한다.[4] 이 시기의 가족사연대기 소설은 역사적 목적론의 필연성을 설득력 있게 보여줄 수 있을 만큼 개화기 당대의 계급 갈등의 구조와 해체, 이행을 묘파하지 못했다는 것이다.[5] 이러한 평가는 가족사연대기 소설의 의도자체에 충실한 평가라고 할 수 있다. 또한 기존 연구에서 풍속묘사의 실패를 주로 언급한 근거도 이와 맞물려 있다. 물질적 토대에 기반을 둔 공통적인 사회현상을 제시하려 했던 풍

---

3) 박헌호, 앞의 글, 참조.

4) 정호웅, 「김남천의 『대하』론」, 『장편소설로 보는 새로운 민족문학사』(정호웅 외), 열음사, 1993, 247면.

5) 이러한 관점에 입각한 연구를 살펴보자면 대략 다음과 같다.
김상욱, 「거세된 현실과 방법의 포기─한설야의 『탑』을 중심으로」, 『한국구어교육연구회논문집』 43, 1991; 김외곤, 「『대하』와 『동맥』에 나타난 개화사상과 개화풍경」, 『한국 근대장편소설연구』, 모음사, 1992; 김윤식·정호웅, 『한국소설사』, 예하, 1996; 서경석, 「이기영의 『봄』론」, 『장편소설로 보는 새로운 민족문학사』(정호웅 외), 열음사, 1993.

속 묘사 근대적 주체의 탄생과 발전이라는 서사와 긴밀히 결합되지 못함으로써, 풍속은 진보라는 선적인 시간의 전개에 조응하지 못했다는 것이다.

따라서 문제의 초점은 바로 이들 소설에서 형상화된 '풍속'을 어떻게 평가하느냐의 문제이다. 이에 류종렬은 이들 소설에서 다루어진 풍속의 발견과 가족사의 연속성 문제 등은 민족의 존립이 위협받던 그 시기에 민족의 정체성 회복과 보전 노력의 일환이었음을 주장한다.[6] 김동환은 이 세 작품에 나타난 풍속은 바로 잃어버린 유토피아를 그리기 위한 대체현실로서, 유년의 입장, 즉 가족 내의 범주에서 경험한 풍속과 인간관계를 통해 훼손되지 않은 가치를 지닌 세계를 제시하려는 의사 낭만성의 소산이었다고 평가한다.[7] 이 두 논자는 가족사연대기 소설의 '풍속'을 오히려 서사의 궁극적인 윤리적 의도로 바라보고 있는 셈이다. 하지만, 이것이 그렇다면 주인공 소년들의 맹목적이라 할 만큼의 근대 지향과는 어떤 관계를 갖는가의 문제는 난망인 채로 남아 있다. 여기서 한 걸음 나아가 윤영실은 체험자아로서 소년주인공이 보여주는 맹목적인 서구적 근대에로의 지향이 전통 풍속을 추체험의 방식을 통해 그려내는 서술 자아에 의해 상대화되고 있다는 주목할 만한 주장을 제시했다.[8]

위의 논의들이 시사하듯이, 가족사연대기 소설은 역사적 차원에서는 진보, 개인의 차원에서는 성장 내지 성숙이라는 단선적 시간의 차원에서만 볼 수 없다. 하지만 풍속이란 용어와 겹쳐서 쓰이곤 하는 '전통'을 근대화가 되지 않았더라면 잃어버리지 않았을 어떤 순수한 정체성의 장소로 간주하고 그것을 근대와 절대적으로 대립하는 가치로 바라보고

---

6) 류종렬, 「1930년대 말 한국 가족사·연대기소설 연구」, 부산대 박사논문, 1991, 141면 참조

7) 김동환, 「1930년대 후반기 소설의 대체현실 추구와 의사 낭만성」, 『한성어문학』 13호, 한성어문학회, 1994.5 참조

8) 윤영실, 「1930년대 후반 장편소설 연구—서사구조와 정체성의 관계를 중심으로」, 서울대 석사논문, 2000 참조

있는 시각은 재고되어야 한다. 균질적이고 조화된 표상으로서의 전통이나 공동체의 이미지는 긴장과 균열, 갈등을 봉합하거나 무시하는 전제 위에서 성립되기 때문이다.9) 한편 이들 소설이 쓰였던 시대는 일본이 실제로는 영국·미국 등 서구 제국주의 국가와 전쟁을 준비하고, 벌이고 있던 시점이며, 이데올로기적으로는 '서구적 근대'의 가치와 규범에 맞선 전쟁을 벌이고 있던 때이다. 이런 상황에서 '서구적 근대'를 성찰한다는 것의 정치성과 역사성은 되묻지 않으면 안 된다.

나는 가족사연대기 소설의 형식과 이데올로기는 이들 소설에 구조화된 두 가지 시간의 계기를 고려해야 해명될 수 있다고 생각한다. 하나는 진보, '문명과 개화'로 표상된 단선적인 시간의 계기이며 다른 하나는 '자연적 연속성'이라 부를 수 있는 것이다. 후자는 단적으로 이들 소설의 제목이 '대하'와 '봄'과 같은 장구한 연속성과 순환성이라는 자연의 표상에 의지하거나, '탑'과 같이 어떤 시간의 퇴적에 의해서도 견고하게 남아 있을 것만 같은 영원성을 암시하고 있다는 점에서 드러난다. 그것은 무엇보다 이들 소설의 가부장들을 관장하는 시간이라는 점에서 중요하다. 다시 언급하겠지만, 이것은 이들이 왜 '양반'으로 설정되어야 했는가의 문제와도 관련이 있다. 『대하』의 박성권, 『봄』의 유춘화, 『탑』의 박진사는 기존의 연구에서 단순히 새로운 세대인 아들에 의해 부정되어야 할 반(牛)봉건적인 인물로 설정되었다는 분석이 지배적이었다. 서사의 귀결을 보자면 온당한 분석이지만, 가족과 식솔들을 잘 조섭할 뿐만 아니라 마을에서 주도적인 역할을 맡고 있는 이들 가부장의 형식상 이념상 기능을 밝히는 데는 부족하다. 이 글에서는 이들 가부장의 형상이 강력한 아우라를 지니고 풍속배치의 질서를 관장하고 있음을 논증할 것이다. 나아가 자연적 연속성과 단선적인 시간이 결합된 이들

---

9) 여기에 대해서는 Irvirn Scheiner, "The Japanese Village : Imagined, Real, Contested", *Mirror of Modernity*, edited by Stephen Vlastos, University of California Press, 1998; Stephen Vlastos, "Agrarianism Without Trandition : the Radical Critique of Prewar Japanese Modernity", Ibid. 참조

소설의 형식 덕분에, 1920~30년대의 한국 근대소설에 일관되게 나타난
성적·계급적 재현의 질서를 압축적으로 보여준다는 점에 주목하여,
1930년대 가족사연대기소설에 나타난 근대적 주체의 타자 재현의 정치
학을 살펴볼 것이다.

2. 가족사연대기 소설의 시간─자연적 연속성과 역사적 목적론

1930년대 가족사연대기 소설에서 특징적인 것은 가족이 『삼대』와 『태
평천화』 같은 소설들과 달리, 가족은 사회적 변화와 현상을 응집한 사회
적 축도로서보다는 농촌 마을에서의 유기적 기능 그리고 탄생과 성장,
결혼과 재생산 등과 관련하여 그려지고 있다는 점이다. 여기에 관통하는
시간은 자연적 연속성의 시간이다.

가령, 『봄』에서 서술된 시간이 석림의 성장과 궤를 같이 하는 것은
정확하게는 석림이 학교에 들어가서부터라고 할 수 있다. 그 이전에는
'봄→장마→음력 7월→겨울'이라는 자연적인 시간의 흐름에 따른다.
이는 농촌공동체의 리듬이자 농민들의 시간의식과 밀접한 상관성을 갖
는다. 농민들의 시간의식은 현재적 삶의 반복으로 특징지을 수 있다. 농
민들의 삶을 규정하는 현재는 과거와 미래와 대비되는 것이라기보다는
끊임없이 반복하는 과정으로 규정된다.10)

---

10) 김종욱, 「1930년대 한국 장편소설의 시간─공간 구조 연구」, 서울대 박사논문, 1998,
　　38~39면 참조 이 논문은 근대적 역사인식의 특징인 선적인 시간 인식과 그것에 따른
　　공간의 시간적 분할이 어떻게 1930년대 장편소설에서 구조화되었으며, 특정한 구조화
　　방식은 근대적 주체의 형성과도 직결된 문제임을 밝히고 있어, 이후 살펴보겠지만 나
　　의 문제의식에도 많은 시사점을 주었다.

　　그해가 가고 새해가 왔다.

　　정월 그 한달은 여자들도 좀 한가하였다. 설날부터 사오 일 동안은 물론이
지만 그 뒤에도 마디쯤(牛日)은 일을 하면 일년 두루 마디마디 일이 막힌다고
놀고, 쥐날(子日)은 일을 하면 쥐가 뀐다고 놀고, (…중략…) 그래서 동리 아낙
네들은 정월이면 오래도록 놀지 못한 오력을 내느라고 부지런히 마슬을 다니
며 갖은 노름을 다했다. (『탑』, 172면)

　　『탑』에 나오는 정월의 세시풍속은 바로 자연의 시간에 따른 반복과
순환 속에서의 충족된 현재를 드러내는 데 할애된다. 정월 한 달 동안
놀지 않는 것이 오히려 미래의 재앙이 된다는 인식은 바로 현재적 충족
을 최고의 가치로 삼는다는 것을 보여준다. 『봄』에서의 추석 또한 풍요
롭게 제시되는데, 금점꾼에게 지지 말고 추석을 잘 쇠도록 준비하라고
마을의 일꾼들을 충동질한 유선달 자신에게 추석은 아들(석천)을 얻으면
서 무엇인가 일신된 현재의 기쁨을 극대화할 수 있는 계기로 나타나는
것이다.

　　이와 관련해서 한 가지 더 언급하자면, 이러한 세시풍속이 제시될 때
마다 마을과 집안 여성들의 등장이 두드러진다는 점이다. 『탑』의 정월
풍속을 다룬 장은 아예 "색시들의 풍경"이란 제목이 달렸다. 『봄』에서
의 추석은 유춘화의 후처가 되어 아들을 낳은 남술의 처가 비로소 안주
인으로서 활약을 펼치는 무대로 제시되기도 하며, 석림이 죽은 어머니
를 사무치게 그리워하는 계기이기도 하다. 잔칫날 한 곳에 모여 음식을
만들고 출산의 경험을 이야기하는 여성들에 대한 묘사는, 여성이 소외
되지 않은 자연이나 유기체적 공동체와의 친화성을 갖는다는 인식을
보여준다.[11)

---

11) 리타 펠스키에 따르면, 여성을 자연적 감성적 존재로 부각시키게 된 데에는 19세기
　　산업화에 따른 시간의식의 변화가 놓여 있다. 산업화에 따른 가속적인 사회변화는 연
　　속성과 전통에 대한 향수를 증가시켰으며, 여성은 보다 자연적인 과거를 상징하게 되
　　면서 산업화로 인해 상실한, 그 이전의 유기적인 사회의 순환적인 리듬과 동일시되었
　　던 것이다. 리타 펠스키, 김영찬·심진경 역, 『근대성과 페미니즘』, 거름, 1998, 74면.

한편, 인간사의 자연사적 계기는 탄생과 성장·죽음이다. 그것은 재생산의 과정이기에, 거기에는 결혼과 가족의 형성이 개입된다. 물론 결혼과 가족은 루카치가 말한 바의 제2의 자연이라 할 수 있는 관습화된 제도의 성격을 더불어 갖지만, 그것은 그 밖의 사회적 제도와 비교한다면 자연의 계기를 더 많이 포함하고 있는 것처럼 보인다. 세 작품 모두 혼례식의 풍습이 장황하고도 화사하게 묘사되고 있다. 누가 누구와 짝을 맺느냐는 주인공 소년들에게 성장을 위한 '의식' 성숙의 중요한 계기로도 설정되고 있지만, 온 동네 사람들이 모여들어 집단적인 축제의 흥겨움을 보여주는 혼례식 장면은 삶에 대한 공통적인 욕망이 무엇인지 보여주기에 충분하다. 기본적으로 그 욕망이란 재생산을 통한 삶의 자연적 연속성이다. "결혼과 가정은 삶의 자연적 연속성을 유지하기 위한 수단으로서 나타나고 있다."12)

이 소설들의 배경이 된 농촌마을에서 가장 풍요로운 집안의 혼례식의 광경은 식욕·성욕과 같은 생물학적 욕망을 드러내준다. 『탑』에서 가을날 '돌메'로 치러진 상무의 혼례잔치의 풍성함은 다음과 같이 진술된다. "이만하면 이 지방 잔치로는 잘 차린 편이다. 보통 큰 소 한두 마리 잡으면 괜찮은 잔치인데 세 마리나 죽였으니 그것으로도 알 수 있는 것이었고 술은 얼마든지 무작정 하고 드는 대로 쓰기로 술 고는 집으로 미리 당부해 두었다."(『탑』, 91~92면) 첫날밤에 대한 호기심과 신부의 혼수에 대한 동네 아낙네에 대한 논평까지 포함해서, 혼례식은 일시적이고 관음증적인 상태로나마 거기 모인 사람들의 생물학적 욕망을 수렴·용해시키는 장으로 기능한다.

이러한 경향은 비단 혼례식에 국한되는 것은 아니다. 이들 소설에서 예외적인 경우—『탑』의 게섬의 욕망—가 아니라면 욕망은 문화(제도)와 자연과의 조화를 깰 정도로 과도하거나 결핍된 것으로 나타나지 않

---

12) 게오르그 루카치, 반성완 역, 『소설의 이론』, 심설당, 1985, 199면.

는다. 예컨대, 『대하』의 쌍네는 형걸과의 마지막 만남에서 '어딘가 자기는 이 사나이를 남편으로 섬긴다든가 그럴 수는 없는 사람같이 느껴지는 것이다. 그와 나는 피가 서로 다른 사람일런가'라는 결론에 이른다. 신분의 장벽은 단지 외적 장애물의 형태로서만이 아니라, 정서적 감정적 구조에까지 침전되어 있다. 한편, 쌍네가 운명의 배필이라 믿었던 형걸을 마지막으로 찾아갔을 때, 형걸은 쌍네에 대한 격정과 열정을 일시적이고 한시적인 것에 지나지 않기에, 즉 제 각각에게 놓인 삶이라는 강물을 되 돌이킬 수는 없는 것으로 생각한다.(『대하』, 384면 참조) 형걸과 쌍네의 관계에서 신분의식은 주인집 도령보다는 하녀에게 더욱 강박적으로 다가올 수밖에 없는 것도 사실이나, 형걸이 쌍네와 자신의 관계와 운명을 자기 결대로 흐를 수밖에 없는 강물로 비유한 것은 그만큼 신분질서와 관습적인 규범 자체가 더욱 깊숙이 자연화된 심리 상태로 자리 잡고 있다는 것을 반증한다. 또한, 박성권은 부용과 형걸과의 관계를 알자, 부용에 대한 자신의 욕망이 천륜을 깨는 일임을 알고 포기한다. 『봄』에 간헐적으로 나오는 남색(男色) 풍습조차도 성례 전 청년들의 한때의 일탈로 치부될 뿐, 성적 정체성의 문제로까지 심화되진 않는다.[13] 『탑』에서 하녀 게섬의 욕망은 광기에 이를 정도로 과도했지만, 그 과도함은 신분과 제도 차원의 어떤 균열도 일으키지 못하고 죽음, 즉 자연사의 과정으로 수렴되고 만다.

이처럼, 루카치가 톨스토이의 세계를 두고 규정한 바의 내용, 즉 정열로서의 사랑, 너무나 고립되어 있고 너무나 문화적인 그런 사랑[14]은

---

13) 한국의 경우는 미처 살펴보지 못했지만, 중국의 경우 초기 민국시기까지도 남색 풍습은 성 정체성의 문제가 아니라 이성애로 가기 위해 청년들이 거칠 수도 있는 과도기적 단계로 인식되었다. 따라서 남색에 대한 비난은 그것이 혼외정사의 한 형태, 즉 출산과 재생산을 목표로 한 성이 아니라는 데에 머무는 경우가 대부분이었다. 이에 대해서는, Frank Dikötter, *Sex, Culture, and Modernity in China : Medical Science and the Construction of Sexual Identities in the Early Republican Period*, Hawaii University Press, 1995, 137~145면 참조.
14) 게오르그 루카치, 앞의 책, 198~199면 참조.

가족사연대기 소설에서 용인되지 않는다. 즉 삶의 자연적 연속성을 보장해주지 못하는 사랑이나 나아가 자연화된 관습적 세계를 뛰어넘는 욕망은 허용되지 않는다. 욕망의 '허용'은 무반성적이고 위계적인(정태적인) 관계를 뛰어넘지 않는 한에서만 이루어졌던 것이다.

이제 이 소설들의 가부장의 역할과 성격을 재고해볼 필요가 있다. 예컨대, 김남천은 『대하』의 박성권을 통해 당대 신흥부호의 역사적 성격—부르주아지이면서 자본외적 관계에서는 봉건 질서의 옹호자—을 보여주고자 했지만 가부장의 측면만을 보여주는 데 그쳤다.[15) 그런데 위에서 서술한 삶의 자연적 연속성의 세계가 의도적이든 그렇지 않든 가족사연대기소설을 주도하는 계기 중 하나라면, 그것은 그러한 가부장의 성격과는 잘 조응된다. 박성권은 자신의 아버지를 증오했던 인물이다. 그 이유는 바로 방탕과 게으름 때문에 가족들의 삶과 세대의 연속성을 보장해주지 못했기 때문이다. 박성권의 역능과 자부심은 여기에 있었다. 여기서 우리는 강물의 비유를 또 다시 만나게 된다.

> 그건 어쨌건 박참봉 성권네 가운은 활짝 뻗칠 대로 올라 뻗친 셈이다. 그가 만족할 뿐 아니라 온 가족이, 그리고 표면으로 보기는 종이나, 절게나, 막서리나, 작인이나, 모두 만족해하는 것 같았다. 그는 때때로 뒤꼍에 나가 십이봉(十二峰) 밑으로 유유히 흘러 대동강을 이루는 비류강(沸流江)의 강물을 만족하니 바라보았다. 이십 년 가까운 동안 저 강물은 나와 함께 노력과 공포와 기쁨을 일시에 휩쓸어 삼키면서, 몇천 년 한날처럼 대동강으로, 황해 바다로 흘러가는, 그의 걸음을 멈춘 적이 없었다. (『대하』, 20면)

『봄』과 『탑』에서의 가부장은 종국에는 시대의 흐름을 읽지 못하는 무능력한 인물이지만, 다른 한편으로는 식솔들과 마을 전체의 유능한 통솔자로서의 가부장의 성격이 강조되고 두드러지게 부각된다는 것을

---

15) 박헌호, 앞의 책, 253면 참조.

부인할 수 없다. 이들의 신분적 지위는 양반이거나 진사·선달·참봉 등의 양반의 표상을 점하고 있다. 가족사연대기소설이 '양반'의 사회적 존재방식과 생활양식 등에 근거해야 하는 이유는 우선 양반이란 연대 기적 계보를 성문화된 형태로 갖고 있는 신분이라는 데서 찾아야 할 것 같다. 이 소설들에서 '연대기'의 형식의 의도는 이들 가부장의 차원에서 보자면, 수많은 변화와 풍파에도 불구하고 삶의 연속성이라는 가치를 드러내는 데 있다. 그것이 보존되고 있는 한에서는 과거, 현재, 미래라 는 선적 시간은 모두 동질적이다. 미야지마 히로시에 따르면, 족보 편찬 의 이유는 일족의 역사 그 자체를 말하는 데 있는 것이 아니라 일족의 현재 상황을 말하는 것, 즉 족보 편찬 당시 살아 있던 사람이 얼마나 높 은 사회적 지위에 있는가를 보여주는 데 있다.16) 이 소설들의 처음이 대부분 가계의 계보를 개괄하면서 현재의 만족스러운 상태를 제시하는 데 할애되고 있는 이유는 마치 이러한 족보 편찬의 목적과도 흡사하다.

　이러한 현세적 욕구는 삶의 연속성이라는 가치를 단지 전근대적인 것에 머무르지 않도록 한다. 학교제도와 근대적 훈육의 총체적 스펙타 클인 운동회에 부회장 자격으로 앉아 관람하는 『대하』의 박성권, 학교 건립과 확장에 앞장선 『봄』의 유선달, 자기 집 뒤에 있는 빈터를 학교 운동장으로 내어준 『탑』의 박진사, 이들은 자신의 가부장의 역능을 보 여주는 일이라면 그것이 전근대적인 것이든 근대적인 것이든 상관하지 않는다. 가족사연대기소설에 나오는 개화기의 질료들이 여타의 풍속과 갈등 없이 평면적으로 나열, 병존될 수 있는 이유는 여기에 있다.

　물론 다양한 계급·계층 그리고 남녀, 다른 세대가 공존하고 있는 개 별 농촌에 시각을 제한하여 그 속에서 개별 일상과 풍속에 초점을 맞추 는 것은 근대적 역사의식에서 비롯된 거대 서사를 거부하거나, 그 중심 을 해체하는 한 가지 방식일 수도 있었을 것이다. 근대적 역사 서술에

---

16) 미야지마 히로시, 노영구 역, 『양반』, 강, 1996, 251면.

드러난 지배적인 시각은 "언제나 근대화, 산업화, 도시화 및 관료제적 행정국가, 국민국가 등으로 특징지어지는 '거대한 변환'의 관점에서 역사적 현상을—역사적 사건들의 '주변' 혹은 '중심'에 위치지으려 한다."17) 여기에 비해, 모자이크나 콜라주와 같은 형식은 개별 계층들의, 또는 사회적 혼재 상태의 접합점을 생생하게 만들어 줄 수 있다. 이는 거대한 전환점이 아니라 개별 상황, 상황의 양의성 및 다의성에 대해 관심을 보이는 일상사의 연구방식과도 유사하다.18) 그러나 앞에서 보았듯이, 가족사연대기 소설은 가부장적 질서 속으로 계급·성·세대의 갈등을 수렴·무화시키고 있다. 요컨대, 조화로운 공동체의 이미지는 가부장적 질서의 자장 안에서 생성된 것이며 계급 갈등, 성적 갈등, 세대 갈등을 은폐했기 때문에 가능한 것이었다.

한국근대사의 거대한 전환의 계기였던 동학농민혁명과 의병투쟁, 러일전쟁에 대한 접근법 또한 마찬가지다. 『대하』에서 러일전쟁은 박성권의 결정적 치부를 가능케 한 더할 나위 없이 좋은 시절로 서술되고 있으며, 『탑』에서 의병투쟁은 그 와중에 박진사가 어떻게 처신하여 살아남았는가를 보여주는 데 머무르고 있다. 이러한 사건의 설정은 실제의 사회변화의 방향에서 보았을 때는 개별적 우연일 수밖에 없다. 그러나 역사의 사사화(私事化)·역사적 사건들의 탈역사화는 이러한 가부장의 성격창조에 이바지했다.

따라서 『봄』과 『탑』에서 가부장적 권위의 추락은 그들이 시대의 흐름을 잘못 읽었다는 데서가 아니라, 그 결과로 더 이상 삶의 자연적 연속성을 보장해줄 만한 능력을 상실했다는 데서 결정적이게 된다. 허나, 조부와 같은 역능을 보여주지 못하고 결국에는 몰락을 길을 간 이인영(염상섭, 『무화과』)나 1930년대 중·후반 나날의 먹고 마시는 삶조차 조섭

---

17) 한스 메딕, 「"나룻배의 선교사들"?—사회사에 대한 도전인 인류학적 인식방법들」(알프 뒤르케 외저, 이동기 외역), 『일상사란 무엇인가』, 청년사, 2002, 70~71면.
18) 알프 뤼트케, 「일상사란 무엇이며, 누가 이끌어가는가」, 위의 책, 46~50면 참조.

할 능력이 없는 지식계급을 형상화한 카프의 전향소설 등을 보자면, 이미 문학사에서 회고적으로 구성된 것일지라도 나날의 삶의 현장에서 보여줬던 아버지의 역능을 자신이 현상 유지시킨다든가, 그보다 월등한 능력을 보여준다는 것은 이미 불가능하다는 것이 판명되었다. 가족사연대기 소설에서는 바로 역사를 아버지로 삼음으로써 이러한 열패감의 상상적 극복을 기도한다. 여기서, 역사를 아버지로 삼는다는 것은 이러한 나날의 일상과 겨루지 않아도 좋다는 것을 의미하는데, 그럴 경우 현재적 삶의 충족이 아니라 미래가 최종적인 판단의 준거점이 되기 때문이다. 라인하르트 코젤렉에 따르면, 정치체와 관련된 근대적 이념과 혁명, 해방개념은 바로 미래를 판단 기준으로 삼음으로써, 행위자에게 책임을 지우는 동시에 그 책임을 덜어주는 시간적으로 불가역적인 과정을 지향한다. 왜냐하면 미래는 따라잡을 수 없는 것이기 때문이다.[19] 따라서 역사를 아버지로 삼은 이 아들들은 늘 소년이거나 청년일 수밖에 없다. 미래라는 기준은 현재를 언제나 미규정의 상태로 남겨 두며, 그럴 때만이 미래는 지연되기 때문이다.

3. 공간의 시간적 위계질서와 성적·계급적 재현의 질서

가족사연대기 소설에서 아들들이 자신의 행동의 장으로 삼는 역사란 집합적 단수 개념의 역사이다. 이때의 역사란 다양한 객관적인 사건들의 보고를 넘어서서 모든 분야에서 개별적이고도 구체적인 사건들에 통일성을 부여하면서 동시에 추상화된 총체적 성격을 지닌 '의식의 통제

---

19) 라인하르트 코젤렉, 한철 역, 『지나간 미래』, 문학동네, 1998, 382~386면.

장치'로 자리 잡게 되는 것을 뜻한다.[20] 모든 개별적 사건과 경험의 근대의 목적론적인 거대 서사 — 자본주의로의 이행과 민족국가(nation-state)의 형성 — 로의 수렴은 역사의 이러한 개념 변화와 동시적인 과정이었다. 이러한 역사의 개념에서 보았을 때, 가족사연대기소설에서 '연대기'의 또 다른 형식상의 효과는 바로 과거·현재·미래를 역사의 순차적이고도 합목적인 과정으로 드러낸다는 것이다. 아버지와 아들의 세대를 봉건 내지 반(牛)봉건과 근대로 구획 짓고, 그것을 발전 내지 진보의 개념에 근거하여 가치평가를 하는 해석이 여기에 해당한다. 이러한 역사적 시간 의식의 개입은 연대기적으로 동시적으로 일어나는 사건들과 공간들을 시간적 위계에 따라, 즉 공시적인 비교를 통해 통시적으로 정렬시키게 된다.

『탑』과 『대하』는 주인공의 가출로 대단원을 내린다. 『탑』의 상도가 '동경'에 가고자 하는 지향을 포함하여 가출은 더 나은 공간에로의 지향이며, 이때 '더 나은'이란 기준은 시간적으로 위계질서화된 것이다.『봄』의 대단원이 '서울'을 동경했던 석림이가 통학 때문에 읍내로 옮겨오고 여전히 봉제사접빈객(奉祭祀接賓客)의 생활방식을 고수하고 있는 반촌(班村) 가코지의 안참령집(유선달의 매가) 큰사랑에 대한 비난으로 마무리되는 것도 마찬가지 맥락이다. 거기에 모인 사람들은 "암흑한 딴세상에 사는 유령들"에 비유되고, 그 공간 속에서는 "모든 것이 묵고 곰팡 슬고 먼지가 케케로 앉은 굴속의 생활과 같다"(『봄』, 547면)고 진술된다.

이렇듯, 가부장적 역능의 장에서는 나란히 병존하고 있었던 공간들은 주인공의 성장이라는 관점에서 볼 때는 시간적으로 위계화된다. 예컨대, 촌락과는 떨어져 있는 읍내에 있는 근대적인 학교라는 공간에의 소속은 주인공이 그 전 세대인 아버지와 역사적으로 다른 세대임을 나타내주는 결정적인 지표이다. 『봄』에서 읍내 학교의 설립과 확장, 신식

---

20) 최문규,『(탈)현대성과 문학의 이해』, 민음사, 1996, 21면. 집합적 단수 '역사'의 개념사에 대해서는 위의 코젤렉 책 참조

교사의 영입은 석림의 의식적 성장과 동일한 궤도에 놓이며, 그 과정에서 서당과 근대적 학교의 서열이 정해진다. 이러한 양상은 『대하』에서 문우성 교사의 부임에 의한 동명학교의 발전, 『탑』에서는 학무시찰의 방문에 의한 학교의 발전을 통해서도 드러난다. 이렇듯, 전통적인 공간(서당·가정)보다는 근대적 공간과 거기에 속한 인물들과의 교류에 더 이끌려 가는 과정이 성장인 것이다.

이러한 공간의 설정은, 양적으로는 서사의 일부분만을 차지할 뿐이지만 소년의 성장에는 중요한 영향력을 미치는 인물의 배치와도 밀접하게 관련되어 있다. 예컨대, 『봄』에서 석림이에게 큰 영향을 끼친 선생은 우편소 소장으로 일어교사를 겸한 일본인 중산과 서울에서 배재학당을 졸업한 신선생이었다. 『대하』에서 동명학교 교사로 온 문우성은 "대성학교 물도 먹었고, 지난봄에 일신학교도 졸업했고, 그래서 신학문이나 개화사상엔 발이 활짝 넓은데다가, 또 하나 엎쳐서 예수를 믿는 덕에 양인들과도 교제상이 넓어 이즈음은 양서를 이책 저책 뒤적여 보는"(『대하』, 177면) 인물이다. 또한, 『탑』의 우길에게 감화를 준 사람은 읍내에서 만난 '본시 이 지방 사람으로 서울 가서 수산국장으로 있는 사람'인 정국장과 '완고와 야만은 멸망합니다. 씨가 없어집니다'라는 내용의 연설을 했던 '신개화의 사절(使節)' 학무시찰이었다. 말하자면, 그들은 더 문명화된 공간에서 온 사람들이다. 이 도래인들(다소 과장하자면 식민지 침탈)의 역할은 분명하다.

학무시찰은 세계의 대세를 들어 말한 다음 차차 범위를 줄여서 조선의 현상으로 돌아와 일단 목소리를 높였다.
그 격월한 말 가운데 조선이라는 어둡고 유치한 땅이 들볶여서 대단히 가엾은 존재로 여러 사람의 눈앞에 나타나고 또 동시에 그의 말대로 신학문을 배우고 개화와 문명을 얼른 맞아들이기만 하면 이 땅도 세계를 뒤흔들 엄청난 존재일 것같이 보여지는 것이다. (『탑』, 229~230면)

『탑』에서 S항에 배를 타고 내려 철도를 타고 온 학무시찰은 우길이네 마을이 "다른 동리보다 그만치 완고와 야만의 풍이 덜 가신 것이다"라는 가치판단을 가능케 했던 인물이다. 완고와 야만이 개화나 문명의 대립항이자 시간적 위계로는 선/후라는 두말할 필요도 없다. 그의 출현은 마을 간의 시간적 위계에 따른 분류를 하게 함과 동시에, 조선과 세계와의 관계, 조선의 과제를 설정하는 데로까지 나아간다. 그의 연설의 요지는 '세계' 속에서 조선의 퇴행적 위치를 규정하고, 따라서 현재의 사명은 개화와 문명을 따라잡고, 추월해야 한다는 것이다. 가족사연대기 소설에서, 역사적 목적론의 시간이 지향하는 세계는 궁극적으로 어떤 세계로 귀결되겠는가는 좀 더 숙고한 후에 논해야 하겠지만, 이렇게 도래인들에 의해 규정되고 강화된 공간적 성격이 아시아에 대한 일본의 심상지리와 맞닿아 있음을 지적하고 싶다. '완고하고 고루함[頑冥固陋]', '의심많음[狐疑]', '구태의연[舊套]', '겁 많고 게으름[怯懦]', '잔혹하고 염치없음[殘刻不廉恥]', '거만[傲然]', '비굴', '참혹', '잔인' 등은 후쿠자와 유기치를 비롯하여 초기의 식민정책론자들이 서구의 오리엔탈리즘에 입각해 일본 이외의 아시아 제국과 제민족, 특히 중국과 조선을 규정할 때 반복적으로 사용된 표상이다.[21]

이러한 표상은 공간뿐만 아니라 세대와 인물에게도 적용된다. 학무시찰의 방문을 계기로 우길은 아버지를 완고하고, 고집불통의, '문명이니 개화니 하는 일에 대해서 냉담'한 인사로 바라보게 된다. 아버지는 또한 '양반이니 벼슬아치니 하는 따위의 고집쟁이', '오백 년 자던 잠을 깨지 못하고 지내 자다가 죽을 것들―'에 포함된다. 이러한 인식이 앞선 과거와의 단절, 특히 표상화된 아버지 세대의 형상과의 단절을 기도한다. 가족사연대기소설에서 주인공의 공통된 성격은 명랑과 생기, 쾌활과 대담이 그것이다. 이들 작품에서 소년 주인공들은 모두 그들의 형

---

21) 이에 대해서는 강상중, 임성모 역, 『오리엔탈리즘을 넘어서』, 이산, 1997, 78~109면 참조.

제들보다 활동적이다. 이러한 성격창조 방식은 이들이 왜 아버지의 세대를 극복할 수 있는 새로운 세대인가에 근거를 제시하기에는 다분히 주관적이다. 그러나 이러한 성격이 비단 이들에만 국한되는 것이 아니라, 그들이 속한 학도들의 집단적 표상과 동일한 것이다. '양달령으로 양복을 지어 입고 목총(木銃)을 메고 군악을 울리며 기고당당(旗鼓堂堂)히' 나아가는 학도들의 행진, 기마전이 펼쳐지는 운동회의 광경은 에피소드적인 삽화라 할지라도, 새로운 세대의 성격과 결부되어 있음을 상기해야겠다. 이 대목에서, 그들의 아버지들 또한 어느 정도까지는 활달하고 대담한 성격을 지닌 인물이라는 점과 비교가 가능해진다. 이들 모두 양반으로서의 표상을 갖고 있지만, 문약함과는 거리가 있는 인물들이다. 하지만 이들의 활달하고 대담함은 풍류가적 삶으로 귀착하거나 가부장의 역능을 보여주는 데 머물고 만다. 반면에 청년학도의 표상과 결부된 주인공들의 성격은 그러한 제한된 영역을 뛰어넘어 국가, 나아가 세계 등 더 큰 세계를 대상으로 한 가치를 지향한다. 그 세계가 서울이든, 동경이든 그것은 아버지의 세계와 공존하고 있으면서도 시간적 단계에 있어서는 발전한 세계임은 이미 밝힌 바이다.

단선적인 시간의 개입에 의한 공간의 위계화는 이렇듯 '누구'를 어떻게 '재현'하느냐의 문제를 불가피하게 제기한다. 우선 이들 소설이 굉장한 아우라를 부여하면서 그려놓은 가부장적 세계는 비역사적이고 탈역사적인 세계였다. 그 세계는 계급은 존재하지만 그것에 균열을 줄 만한 갈등과 대립은 존재하지 않으며, 일상은 묘사되지만 닫힌 세계에 머물 뿐이었다. 그런데, 역사적 목적론의 개입이 이러한 정태성을 극복할 수 있는 것은 아니었다. 왜냐하면, 사건들을 성찰하는 모든 사람들의 의식 내에 자리 잡은 일종의 범주로서의 단수 개념의 '역사'는 실제의 개별적이고도 제한된 사건들의 경험 표출과 점점 멀어지며, 단일적인 언어 사용으로 인해 추상화의 길을 걷게 되기 때문이다.22) 이는 가족사연대기소설의 서사가 역사적 차원에서는 '문명과 개화', 개인적 차원에서는

'성장'에 근접해갈수록, 그 밖의 인물들과 사건들은 더욱 타자화·주변화되어 가는 현상으로 나타난다.

『대하』에서 정보부·쌍네·부용 등의 여성인물은 형걸의 의식성장에 있어 통과제의에 필요한 희생양의 위치에만 머물게 된다. 이들 여성들은 형걸과 관계 맺는 한에서만 서사 생성 능력이 주어진다. 형걸이 떠난 후 그녀들이 어떻게 되었나를 묻는 일은 가뭇없는 일이 되어버린다. 무엇보다, 여성편력 방식의 통과제의 과정은 성적 욕망이나 감정상의 충족을 벗어나 이성과 문명의 세계로 접근해가는 과정이었다. 내적으로는 금욕적 주체이자 외적으로는 계몽적 주체의 확립은 과거가 아니라 앞으로 나아갈 미래를 선택하며 그리고 현재의 시간 속에서 존재하는 근대의 제도적 공간을 새로운 가능성으로 받아들인다.[23]

다른 작품보다 여성 친화적이고 여성에게 우호적인 인물로 평가되는 『탑』의 우길의 계몽적 주체로의 확립은 게섬으로 대표되는 억압받는 민중, 누이로 대표되는 반봉건적 가부장제의 폭력에 희생될 위기에 처한 여성의 '대표자(representer)'의 역할을 자임함으로써 이루어진다. 게섬이 봉건제도의 희생자, 피억압 민중으로서 재표상되어 사회적·상징적 위계질서로의 편입되는 것은 우길에 의해서였다. 정략결혼의 희생양 될 처지에 놓인 이순의 구원 또한 우길에 의해서였다. 이순과 동반가출한 우길의 행위는 "커다란 인간악(人間惡) 앞에 떨고 있는 한개의 약자"의 대리자로서의 행위였다. 말하자면, 공부를 해서 근대적 세계로의 진입하고자 하는 여성의 열망 또한 남성의 매개를 통해서 실현될 수 있다는 듯이 설정되었다.

그간의 논의는 게섬이 봉건제도의 희생양으로서, 게섬의 비극적인 운명은 우길의 반(反)봉건적 의식 성장에 중요한 계기가 되었다는 점에 초점을 두었다. 이러한 분석은 서사의 귀결로 보아서, 그리고 바로 '성

---

22) 최문규, 앞의 책, 21면.
23) 김종욱, 앞의 책, 33면 참조.

장'이란 관점에서 보았을 때 타당한 것이지만, 그것 자체가 섹슈얼리티
의 문제를 봉합했기 때문에 가능한 것이다.

> "정말 자기는 자나."
> 그러며 게섬이는 다시 손가락으로 하복을 살짝 찔러 보았다. 그리고 담으로
> 고추 끝을 찰싹 건드려 보았다. (…중략…) 게섬이는 제 뺨을 잠자는 우길의
> 뺨에 가져다 살며시 대었다. 참좋다. 무엇인지 모르게 좋다. (『탑』, 69~71면)

『탑』의 "봄과 함께"라는 장을 모두 할애하며 제시된, 게섬과 우길이
함께 벌이는 말타기 놀이와 '우리(어린애 잠재우는 기구)'놀이는 하녀가 나
이 어린 주인집 아이를 돌보며 데리고 놀아주는 차원을 훨씬 뛰어넘는
섹슈얼한 것이었다. 이 놀이에서 우길의 태도는 성적 쾌락과는 무관하
다는 듯이 나타난다. 자신의 감각적 쾌락을 이끌어내기보다는 영문도
모른 채 게섬의 반복적 반응에 재밌어 할 뿐이다. 즉 이 놀이장면에서
게섬의 성적 욕망은 극대화·표면화되고 있는 데 반해, 우길의 욕망은
탈성화된(desexualized) 것으로 그려진다. 애초에 서술자는 우길은 지적 능
력에, 게섬이는 육체적 자질에 입각해 성격화시켰다. 이는 남성성/여성
성의 표상방식이기도 하며, 이성/본능, 문명/자연이라는 대립쌍으로
확장될 수 있다. 이러한 도식이야말로 가족사연대기 소설의 하층민에
대한 일관된 재현방식이기도 했다.

『봄』에서 남색 풍속은 서당의 학동들 사이에서 드러나는데, 영준과
월성의 관계가 그것이다. 월성이는 술장사 집에서 자라서, 술 따르는 솜
씨가 제법에다 웬만한 남성이라면 유혹했으면 싶은 여성적인 특성이
많은 미소년으로 그려진다. 유선달의 매부인 안참령의 아들 영준과의
관계에서 월성은 여성의 역할을 하는 것으로 나타난다. 그 이후에 영준
의 모습은 남색 풍속이 나오는 부분에서 자취를 감추지만 월성은 금점
꾼과 짝패를 이루어 지내는 것으로 다시 등장한다. 금전꾼들의 칼부림

의 원인이 되는 남색 행위에서, 월성은 그 대가로 "전보다도 호사를 더하고 히로를 사피우는" 물질적 향유를 누린다. 마찬가지로 김운선과 짝패를 이룬 오도령(인호) 또한 생김생김이나 김운선과의 관계에서 여성적 성격이 두드러지며, 그 또한 경제적으로 김운선에게 종속되어 있다. 즉 남색은 남성들 간의 관계라기보다는 '여성'화된 남성과 '남성'과의 관계로서, 경제적 능력에 바탕을 둔 성에 대한 배타적 소유관계의 성격을 띤다. 그런데 유춘화가 일찍이 미동을 가까이 하는 남색취미를 버렸으며, 석림은 월성과 영준의 관계에 심한 불쾌감을 느끼고, 월성을 이상하게 여기기보다는 자신의 고종 사촌형(양반)이 그런 짓을 한다는 데 대해서 수치심을 느낀다. 이러한 태도는 정상적 '남성성'이란 무엇인지를 드러내고 있으며, 거기에는 내면화된 신분의식이 깔려있다. 같은 맥락에서 금전꾼의 남색풍속은 더욱 격화된 형태로 제시된다. 육체적 특징과 욕망에 기초한 인물의 형상화 방식은 이들에 국한된 것이 아니라, 이들 주인공의 집안과 각별한 관계 있는 종들이나 마을 사람들에게도 적용된다. 가령, 『탑』의 게섬의 외삼촌인 을남, 『봄』의 남술, 『대하』의 두칠이들은 힘이 장사이며, 자신의 본능적인 욕망에 충실한 자들이기도 하다. 을남은 "외입과 노름이 난당"이며, 두칠과 남술은 처의 부정을 알면서도 처에 대한 자신의 욕망을 포기할 수 없기 때문에 부정한 처를 내치지 않는다.

여기서 『대하』·『봄』·『탑』의 가부장들과 거기에 반역한 아들들이 그리 큰 거리에 있는 것이 아니라는 것을 알 수 있다. 이들 작품에서 아버지와 그들의 종들, 나아가 마을 사람들과의 관계는 여타의 갈등이 은폐되어 인간적인 관계를 유지하는 듯 보이지만, 그것은 바로 가부장에 대한 복종과 순종의 형태였다. 『탑』에서 박진사가 종의 문서를 불질러 버렸음에도 불구하고, 을남은 거기에 반대 "종은 어디까지든지 종이요, 상전은 어디까지든지 상전이라는 생각"을 버리지 않는다. 『대하』의 두칠도 박성권에 대한 충성심이 강한 인물로 등장한다. 『봄』에서 남술은 자기 처와 유선달의 관계가 심상치 않다는 것을 눈치 챘으면서도 유선달 집 물방아를 끌다가 낙상하여 죽음에 이르게 된다. 이들은 이렇게 우직하고 순박한 심성의 인물로 그려지지만, 바로 그 우직함과 순박함은 순종과 복종의 자연화된 심리적 기질로 나타난다. 육체적 힘이나 욕망의 차원에서 이들의 남성성은 부각되지만, 그들은 그것을 스스로 관장할 만한 자율성과 독립성을 갖춘 인물은 아닌 것이다. 여기에 대비되는 것이 바로 활달함과 능동성을 모두 갖춘 가부장의 형상이며 이들의 기질을 그대로 물려받은 주인공 소년들이다.

정리하자면, 이러한 여성과 하층민의 형상화 방식은 한편으로는 자연적 연속성의 시간이 관장하는 가부장적 질서를 이상화하는 데 기여했다면, 다른 한편으로는 역사적 목적론의 기획에서 누가 계몽의 주체일 수 있는가를 논증해주기도 했다. 역으로, 이러한 재현의 질서는 가족사연대기 소설의 내러티브가 (엘리트) 남성 지배적으로 전개되었다는 것을 증언하기도 한다. 그 과정 속에서 여성과 하층민은 이중의 타자로 구성되었다. 차이가 있다면, 전자의 세계에서 그들은 단편적으로나마 서사 생성의 기회를 부여받았던 반면, 후자의 세계에서는 아예 사라질 운명에 처했다는 것이다.

4. 지나간 역사의 자연화와 동양적 근대 기획

이러한 타자의 재현방식은 가족사연대기 소설의 두 가지 시간성의 상동성을 보여준다. 자연적 연속성의 시간과 역사적 목적론의 단선적인 시간은 서사전개에 있어 또 다른 방식으로 서로를 규정하거나 구속하고 있다. 주인공 소년들의 근대적 가치에 대한 지향은 학교와 같은 제도, 그리고 학무시찰, 우편소장, 교사와 같은 제도 속의 기능적 인물이 매개하고 있으며, 공간의 시간적 위계질서화에 따라 드러난 심상지리는 단지 (서구적) 근대의 그것이라기보다는 제국주의 일본의 심상지리였다. 아버지 세계로부터의 이탈이 반(反)봉건적 지향으로 드러나며, 이는 일견 보편적 역사의 흐름에 조응하는 것 같지만, 실상 제국주의의 심상지리의 내부적 투사에 다름 아니었다. 여기서 이들이 "학교에서 유포되는 근대적 합리성만을 보편적 가치로 받아들이고 있을 뿐, 이 이면에 놓인 것이 자본주의적 근대이자 그 한 국면으로서의 제국주의임을 인식하지 못한다"24)는 평가는 온당하다. 그러나 이들의 맹목적인 근대 지향이 서사상의 일관성을 깨는 것이라고는 할 수 없다. 왜냐하면, 가부장의 권능을 증명해주었던 한 방식이었던 역사의 사사화가 제국주의의 침략을 자연화시켰기 때문에, 자본주의와 제국주의의 문제가 사상된 근대 지향이 가능했던 것이다. 마르크스에 따르면, "인간은 자신의 역사를 만들어가지만, 그들이 바라는 꼭 그대로 만드는 것은 아니다. 인간은 스스로 선택한 환경 속에서가 아니라 이미 존재하는, 주어진, 물려받은 환경 속에서 역사를 만들어 가는 것이다."25) 이들 소설이 사(史)로서의 형식을 취한다는 점에서 다소 무리하더라도 마르크스의 견해에 의지하자면, 이미 전개된 서사의 이어질 서사에 대한 규정력은 결코 쉽게 해소될 수 없다. 요컨대, 맹목적인 근대 지향은 이미 전개된 서사상 구속의 결과일 수밖에 없었다.

　이제 다음과 같은 물음을 던질 때가 되었다. 자연적 연속성의 시간과 역사적 목적론의 시간은 대립적일 수밖에 없는가? 그중 하나에 배타적인 무게를 두어야만 이들 소설의 윤리적 의도 내지 이데올로기를 이끌어낼 수 있는가? 생각건대, 이것은 전근대성과 근대성이 혼존했던 개화

---

24) 윤영실, 앞의 글, 49면.
25) 칼 마르크스, 임지현·이종훈 역, 「루이보나빠르뜨의 브뤼메르 18일」, 『프랑스혁명사 3부작』, 소나무, 1993, 162면.

기와 이들 소설에 재현된 역사적 과거를 비교한다고 해서 해명되지 않는다. 주지하다시피, 가족사연대기 소설은 현재를 해석하거나 현재의 정체성을 재확립하기 위해 과거를 재구성한 텍스트이다. 따라서 이들 소설은 1930년대 후반에서 초반의 당대에서 야기된 불안과 원망, 소망이 과거의 재구성에 투영된 텍스트로 보아야 한다.

무엇보다 이 소설이 쓰였던 시대는 전시파시즘기(1937~1945)의 한복판이었다. 1937년 7월 중일전쟁의 발발로부터 시작하여 제2차 세계대전에 일본이 추축국으로 참여했던 시기로, 당시 일제 통치 정책의 기본 기조는 개개인을 전체적·구조적으로 통제·장악하려고 했고 또 '천황제 이데올로기'라는 독특한 군국주의·전체주의 이데올로기 외에 모든 사상 체계를 전면 부정했다는 점에서 파시즘의 성격을 띠고 있었으며, 전조선인을 전쟁에 직·간접적으로 참여시키는 전시파쇼적 정책이 실시되었던 때이다.26) 이렇게 1930년대 후반은 전시동원에 의해 물질적 삶의 조건이 극도로 황폐화되었던 때이기도 하고 전쟁의 추이에 따른 시대의 종언이나 전환에 대한 기대와 불안이 혼존했던 시대이기도 하다. 특히 세계사적 전쟁의 경험과 결부되어 근대에 대한 회의와 역사에 대한 종말의식이 지식인들 사이에서 팽배해 있던 때이기도 하다.

가족사연대기 소설에서 표상된 조화로운 공동체, 적어도 생물학적 욕망의 문제가 생존을 위협하지 않는 세계의 이미지는 1930년대 후반 불안과 위기에 대한 상상적 대응이었다. "불안정한 세계, 즉 모더니티의 경험이 불안정성의 경험이자 사회적 전위와 폭력적 죽음의 항구적 가능성으로 되는 세계, 다시 말해 모더니티의 경험이 고통이 되는 세계에 대한 반응 중 하나는 안정성에 대한 갈망이었다. 그리고 이것은 조화로운 세계라는 신비화된 과거 속에서 찾을 수 있다고 여겼다."27) 가족사

---

26) 변은진, 「일제 전시파시즘기 조선민중의 현실인식과 저항」, 고려대 박사논문, 1998, 1~3면 참조
27) 마크 네오클레우스, 정준영 역, 『파시즘』, 이후, 2002, 164면.

연대기 소설은 자본주의의 진입으로 인한 견고한 사회관계의 해체를 증언하면서 그로 인해 훼손된, 그러나 복원해야 하는 전통적 가치를 상기시키는 것처럼 보인다. 가족사연대기 소설의 전통 풍속을 근대성에 대한 성찰로 받아들이는 견해는 여기에 근거한다.

그러나 그것이 결코 자본주의 자체를 겨냥했다고는 볼 수 없다. 예컨대,『봄』에서 사금광에 의한 민심의 혼란상에 대해 강도 높은 비판을 하고, 거기에 대한 마을 공동체의 대응을 보여주고 있지만, 그것은 자본주의 자체라기보다는 바로 돈을 사적인 육체적 쾌락에 모두 소진해버리거나 노름과 같이 돈 그 자체를 맹목적으로 추구하는 금전꾼들의 일탈행위와 무질서에 대한 것이었다. 이것이 앞에서 말한 하층민의 재현 방식과 밀접한 상관이 있음은 물론이다.『탑』에서 우길이가 이순의 정략결혼에 대한 강한 반감을 품는 보다 근본적인 이유는 사돈이 될 은행 두취 송병교가 원래는 '상것'이기 때문이다. 그 집 넷째 아들이 '학교 문 앞에도 못 가본 위인'이기 때문이다. 그리고 우길의 H읍에 대한 부정적 인식은 그야말로 배운 교양도 없고 태생도 상것인 자들이 돈 좀 가졌다고 위세를 떠는 세태에 대한 거부반응이다. 이렇게 이들 소설에서 비판의 초점이 되고 있는 것은 자본주의 자체라기보다는 사회적 규범으로부터의 일탈이나 신분 내지 계급질서의 동요에 대한 반응이다. 한편,『대하』에서 박성권의 치부과정에 드러난 냉정함과 주도면밀함을 보여주면서 드러낸 효과는 그것의 비인간적 속성이라기보다는, 박리균 형제가 대표하듯 대세의 흐름을 읽지 못한 채 과거의 신분의식에 사로잡혀 기생적으로 살아가는 기존 양반계층에 대한 희화화였다. 즉 자본주의 그 자체는 이런 맥락에서도 거부의 대상이 아니다. 이러한 양상 모두가 가부장적 질서의 수호와 맞물린 것이었으며, 주인공 소년들의 근대지향과 동일선상의 금욕성은 이것의 연장선상에 있다.

여기서 나는 가부장적 질서와 근대지향이 '동양적 근대'라는 수식어와 피수식어의 관계로 연역될 수 있다고 생각한다. 직분에 충실한 세계,

그러면서도 세계의 대세를 타락과 일탈로 경험하지 않는 세계, 그런 세계를 구축하고 그 세계의 일원이기 위해서는 정신적 도덕적 자질이 중요하다. '전통' 과 관계 맺는 한 방식인 노스텔지어는 상실의 경험에 위치하며 재생과 회복의 정치학, 그리고 그러한 임무에 적합한 정치적 주체(agency)를 요구한다.28) 이 기획의 궁극적인 주체 그리고 결코 심문 당하지 않는 주체는 국가였음을 상기해야 할 것이다. 이러한 전망이 나치즘에서는 산업적 근대주의 양식(style)들과 전근대적인 동기(motif)를 혼합했던 방법으로 드러났다29)는 지적은 천황제를 기축으로 한 일본 파시즘의 전략에도 적용될 수 있을 것이다. "1930년대 공식적 이데올로기적 정식은 근대 추구에서 '근대의 초극'으로 대체되었다. 그러나 천황제 이데올로기를 강화하려는 운동이 자유주의적인 서구적 가치에 대립적인 전통적 일본의 가치를 강조했지만, 그것은 일본사회가 수행해왔던 근대화 과정의 결과였으며 그러한 과정의 결과들에 부합한 전략이었다. 일본 본토에서 전개된 천황제 이데올로기와 사상통제 방법의 식민지에서의 적용 또한 식민지 사회가 겪어온 사회경제적 변화라는 배경에서 이해되어야만 한다. 의사(擬似) 반근대 이데올로기 운동은 갈수록 통치적으로 되어갔던(governmentalized), 지배 권력과 전략이 근대화된 국가에 의해 전유되고 적용된 규율기술을 통해서 이루어졌다."30)

가족사연대기 소설을 통해서 제한적인 시대상황에서나마 시도하려했던 리얼리스트들의 "역사적 목적론"은 실상 마르크스주의의 그것이 아니었으며 오히려 파시즘 이데올로기의 비전에 가까운 것이었다. 또한 과거 공동체적 이미지 내지 온정주의적인 가부장적 세계의 구축은 맹목적 근대지향에 대한 거리 두기나 유토피아적 비전과 무관한 것이었

---

28) Dipesh Chakrabarty, "Afterword : Revisiting the Tradition / Modernity Binary", *Mirror of Modernity*, 289면 참조.
29) 마크 네오클레우스, 앞의 책, 157면 참조.
30) Chulwoo Lee, "Modernity, Legality and Power", *Colonial Modernity In Korea*, edited by Gi-Wook Shin and Robinson, Havard Univerity Press, 1999, p.51.

으며, 남성 중심주의적 가부장제는 단지 봉건적 유제도 아니었고 결코 근대와 상생할 수 없는 게 아니었다. 전통과 과거는 근대성 자체의 요구에 의해 불려 들여졌던 것이다. 일본 파시즘의 기획에서 그 주체는 대화대애(大和大愛) 팔굉일우(八紘一宇)의 대이상을 몸소 체현한 천황이자 국가였다. 이를 가부장의 권능을 보여준 이들 작품의 가부장들의 초상 그리고 「등불」(김남천)이나 「이녕」(한설야)에서 '생활세계'로 복귀하여 가부장의 직분 을 다하려는 지식인의 초상과 오버랩시키는 것이 근거 없지 않다면,31) 아버지의 세계를 떠난 그들이 전장으로 떠나든지 가부장의 소임을 다하든지 해서 신민(臣民)으로 돌아올 것이라는 위험한 상상 또한 허용되어야 한다.

5. 재현의 질서와 소설의 형식

1930년대 후반 가족사연대기 소설에는, 또는 그것을 해석하는 위치에는, 여전히 어떤 망설임과 주저함이 남아 있다. 아버지의 세계를 그렇게 풍요롭게 그려놓고서도 궁극적인 차원에서 역사적 목적론의 단선적 시간에 몸을 싣게 되는 이들 소설의 서사전개 방식은 어떤 의미에서는 복고적 퇴행에 대한 작가들의 저항일 수도 있다. 그리고 모든 욕망이 제한적이나마 충족된 삶에 대한 묘사는 역설적으로 총력전의 시대의 고통과 결핍의 정체를 밝혀 주는 것일 수도 있다. 그런데 이러한 해석에의 유혹은 억압과 수탈의 대상으로 규정되는 피식민 민족에 대한 동일

---

31) 동양 담론에 내재된 직분의식과 소명의식의 논리적 연관과 그것의 김남천 문학의 형상화에 대해서는 정종현, 「'동아시아' 담론의 문제와 가능성」, 『상허학보』 9집, 상허학회 편, 2002 참조.

화를 전제로 할 때 필연적인 귀결이다. 여기서 나는 다시 가족사연대기 소설뿐만 아니라 한국 근대소설사에 각인된 재현의 질서를 환기하면서 이 글을 매듭짓고자 한다. 왜냐하면 이러한 동일화는 식민지 내부의 불균등한 권력관계를 은폐할 위험이 있는데, 한국 근대소설사에서 일관되게 드러난 재현의 질서는 이러한 동일화의 불가능성 내지 허구성을 보여주기 때문이다.

1920~30년대 한국소설에서, 여성에 대한 남성의 성적 지배를 승인하는 섹슈얼리티의 분할은 젠더와 계급 내지 계층의 분할에 근거해 있다. 단적으로 남성 엘리트에게 있어서 섹슈얼리티는 도덕적 규범과 이성에 의해 통제될 수 있는, 통제되어야 하는 것임에 반해, 여성과 하층민에게 있어서 섹슈얼리티는 통제불능의 본능으로 그려졌다. 이러한 재현방식은 서사구조상으로도 다르게 나타나는데, 전자의 세계가 성적 욕망을 다른 고상하고 사회적인 이상의 추구로 대체시키는 승화의 구조, 즉 성숙과 발전의 구조로 드러났다면, 후자의 세계에서 성숙과 발전이라는 연속적 진보의 시간성은 해체되었지만 성적 욕망이 사물화·자연화되어 더욱 흉포한 질서로 구현되었다.32) 흥미롭게도, 전자는 거의가 장편을 통해서—예컨대, 이광수와 이태준으로 대표되는 계몽주의 소설, 후자는 단편을 통해서—대표적으로는 1930년대 중후반 이효석·김동리 등으로 대표되는 토속적 인간형을 그린 작품들—제시되었다.

박헌호는 단편양식과 '향토성'의 관련성을 면밀하게 분석하면서, 이른바 '향토적 서정소설'은 대개 도덕적으로 사회적으로 열등한 자들을 대상으로 삼고 있으며, 이들을 중심으로 주조된 세계는 근대화에 의해 억압된 욕망과 정서를 환기시킨다고 지적한다.33) 이것을 이렇게 바꿔 말한다 해도 크게 틀리진 않을 것 같다. 즉 욕망을 관리·규율하는 합리적 이성과 도덕적 규범과는 거리가 먼 하층민의 형상은 중간계급 남

---

32) 이혜령, 「한국 근대소설의 섹슈얼리티 연구」, 성균관대 박사논문, 2002 참조.
33) 박헌호, 『한국인의 애독작품—향토적 서정소설의 미학』, 책세상, 2001 참조.

성의 성적 억압의 전도된 반영이다. 나는 여기에, 자신의 욕망의 관계성을 파악할 능력이 없는 무규범적 비이성적인 존재형상은 세계와 개인의 인식론적 총체성을 추구하는 소설(novel)의 내러티브를 감당할 수 없다는 사실을 덧붙이고 싶다. 물론 이태준, 이광수 등의 계몽주의 소설을 비롯한 많은 소설이 경제적·사회적 권력관계를 은폐·사장시킨 채 총체성의 구현을 의식의 드라마로 대체해버렸지만 말이다.

『대하』·『봄』·『탑』 가족사연대기 소설은 바로 이 두 세계를 하나의 형식에 담고 있다는 점에서, 1920~30년대 한국 근대소설사의 축도라고 할 수 있다. 『봄』에서 남술 처의 이야기는 1920년대 하층민 요부형을 그린 「감자」·「뽕」 등의 여성 주인공을 연상시키며, 금전꾼의 타락상은 김유정의 몇몇 작품을 떠올리게 만든다. 『탑』의 성적 욕망 때문에 종으로서의 자기 처지를 자각한 게섬의 원형을 나도향의 「벙어리 삼룡이」에서 찾는 것도 무리는 아니다. 이러한 인물들의 서사는 그 자체로 하나의 독립적인 서사—에피소드—로 기능하면서도 전체 서사로 수렴되는 방식을 취한다. 앞서 살펴보았듯이, 이는 조화로운 가부장의 세계나 역사적 목적론을 부조(浮彫)하는 기능을 했다. 앞에서 열거한 단편들이나, 중간계급인 남성 엘리트를 중심으로 했던 계몽주의 소설에서보다 가족사연대기 소설의 형식은 역설적 결과를 보여준다. 가족사연대기 소설에 나타난 재현의 질서와 구조화 방식은 그간 한국 근대소설사에서 이성과 자율성의 육화로 제시된 근대적 주체가 사실상 계급과 성의 위계질서에 기초한 것임을 투명하게 증언하기 때문이다.

계몽주의 소설에서 민중의 형상은 계몽적 주체가 채워 넣는 대로 변주되는 텅 빈 용기에 지나지 않았음은 굳이 상술할 필요가 없을 것이다. 한편, 앞에서 열거한 단편들의 특징은 남성 엘리트가 등장하지 않는다는 점이다. 남성 엘리트가 등장인물로는 나오지 않으며 마치 캔버스 밖의 소실점의 위치에서 조망한 듯한 서술방식이 마치 자연을 모방한 동물원, 즉 철창을 보이지 않게 만든 동물원의 효과를 낳는다. 시선을 텍스트 외부에 위치시킴으로써 하층민은 탈역사적 탈사회적 존재, 자연보다 더 자연 같은 존재로 붙박아버리는 것이다. 이런 작품에서 그 소실점이 문명의 원근법이란 사실을 망각하기란 쉽다.34)

반면에 가족사연대기 소설은 그 소실점이 무엇이었는지, 그것이 어떻게 형성되었는지를 분명하게 보여준다. 아버지와 가장 많이 닮아 있다는 점에서 세 작품의 소년 주인공들은 남다른 남성성을 전유하고 있으며, 금욕적이라는 점에서 그들은 계몽적 주체였다. 근대적 주체는 이렇듯 자율적 남성이었으며, 재현의 질서를 관장하는 위치에 있었다. 주체성은 사회성과 다른 게 아니며, "주체성과 사회성은 무질서하고, 불결하며, 부적절한 것을 배제한다."35) 바로 그러한 주체성과 사회성의 척도는 이 작품들에서는 개화의 사절들로 등장하는 인물들을 통해서 매개된다. 교사, 수산국장, 학무시찰 등과 같은 그들의 직책이 단적으로 보여주듯이, 근대적 주체는 근대적 (국가)제도를 통해 새로운 사회적 규범과 인식의 범주를 내면화시킨 데서 창출되었다.36) 즉 스스로를 타자로부터 구별하고, 자기 자신을 자율적으로 규제하는 근대적 인간형의 창출 메커니즘을 1930년대 가족사연대기 소설은 증언하고 있는 것이다. 1920년대 초반 동인지문학에서 나타난 근대적 주체는 가족적·공동체적 유대로부터 벗어난, 즉 전근대적 제도로부터 이탈한 존재들이었으며 나아가 일부러 고독과 고립을 자초한 반사회적 존재들로 표상되었다. 1930년대 가족사연대기 소설은 바로 그 반사회성의 가치인 개성과 내면, 자율과 자유 등이 어디로부터 연유한 것인지를 보여주며, 반사회성의 사회성을 보여준다. 그 은폐된 사회성, 따라서 주체성은 타자에 대한 재현질서에 기초하고 있으며, 그것은 내부로 투사된 제국의 심상지리이

---

34) 이 책의 1부에 있는 「동물원의 미학」 참조.
35) 프란세트 팍토, 이민아 역, 『미인』, 까치, 2000, 156면.
36) 김진균·정근식·강이수, 「일제하 보통학교와 규율」, 『근대주체와 식민지 규율권력』
  (김진균·정근식 편저), 문화과학사, 1997, 77면 참조.

기도 했다.

1930년대 가족사연대기 소설은 이러한 타자의 표상체계를 철폐하지 않는 한 제국의 심상지리 또한 거부할 수 없음을 증명한다. 또한 균질적인 전통의 발견을 통해서도 제국의 심상지리를 거부할 수 없음을 보여준다. 균질적인 전통이란 바로 근대적 표상체계에 의존해 있기 때문이다. 억압된 것은 여전히 귀환하지 않았다.

식민주의의 내면화와 내부 식민지

1. 식민지 문명화와 근대적 자아

한국 근대문학에서 추구된 근대적 자아는 예술 또한 문학의 자율성 추구의 과정과 긴밀한 연관을 갖고 있다. 문학의 자율성 범주를 문학의 내면화 충동으로 바라본 강상희에 따르면, "이광수의 계몽주의 문학이 개인과 민족의 연속성에 근거를 둔 근대적 자아의 발견에 힘을 쏟은 것이라면, 계몽주의 문학에 반발한 김동인 염상섭 등의 시도는 개성의 자각을 통해 자율적 개인의 자기동일성을 확보하고자 한 노력이라고 할 수 있다. 자율적 개인이란 근대 자본주의의 산물로서, 사회체계의 부분적 요소라는 지위에서 벗어나 자기의식과 타자의식 속에서 공히 독립적 단자로 존재할 때, 즉 자기동일성의 원천이 오직 자기 자신에게 있을 때 성립한다."[1] 그러나 이러한 근대적 자아의 개념, 즉 "자신의 '자아'와 '진정한 정체성'이 '바깥'에 있는 다른 모든 사람들과 사물들에서 격리되어 '내면'에 가두어져 있는 것"이라는 관념은 서구의 근대에 들어 생겨난 인간관일 뿐이다.[2] 자아나 내면을 사회와 대립적인 것으로 두는 근대적 자아의 개념은 '사회화'의 메커니즘을 간과하기 마련이다.

식민지 사회화의 메커니즘은 무엇이었던가. 그것은 제국주의에 의한 문명화, 즉 식민화였다. 최근 한국의 근대사를 바라보는 '식민지 수탈론'과 '식민지 근대화론'이라는 쟁점적인 두 가지 관점은 같은 오류를 범하고 있다. 두 관점은 제국주의의 식민지배에 의해 타율적으로 강제된 근대화가 민족경제에 끼친 결과가 부정적인가 긍정적인가를 두고 상반된 입장을 취하고 있다. 이렇듯 근대화와 민족주의라는 공통된 인식 기반을 공유한다는 점에서, 윤해동은 두 입장 모두 제국주의가 부과한 인식론을 식민지민이 어떻게 수용하고 있었는가를 해명할 수 없다고 비판한다.[3]

> 식민화의 정치 경제는 중요한 것이다. 그러나 식민주의의 조잡함이나 어리석음은 주로 심리학에 해당하며 식민주의 시대의 정신상태를 설명하기 위해 사용된 여러 변수는 근대 식민주의가 세계에 등장한 이래 점점 정치화하였다는 점에서 정치심리학의 영역에 속한다. (…중략…) 식민주의를 언제나 한 사회에 이방의 국가가 서는 것으로 시작되고 그 이방의 지배자들이 식민지에서 철수하는 것으로 종결된다고 여기지 않고 하나의 공유된 문화라고 파악하였다.[4]

'제국주의가 식민지민에게 부과한 인식론'은 인용문에서 아시스 낸디가 말한 바, '하나의 공유된 문화'로 현상하는 식민주의의 정치심리학에 해당한다. '문명화의 사명'이란 단지 식민지배자의 우월적이고 일방

---

1) 강상희, 『한국 모더니즘 소설론』, 문예출판사, 1999, 33~34면.
2) 노베르트 엘리아스, 박미애 역, 『문명화 과정』 I, 한길사, 1996, 96면.
3) 윤해동, 「식민지 인식의 '회색 지대'―일제하 '공공성'과 규율 권력」, 『당대비평』 13호, 삼인, 2000년 겨울, 137~139면 참조.
4) 아시스 낸디, 이옥순 역, 『친밀한 적』, 신구문화사, 1993, 30면.

적인 자기 역할부여에만 국한되지 않는다. 개항 후 제국주의 침탈경쟁
이 이루어진 시기 이후 한국 민족주의 이데올로그의 사명 또한 바로
'문명화'로 포괄될 수 있기 때문이다. 흔히 3·1운동 이후 일본의 문화
정치로의 전환은 민족적 저항을 분열시키고 개량화시키기 위한 기만적
인 유화 정책[5]으로 평가되고 있지만, 그것 또한 '문명화'라는 근본적이
고 연속적인 틀 속에서 이해해야 한다. 즉 문명화의 사명을 뺀 식민주
의는 결코 존재할 수 없었다. 이 지점에서 식민지 규율권력의 문제가
제기된다.

식민지 권력의 주도 하에 정착한 학교·공장·병원 그리고 각종 근
대적 사회제도는 다만 가시적인 물질적 제도가 아니라 새로운 사회적
규범과 인식의 범주를 내면화시키기 위함이었다. "식민지체제는 기본적
으로 군사적 강점에 의해, 그리고 경제적 착취를 위하여 성립한 민족적
지배의 역사적 체제이다. 그러나 식민지 권력은 지배체제의 유지와 재
생산을 위하여 지적 헤게모니 창출 노력과 함께, 미시적 수준에서의 인
간 정치를 발전시켰다. 그런 의미에서 식민지체제는 '근대의 실험장'으
로, '진리의 강제'가 이루어진 체제이다. 이 과정은 식민지적 지배의 기
본적 전제를 부정하지 않으면서, 스스로를 타자로부터 구별하고, 자기
자신을 자율적으로 규제하는 인간형을 창출하려는 노력으로 특징지워
진다."[6]

이즈음에서 한국의 근대문학은 이러한 문명화 과정에서 예외였는가
또는 1920년대 동인지문학과 함께 본격적으로 추구되었던 근대적 자아
는 과연 식민지 규율권력이 창조하고자 했던 인간형과 무관한 것이었
을까, 하는 물음을 던져보자. 이 둘은 적어도 완전히 대립적이거나 배타

---

5) 망원한국사연구실, 『한국근대민중운동사』, 돌베개, 1989, 276면.
6) 김진균·정근식·강이수, 「일제하 보통학교와 규율」, 『근대주체와 식민지 규율권력』
(김진균·정근식 편저), 문화과학사, 1997, 77면. 이 저서의 필자들은 식민지 권력의 주
도하에 보급 및 정착된 근대적 사회제도들을 통해, 식민지 권력이 새롭게 창출하려고
했던 인간형과 그 인간형에 부여된 규범과 규율의 내면화 방식을 밝히고 있다.

적인 것이라고 할 수 없으며, 겹쳐진 부분이 있다고 보아야 할 것이다. 이는 일제강점기의 문학의 근본적인 조건을 이해하는 데 있어서도 불가피하다. 김우창은 다음과 같이 말한다.

> 식민 지배의 탄압과 착취는 외부적인 면에서는 비교적 쉽게 알아 볼 수 있는 것이지만, 식민지인의 삶의 모든 면에 작용하는 보다 미묘한 영향력으로서는 쉽게 보이지 않을 수 있는 것이다. (…중략…) 문화와 같은 보다 무형적인 분야에서, 식민주의는 지배문화의 점진적인 침투와 피지배문화의 내적인 붕괴와 부패라는 형태를 띤다. 그것은 외부적인 강압보다는 내적인 괴멸을 통하여 작용한다. 극단적인 경우, 피지배인이 스스로 그러한 점을 의식하기도 전에 식민주의는 그의 마음에 깊이 자리잡고, 정복된 문화에 대한 은밀한 경멸과 지배자들의 승리한 문화에 대한 은근한 부러움과 찬양의 심리를 조성해 놓는다.[7]

이렇듯 근대문학에서 근대적 자아란 식민지 지배자에 의해 규정된 식민지민이 자기 요구와 욕망을 표현함으로써 탄생한 것이라고 할 때, "욕구의 표현과 공식화가 늘 변증법적인 일이라는 것, 욕구와 욕망이란 늘 어떤 의미에서는 '타자'로부터 돌려받은 것이라는 것"[8]이다. 이는 테리 이글턴이 민족주의의 아이러니를 말하는 대목에서 이야기한 것이다. 민족주의는 엄밀한 의미에서는 계급해방이나 여성해방 논리처럼, 특수자가 자신들의 억압당한 보편자의 권리와 요구를 실현할 것을 주장하는 것이다. 즉 민족이나 여성 등 특수자의 욕망과 요구는 그 자체 순수한 자신의 정체성에서 구성되는 것이라기보다는, 자신을 억압하는 타자에 의해서 매개된 것인데, 이를 망각하고 주체를 직관적으로 주체 자체로 존재한다고 가정할 때, 자신을 보편자로 격상시킬 때 자신을 억압해온 상황과 인식 자체를 재생산하게 된다. 1920~30년대 한국 근대

---

7) 김우창, 「일제하의 작가의 상황」, 『궁핍한 시대의 시인』, 민음사, 1977, 14면.

8) Terry Eagleton, "Nationalism : Irony and Commitment", Terry Eagleton · Fredric Jameson · Edward W. Said, *Nationalism, Colonialism, Literature*, University of Minnesota Press, 1990, p.29.

소설에 나타난 섹슈얼리티의 양상은 이러한 문제를 논의하는 단서를
제공해준다.

2. 성적 위계질서와 내부 식민지

「마음이 여튼 자여」에서 성적 욕망에 탐닉했던 K를 반성하게끔 한 김
동인에게 「감자」와 같은 작품이 존재하고, 「타락자」에서 물신화된 성을
비판했던 현진건에게 「정조와 약가」와 같은 작품이 존재한다. 「분녀」와
「들」에서 동물적 본성의 성을 그렸던 이효석은 『화분』을 통해서는 처녀
성과 예술을 같은 열반에 두었으며, 「솔거」 3부작에서 금욕적 세계로서
의 예술의 절대 경지를 그렸던 김동리는 야수적 남성성에 대한 찬탄을
내비친 「황토기」의 작가이기도 하다. 이 대칭적 세계가 1920~30년대에
걸쳐 공존했을 뿐만 아니라, 많은 작가들의 문학세계에 공존하고 있다
는 것을 해명해야 할 필요가 있다. 물론 한 작가의 문학세계에 어떤 연
속성의 발전양상으로 체계화할 수 있는 길도 있을 수 있다. 그러나 이
대칭을 가능하게 한 좀 더 근원적인 인식론이 무엇이었는지를 밝혀내야
할 필요가 있다.
　구체적 양상에서는 차이가 있지만, 1920~30년대 한국 근대소설에 나
타난 섹슈얼리티의 양상에는 어떤 일관성이 있다. 그것은 첫째, 여성에
대한 남성의 성적 지배의 승인이며, 둘째, 섹슈얼리티의 분할이 계급 내
지 계층의 분할에 근거하고 있다는 점이다. 이를 차례대로 살펴보겠다.
　1920~30년대 한국 근대소설에서, 서구 지향적이고 개인주의적인 신
여성은 서구적 근대화의 부정성을 드러내는 화신으로 재현되었다. 가장
이상화된 여성상조차도 가부장적 질서와 남성의 도덕적 우월성을 보증

하는 한에서의 정체성, 즉 처녀성과 모성성에 결박되었다. 여성은 남성 우월적인 시선에 의해서만 재현되었고, 오로지 자신의 성적 욕망에 대해 어떻게 처신하느냐에 따라 가정과 사회, 나아가 민족의 유용한 일원이 되느냐 마느냐가 결정되었다. 한국 근대문학사에서 예외적 존재로 평가받는 이상(李箱)을 보아도 사정은 마찬가지이다. 「날개」에서 '박제가 되어버린 천재'란 여왕봉, 미망인, 즉 남성을 부재를 기도하는 여성에 의해 자율성을 박탈당한 자신의 초상이었듯이, 이상의 작품에서 규범적인 성 역할의 전도, 성적 욕망에 대한 도덕적 우월성의 상실이 근대적 자아의 위기를 보여주는 핵심적 징후였다. 하층민 여성들은 그녀가 매춘을 하든 말든 그녀의 욕망이 어떤 것이든 간에 전통적인 가부장적 질서에 속박된 존재였다.

즉 여성에 대한 남성의 성적 지배의 공공연한 또는 은폐된 승인은 한국 근대문학사에서 리얼리즘이냐 모더니즘이냐, 또는 문학의 도구성에 강조를 두느냐 아니면 자율성에 강조를 두느냐를 떠나서 공통된 것이었다. 물론 이러한 양상을 야기한 사정은 복잡한 것이었다. 이광수의 『무정』에서도 영채의 수난이 이민족에 의한 민족의 수난과 억압을 상징적으로 보여주는 기제가 되었고, 채만식의 『탁류』에서는 모성의 보호를 위한 부권의 확립이 천명되고 있듯이, 식민지 지배는 무엇보다도 '아비 부재'라는 말로 민족의 현실을 상징할 수 있는 사정이었다. 이는 집단화된 민족의 현실을 성적인 것으로 재현하는 민족주의 담론의 한 양상을 말해주는 것이기도 하며, 남성의 개인적·사회적 정체성의 위기 상황에 대한 반응이기도 했다. 최정무는 민족주의 담론은 유아화되고 무기력해진 또는 탈남성화된(emasculated) 민족을 재건하는 것을 핵심 임무로 삼는다고 말한다. 즉 민족의 위기와 무기력과 동일시되었음을 의미하며, 따라서 남성적 권위를 위협하는 어떤 세력도 민족투쟁을 방해하는 것으로 의심을 샀다.9) 염상섭의 『사랑과 죄』, 『삼대』, 현진건의 『지새는 안개』, 『적도』, 『무영탑』」 등에서 드러난 민족주의의 비전은 성적 욕망에 대한 금욕적 억압과 승화를 통해 제시된다. 이들 작품에서 '저급한' 성적 욕망으로부터 벗어나 보다 고귀한 목적, 즉 민족적 이상에 자신의 열정을 바치는 인물들이 남성과 여성의 이상적 전형으로 제시된다. 즉 민족주의는 섹슈얼리티를 관리하는 데 도움을 주며, 게다가 변모하는 성적 태도를 기존 규범에 흡수시키고 길들이는 데 있어서 수단들을 제공하기도 했던 것이다.10) 자본주의적 성 상품화와 공적 영역에서의 여성의 대두 등 새로운 현상에 의해 야기된 성적 규범의 혼란을 수습하고 규범을 재정립했던 것은 바로 민족주의였다.

특히 서구적 근대화에 대한 열망과 거부감이 공존하는 식민지의 이중적인 상황은 '우리'와 '타자'를 구분하고, 민족적 정체성을 지키는 보루로서 전통이 등장하는 조건이 되었다.11) 이를 가장 극명히 보여준 것은 신여성을 둘러싼 담론이었다. 신여성을 성적 욕망과 물질적 욕망에 달뜬 이기주의자·향락주의자라고 비난하면서 종국에는 구식여성에게서 배워라, 조선의 현실을 인식하라는 결론을 내리는 담론은 1920~30년대에 줄기차게 제기되었다.12) 예컨대, 염상섭의 『모란꽃 필 때』에서 일본인 화가 추수는 사치와 성적 욕망의 화신인 신여성 문자를 그린 그림의 주제를 아메리카니즘으로, 조선의 소박성과 순결성을 간직한 신성의 초상화의 주제를 오리엔탈리즘으로 요약한다. 이렇듯 신여성 담론은 어떻게 민족주의가 전통을 재발견했는가를 보여주는 대표적인 사례이다. 1930년대 이광수나 이태준의 장편소설에서 신여성과 대조적인 이상화된 여성상이 처녀성과 모성성에 기초하여 구축되었으며, 이는 민족주

---

9) Choungmoo Choi, "Nationalism and Construction of Gender of Korea", *Dangerous Women : Gender and Korean Nationalism*, edited by Elaine H. Kim and Chungmoo Choi, Routledge, 1998, pp.24~25 참조.

10) George L. Mosse, *Nationalism and Sexuality : Middle-Class Morality and Sexual Norms in Modern Europe*, The University of Wisconsin Press, 1985, p.10 참조.

11) 임지현, 「한반도 민족주의와 권력 담론—비교사적 문제제기」, 『당대비평』 10호, 2000년 봄, 삼인, 189면 참조.

12) 전은정, 「일제하 '신여성' 담론에 관한 분석」, 서강대 석사논문, 1999, 25~58면 참조

의가 순결한 여성을 민족의 도덕적 순결성과 가치의 구현체로 이상화
했음을 보여준다. 이러한 여성상은 남성 지식인의 강력한 도덕성에 기
초한 가부장적 질서 내에 국한된 성 역할을 부여받는다는 점에서 부차
적 도구적 존재였다.

　여성의 섹슈얼리티를 처녀성과 모성성으로 국한시키는 사고는 여성
이 남성보다 열등한 존재라는 인식에 기초한다. 이는 문학적 형상화의
주된 대상이 되었던 신여성에 관한 담론은 종국에는 여성이 원래 성적
욕망에 남성보다 민감하고, 그것을 규제할 만한 지각과 이성이 부족하
다는 생물학적 기질론으로 낙착하기도 했다는 사실을 통해서 드러난다.
「흙」이나 『사랑』 같은 작품의 서사가 가장 극명하게 보여주듯이, 개인
적인 성적 욕망에 대한 철저한 금욕과 계몽운동을 동시선상에 둘 수 있
었던 것, 달리 말해 억압적인 성의 이상화된 표상이 곧바로 계몽운동이
될 수 있었던 이유는, 무엇보다 여성의 성적 욕망이 자연적이고 본능적
인 것으로 인식되었기 때문이다. 「감자」와 「뽕」·「물레방아」에서 「황
토기」·「분녀」 등에 이르기까지 하층민 여성의 형상화 또한 여성에 대
한 이러한 인식론에 기초하고 있었다.

　이러한 공통성이 시사하는 바는 중요하다. 왜냐하면, 여성에 대한 남
성의 성적 지배와 식민지에 대한 정치적 지배는 유비 관계에 있기 때문
이다. "식민지 또는 신식민지의 사회·역사적인 현실 속에서 여성 주체
의 위치는 대개 성애화(sexualized)된 것으로 구성되어 왔다. 서구는 자신을
남성적인 문명의 주축으로 규정하기 위해 동양과 비서구를 여성적 혹
은 원시적인 타자로서 구성하였다. 수많은 여성주의 문헌들이 보여주듯
이 식민지 종주국인 '자아'와 식민지 '타자' 사이의 차별적 관계는 빈번
히 성(the gender)에 의해 표현되었다. 이렇게 젠더화된 관계는 이어서 성
적인 은유(sexual metaphor)로 재현된다."13)

---

13) Choungmoo Choi, op. cit., 14면.

이는 서구가 동양을 타자화한 방식인 오리엔탈리즘의 핵심적인 내용에 해당한다. 또한 동양의 서양으로 자임하면서 동양의 문명화 사명을 역설했던 일본 제국주의가 식민지를 바라보는 시선 또한 이와 다르지 않았다. 강상중은 후쿠다 토쿠조오[福田德三], 니토베 이나조오[新渡戶稻造] 등 일본의 식민정책학의 시조인 이들의 담론을 분석하면서, 식민지 지배를 정당화할 때 근저에 깔린 이들의 도식은 '보는 면'='대표하는 면'='보호하는 면'과 '보이는 면'='대표되는 면'='보호받는 면'의 이항 대립 관계이며, 이는 성차별에 사로잡힌 '남성'과 '여성'의 이미지를 떠올리게 한다고 지적하며, 실제로 성차별을 환기시키는 은유의 사용이 많았다고 지적한다.14)

이러한 인식론은 실제로 호적제도의 재정비와 창씨개명 등 식민 정책의 근간을 이루었다. 이 두 가지 식민 정책은 조선의 토착적인 가부장제를 식민지배자의 의도에 맞게 더욱 강화·고착화시키는 방향으로 착수·실시되었다.15) 이렇게 볼 때, 식민지 규율권력이 가장 심층적으로, 또 광범위하게 작용하는 지점은, 바로 식민지배정책의 방식과 의도가 식민지가 종래에 가지고 있는 사회적 의식의 양식과 결합될 수 있는 곳이라고 할 수 있다. 그것은 바로 가부장제였던 것이다.

---

14) 강상중, 이경덕·임성모 역, 『오리엔탈리즘을 넘어서』, 이산, 1997, 89~90면. 이 밖에도 일본의 지정학적 위치가 동양이며 또한 인종적으로 서양의 백인과는 다름에도 불구하고 어떻게 일본이 어떻게 서구 제국주의의 인식론을 내면화하여 자신을 서구적 주체로 내세웠으며, 동시에 자신 이외의 아시아 각 나라와 민족을 타자화하여 제국주의 침략과 식민 지배를 정당화하였는지에 대해서는, Leo Ching의 "Yellow Skin, White Masks : Race, Class, and Identification in Japanese Colonial Discourse", *Trajectories : Inter-Asia Cultural Studies*(Edited by Kuan-Hsing Chen, Routledge, 1998)를, 이러한 심상지리가 일본의 패전 후에도 어떻게 일본과 미국의 공모 하에 유지 존속되었는지에 대해서는, 사카이 나오키의 「염치없는 내셔널리즘—서양과 아시아라는 이항대립의 역사적 역할에 대하여」(임성모 역, 『당대비평』 13호, 2000년 겨울) 참조

15) 일제의 호적제도 재정비 문제에 대해서는, 양현아의 「한국적 정체성의 어두운 기반—가부장제와 식민성」(『창작과비평』 106호, 창작과비평사, 1999년 겨울), 창씨개명에 대해서는, 홍일표의 「일본의 식민지 '동화 정책'에 관한 연구—'창씨개명' 정책을 중심으로」(서울대 석사논문, 1999) 참조

가야트리 스피박에 따르면, "가부장제와 제국주의 사이, 주체—구성과 객체—형성 사이에서 여성의 형상은 사라진다. 자연 그대로의 무(無)로 사라지는 것이 아니라, 전통과 근대화 사이에 사로잡힌 '제3세계 여성'에 대한 탈공간적인 형상화인 폭력적인 왕복운동으로 사라진다."[16] 이는 우리에게도 충분히 설득력 있는 이야기이다. 식민주의적 제국주의(자아)가 식민지(타자)를 구성한 방식과 식민지 지식인 남성(자아)이 여성(타자)을 구성한 방식은 그 메커니즘과 내용의 면에서 유사하다. 이러할 때, 1920~30년대 한국 근대소설에서의 여성은 제국주의의 피식민 억압에 의해, 그리고 식민지 남성에 의해서 이중으로 주변화된 타자였다. 즉 내부의 식민지였던 것이다.

한편 성적 욕망의 성격과 실현양상을 계급·계층별로 다르게 형상화했다는 것도 1920~30년대 소설의 일관된 특성 중에 하나이다. 1920년대 김동인·나도향·현진건 등이 그린 하층민의 요부형 여성은 성적 욕망이 더욱 직접적인 것으로 그려졌으며, 그렇지 않다고 하더라도 도덕적 판단력이 현저히 떨어진 존재로 제시되었다. 1930년대 중·후반 토속적 인간형의 세계에서 또한 이와 비슷한 양상이 나타났다. 또한 하층민 남성 또한 폭력적이거나 비굴한 존재로 재현되었다.

물론 김동인·나도향·현진건·김유정 등의 작품 속 배경이 된 가난은 무시할 수 없다. 1920~30년대 본격화된 근대화는 곧 경제적 수탈과 가난을 의미했기 때문이다. 여타의 소설 곳곳에서도 확인되듯이, 농촌 경제의 피폐화와 해체 등이 가족해체와 여성의 윤락업으로의 진출을 부추겼으리라는 것은 분명하다.[17] 이러한 상황을 감안할 때, 식민지 현실의 폐부에 관한 고발이라는 차원에서 해당 작품들을 읽을 수도 있을

---

16) Gayatri Chakravorty Spivak. *Can the subaltern speak?*, *Postcolonialism : Critical conception IV*, edited by Diana Drydon, Routledge, 2000, p.1468.
17) 자세한 상황에 대해서는, 박종성, 『한국의 매춘—매춘의 정치사회학』, 인간사랑, 1994, 71~78면 참조.

것이고 또 그러한 독법이 어느 정도는 설득력 있다.

하지만 가난이라는 물리적 현실과 거기에서 파생된 인과관계만으로 해당 작품의 서사는 해명되지 않는다. 가난은 오히려 욕망의 원칙을 적나라하게 펼쳐 보일 수 있는 조건에 불과하다. 서사가 궁극적으로 드러내고자 했던 것은 성적 욕망의 극한이며, 도덕률이 적용되지 않는 천진난만한 인간 본능의 세계였다. 이들 작품들에서는 해당 작가의 다른 작품에서는 주도적 인물로 등장했던 지식인 남성이 등장하지 않으며, 화자가 한결같이 초연한 제3자적 시선을 견지하고 있다는 사실에 견주어 본다면, 이 의도는 명백해진다. 즉 근대적 자아의 표상이었던 지식인 남성의 자의식이 철회된 곳에서만 성적 욕망은 적나라한 자기 법칙을 드러냈던 것이다. 어떻게 보자면, 이는 근대적 자아에게 내재한 성적 욕망의 억압을 보상하기 위한 투사였는지도 모른다. 지식인 남성을 상정한다면 그의 의식이 알고 있는 사회적 규범과 그 규범을 내면화한 자의식이 성적 욕망의 자유로운 실현과 전개를 가로막았기 때문이다. 그렇다면 왜 그 투사의 대상이 하층민 또는 하층민 여성이어야 했던가는 자명하다. 그들에게는 애초에 욕망을 규제하고 관리할 만한 도덕과 이성이 빈약하다는 인식이 전제되었다고 할 수밖에 없다. 도덕과 이성의 거세 정도에 비례하여 성적 욕망은 과도한 것으로 그려졌다.

하층민과 하층민 여성의 성적 욕망을 도덕적 규범이 없는 것으로 형상화한 것은 자아와 타자의 관계를 도덕적으로 위계질서화 혹은 계층화하는 논리를 바탕에 둔 문명과 문화라는 개념과 관련 있다는 데 주목하고 싶다. 인식론적으로 식민주의란 문명화의 사명을 앞세운 식민 지배자가 일방적으로 식민지민을 자신보다 열등한 존재로 규정하는 것을 의미한다. 애초에 문명이란 개념에 자아와 타자의 차이를 서열화하는 경향이 내포해 있었다. 노베르트 엘리아스는 문명이란 개념은 근대 서구의 자아의식을 표현하고 있다고 지적하면서, 프랑스에서의 문명 개념과 독일에서의 문화 개념은 시민계급의 운명과 역사를 같이하고 있음을 논증한다. 궁정사회에 보다 쉽게 진출하고 적응할 수 있었던 프랑스의 시민계급은 궁정 상류지배계층의 사회적 예의범절을 자신의 것으로 내화하면서 문명을 여타의 하층계급과 구별된 자신의 우월성을 입증하고 자신의 지배를 정당화하는 개념으로 사용했다. 반면에 상대적으로 상류지배계층으로의 진입이 어려웠던 독일 시민계급의 대변자인 중산층 지식인은 궁정사회의 기만적이고 외면적인 '공손함'에 자신들의 진정한 '미덕'을 대립시키면서 '문화'라는 개념을 발전시킨다. 이러한 문명과 문화의 대립적 성격에도 불구하고, 둘 다 계급적 위계질서가 내포해 있음을 알 수 있다. 한편 각 나라의 혁명—즉 내부의 계급투쟁이 온건해지면서 18세기 말 문명이란 개념은 민족적 확장기도와 식민지 정책을 정당화하는 의미를 획득하게 된다. 엘리아스는 이러한 귀결을 다음과 같이 요약한다. "문명 개념의 정신인 '정중함'이나 '예절'이 궁정귀족 상류층의 지배를 정당화했듯이, 자신의 우월성에 대한 의식, 이 '문명'의식은 그때부터 식민지의 정복자로서 비유럽국가들에게 일종의 상류층이 된 여러 유럽 국가들의 지배를 정당화해주는 구실을 한다."[18]

마이클 로빈슨에 따르면, 3·1운동 이후 문화적 민족주의 이데올로그 역할을 했던 근대 엘리트들은 민족 주체성과 관련하여 한국 근대 시민의 전범으로 자신들의 역할을 강조했다.[19] 바꿔 말하자면, 민족 주체성은 근대 엘리트들의 자기 정의(self-definition)에 기초하고 있었다. 예컨대, 염상섭은 「소설과 민중」이라는 글에서 유산계급과 무산계급은 공히 물질적 동물적 생애의 충족을 생활 목표로 삼는데 반하여, 지식계층은 인생 비판욕과 인생 비판력을 존재의의로 삼는다고 주장한 바 있다.[20] 요컨대, 여타 계급에 대한 지식계층의 우월성은 정신적·도덕적 자질과

---

18) 노베르트 엘리아스, 앞의 책, 168면, 이상의 요약정리는 105~168면 참조.
19) 마이클 로빈슨, 김민환 역, 『일제하 문화적 민족주의』, 나남출판, 1988, 123면 참조.
20) 염상섭, 「소설과 민중」(『동아일보』, 1925.5.27~6.3), 『염상섭 전집』 12, 민음사, 1987. 135~136면 참조.

능력, 즉 문명화의 수준에 있다는 것이다. 이것이 비단 염상섭만의 인식이 아님은 한국 근대문학사에 걸쳐 하층민의 성을 도덕과 규범에서 벗어난 비정상적이고 본능적인 것으로 재현했다는 것이 증명해준다.

이처럼 문명화의 사명이 사회적·도덕적 위계질서의 전제 속에서 가동된다는 사실은 보다 복잡한 국면을 만들어내었던 것이다. 이 국면 속에서 하층민 특히 하층민 중의 여성들은 아예 이 문명화의 단계를 거치지 않은 예외적인 존재로 부각되었다. 이러한 맹목적인 욕망의 투사 대상은 하층민 중에서도 공장 노동자나 도시 빈민이 아니라 주로 농촌이나 산골과 같은 자연과 가까운 공간에 살고 있는 사람들이라는 사실과 관련시켜 보자면, 또다시 오리엔탈리즘 담론과 만나게 된다. 서양/동양 또는 식민지 종주국/식민지가 문명/야만이라는 대립쌍에 대응했듯이, 식민지 내부의 도시/시골, 도시 인텔리/하층민 또한 이 대립쌍에 대응했던 것이다. 이러한 대립쌍에 문화적·도덕적 위계질서가 전제되었다는 것은 새삼 다시 설명할 필요는 없다. 다만 대립쌍이 식민지 내부에서 작동되고 있다는 것에 주의해야 한다. 여성이 이중의 주변화와 타자화를 겪은 것과 마찬가지로, 하층민 또한 이중의 주변화와 타자화를 겪었던 것이다.

이미 문명 대 야만, 사회진화론에 의한 조선 민중에 대한 인식은 이광수의 『무정』이나 염상섭의 『만세전』에 개재되어 있었다. 단지 조선 전체가 문화적 문명적으로 낙후할 뿐만 아니라, 조선인은 비굴하고 게으르다는 인격적 표지까지 얻어 부정과 극복의 대상으로 설정되었던 것이다. 여기에 비할 때, 특히 김유정·김동리·이효석 등 1930년대 토속적 인간형을 그린 작품들에서는 이와 같은 비판적 시선은 철회되지 않았느냐는 물음이 제기될 수 있다. 하지만 서양의 동양에 대한 시선이 이중적인 것이었음을 상기해야 한다. 토속적 인간형의 세계는 탄생시킨 작가들이 표현의 면에서는 감각적 직접성을, 심층의 내용에서는 직접적 삶을 지향하고 있다. 즉 본능의 원시성과 성격의 천진난만함, 이는 한편으로는 제도와 규범 등 문명에 의해 잃어버렸다고 상상되는 인간의 본성이었다. 이러한 문명 이전의, 죄의식 없는 동물성에 가까운 인간본성이란 개념 자체는 유럽의 식민지 경영과 동시에 생겨난 민속학과 인류학에 의해 '구성'된 것이다. 그 과정은 동시에 아프리카나 아시아 등 비서구와 그곳의 원주민들이 유구한 역사 동안 쌓아온 나름의 문화와 역사에 대한 삭제의 과정이었다. 그럼으로써 원주민은 강한 성적 본능과 건강한 생명력의 화신이 된다. 1930년대 중·후반 토속적 인간형의 세계를 주조하고 있는 배경이 농촌이라기보다는 자연에 가까운 것도 같은 맥락에서 이해해야 한다. 다만 서양/동양이라는 지정학적이고 인종적 경계가 식민지 내부에서 작동될 때는 계층 내지 계급의 경계로 전이되었을 뿐이다. 김유정의 작품을 돌이켜보자면, 게으름과 비굴함, 부도덕함과 천진난만함, 생명력 등이 착종되어 있는 인물 성격은 이러한 양가적 시선의 교차에 의해 탄생한 것이다. 더욱 중요한 국면은, 이렇게 탄생한 세계에서 하층민 여성은 가부장적 질서에 더욱 속박된 존재로 그려졌다는 점이다. 이들 작품에서 가부장적 질서는 도덕과 규범이 제거된 상태인 만큼 더욱 야만적이고 폭력적이었다.

식민주의란 문명화의 개념을 매개로 하며, 지정학적이고 인종적인 차이와 경계를 서열화하는 것을 의미한다. 한편, "식민 조건은 식민 지배자와 식민지인을 불가피한 상호 의존 관계로 엮으며, 각각의 성격을 주형하고 그들의 행동을 지정한다."[21] 즉 식민주의는 식민 지배자의 인식론을 내면화한 식민지민의 정신에서도 작동한다. 1920~30년대 근대 소설에 나타난 섹슈얼리티의 문제만큼 이를 잘 보여주는 것은 없다. 문학 텍스트에서 근대적 자아는 단지 자신과 타자(여성과 하층민)와의 차이를 단지 인식하는 것이 아니라 그것을 서열화함으로써 탄생하였던 것이다. 식민지배자의 경우 지정학적 인종적 경계가 차이의 서열화를 구

---

21) A. Memmi, *Dominated Man : Notes Toward a Portrait*, Orion Press, 1968, 45면(릴라 간디, 이영욱 역, 『포스트식민주의란 무엇인가』, 현실문화연구, 2000, 25면에서 재인용).

축하는 기준이었다면, 식민지민인 남성 지식인에게 그 경계는 젠더와 계급이 그 기능을 하였다.

이는 한국 근대소설에서 "여성의 성과 하층계급을 등치시키는 태도"22)로 드러났다. 근대적 자아로 표상된 남성 지식인에게 있어서 성적 욕망의 문제는 언제나 자율적 이성과 도덕률이 개입된 문제였다. 그러나 여성과 하층민의 성은 그렇게 재현되지 않았다. 물질적 욕망과 성적 욕망 때문에 비난의 대상이 되었던 신여성의 경우도 그녀들은 지식인이라기보다는, 오히려 성적 욕망이 본능적으로 큰 자연적 존재로서의 여성이라는 차원에서 조명되었으며, 하층민의 경우는 아예 도덕이나 규범 등 제도적 차원을 벗어난 상태로 재현되었다. 이러한 대칭적 인식의 근저에는 문명 / 야만으로 자아와 타자를 서열화하는 식민주의가 도사리고 있다는 것을 부인할 수 없다.

3. 성의 권력구조와 서사구조의 상동성

소설은 사생활 혹은 사적 경험을 주제로 한다. 섹슈얼리티를 소설의 주요한 분석 방법으로 삼을 수 있었던 데에는 섹슈얼리티의 문제가 근대소설의 주요한 모티프일 뿐만 아니라, 섹슈얼리티가 개인의 삶을 서사화 하는 데 적절한 성격을 갖고 있기 때문이기도 하다. 성장과 연애, 결혼, 가족의 형성 등이 섹슈얼리티와 밀접하게 관련되어 있다는 것만

---

22) 피터 부룩스는 에밀 졸라에게서 여성의 성과 하층계급을 등치시키는 태도가 특징적으로 나타난다고 지적한다. 그에 따르면, 졸라는 육체를 계급 혼란과 혁명의 근원으로 간주하여 공포의 대상으로 생각하였던 것이다. 피터 부룩스, 이봉지 · 한애경 역, 『육체와 예술』, 문학과지성사, 2000, 271면.

상기해도 충분할 터이지만, 앞에서 살펴보았듯이 섹슈얼리티는 사회의 도덕적 규범은 물론, 성별·계급 등 사회적인 영역과 긴밀한 관계에 놓여 있다는 사실도 중요하다. 여기서는 1920~30년대 소설의 섹슈얼리티와 서사구조의 관계를 대략적이나마 개괄하고자 한다.

1920년대 동인지문학이 완성도에서 현격한 미숙함을 보이는 것은 애초에 폐쇄적이고 자족적인 실체로서 근대적 자아를 상정했기 때문이다. 낭만적 사랑의 서사는 대개가 관념적이고 추상적인 수사의 차원에서 머무르다가 소설의 대단원은 결국에는 연인의 배신 등 자아와는 관계가 없었던 외부적 사건이나 자아가 외면했던 현실적 제관계의 급작스러운 개입에 의해 종결되었다. 동시에 자아의 우월적 지위를 고수하기 위한 도덕적 주체의 확립이 이루어졌다. 이는 근대적 자아의 관념성과 추상성을 말해주기도 하지만, 형식의 계기는 무매개적이고 관조적인 자아의식에 의해서는 주어질 수 없다는 사실을 말해주기도 한다. 문학 또한 다른 예술과 마찬가지로 완결적 형식의 요구와 충동을 갖고 있다. 동인지문학의 많은 글들이 죽음을 말하고 있는 이유는 형식의 요구와 무관치 않았다. 즉 죽음이라는 물질적 현상에 각인된 형식의 계기에 주목했던 것이다.[23]

물질적 현상 자체에 내재한 인과관계를 소설의 서사구조 내로 인입시키는 것, 김동인이 「배따라기」와 「감자」의 세계로 전환하면서 얻은 것은 형식의 완결성이었다. 나도향의 「뽕」과 「물레방아」나 현진건의 「정조와 약가」 등 매춘 모티프의 도입 또한 같은 맥락에서 이해할 수 있다. 작품 내에서의 하층민의 사회·경제적 지위는 매춘 행위에 이르게 된 동기와 결과를 현실논리 자체로써 제시하기에 수월하게 해주었다. 뿐만 아니라 도덕적·이성적 판단의 부재로 드러나는 하층민의 무지는 그 자체로 결핍과 갈구를 오가는 욕망의 적나라한 원칙을 보여주기 위한 조건이 되었

---

23) 이 책의 2부 「1920년대 동인지문학의 성격과 여성인식의 관련성」 참조

던 것이다. 요컨대, 현실논리와 욕망의 원칙, 이것이 고스란히 소설의 형식이 되었으며, 동시에 소설 형식의 완성을 위협했던 자의식의 분비나 감상의 노출이 제거될 수 있었다. 그런데 「감자」·「물레방아」·「뽕」에서 가부장제는 무엇보다 가장 강박적인 질서로 작용한다는 것을 기억해야 한다. 「뽕」의 안협집은 남편 삼보에게 구타당하면서도 부부관계는 유지되며, 왕서방에 의해 죽임을 당한 복녀는 시체 값 30원이 되어 최후까지 남편의 소유도 귀속된다. 두 여인 모두 남편의 묵인 하에 매춘을 했다. 「물레방아」의 계집은 이방원에게 난자를 당한다. 부정한 여인이라고 내침을 당하지도 않는 그녀들은 가부장제도의 폭력에 희생된다. 이때의 가부장제도란 도덕적 규범이 거세된 채 틀만이 완고하게 남아 있기 때문에 더욱 폭력적일 수밖에 없다. 이러한 야만의 질서는 하층민 요부형 여성들의 성적 욕망에 의해 은폐되는 경향이 있지만 간과할 수 없는 내적 질서였으며 오히려, 이 은폐된 내적 질서 때문에 하층민 요부형 여성들의 성적 욕망은 더욱 격렬하고 폭력적인 것처럼 보였던 것이다.

한편, 1920년대 염상섭은 『이심』, 『사랑과 죄』 등을 통해서 사랑과 성을 금전으로 매매하려는 자들과 여기에 저항하는 자들의 각축으로 소설의 얼개를 짠 적이 있다. 이러한 서사구조는 『삼대』, 『탁류』, 『적도』, 『흙』, 『상록수』, 『제이의 운명』 등 1930년대 대부분의 장편소설의 서사구조라고 해도 과언이 아니다. 대체로 정신적·도덕적 가치와 물질적·육체적 욕망 사이에서 무엇을 택할 것인가, 그리고 사회와 민족을 위한 삶의 도정으로 나아갈 것인가 아니면 개인의 향락적이고 이기적 삶의 차원에 머무를 것인가 하는 것이 이들 소설이 제시하는 윤리적 의도이다. 이러한 윤리적 의도에 이르는 과정이, 폭력과 금권이 동원된 가장 타락한 양태의 성적 욕망이 어떻게 하여 숭고하고 희생적인 이타적 사랑, 달리 말하자면 탈관능화된 사랑으로 승화되는가 하는 여로와 같다. 1930년대 장편소설은 그야말로 칼부림과 폭력을 동원한 살인치사·투신자살·강간 등을 통해 드러나는 물신주의와 사회운동·계몽운동 등의 탈관능화된 사랑의 비전에 내재해 있는 금욕주의가 병존하고 있다. 이는 스캔들 형식의 차용이라고 볼 수 있다. 범박하게, 스캔들이란 특정 개인들의 사적인 욕망의 영역과 각 개인이 놓인 사회·경제적 지위와 역할이 요구하는 규범과 사회 전체의 구성원에게 부과되는 도덕률·이 데올로기·법질서 등이 접합되는 지점에서 발생하는 사건의 형식이다. 작금에도 스캔들이 사건 자체에 대한 선정적 관심과 호기심을 증폭시 키면서도 결국에는 사회가 요구하는 도덕적 판단을 내릴 것을 강요하 듯이, 이들 작품들도 마찬가지의 방향을 취하고 있다.

선정성과 폭력성이 농후한 스캔들을 차용한 1930년대 장편소설들은 한 여성 또는 남성을 가운데 놓고, 정신과 육체에 대응하는 연적들을 양면에 두는 애정의 삼각관계를 축으로, 정신과 육체의 대립과 간극의 심화현상을 보여준다. 이는 물질적 재화의 분배가 불균등한 현상, 따라 서 사적 욕망의 실현 여부가 물질적 재화의 소유 정도와 비례하는 사회 의 지배적 현상에서 발생한 것이라고 볼 수 있다. 여기에서 한결같이 정신적 사랑의 지향을 보여주면서 근대적 자아의 도덕적 우월성은 여 전히 천명되었다. 또한 정신적 사랑의 구체적 현실태가 계몽운동, 사회 운동이라는 점에서 사적 욕망의 부정과 억압을 통한 승화라고 할 수 있 다. 이러한 서사구조를 통칭 승화의 구조라고 해도 좋을 것인데, 사회경 제적 위계질서가 성적 욕망의 문제를 나침반 삼아 도덕적 위계질서로 전환되는 구조이다.

오리엔탈리즘이란 서양이 동양이라는 타자에 부딪히면서, 인식론적 으로 충족된 자유를 얻기 위해 그 타자를 자기중심적인 시선으로 바라 보는 것을 의미한다. 오리엔탈리즘 담론의 구조는 '서양=물질, 이성, 과 학, 문명, 개방, 진보, 발전 / 동양=정신, 감성, 미개, 미신, 폐쇄, 정체, 저 발전'의 대립쌍에서 전자가 우월하고 후자가 열등한 지위를 갖는, 그렇 기 때문에 전자가 후자를 지배하거나 계몽시키는 정당화되는 구조였 다.24) 또한 제국주의 후발 주자로서 서양에 대한 콤플렉스를 갖고 있던 일본 또한 이러한 오리엔탈리즘에 입각해 조선과 대만 등에 대한 식민지 지배를 정당화했다. 또한 오리엔탈리즘 담론에서 식민 지배자와 식민지민의 관계는 성숙한 어른과 욕망을 절제할 줄 모르는 어린아이, 이성적인 남성과 성적으로 방만한 여성의 관계로 비유되곤 했다. 그런데 앞서 말한 작품들에 내재한 승화의 구조 자체가 저급한 상태에서 고급한 상태로의 발전을 내포하고 있는 것이다. 1930년대 많은 장편소설에서 성적 욕망으로 인한 폭력적이고 선정적인 사건 전개를 통해 결국에는 물질적·성적 욕망의 도덕적 승화에 도달한 점에서 오리엔탈리즘의 담론 구조와 닮아 있다. 이태준의 『제이의운명』이나 『청춘무성』 그리고 이광수의 『흙』과 『사랑』 등에서 뚜렷하게 나타난 '타락한 도시'(서양)와 '건강한 시골'(동양)의 대비는 오리엔탈리즘을 전복시킨 것이 아니라, 야만적이고 미개한 동양을 위한 문명화의 사명을 자신에게 부여하면서도 동양의 역사성과 사회성을 탈각시켜 하나의 미적 타자로 간주한 오리엔탈리즘의 또 하나의 버전에 다름 아니라고 판단된다. 일본은 실제로 이를 적극 활용하여 대동아공영권을 주창했다. 대동아공영권의 이상은 정신적 타락 없는 동양의 근대를 세우자는 것이었는데, 이러한 동양주의는 식민지 지식인에게는 심리적 보상물로 작용했고, 나아가 신체제 논리로의 자연스러운 수렴을 위한 사상적 근거가 되었다. 대동아공영권의 일원이 됨으로써 식민지 조선의 주변성과 후진성은 희석됨과 동시에, 그것을 강제했던 일본의 식민지 지배와 수탈을 부차적인 문제로 탈바꿈시키는 기제가 되었던 것이다. 이는 사회적·경제적 소외와 열패감을 도덕성으로 은폐시키는 승화의 구조와 동일한 양상이다.

그런데 일본이 황국신민화와 내선일체를 부르짖었어도, 조선인은 기껏해야 삼등 신민에 머문 것과 마찬가지로, 사회경제적 위계질서는 은폐될 뿐 초월할 수 있는 것은 아니라는 것을 함께 지적해야만 한다. 사

---

24) 김택현, 「식민지 근대사의 새로운 인식」, 『당대비평』 13호, 2000년 겨울, 207면.

회·경제적 위계질서, 그리고 남성 우월적인 성적 위계질서가 도덕적 위계질서에 상응한다는 암암리에 전제된 인식론의 구조가 오히려 한국 근대소설의 무의식적·심층적 서사구조라고 해도 과언이 아니다. 이는 1930년대 중·후반 룸펜 프롤레타리아의 처지로 전락한 지식인의 처지가 곧 성적 욕망에 있어서 도덕적 위기로 드러난다거나, 도덕적 규범이 해체된 성의 양태가 하층민을 통해 형상화된 것에서 명백해진다.

근대적 자아의 도덕적 위기나 도덕적 규범의 해체는 근대소설에 내재해 있는 근대적 시간 구성, 즉 과거·현재·미래라는 연속적 발전적 시간의 구성을 해체시키게 된다. 앞서 언급했던 1930년대 장편소설들에 나타난 승화의 구조는 소설의 윤리적 의도 차원에서는 보다 나은 미래에 대한 지향을, 인물의 차원에서는 성숙을 의미했다. 이상 소설에서 인물들의 퇴행상태라든가, 토속적 인간형의 세계에서 자연상태로의 접근 등은 모두 연속적 발전적 시간성의 해체를 보여주는 예들이다. 이러한 현상에 비례하여 물화된 세계의 질서가 소설에서 우위를 점하게 된다. 그도 그럴 것이, 인물의 의식과 행위가 대상 세계에 대해 영향력을 발휘할 수 없는 상황에서 인물을 압도하게 되는 것은 대상 세계이기 때문이다. 가령, 이상의 작품에서 인물의 행위는 오히려 활성을 얻은 돈의 움직임과 교환원리를 '미메시스' 하는 것으로 나타났다. 또한 토속적 인간형의 세계에서 대상 세계의 압도적 우위성은 운명이라는 형식을 창출하였다. 이는 모두 성적 욕망의 물화와 관련되어 있는데, 근대적 지식인에게 성적 욕망은 더 이상 자기 동일적이고 이상적인 자아를 구성하는 기제가 될 수 없었다는 것을 의미하며, 하층민에게 있어서는 성적 욕망은 제어가 불가능한 자연화된 본능의 성격으로 나타난다. 양자 모두에 있어서 성적 욕망은 물화된 만큼이나 고착적인 것이었다. 특히 후자의 경우, 세계의 질서를 반성적으로 인식할 만한 성찰성을 인물에게 부여하지 않음으로써 그 양상은 더욱 폭력적이었다. 본능의 자연화는 기존 질서를 있는 그대로의 것으로 받아들이게 만드는 토양이 되었는데, 이들 작품에서 가부장적 질서가 더욱 완강하게 서사의 심층적인 구조로써 기능을 하고 있다는 것이 그 예라고 하겠다.

4. 한국 근대소설의 근대적 자아, 그 구성의 문법

　1920~30년대 섹슈얼리티의 전개양상은 식민주의의 구조적 내면화 과정에 다름 아니었다. 이 시기 소설 텍스트를 통해서 근대적 자아의 정체성을 구성하는 데 타자는 누구였는가를 해명하면서 성별과 계급의 문제를 중요하게 볼 수밖에 없음을 확인하였다. 섹슈얼리티의 문제는 이를 극명하게 드러냈는데, 제국주의 식민지배자가 규정한 식민지민의 성격이 고스란히 투영된 대상은 바로 여성과 하층민이었기 때문이다. 문학 텍스트에 나타난 근대적 자아의 구성 방식과 식민지 규율권력이 강화시킨 인식론이 겹쳐지면서 야기할 수 있는 위험은 식민지 내부의 불균등한 권력관계를 부지중에 승인할 수 있다는 것이다. 토속적 인간형의 성격은 일제가 유포하고 주조하려고 했었던 모든 열등성의 총체인 조선인의 초상과 닮아 있다는 것을 간과해서는 안 된다. 이러한 양상을 냉정하게 보지 않을 때, 식민지 내부의 여성에 대한 남성의 성적 지배의 모순과 결함은 은폐되고, 파시즘과 같은 극단의 지배논리가 무반성적으로 내면화될 수 있는 가능성이 높아질 수밖에 없다. 예컨대, 이광수의 『흙』과 『사랑』 그리고 김동리의 「황토기」는 문학적 지향 상 언뜻 거리가 먼 것 같지만, 파시즘의 내면화 양상을 뚜렷하게 보여준다는 점에서 동일하다.[25] 전자는 정신과 도덕의 권위를 극단화시킨 사례이며

---

[25] 김동리의 「황토기」와 파시즘의 관련양상에 대해서는 김철의 「김동리와 파시즘」(『국문학을 넘어서』, 국학자료원, 1999) 참조.

후자는 정반대의 사례이지만, 둘 다 여성에 대한 남성의 가부장적 질서를 공통분모로 한다. 더욱이 「황토기」를 포함해 토속적 인간형과 관련하여 파시즘의 민중 정치학을 상기해 볼 필요가 있다. 파시즘의 민중정치학에서 구현하는 순박한 대중의 의미는 부르주아 개인주의에서 유래하는 자기 결정권을 가진 존재로서의 개인이나 유물론적 인간관의 소산인 계급적 규정에 의해 계급의식을 갖는 존재로서의 사회적 개인이라는 관념에 대한 안티테제로 구성된다.26) 토속적 인간형은 이인화와 같은 근대적 자아도 아니며 계급의식을 담지한 계급적 주체도 아니었다. 파시즘적 민중정치학에서 구현하고자 하는 인간형과 토속적 인간형은 근거리에 놓여 있다는 것을 확인해 두고 싶다. 이상에서 제기한 문제점은 한편으로는, 식민지 경험의 주체나 근대문학의 근대적 주체를 '민족'이라는 집단적 주체로 호명하는 것의 위험성과도 일맥상통한다.

이 글은 개인과 사회라는 이원적 대립항을 의식적이든 무의식적이든 전제해 온 지금까지의 문학사 인식에 대한 문제의식을 제기하고 싶었다. 개인과 사회를 이원적으로 인식하는 근저에는 사회는 자아에게 비본질적이고 외재적인 것이라는 사고가 놓여 있다. 마찬가지의 맥락에서 일본의 제국주의 지배를 물리적·외재적 수탈과 억압으로만 바라보는 관점은 집단화된 '자아' 즉 민족을 자기 충족적이고 발전의 동력을 자신의 내부에 완결적으로 갖고 있는 존재로 상정하고 있는 인식과 다르지 않다. 하지만, 한국 근대소설의 근대적 자아는 식민주의가 부과한 인식론을 보다 잘 내면화한 데서 탄생하였음을 1920~30년대 소설은 잘 보여준다.

이러한 기원을 끊임없이 확인하는 것, 그것은 '민족'이란 호명 속에서 '민족주의'라는 이데올로기 속에서 정작 역사적 사회적 존재성을 상실해야 했던 수많은 타자들과의 진정한 대화를 위한 길이다. 바흐찐은

---

26) 권명아, 「수난사 이야기로 다시 만들어진 민족 이야기」, 『문학 속의 파시즘』(김철·신형기 외저), 삼인, 2001, 270면.

타인으로부터 규정된 정체성에 끊임없이 저항했던 도스또예프스끼의 인물들에 대해 이렇게 말한다. "인간이 생존해 있는 한 인간은 아직까지 완성되지 않았고 인간은 아직까지 자신의 마지막 말을 하지 않았다는 사실에 의해 살아가고 있다."27) 섹슈얼리티의 문제를 통해서, 한국 근대소설에 나타난 근대적 자아의 구성방식을 해명하고자 했던 이 글의 목적은 식민 조건과 식민주의가 부여했던 정체성을 단지 확인하고 고착화시키려는 것이 아니라 그것을 진정으로 거부하고 극복하는 데 있었음을 밝혀 둔다.

---

27) 미하일 바흐찐, 김근식 역, 『도스또예프스끼 詩學—도스또예프스끼 창작의 제문제』
(1963), 정음사, 1988, 87면.

젠더와 민족·문학·사

1. 게토로서의 '여성'이란 연구영역

자신의 전공을 이야기할 때나 다른 사람의 전공을 이야기할 때, 한국
근현대문학의 연구 분야를 시·소설·비평·희곡 등의 장르 그리고 해
방 전과 해방 후, '몇'십 년대와 같은 시대, 그것도 아니라면 특정 작가
등으로 나누곤 한다. 어떤 연구자들은 이러한 익숙하고 관습적인 분류
에 대해서 불편함을 느끼게 될 때도 있다. 그런 대표적인 예 중 하나가
여성문학을 연구하거나 페미니즘적 관점에서 문학 연구를 하는 경우이
다. 수년 동안 한국 근대소설의 섹슈얼리티란 테마로 공부를 해온 나에
게도 내 논문이 페미니즘 쪽 연구로 오해되지 않기를 바라는 다소 전도
된 불안이 다가오곤 했다. 이런 현실을 좀 과장하자면, '여성'(실존적 조건
이든 상징적 기호이든)은 문학 연구에서도 안전한 분류체계밖에 별도의 항

목으로 할당되어 왔으며, 그 할당된 영토의 양적인 질적인 팽창에도 불구하고 그 안전한 분류체계는 여전히 견고한 채로 남아 있다.

이는 역설의 지점일 수도 있다. 그렇게 끊임없이 '여성'을 게토로 설정해와야 했을 만큼 그 분류의 시스템은 어떤 불안과 균열을 겪고 있다는 가정이 가능하기 때문이다. 예컨대, 1920~30년대 여성문학에 대한 연구는 문학사 서술에서는 배제되거나 주변화되었던 여성 작가들의 문학적 성과를 문학사로 편입시키려는 동기에서 촉발된 것이 많다. 이러한 일련의 시도들은 객관성과 실증성을 보증하는 문학사 서술의 권위가 실상 남성적 시선에 의해 구축되었음을 간접적으로 증언한다. 하지만, 여성문학의 성과를 증명한 후에서야 한국문학사로의 복귀가 정당화될 수 있기 때문에 '여류문인'이라는 성차별적인 명명에 저항하면서도 분석의 대상으로서 그 카테고리를 끌어안아야 한다. 또한 문학적 성과를 판별하는 데 있어서 기존 문학사 서술의 가치규준을 받아들여야 하는 딜레마가 존재한다.

이러한 이중적인 잣대는 '여류문인'의 문학을 바라보는 이 같은 시선에서만이 아니라 문단정치에 있어서 지속적으로 타자화와 주변화를 겪었던 여성 작가들의 의식 내에도 어느 정도 내면화되어 있다. 박정애가 여류문인의 인정투쟁에 내재해 있는 이러한 '이원적 착란'의 내용을 프란츠 파농의 말을 전유하여 다음과 같이 풀어낸다. "남성작가에겐 하나의 사실이 있다. 스스로를 여류보다 우수하다고 생각하는 사실 말이다. 여성작가에게도 하나의 사실이 있다. 어떤 대가를 치러서라도 그들 사상사의 풍요로움과 그들 지성사에 뒤떨어지지 않는 가치를 남성작가들에게 증명하려고 애쓴다는 사실 말이다."[1] 그러니까 '한국문학사'라는 준거점 자체를 문제시하는 시선은 아니었던 셈이다.

그런데 최근 한국 근현대문학 텍스트에 나타난 여성의 표상 방식, 나

---

1) 박정애, 「'여류'의 기원과 정체성―50~60년대 여성문학을 중심으로」, 인하대 박사논문, 2003, 39~51면 참조.

아가 그것을 민족주의, 민족주의가 산출한 '민족'의 경계와 결부하여 분석한 연구들은 자율적이고 자기 충족적인 존재의 발전사로서의 한국문학사 내지 민족문학사라는 준거점 자체에 도전하는 양상을 보이고 있다. 이러한 문제의식은 1990년대부터 본격화된 근대성 연구의 연장선에 있지만, 기존의 연구들이 갖고 있던 망각의 정체를 드러낸다. 남성성과 여성성의 메타포가 문화 텍스트에 스며드는 현상은 근대의 경우 가장 뚜렷하게 나타남에도 불구하고 근대성의 성별(gender of modernity)은 무엇인가라는 질문을 좀처럼 던지지 않았던 것이다.[2] 또한 근대문학의 다른 이름인 민족문학이라는 틀에서 근대적 주체가 자율적 주체이자 식민지 권력에 대항하는 민족적 주체로 의심 없이 설정될 때, 이런 물음이 나와야 한다. 과연 '민족'의 경계는 누가 설정했으며 어떻게 표상되었는가. 최근 '민족'과 '젠더'를 키워드로 운위한 연구들은 이런 물음을 던지면서 응답하고 있다. 그 응답은 민족·문학·역사라는 근대의 강력한 키워드와 그리고 그것들이 합성된 명사, 즉 민족문학사의 봉합된 선들을 들춰내게 될는지도 모른다.

2. 젠더, 정전을 심문하다

누군가 여성, 나아가 젠더의 위치를 자신의 출발점으로 삼을 때 무엇이 달라지는가. '젠더'는 무엇이 '여성'으로 간주되는가를 탐구하고, 이전에 당연시되던 것을 문제시하려는 범주로서 발달되었다.[3] 이는 앞서 언

---

2) 리타 펠스키, 김영찬·심진경 역, 『근대성과 페미니즘』, 거름, 1998, 21~34면 참조
3) 다나 J. 해러웨이, 민경숙 역, 「마르크시즘 사전 속의 '젠더'―한 단어의 성정치학」, 『유인원, 사이보그, 그리고 여자』, 동문선, 2002, 263면.

급한 연구들의 입각점이다. 이것은 무엇보다 문학사의 좌표에 평온하게
자리 잡았던 정전에 대한 도전을 낳는다. 박정애는 염상섭의 「만세전」을
젠더적 관점에서 다시 읽어낸다.[4] 묘지로 표상된 조선을 「만세전」에 나
오는 을라나 아내와 같은 여성(=자궁=동굴=무덤)으로 독해하면서, 동경으
로의 귀환을 통해 형상화된 근대적 주체란 여성 혐오에 기반을 두어 호
출된 근대의 보편자로서의 개인주의적 남성에 다름 아니라는 결론을 내
린다. 즉 이인화의 여로는 여성=타자를 청산하는 과정이라 해도 과언이
아니다.

이 논문에서도 밝히고 있듯이, 그 여성=타자란 당대 근대적 엘리트
에게 있어서는 자신의 타성과 타율성을 환기시키는 존재, 따라서 거부
되어야 할 존재인 구여성/신여성이라는 문화적 표상으로 나타난다. 이
러한 문화적 표상은 그것을 통해 구성되는 주체를 근대적 주체로 호명
하든 민족적 주체로 호명하든 그러한 주체 구성 메커니즘의 문화적·
상징적 기저들을 드러낸다. 표상은 자아와 세계의 경계나 세계 속의 대
상들 간의 경계를 식별해주기 때문에, 그 경계가 뚜렷할수록 자아의 견
고성 또한 강화되기 마련이다. 또한 표상들은 문화에서 비롯되어 자아
의 부분으로 채택되고 내면화된다. 일단 내면화된 표상들은 자아의 주
형을 이루면서 자아를 문화적 표상들에 내재하는 가치들에 적응하게
한다. 그래서 궁극적으로는 한 문화에서 주도적인 표상들은 결정적인
정치적 쟁점이 된다.[5] 신여성/구여성이란 표상은 근대적 남성 지식인
들의 주체 구성에 있어서 부정적 참조물이었으며, 민족적 정체성 또한
이러한 문화적 표상에 의존하여 구성되었다. 여성 표상을 어떻게 창출
하고 전유하는가는 특정한 사회적 정치적 국면에서 각각의 세력들이

---

4) 박정애, 「근대적 주체의 시선에 포착된 타자들—염상섭, 「만세전」의 경우」, 『여성문
   학연구』 6, 한국여성문학회 편, 2002.
5) 마이클 라이언·더글라스 켈너, 백문임·조만영 역, 『카메라 폴리티카』 上, 시각과
   언어, 1996, 34~35면 참조.

추구하는 주체성의 성격을 가늠케 한다.

예를 들어, 김옥란의 「1970년대 희곡에 나타난 민중 담론과 여성성」은 1970년대 신식민지적 근대화의 강력한 드라이브에 맞서는 대항적 주체로 제시된 민중의 표상이 여성성에 대한 관념적·부정적 구성을 통해 산출되었음을 논증하고 있다.6) 이는 당대의 지배적인 담론이 본격화된 산업화·도시화로 활발해진 여성들의 사회진출과 활동을 바라본 시각과도 무관치 않다고 한다. '공순이'·'여대생'·'호스테스'·'복부인'·'극성엄마' 등의 호명이 단적으로 증명하듯이, 각각의 계층적 차이와 상관없이 여성들의 공적 영역에서의 활동을 남성중심적 시각에서 부정적으로 보았다고 지적한다. 이 논문은 민중적 현실과 민족적 양식을 결합시킨 대항문화로 자리매김된 마당극 또한 이러한 재현 체계를 벗어나지 못했다는 것을 1970년대 민중예술의 선편을 쥐었던 김지하의 작품을 통해서 논증한다. 가령, 「소리굿 아구」에서 여대생과 여공은 '쪽발이 사장'의 현지처로서 설정되며, '대한민국 백성 김아구'가 이들을 신랄하게 공격하는 상황에 주목한다. 김옥란에 따르면, 이는 여성의 매춘이 자본과 외세에 의한 국가와 민족의 훼손이라는 은유로 사용되었을 뿐만 아니라 민중적이고 민족적 주체성의 구성은 여성성의 부정적 표상과 전유를 통해 이루어졌음을 말해준다.

무엇보다 여성 노동자의 표상 방식에 주목한 것은 상당히 흥미롭다. 어느 정도의 성차별과 특정계급 여성에 대한 이중적인 잣대는 노동계급문화의 보편적인 측면이라고 할 수 있다. 여러 연구에서 보고되었듯이, 실제로 한국의 여공들도 헤프고, 성적으로 문란하다는 비난을 받았으며, 심지어는 "공단 안에는 처녀가 없다"라는 악랄한 소문이 공단지역에 퍼지기도 했다고 한다.7) 여성 노동자의 섹슈얼리티가 성별 위계질

---

6) 김옥란, 「1970년대 희곡에 나타난 민중담론과 여성성」, 『한국극예술연구』 17호, 한국극예술학회 편, 2003.4.

7) 구해근, 신광영 역, 『한국 노동계급의 형성』, 창작과비평사, 2002, 198~199면 참조

서에 계급적 위계질서가 덧보태져서 한층 더 부정적인 것으로 재현되는 양상은 역으로 역사의 주체로 호명된 '민중'이나 '노동계급'이 젠더적 재현 체계에 기초한다는 것을 반증한다. 물론 민중이나 노동계급의 표상은 엘리트 지식인 남성과 비교할 때 훨씬 더 남성적 육체성과 가시성이 각인되어 있다. 1987년 노동자 대투쟁 이후 노동계급의 정체성이 '바리케이드 전사' '골리앗 전사'와 같이 강인한 육체성을 지닌 집단적 남성의 표상으로 재현된다는 사실에서도 확인할 수 있다.

두 논문은 대상 장르와 시대를 달리하지만, 여성의 타자화와 배제를 통해서 이루어진 근대적 주체의 성별과 편파성을 폭로한다. 정전에 대한 젠더적 관점에서의 다시읽기는 정전의 단순한 위치전복을 기도한다기보다 의식되지 못한 정전화의 메커니즘을 드러낸다. 선택과 배제를 통해 이뤄지는 정전화의 메커니즘은 문학사 서술의 전제이기도 한데, 그것은 텍스트 내부에 각인된 불평등하고 불균등한 문화적 표상들의 존재를 묵인하며, 문학성이나 민족의식과 같은 심급으로 균질화시킨다. 바로 젠더적 관점에서의 읽기는 그 표상들의 존재와 그것을 만들어낸 메커니즘을 텍스트 내부로부터 끌어내어 정전화와 문학사의 메커니즘을 통어하는 심급 자체를 문제시한다.

구해근은 이러한 이중적인 차별 때문에 여성 노동자들은 남성 노동자들에 비해 이탈 성향이 높지만, 야간학교나 교회가 후원하는 소모임 활동에 대한 참여를 통해 이탈성향이 '목소리내기'라는 긍정적인 성향으로 바뀌게 되기도 했다고 지적한다. 이것이 1970년대 민주노조운동에서 여성이 주도적인 역할을 담당한 이유를 설명하는 단서라고 주장한다. 199~200면 참조.

3. 친일문학의 젠더

한국 근대문학사의 민족문학사로의 번역은 친일문학을 절단해내고서야 가능했다. 최근의 논의는 친일문학이라는 범주의 설정을 가능하게 했던 절단의 원리에 대해서 재고하는 양상이 강하다. 친일문학의 경계를 창출한 '친일문학론' 자체가 바로 친일문인의 식민 담론인 국민국가, 국가주의, 국민문학이라는 이데올로기를 구조적으로 반복하고 있다든가[8] 친일문학은 한국 근대문학이 '내면으로부터 괴멸'된 결과라든가[9] 하는 진단이 그것이다. 이것의 시비를 이곳에서 가리긴 어렵지만, 적어도 젠더적 관점에서 바라본 친일문학의 문제는 이러한 진단의 시사성을 어느 정도 증명해주는 것 같다.

김양선은 「친일문학의 내적 논리와 여성(성)의 전유 양상」에서 이광수와 채만식이 각각 '일선통혼(日鮮通婚)'과 여성수난을 제재로 삼아서 내선일체의 논리를 형상화한 작품들을 분석한다.[10] 이 논문에 따르면, 두 작가의 공통점은 바로 친일논리를 서사화하는 과정에서 유혹하는 여성/순종적인 여성이라는 이항대립과 여성 섹슈얼리티를 모성성에 국한시키는 전략을 통해 자기동일성 상실의 위기를 모면하려 하지만 결국은 식민 담론의 에피고넨에 머무르고 만다. 가장 흥미로운 대목은 내선일체라는 공적 논리를 사랑이라는 사적인 욕망의 성취와 결합시키려는 이광수의 서사에서, 피식민 남성 혹은 여성으로서 제국주의 남성 혹은 여성과 결합하려는 욕망은 계층적·성적 비대칭성으로 인해 좌절

---

8) 강상희, 「친일문학론의 인식구조」, 『한국근대문학연구』 7호, 한국근대문학회, 2003년 상반기, 45~46면.

9) 류보선, 「친일문학의 역사철학적 맥락」, 『한국근대문학연구』 7호, 한국근대문학회, 2003년 상반기, 33면.

10) 김양선, 「친일문학의 내적 논리와 여성(성)의 전유 양상」, 『실천문학』 67호, 2002년 가을 참조

된다는 분석이다. 이러한 분석을 조금 더 확장하자면, 내선일체라는 서사가 민족적 위계질서만이 아니라 계층과 젠더·섹슈얼리티를 중층적으로 가로지르는 균열을 봉합하고서야 가능한 동일성의 논리라는 판단도 가능하다.

여성 작가의 친일문학을 다룬 몇 편의 논문 또한 여성으로서 주체성을 획득하고자 하는 열망이 제국의 식민 담론이 강요한 성적 규범과 정체성의 내면화로 귀결되었음을 보여준다.11) 「평등에 대한 유혹」이란 이선옥의 논문은 그 제목에서부터 시사적인데, 황국신민으로의 자기동일성 확보 동기에는 '평등'과 같은 근대의 가치를 실현하고자 하는 이해관계가 개입되어 있다는 것을 암시하기 때문이다. 이는 친일문학을 특수한 시대상황의 논리로 해석하기보다는 근대성의 내부, 그리고 그 안에서의 여러 정체성의 쟁투와 이해관계의 맥락에서 따져보아야 한다는 것을 시론적으로나마 제기하고 있다.

이 같은 여성성의 전유방식은 비단 친일문학에서뿐만 아니라 1920~30년대 민족주의의 자장 안에 있는 작품에서도 반복적으로 드러난 것이라는 데 주목해야 한다. 탈성화(脫性化)된 모성성만을 승인하고 여성의 섹슈얼리티를 억압·부정하는 것은, 식민지 내부의 여성에 대한 남성의 성적 지배의 모순과 결함을 은폐하고, 파시즘과 같은 지배논리가 무반성적으로 내면화될 수 있는 지반이 되기에 충분했던 것이다. 민족주의가 식민주의로 수렴되기 가장 쉬운 지대가 바로 이곳이기도 했던 것이다.12)

이상의 논문에서 다소 아쉬운 점이 있다면, '민족'을 주체의 자기 구성의 불변적인 전제로 두는 시각이 농후하다는 것이다. 김양선은 내선

---

11) 이선옥, 「평등에 대한 유혹」, 『실천문학』 67호, 2002년 가을; 심진경, 「여성작가 친일 소설 연구」, 『배달말』 32호, 배달말학회, 2003.6; 이상경, 「식민지에서의 여성과 민족의 문제」, 『실천문학』 69호, 2003년 봄.
12) 이혜령, 「한국 근대소설의 섹슈얼리티 연구」, 성균관대 박사논문, 2002 참조

일체라는 동일성으로의 기투(企投)를 "일본이 내 조국이라는 주체의 자기정체성의 부정"(278면)으로 바라보고 있으며, 이선옥은 "조선의 여성 지식인들은 국가 정책이 내건 환상에 기대를 걸었지만, 민족을 단위로 작동하는 억압의 논리를 보지 못"(269면) 했다는 평가를 내린다. 오히려 깊이 고찰했으면 하는 문제는 "일본인으로서의 평등"이란 피식민자와 식민자에게 있어 각각 민족개념과 같은 차이 내지 특수성 범주에 대한 상대화를 전제할 수밖에 없는 원망(願望)이자 기획이며,13) 국가에 대한 의존이 필연적이라는 점이다.

이런 의미에서 총력전체제의 이해가 필요하다. 총력전체제의 특징 하나는 자본주의가 산출한 계급 분리나, 차별 받는 주변집단을 국민국가에 최대한 통합시켜, 국가 전체가 그것을 전쟁을 수행하기 위한 자산으로 가장 유효하게 이용하려는 체제이다.14) 총력전 체제의 젠더 정치에 대해 흥미로운 분석을 보여준 「전시 동원 체제의 젠더 정치」에서 권명아가 지적했듯이, 종래의 '무능력자'인 여성들이 이러한 총력전체제 속에서 총후 부인이라는 새로운 주체성을 구성하는 과정은 일종의 행위능력을 갖게 되는(혹은 그렇게 받아들이는) 과정이라는 점에서 역설적인 것이었다.15) 이 과정 속에서도 제국과 식민지의 위계는 끊임없이 정당화되었다는 것을 부인하는 것은 아니다. 다만 이를 단지 기만적인 민족 억압의 논리라거나 거기에 포섭되어 간 사람들의 행위를 자기정체성의 상실로만 바라본다면, 근대에 대한 욕망 속에서 '민족'이 창안되었으며, 그러하기에 '민족의 국민화'로의 회로 또한 가능했다는 것을 간과하게 된다. 황국신민이기 위해 근대적 가치를 추구했던 것이 아니라, 근대적 가치를 추구하기 위해 황국신민이 되어갔던 것이다.

---

13) 小熊英二, 『日本人の境界』, 東京 : 新曜社, 1998, 423~434면 참조

14) 임지현 · 사카이 나오키, 『오만과 편견』, 휴머니스트, 2003, 331면 참조

15) 권명아, 「전시 동원 체제의 젠더 정치」, 『일제하 파시즘 지배정책과 민중의 생활상』, 연세대 국학연구원 주최, 2003년도 국제학술회의 발표요지, 169면.

친일 여성작가와 민족주의 여성작가의 비교를 통해 여성의 해방은 민족의 해방과 분리되어 획득될 수 없음을 역설한 이상경의 주장16) 또한 민족해방과 친일의 논리 양자에 공히 내포되어 있는 근대성의 심연을 바라보지 않는다. 「식민지에서의 여성과 민족 문제」에서 그녀는 1930년대 이후 문단에서 가장 여류다운 여류로 평가되는 최정희와 여성성에 대한 사회적·도덕적 규범이 내장되어 있는 바로 그 '여류'라는 카테고리에 반기를 들었던 임순득의 여성성을 바라보는 입장차이가 결국에는 신체제의 논리로 수렴되는가 아닌가로까지 이어졌음을 분석한다. 최정희와 달리 민족적 현실의 맥락 속에서 여성문제의 독자성을 고민한 임순득의 경우는 식민주의에 저항하는 자세를 견지하면서 새로운 여성과 모성의 모습을 구상하였다는 것이다. 그러나 이 두 작가의 노정을 평가하는 잣대로서의 민족적 현실이란 명목하에 1920~30년대 신여성적 정체성은 개인주의·서구화 등의 부정적 상징으로서 끊임없이 위협당했다는 것, 그리고 거기에 내재된 민족/비민족의 위계가 은폐되었다는 것을 기억해야 한다.

4. 젠더, 장르의 한 문법

젠더적 독해와 분석은 권력관계를 드러내는 정치적 독해이기 때문에, 문학을 자율적이고 자족적인 실체로 바라보는 문학주의적 관점에서는 상당히 거북한 것일 수 있다. 무엇보다 문학 내재적인 요소들을 사장한 채 너무 이데올로기적이라는 비난에 내몰리기 쉽다. 그러나 이데올로기

---

16) 이상경, 「식민지에서의 여성과 민족의 문제」, 『실천문학』 69호, 2003년 봄, 81~82면 참조.

란 텍스트에서 추출한 결과물이 아니다. 이데올로기가 개인을 주체로 호명하고, 주체들 간의 상호인지를 가능하게 하는 형식구조라고 한다면, 그 자체가 내러티브를 내재하고 있다.

이승희가 한국 사실주의 희곡의 이데올로기를 양식의 문제를 이해하는 중요한 경로로 바라본 이유도 여기에 있다.[17] 식민지 시기의 사실주의 희곡에서 민족적 고통이나 구원의 장소로 정형화된 여성 표상에 주목한 것은; 정형화된 표상이 결코 단일한 정체성을 지니지 않는 현실의 존재들에게 어떠한 주체화를 강요하는지를 잘 보여주기 때문이다. 구여성/신여성, 성 매매에 팔려가는 하층계급 여성 그리고 순결한 어머니 등 세 가지 층위로 나누어 사실주의 희곡의 전개에 따른 여성 재현양상을 분석한 이 논문은 여성에 대한 특정한 정체성과 주체성의 강요가 실상은 창작 주체인 지식인 남성이 식민지적 근대 속에서 처한 위치(positonality)와 식민성의 문제와 관련이 있음을 밝힌다.

권명아의 「한국전쟁과 주체성의 서사 연구」 또한 주체성 서사를 이데올로기 분석과 결합시킨다.[18] 예컨대, 1950년대 전후소설에서 빈번히 등장하는 가족은 전체주의적 전쟁에 의한 '무사회적 상황'에서 '전체'를 상상하는 주된 표상이 되며, 무사회적 상황에서 관계복원의 열망은 가족주의라는 서사원리를 낳는다는 것이다. 또한 가족의 상실과 회복이라는 표상작업이 훼손된 누이와 모성이라는 여성의 표상에 할당되고 있음을 논증한다. 이러한 표상이 고향·민족·국가 등을 대표하게 될 때, 민족이야기로서의 여성·수난사가 창출된다.[19]

이들의 논의를 단순화한 감이 없지 않으나, 이 연구들은 문학 텍스트의 이데올로기 분석이 형식이나 양식 그리고 하위 장르의 양상을 접근

---

17) 이승희, 「한국 사실주의 희곡에 나타난 성의 정치학―1910~1945」, 『한국극예술연구』 17호, 한국극예술학회, 2003.4.
18) 권명아, 「한국 전쟁과 주체성의 서사 연구」, 연세대 박사논문, 2002.
19) 전후 여성·수난사에 대한 좀 더 자세한 논의는 권명아의 「여성·수난사 이야기의 역사적 층위」(『상허학보』 10집, 상허학회, 2003) 참조

하는 데 효과적일 수 있으며, 그 방법은 특정 이데올로기를 선험적으로 전제하는 것이 아니라 문학 텍스트에 나타난 정형화된 여성의 표상을 그 실마리로 삼아도 의미 있는 결론을 내릴 수 있다는 것을 보여준다. 정형화된 표상은 그것이 정형화된 만큼의 내러티브와 이데올로기를 담지하기 때문이다.

조금 다른 방식이긴 하지만, 심진경은 「이태준의 『성모』 연구」를 통해, 이 작품에서 구현된 모성 이데올로기가 여성 육체와 섹슈얼리티에 대한 특정한 표상이 모성에 관한 권위적 담론의 배치와 결합되어 생산되고 있음을 논증한다.[20] 자문자답의 형식, 모성에 관한 당시에 나온 권위 있는 서적의 인용, 교회 등 여성 주인공의 성을 감시하고 통제하는 시선들, 이러한 담론과 규율권력적 공간의 배치는 마치 소설적인 원형감옥을 이룬다고 주장한다. 이러한 접근법은 서술자의 권위적인 시선으로만 치부되어 소설의 내러티브 구성에서 그 기능이 충분히 검토되지 못한 담론들의 효과를 재조명하고 있다.

그밖에 김신정의 「한국 근대 자유시의 형성과 의미」도 살펴보고 싶다.[21] 이 논문은 김소월의 시에서 형성화된 죽음 또는 이별로 인해 좌절한 여성에 주목한다. 이러한 여성성의 배치는 서정시의 전통적 장르들과의 자연스런 결합을 가능하게 했을 뿐만 아니라 남성적 규범 체계에서 쉽게 받아들여질 수 있는 통합의 기제로 기능했다는 것이다. 이를 김소월의 시가 민요시론을 중심으로 1920년대와 그 이후 '전통'과 '민족' 담론이 구성되는 과정에서 실제 텍스트를 제공하며, '한국적 정한론(情恨論)'의 기초를 이룬 기반일 수 있었던 이유라고 그녀는 바라본다. 이 논문은 장르 형성과 전개 과정에 깊숙이 내재된 여성성의 전유 방식을 보여준 한 예라 하겠다.

이상의 논의들이 시사하듯이, 젠더와 장르 내지 양식 자체의 성격과

---

20) 심진경, 「이태준의 『성모』 연구」, 『상허학보』 8집, 상허학회, 2002.
21) 김신정, 「한국 근대 자유시의 형성과 의미」, 『상허학보』 10집, 상허학회, 2003.

의 관계를 앞으로 좀 더 진지한 연구 대상으로 삼는다면 좋겠다. 가령, 이승희가 앞의 논문에서 지적했듯이, 연극은 집단적이고 공적인 생산 과정을 갖고 있기 때문에 소설이나 시와 비교할 때 훨씬 더 남성적이다. 따라서 여성의 연극생산 과정의 참여는 더욱 제한적일 수밖에 없었다.22) 이렇게 젠더와 장르의 관계는 창작과 감상 양쪽을 다 아우르는 문제이기도 하다. 근대소설의 주요한 독자가 여성인 이유는 소설이 버지니아 울프가 '자기만의 방'이라 불렀던 내밀한 사적 공간에서의 묵독을 통해 독자와 일 대 일로 만나는 장르라는 데 있다. 소설이 연극에 비해 그 생산과 감상에 있어 여성에게 개방적이긴 하지만, 소설의 발생과 함께 연동해갔던 리얼리즘 양식과의 관련성 또한 살펴본다면 소설 장르와 젠더의 관계는 한층 복잡하다. 이언 와트가 『소설의 발생』에서 탁월하게 보여주었듯이, 소설의 형식이자 기법으로서의 리얼리즘은 실상여성에게 할당된 것으로 규정된 사적 영역에서의 체험, 그것에 대한 견해와 감정의 디테일을 재현해내는 것에 기반하고 있다. 더욱이 소설은 그러한 사적인 영역에서 가장 사적인 대상이라 할 수 있는 육체, 그리고 그것의 의미를 부각시켰다.23) 여기서 여성의 육체가 그러한 재현의 집중적인 대상이 되었음은 물론이다. 그러면서도 루카치가 소설을 '성숙한 남성'의 형식이라 일컫은 데서 상징적으로 나타나듯이, 소설은 여성적이라 간주되는 영역의 디테일한 것들을 재현함으로써 역설적으로 그것을 넘어선 이념과 정신을 구현하는 장르이다.

  '여성적인 것'의 제거가 근대 중국의 소설이론 재편기의 특성 중 하나라는 이보경의 지적24)은 한국 근대소설의 형성과 전개에도 적용될수 있다. 음란함과 통속성에 대한 비난과 경계는 근대 계몽기의 소설개

---

22) 이승희, 「한국 사실주의 희곡에 나타난 성의 정치학—1910~1945」, 『한국극예술연구』 17호, 한국극예술학회, 153면 참조.
23) 피터 부룩스, 이봉지·한애경 역, 『육체와 예술』, 문학과지성사, 2000, 114~115면 참조.
24) 이보경, 『문(文)과 노벨(novel)의 결혼—근대 중국의 소설 이론 재편』, 문학과지성사, 2002, 252~270면 참조.

조론을 특징지었으며, 본격문학/통속문학이라는 대립쌍에 내재한 가치 규준이었다. 뿐만 아니라 1930년대 많은 장편소설은 성적 욕망으로 인한 폭력적이고 선정적인 사건 전개를 통해 결국에는 물질적·성적 욕망의 도덕적 승화에 도달하는 서사구조를 보여주고 있다. 이 모든 것을 관통하는 건, 여성 섹슈얼리티의 부정이다. 여기서 왜 오염되지 않은 '처녀성'과 탈성화된 '모성'이 민족의 상징이 되었으며, 여성 수난사가 가족 서사로 수렴되어 민족 서사가 되었는지는 자명해진다. '여성적인 것'은 소설의 주요한 재현대상인 동시에 그것을 통해 체현되는 이데올로기의 부정적인 참조물(negative reference)이기 때문이다.

5. 그녀들에게

젠더와 민족의 호환 가능한 재현 방식은 최근 민족문학의 대성과로 평가되는 황석영의 『오래된 정원』이나 「명성황후」와 같은 텔레비전 드라마와 뮤지컬을 통해서도 고스란히 반복되고 있다.[25] 그리고 우리는 2002년 늦가을 미군 장갑차에 치어 죽은 여중생들을 '우리의 누이'로 호명하면서 민족적 자존과 저항의 물결을 만들어내었다. 여성의 몸과 국가의 서사, 여성의 상징적 위치와 세계권력 질서 내에서 민족국가가 위치한 현대문명에 있어서 고전적 수사 가운데 하나이며,[26] 이런 정치

---

25) 이에 대한 논의로는 각각 다음을 참조.
　　최정무, 「민족과 여성—혁명의 주변」, 『실천문학』 69호, 2003년 봄; 공임순, 「죽음의 미학화와 대중 정치의 반동성—드라마 「명성황후」와 이광수의 내선일체론을 중심으로」, 『상허학보』 9집, 상허학회, 2002.
26) 다이진화, 「증거와 증인—『라베의 일기』를 둘러싸고」, 『여/성이론』 5호, 여성문화이론연구소, 2001년 겨울, 20면.

적 문화적 현상은 세계체제의 국민국가간의 불균등하고 비대칭적인 권력관계 속에서 '민족'이 강력한 물질성을 갖고 있을 뿐만 아니라 여전히 유효한 실천의 단위라는 것을 증명해주는 듯하다. 그렇다고 해도, '민족'이 고통과 죽음을 위계화함으로써 삶의 다양한 차원과 정체성을 위계화한다는 딜레마는 해결되진 않는다. 이산과 이주가 더욱 가속화되고 있는 세계화의 시대에서 한국의 남성과 국제결혼을 하거나 성 산업에 뛰어든 외국인 여성의 섹슈얼리티는 국적은 물론 인종의 매개까지 더해져서 더욱 복잡한 현상을 빚고 있다.27) 결혼의 대상으로는 조선족 여성을 선호하고, 윤락의 대상으로는 백계 러시아 여성을 선호하는 한국 남성들의 성적 판타지는 계급과 인종, 내셔널리티 그리고 그것들에 관한 인식이 복잡하게 투사된 여성성에 대한 텍스츄얼한 태도(textual attitude)에 힘입은 것이며, 그것의 질료는 문학을 비롯한 다양한 문화 미디어들이 제공했으리라는 것만은 분명하다. 논제를 벗어난 듯하지만, 앞에서 '지금 여기'를 환기한 것은 이러한 수사를 벗어나지 않는 이상 그 문제들을 해결할 수 없기 때문이다.

　나의 논의가 문학을 벗어나 버릴 수밖에 없는 건, 젠더는 자연화 되어버려 어느덧 마치 자율적 실체로 굳어져버린 범주들의 망각된 역사와 은폐된 관계들을 의문시하기 때문이다. 이렇게 특정 범주·분과를 초과하는 경향을 불온하게 바라볼 필요는 없다. 이 글은 최근 여성성의 재현양상을 다룬 논문들에 중점을 두고 논의했지만, 물적 현실과의 교차지점을 다양한 형태로 고려해야 총체적인 연구를 수행하고 나아가 실천적인 효과를 발휘할 수 있다. 이미 이상의 논의에서도 젠더를 다루기 위해서는 계급·인종·국적 등의 문제를 고려하지 않으면 안 되며,

---

27) 김은실은 지구화의 과정 속에서 여성의 섹슈얼리티가 만들어내는 국민국가와의 다양한 모순적 관계성을 이주 노동자의 국적문제, 국제결혼, 기지촌의 한국 여성과 외국 여성을 둘러싼 현실과 담론 등을 통해 보여주고 있다. 김은실, 「지구화, 국민국가 그리고 여성의 섹슈얼리티」, 『여성학논집』 19호, 이화여대 한국여성연구원, 2002 참조.

그것은 단적으로 정치경제의 문제였다. 이런 의미에서 담론·재현·정체성의 문제에 대한 연구 또한 궁극적으로 물적 현실을 겨냥해야 한다. 그간의 민족이나 젠더를 운위하면서 이뤄진 담론 분석 연구가 다소 탈역사적인 지적 유희로 비춰지는 까닭은 텍스트에 대한 텍스트의 차원에 머무르기 때문이다.[28] 주체성이나 정체성이 담론적 구성물이라 하더라도 그것이 손쉽게 삭제할 수 있거나 대체가능한 은유가 아니라는 것 또한 염두에 두어야 한다.

이런 의미에서, 간(間)학제적 연구가 요청된다. 한국의 페미니즘 연구 상황은 서로가 서로의 연대적인 참조물로 작용할 수 있고 또 역동적인 대화의 장을 형성할 질료적 토대는 갖추어졌음에도 불구하고, 문학·역사학·사회학·정치학 등 각각의 학문분과 시스템에 안주하는 경향이 강하다. 또한 문학에서의 연구 내부에서도 서로가 서로에 대해 의미 있는 빚을 질 수 있어야 하며 그것을 대화와 연대의 출발점으로 삼아야 한다. 그렇게 하지 않는다면, 특정주제나 소재에 대한 자족적인 영토화에 그쳐버리게 되고 말 것이다.

더불어 '민족문학'과 '민족문학사'란 실천적인 범주였음을 상기하고 싶다. 탈식민적 비평의 대두와 함께 민족 범주는 탈자연화되고 있으며, 젠더적 관점의 문학 연구는 이것을 가속화하고 있다. 이 같은 현재의 동향을 늘 그러했던 이론의 수입과 유행으로 치부하는 시선도 없지 않다. 그러나 근대성의 탐색은 다음과 같은 인식을 통해 가능하지 않았던가. 자본주의로의 이행과 민족국가의 형성으로 수렴되는 목적론적인 거대 담론은 사람들이 겪은 고통과 해방의 경험을 정언명령적 주체성의 서사 속에서 용해시켜버린다, 라는. 실천이 고통에서 연원한 해방의 기획이라면, 급선무는 그 고통을 거대 서사에 복무하는 유용성의 틀로 환

---

28) 성/젠더와 관련하여, 불평등과 권력의 문제를 담론의 문제로 축소시키는 포스트모던 이론에 대한 비판은, 데니스 올트먼, 이수영 역, 『글로벌 섹스』, 이소출판사, 2003 참조.

원시킨 여타의 기제들에 대한 비판이다. 탈식민주의에 대한 비난처럼, 이러한 작업이 서양/동양, 남성/여성, 문명/야만과 같은 근대가 산출한 이항대립 도식을 더욱 견고하게 제도화하고 승인할 위험이 없지 않다. 허나, 젠더적 관점의 연구를 여성 연구자들의 할당영역으로 분할하려는 학계 내의 성 역할 구도가 그 위험을 현실화시키는 장본인이 될 수도 있다. 과문한 탓이겠으나, 내가 이 글에서 살펴본 논문 대개가 여성 연구자들의 것이다. 그녀들에게 말을 거는 일, 그것이 실천이다.

소설의 정치학과 민족 동일성에의 욕망

1. 한국 근대문학의 중개자

　기상천외한 공놀이 이야기로 말문을 틔워보겠다. 그것은 공놀이이긴 하지만 그 공 대신에 공기와 털뭉치로 채워져 있는 책을 사용했다. 그런데 이 경기에서 이긴 사람은 기뻐하지 않았고, 진 사람도 상심하지 않았으며 모두가 불평하고, 투덜대고, 악담을 퍼부었다. 놀라운 것은 그 책은 한 번 사용하면 소용이 없어졌다. 르네 지라르는『낭만적 거짓과 소설적 진실』에서『돈키호테』2부에 나오는 하녀 알티시도라가 목격한 이 악마적인 폼(테니스의 전신인 운동경기) 경기는 이중 간접화에서 모방이 지닌 상호적 성격과 '주체—중개자', '중개자—주체' 사이에서 일어나는 욕망의 왕복운동을 어김없이 보여준다고 말한다. 소박한 비유의 위험을 무릅쓰자면, "한번 칠 때마다 쓸모없어진 책들과 새로운 책들이 늘어났다"는 이 공놀이의 상황은 우리가 놓인 독서 환경이자 독서 행위의 성격, 나아가 이론과 사상의 수용과 폐기의 성격과 비슷하다. 그것은 악무한의 과정이지만 결코 멈출 수 없다는 점에서 그러하다. 『근대의 서사시』(프랑코 모레티 , 조형준 역, 새물결, 2001)와 『낭만적 거짓과 소설적 진실』(르네 지라르 저, 김치수·송의경 역, 한길사, 2001) 이 두 책이 우리에게 시사하는 바를 말하는 것은 그 안에서 우리의 욕망을 규정하는 것이다. 그런데 그 욕망의 대상이 아니라 그 대상을 욕망하도록 만든 중개자와 주체의 관계와 구조가 문제라는 지라르의 말을 일단 경청한다면, 어떤 부끄러움이 앞선다. 그것은 아마도 근대문학, 그중에서도 근대소설을 연구하는 입장에 놓인 필자로서는, 한국 근대문학의 중개자는 누구인가 혹은 무엇인가를 떠올리게 되지만 그 정체를 정작 토로하고 싶지는 않기 때문일 것이다. 한국 근현대(문학)사에서 그 정체를 밝히고자 했던 자들은 내재적 발전론자가 되거나 이식론자, 아니면 그 둘을 싸잡은 근대주의자의 낙인이 찍혀 온 것도 사실이다. 그것은 이제 그리 두려운 일이 아니나, 필자의 부끄러움의 심리에는 복잡한 사정이 하나 더 개입된다. 한국근현대문학사이건 한국근현대사이건 간에 이들이 기본적으로 "민족"이라는 고정 불변의 상수항을 둔 서사, 그러니까 민족 서사(national narrative)라고 한다면, 응당 소설을 떠올리지 않을 수 없는 사정이 그것이다. 모레티가 『근대의 서사시』에서 밝힌 소설의 역사지리학에 따르면, 소설은 근대 민족국가(nation-state)라는 한정된 영토를 거느리며, 민족 정체성의 구성 요구에 복무한다. 이것이 부끄러움의 근원이라면, 나는 지금 『근대의 서사시』를 중개자 삼아 무모하게도 한국 근대문학에서 근대의 서사시—민족국가가 아니라 훨씬 더 넓은 실체, 즉 대륙 또는 전체로서의 세계체제를 지리적 참조 틀로 갖고, 비동시대성의 동시성을 현현한 성스러운 "세계텍스트"를 욕망하고 싶은 것인지도 모르겠다. 요컨대, 이것들은 적용할 수 없거나 이 땅의 사류(史流)들을 폐기할 것을 요구하는 텍스트들인 것이다.

2. 세계체제—세계텍스트 vs 민족—소설

민족은 "상상된 공동체"라는 베네딕트 엔더슨의 주장에 대해 적지 않은 불편함을 느껴온 우리에게는 프랑코 모레티의 『근대의 서사시』 또한 편치 않은 텍스트임은 분명하다. 베네딕트 엔더슨은 『상상된 공동체』에서 서로 본 적도 들은 적도 없는 사람들이 서로를 일정한 공간과 동일한 시간을 살고 있는 자들, 즉 공동체의 일원으로 간주하게 만들고 어떤 유대감을 불러일으키는 역할을 한 것이 신문과 소설이라고 주장한다. 『근대의 서사시』에서 저자의 주장에 따르면, 세계텍스트와 여러 모로 대조되는 소설이란 민족 국가라는 중심에 이야기를 고정시킨다. 소설과 민족의 결부는 많은 사람들이 교과서로 삼아온 루카치의 『소설의 이론』이나 바흐친의 『장편소설과 민중언어』에서 보지 못했던 것이다. 더군다나 이 두 스승들은 근대에 서사시란 불가능하며, 소설이 '근대'의 주도적 장르라는 것을 탁월하게 논증하지 않았던가. 물론 모레티가 소설 장르의 주류성을 부정하는 것은 아니지만, 자못 당혹스러운 차원에서였다. "문학 장르는 동물의 종과 유사한 속성을 띤다. 모든 것이 동일한 비율로 재생산되는 것은 아니다. 어떤 동물은 소설처럼 수에 의존하며 들불처럼 번져간다. 또 어떤 것들은 소수의 표본에 모든 희망을 걸며, 상당히 오랜 기간 힘든 수태 과정을 거쳐야 비로소 태어날 수 있다. 지금 우리가 관심을 갖고 있는 작품들(세계텍스트)도 그러하다."(모레티, 22면) 즉 소설의 주류성은 소설이란 장르가 근대의 역사철학적 문제들을 다른 어떤 장르보다 심오하게 보여준다는 의미에서가 아니라, 양적인 차원이자 번식능력의 수준에서였다. 소설에 주도성이라는 원광을 부여해온 우리에게 착오가 있다면, 그것은 소설이라기보다는 근대에 대한 것인지도 모르겠다.

모레티가 근대의 서사시라는 형용모순의 개념을 제안할 수 있었던 것은 근대를 세계체제라는 분석단위로 바라보았기 때문이다. 모레티가 세계텍스트의 지리적 전망이자 분석의 시각으로 기대고 있는 월러슈타인의 세계체제론에 따르면, 사회변동은 민족(국민)국가가 아니라 (자본주의) 세계체제라는 단위를 통해서만 보았을 때만이 온당하다는 것이다. 그것의 시시비비를 가릴 능력은 없지만, 주목할 것은 『근대의 서사시』에서 저자가 월러슈타인의 세계체제를 언급한 것은 딱 두 번인데, 서문에서 '근대의 서사시'를 세계텍스트라고 명명할 때, 그리고 근대 세계체제의 특징을 서술한 부분을 인용한 부분에서라는 점이다. 모레티가 인용한 내용을 보자면, 근대 세계체제의 독특함은 세계경제가 500년 이상 살아남았지만 아직도 세계 제국으로 변형되지 않았다는 것이며, 이는 자본주의가 세계 경제가 하나가 아니라 복수의 정치 체제로 되어 있었기 때문에 번영을 구가할 수 있었다는 것으로 요약된다. 여기서 복수의 정치 체제란 다름 아니라 민족(국민)국가일 것이다. 말하자면, 이로써 세계체제—세계텍스트 / 민족 국가—소설이라는 도식이 성립할 수 있었던 근거는 저자의 세계체제론적 입장 안에 내포해 있었던 것이라고 할 수 있다. 도식의 왼쪽 항에 대해서는 잠시 제쳐두고, 오른 면 항을 살펴보고자 한다.

소설과 민족의 결부를 소설 장르 자체의 특성으로 볼 것인지에 대해서는 선뜻 동의할 수 없으나, 그러한 결부는 적어도 문학사 서술에서나 한 작품의 문학(사)적 의의를 판단하는 데 있어서 언제나 의식적이든 무의식적이든 기도되었던 일이다. 민족 서사를 구현하려는 문학사의 욕망에 대해서는 최근 국문학계에서도 여러 차례 논의되었다. 예컨대, 『민족문학사연구』 19호의 특집 「21세기에 구상하는 새로운 문학사론」에서 대개 민족국가 단위로 운위되어오던 기존의 한국 문학사에 내재한 "중심과 위계", "배제의 정치학"의 문제성을 제국주의 내지 식민주의 담론과의 연관성을 지적하며, 새로운 문학사 모색을 위한 문제의식을 제출했다.

이러한 문제의식을 문학사의 비중 있는 질료들인 소설이라는 장르 자체로 전환시키는 것은 그리 어렵거나 당혹스러운 일이 아니다. 『근대의 서사시』에서 모레티는 소설 장르 자체에 대한 언급은 많지 않다. 하지만 저자가 제안한 근대의 서사시에 대한 규정을 통해서 추측해보자면, 소설이란 장르는 통일적인 개인의 관념과 목적론적 플롯을 골격으로 갖고 있다. "소설 형식은 위대한 인간 중심주의적 장치들의 완벽한 복합체를 담고 있었다. 따라서 소설은 엄밀히 말해 보수적인 형식이 아니라 분명 완화시키는 형식이었다. 모더니티에 대한 상징적 브레이크"(모레티, 302면)라는 것이다. 모레티는 이러한 소설의 인간 중심주의를 다른 저서에서 성정소설과 관련하여 논증한 바 있다(*The way of the world : the Bildungsroman in European Culture*, Verso, London, 1987). 루카치 식으로 말하자면, 제2의 자연이 되어버린 관습과 사회적 형식을 어찌하였든 감당하고자 하고 화해하고자 하는 형식이 바로 소설이란 말이 된다. 여기서, 식민지적 근대성의 외상(trauma)에 대한 한국 근대소설의 대응방식은 어떠했는지를 생각해 볼 필요가 있겠다. 신형기는 사회적 분열과 갈등을 민족적 소명 의식 등을 통해 해소시키는 것은 우리 계몽기 소설의 한 유형이었으며, 민족적 소명감 자체가 확연히 드러나지 않지만 『만세전』에서 시도된 일상의 꼼꼼한 제시는 사회적 풍경의 세부를 채우고 시간을 동시화하는 방법으로써, 상상된 공동체를 환기시킨다고 지적한 바 있다.[1] 그 외에도 우리는 민족 정체성의 확보라는 목적론적 플롯을 가진 숱한 소설들을 열거할 수 있다. 목적론의 과잉이 소설의 형식을 파괴했다는 비판은 카프문학을 언급할 때 반드시 나오는 상투어가 되었을 뿐만 아니라, 반대로 순수문학과 모더니즘 소설의 전망부재를 탓하는 평가도 마찬가지 사정이다. 언뜻 이런 이율배반적인 평가들의 공통된 상수항은 부정의 방식이든 긍정의 방식이든 간에 바로 '민족적 비전'의 문제였다.

---

1) 신형기, 「민족 이야기를 넘어서」, 『당대비평』 13호, 2000년 겨울, 183~184면.

리얼리즘과 모더니즘의 회통(會通)이 제기되면서 역사가 문학에 가한 상처와 문학이 역사에 가한 상처는 적어도 문학사적 차원에서는 치유되고 있는 것처럼 보이지만, 그것 또한 '민족'문학의 경계와 외연을 넓히는 방식일 수 있음을 상기할 필요가 있다.

 민족적 버전을 초과하는 시간의 재발견, 이것은 새로운 문학사 서술에 있어 핵심적인 과제이다. 그런데 『낭만적 거짓과 소설적 진실』에서 르네 지라르는 시간을 되찾는다는 것 자체가 자신의 자존심을 좀 깎는 일이고 말한다. 지라르에 따르면, 자신의 자발성과 열정에 기초한 욕망의 추구가 실상은 타인(중개자)의 그것을 모방한 것이었음을 인정하는 것, 그것이 프루스트가 『잃어버린 시간을 찾아서』에서 보여준 소설적 진실이다. 낭만적 비평은 자아와 타인들 간의 이원론이라는 자율성의 신화에 사로잡혀 있다고 비판하는 지라르는 궁극적으로 인간중심주의에 깊은 회의를 보낸다. 바로 여기서 "근대의 서사시"의 수동적이고 비행동적인 영웅과 지라르의 소설적 진실은 만나고 있다. 인간중심주의에 기초한 자율적 개인이라는 가정을 부인하자는 것이다.

 먼저 모레티의 편에서는 통일적 개인이란 더 이상 가능하지 않은 것이었다. 그가 말하는 세계텍스트의 영웅의 역능은 능동적이고 자율적인 행동 때문이 아니라 마치 리셉터처럼 모든 것을 빨아들이면서도 거기에 위계를 세우지 않는다는 것 때문이다. 예컨대, 바흐친의 다성성을 인간중심주의의 흔적이 여전히 남아 있는 것으로 간주하면서, 인간 중심주의의 붕괴를 여실히 보여주는 조이스적 다성성을 내세우는 식이다. "조이스적인 다성성의 언어들이 더 이상 구체적인 주체들에 의존하지 않고 이렇듯 저절로 말하는 것은 그것들이 모두 제도적 언어들이 되어 '교회', '학교', '저널리즘', '광고'의 철저하게 객관화된 규범들을 따르고 있기 때문이다."(모레티, 304면) 모레티는 이러한 비인격화를 보여주는 조이스적 다성성을 현대 자본주의 경향을 복제한 형식적 발전이라고 바라본다. 다른 한편, 지라르의 편에서는 자율성의 신화는 낭만적 거짓이며 단지 자본주의 근대사회의 기계적 복제(외적 강요)가 아니라 욕망의 구조적 정치학이 개입된 문제임을 이야기한다. 오히려 여기서 우리는 한국문학사 서술에서 익숙한 개인과 사회, 그리고 근대적 자아와 민족의 문제를 숙고해볼 기회를 만나게 된다.

3. 서로에게 사로잡힘―동일성의 폭력 기제

르네 지라르의 『낭만적 거짓과 소설적 진실』은 김윤식에 의해 『소설의 이론』(삼영사, 1978)이란 제목으로 일부가 번역되었고, 김현은 1980년대 초 한국에서의 폭력의 의미를 묻는다는 과제를 지라르에게 의탁하겠다면서 『르네 지라르 혹은 폭력의 구조』(나남출판, 1987)라는 저서를 통해서 지라르 이론의 수용 폭을 넓혔다. 지라르의 이론 모두를 살펴보거나 그 수용사를 훑어볼 여력과 능력은 없지만, 『낭만적 거짓과 소설적 진실』은 다분히 소설분석방법론으로 도구화된 감이 없지 않고, 자본주의 문화와 사회 병폐의 구조심리학을 제시하는 데 활용되어 온 것 같다. 욕망의 삼각형 도식을 이용해서 구인환은 『이광수 소설연구』(삼영사, 1983)에서 『무정』을 분석했고, 김윤식은 염상섭의 『만세전』에서 『삼대』에 이르는 과정을 중개자와 주체의 거리 문제로 해석하였다(『한국근대문학양식논고』, 아세아출판사, 1980). 욕망의 삼각형을 통한 사회현상 분석 또한 자본주의 상품소비주의에 주로 할애되었다.

그러나 지라르의 시야는 낱낱의 개인에게서만 서로가 서로의 욕망의 중개자가 되는 이중 간접화의 현상을 찾아내는 데 머물지 않았음을 상기하는 것이 지금 우리의 논의가 대면하고 있는 역사적 지평에서는 더욱 유효할 것이다. 지라르는 프루스트를 통해서 계급이 폐지되면 소외가 사라지리라는 마르크스주의에 반대한다. 저자는 물질적 가치 자체(외부에서 강요된 차이의 질서)도 결국 이중 간접화에 휩쓸린다고 주장한다. 지라르에 따르면, 프루스트의 작품의 사회학적 가치는 포부르 쟁—제르망—많은 논자들이 프루스트가 귀족계급에게만 관심이 있다고 힐난한 그 지점—을 통해서 "그(프루스트)는 우리에게 개인의, 직업의, 한 국가의, 심지어 국가들 상호간의 삶에서도 추상 개념이 승리한다는 사실을 보여준다. 그는 세계대전이 20세기에 일어난 국가들 간의 마지막 충돌이 아니라 최초의 추상적인 대충돌이었음을 밝히고 있다. 요컨대, 마르셀 프루스트는 형이상학적 욕망의 역사를 스탕달이 포기한 지점에서 다시 시작한다. 그는 이중 간접화가 국경을 뛰어넘어, 우리가 오늘날 발견하게 될 세계적 규모의 차원을 획득하고 있음을 보여준다."(지라르, 304면) 지라르가 보기에는 제국주의의 식민지 쟁탈전쟁 그리고 민족해방투쟁은 국가들이 서로에게 사로잡혀 있는 이중 간접화에 지나지 않는다. "개인의 매혹이 개인주의를 야기하는 것과 마찬가지로 집단의 매혹은 '집단적 개인주의'를 만들어내며, 그것은 국가주의 · 국수주의 그리고 자족정신(自足精神, esprit d'Autarkie)이라 지칭한다. 개인주의 신화와 집단주의의 신화가 동류인 이유는 동일자의 동일자에 대한 대립을 항상 은폐하기 때문이다. 자신이고자 하는 의지와 마찬가지로 자신들끼리이고 싶어 하는 의지는 타인이 되고자 하는 욕망을 숨기고 있다."(지라르, 291면)

자율적 개인 또는 근대적 자아란 자기동일성의 원천이 오로지 자신에게만 있을 때 성립한다. '민족'을 우리가 상정할 때도 마찬가지의 자율적이고 자기 동일적인 실체를 가정하게 된다. 그런데 자율적 개인이란 실상 타인을 끊임없이 모방하면서도 그것을 숨기려고 기도하는 주체의 기만적인 허상임을 인정한다면, '민족' 그리고 민족 정체성 또한 모방의 욕망을 숨기고 있는 자율성의 신화라고 할 수 있다. '민족'이란 것을 엄연한 실체로 간주하든 상상된 공동체로 간주하든 간에 민족은 늘 복수적이다. 그 민족이 일국적 단위를 넘어서 EU라든가 동아시아로 자기 영토를 확장한다고 해도 복수적이라는 사실에는 변함이 없으며, 모방의 내용에만 차이가 생길 뿐이다. 따라서 이러한 중개자와의 관계에 눈감고, 배제되었던 다양한 계급·계층·성·세대·지역별 정체성을 포함시켜 민족의 외연과 경계를 넓힌다는 것은 그야말로 '민족'이 갱신된 중개자를 모방할 뿐인 형이상학적 욕망에 다름 아니다. 즉 더 많은 타자들을 끌어들인다고 해서 자기동일성의 준거인 '민족' 자율성의 신화가 해체되는 것은 아니다. 이러할 때 오히려 차이는 훨씬 더 큰 강제에 의해 억압되고 은폐될 뿐이다. 이를테면, 동아시아론의 구조 속에서 모든 차이는 '민족적' 차이 안으로 빨려들어 갈 수 있는 것이다.

4. 민주주의와 '민족'

속화된 세계란 성스러움의 원천이 사라져버린 세계인 것 같지만, 오히려 성스러움의 원천이 너무나 가까이 있고 우리와 똑같은 얼굴을 하고 산재하고 있는 세계라는 것이 지라르의 진단이다. "사람들은 서로에게 신으로 비치게 될 것이다."(지라르, 183면) 이는 결코 초역사적 잠언이 아니다. 지라르는 세르반테스의 『돈키호테』에서부터 스탕달의 『적과 흑』 그리고 도스토예프스키의 『지하생활자의 수기』, 프루스트의 『잃어버린 시간을 찾아서』까지의 과정, 즉 외면적 간접화에서 내면적 간접화, 그리고 이중 간접화로 이르는 과정에는 군주제의 붕괴와 민주주의의 도래가 놓여 있다고 본다. 증가되는 평등성과 중개자의 접근성은 정비례하기 때문이다. "평등을 향한 열정은 그와 역대칭인 불평등을 향한 열정이 아니라면 그 무엇도 극복할 수 없는 광기이다."(지라르, 205면) 이렇게 하여 지라르는 민주주의에서 전체주의의 기원을 발견한다. 민주주의 문제는 모레티의 『근대의 서사시』에서도 바흐친의 다성성 개념을 전복시키는 데 중요한 준거로 작용한다. 어떤 의미에서, 민주주의에 관한 이 두 저자의 논의는 그들의 헤아리기 어려운 정치적 입장을 언뜻이나마 보여준다는 점에서 주목할 필요가 있다.

멜빌과 휘트먼 그리고 플로베르, 이들은 모레티에 의하면 다성성에서 시작해서 독백주의로 끝나는 대표적인 작가들이다. 예컨대, 휘트먼의 시는 단편, 무질서, 고유명사들의 매력, '만물 민주주의', '사해동포주의' 등을 만들어낸다고 지적한다. 이는 모레티에 따르면, 비동시성의 세계이자 축소된 세계인 미합중국의 기원과 맞닿아 있는 휘트먼의 시는 세계의 다양성을 재현할 수 없도록 만드는 엄격한 형식들에 속박되지 않기 때문이다. 그런데 이러한 많은 목록들은 그것들을 하나로 묶어주고 그것들에 의미를 부여해주는 형식에 종속된다. 즉 만물 민주주의 뒤에 통제와 감시의 시선이 있다는 것이다. "휘트먼의 시에는 타자가 들어간다. 하지만 복화술사의 인형처럼 들어갈 뿐이다. 사이비 타자인 셈이다. 간단히 말해 여기서도 독백주의가 나타난다. 하지만 스스로를 부끄워해 다성성으로 분장하는 독백주의이다. 말하자면 민주주의적 독백주의인 것이다."(모레티, 116면) 한편, 플로베르의 『부바르와 페퀴셰』는 이야기와 화법 간의 구별 자체를 지워버리는 무수한 상투어의 집적, 그리고 누가 말하는지 분명치 않아 결국 단 하나의 목소리로 드러나는 양상을 띠면서, 평범함과 민주주의의 연결고리를 보여준다고 주장한다. 여기서 바흐친의 명제는 전복된다. "다성성과 민주주의 사이에는 선천적인 결연 관계가 있다는 바흐친적 명제와 반대로 민주주의의 등장은 독백론적 경향을 조장한다고 할 수 있다. 무수히 많은 다양한 문화들이 아니라 공동의 문화 말이다."(모레티, 125면) 바흐친과 관련해서는 논란의 여지가 많은 대목이지만, 멜빌과 휘트먼, 그리고 플로베르가 위치하고 있는 역사지리학을 떠올려보면 의도는 명백하다. 즉 에릭 홉스봄이 『1780년 이후의 민족과 민족주의』(강명세 역, 창작과비평사, 1994)에서 이미 보여주었듯이, 민족

국가 형성과 성립에 있어서 전범으로 꼽았던 미국과 프랑스가 문제다. 모레티는 이 민족 국가들은 더 동질적으로 돼가며 따라서 점점 덜 다성적으로 돼가고 있다고 말한다. 모레티의 이러한 주장 속에서 궁극적으로 세계텍스트의 지리학을 반(半)주변부로 삼게 되지만, 지라르 또한 민주주의의 트라우마를 스탕달과 플로베르(프랑스) 그리고 토크빌(미국)을 통해서 보고 있다는 것은 흥미로운 지점이 아닐 수 없다.

생각컨대, 피식민 민족에게 있어서 민족주의는 세계 시민권 획득을 위한 노력, 즉 세계 민주주의의 실현을 위한 고투였다고 해도 틀린 말은 아니다. 또한 현재의 논의 또한 한국 민족주의와 그 운동의 전개과정에는 민주주의가 결여되었음을 지적한다. 더 직설적으로 말하자면, 군사적 경제적 패권주의만 아니라면 적어도 미국식 민주주의에는 배울 것이 많고, 대혁명의 역사를 가진 프랑스 또한 우리에게 모범일 수 있다는 것이다. 형식적 민주주의가 아니라 내용적 실질적 민주주의의 실현은 여전히 이 땅에서는 염원인 것이다. 이러한 반향은 민족의 경계와 외연을 넓힘으로써 민족문학을 갱신하고자 하는 노력에도 나타나 있다. 그러나 보다 근본적인 차원에서 이 또한 동일화의 페러다임이라는 것을 지라르와 모레티의 책은 말해주고 있다. 이쯤에서 우리는 민주주의의 주체를 "(인종, 성, 종교, 부, 사회적 지위를) 막론한 모든 사람"이라 규정한 모든 민주주의 선언문과 데카르트의 코기토에 이르는 과정의 구조적 상동관계를 지적한 지젝을 상기해 보아도 좋을 듯싶다. 지젝은 이 '막론한' 속에서 작동하는 폭력적인 추상화 행위를 간파해야 한다고 주장한다. 그에 따르면, 민주주의는 언제나 민족—국가라는 '병적인' 사실에 묶여 있으며, 그것은 '전부는 아님(not-all)'의 논리가 작동하고 있다. 즉 모든 사회적 차이의 이상적 차등화, 민주주의의 주체인 시민적 산출은 오직 어떤 특수한 민족적 대의에의 복무를 통해서만 가능하다는 것이다.[2]

5. 시간을 되찾는다는 것

모레티는 세계텍스트는 비동시대성의 동시성, 중심부와 주변부을 뒤섞은 혼종적 정체성을 구현하고 있는 반(半)주변부에서 탄생했다고 말한다. 반주변부. 중심부도 아니고 주변부도 아니지만, 그것을 반 '주변부'가 아니라 반(半)'중심부'로 읽고 싶어진다. 분명 필자와 한국 근대문학의 내셔널리티에 부과된 역사지리학 때문이다. 모레티는 반주변부적 입지를 강화함으로써, 영국과 프랑스 그리고 미국 중심의 서구 중심주의에 반기를 들고자 했지만, 안타깝게도 근대의 서사시는 여전히 우리에게는 이름만 바꾼 세계문학으로 다가온다는 것이다. 마술적 리얼리즘으로 제3세계, 즉 주변부 문학의 위대한 가능성을 보여줬던 마르케스의 『백년의 고독』은 유럽의 노스탤지어를 야기함으로 정전의 지위를 부여받게 되었다는 모레티의 분석에 이르러서는 솔직히 어떤 절망감을 느꼈다. 『근대의 서사시』는 줄곧 중심부와 반주변부를 오가다가 '에필로그'에 이르러서야 주변부의 비밀을 밝혔던 것이다. 모레티에 의하면 그것은 피고(정복자)에게 희생자가 사면권을 주는 것이며, 지라르 식으로 말하자면 주변부의 문학은 중심부의 문학을 모방했을 뿐이며 그것을 대립으로 은폐했을 뿐이다.

『근대의 서사시』와 『낭만적 거짓과 소설적 진실』을 필자는 민족 동일성에의 욕망이 담긴 소설의 정치학에 대한 문제제기 차원에서 읽어보았다. 어쩌면 해체주의자와 구조주의자의 저서를 같은 층위에서 바라본다는 것 자체가 무모하며 가당치 않은 일일지도 모른다. 그런 욕심 때문에, 『근대의 서사시』의 쟁점적인 모더니즘의 폐기, 문학 진화론이라는 발상, 근대의 서사시라는 형용모순의 장르 또는 형식의 문제에 대

---

2) 슬라보예 지젝, 김소연·유재희 역, 『삐딱하게 보기』, 시각과언어, 1995, 320~325면.

해서 다루지 않았으며, 『낭만적 거짓과 소설적 진실』은 그야말로 문제
설정 차원에서 읽어버렸다. 하지만, 이러한 무례는 서구 중심주의적 휴
머니즘에 대한 비판이 근대성 담론으로부터 제기된 지 십수 년이 되었
음에도 불구하고, 여전히 우리는 자기동일성의 신화에 사로잡혀 있는
것은 아닌지 하는 기우에서였다. 우리에게 낭만적 거짓이 아니라 소설
적 진실이란 어떻게 해서 가능한 것인지는 더 두고 생각해봐야겠지만,
자아와 타자, 개인과 사회라는 익숙하고도 견고한 이원론을 극복하고
우리 안의 타자들을 찾는 것이 요청된다. "시간을 되찾는다는 것은 대
부분의 사람들이 진실을 피하는데 삶을 바치고 있다는 진실을 받아들
이는 것이며, 자신에게 마찬가지로 남에게도 독창적으로 보이기 위해
언제나 타인들을 모방했음을 인정하는 것이다. 시간을 되찾는다는 것은
자신의 자존심을 좀 깎는 일이다."(지라르, 84면)

4^부

쓰여진 혹은 유예된 광기

최윤 론

1. 저자의 위치

『폭력적 시학—무명 아나키스트의 전기』, 「가난이라는 소외의 탈역사적 경향에 대한 반성」, 『우리 시대의 언어 사회학 강의』, 「닿을 수 없는 강」, 『얼굴 없는 시인들』, 『뇌의 역사』, 『팽나무 집의 주말』, 『첼로와의 만남』, 『여섯 시 반의 희망』, 『소리 그림자』, 『밤에 문을 두드리는 당신은 누구』, 『신화 마을』, 「바람국화에 대한 모든 것」, 「산톱껠껄이의 유전자 연구에 따른 학명 제정의 필요성」, 「크리잔테움 물티오도라툼 바파의 생리학적 접근」, 『바람국화 연구』……
—알 수 없는 책의 목록들

위 책들이나 논문의 목록을 포탈 정보 사이트나 도서관에서 찾으려는 시도는 아마도 헛될 것 같다. 『겨울, 아틀란티스』를 통해 소설에 대한 소설을 시도했던 작가답게 최윤은 자신의 소설 속에서 알 수 없는 책들의 목록, 그리고 무엇인가를 기록하고 재현하고자 하는 사람들을 여기저기 부려놓았다. 『겨울, 아틀란티스』의 장기영, 『너는 더 이상 너가 아니다』에서 「닿을 수 없는 강」이라는 책의 저자로 등장하는 나화영과 같은 소설가에서부터, 자신의 기억만으로 남의 글을 애써 옮기려는 「회색 눈사람」의 강하원, 세상의 모든 편지에 답장을 할 것 같은 하나코와 같은 여자, 「판도라 상자」의 벽화 그리는 사람, 소음이라 할 만한 것들을 녹음하는 청년, 심지어는 호흡 소리와 물방울 소리를 녹음하여 음악을 만드는 여자 등에 이르기까지 다양한 기록자들을 만나게 된다.1) 더 나가보자면, 『겨울, 아틀란티스』에서 이학이 한진영을 미행하거나 추적하는 일이 종국에는 장기영의 글을 베껴 쓰고, 나아가 소설을 쓰는 일과 겹쳐지듯이, 「저기 소리없이 한 점 꽃잎이 지고」에서 소녀의 행방을 되짚어가려는 청년들의 행위나 「전쟁들—숲속의 빈터」에서 광인의 출현에 드리운 베일을 마을에서 일어난 총기난사 사건의 진상을 통해 벗겨 나가는 젊은 동거 남녀의 행위 또한 일종의 기록하는 행위에 견줄 수 있다. 더불어 최윤의 소설에는 책들을 정리하고 읽는 사람들도 빈번하게 등장한다. 「너는 더 이상 너가 아니다」에서 아버지의 느닷없는 죽음을 맞닥뜨려야 했던 박철수는 아버지의 수첩과 무수한 기록들, 우편물들을 들춰낸다. 「당신의 물제비」에서 '나'는 민박사의 녹음기록을 문자로 옮기고 그의 논저들을 정리한다. 「회색 눈사람」에서 비합법 출판물을 만드는 인쇄소에서 일했던 '나'는 세월이 흐른 뒤에도 한 노교수의 『우리 시대의 언어 사회학 강의』 집필을 위해 자료를 조사하고 정리하는 일을 맡는다.

---

1) 이 글에서 살펴볼 최윤의 작품은 다음과 같다. 이후로 인용출처는 해당 책을 의미하는 로마자와 면수로만 본문에 표기한다. I.『너는 더 이상 너가 아니다』(장편), 민음사, 1991; II.『저기 소리없이 한 점 꽃잎이 지고』, 문학과지성사, 1992; III.『속삭임, 속삭임』(소설집), 민음사, 1994; IV.『겨울, 아틀란티스』(장편), 문학동네, 1997; V.『열세 가지 이름의 꽃향기』, 문학과지성사, 1999.

이렇게 보자면, 최윤의 많은 소설은 텍스트에 대한 텍스트의 성격을 띠고 있다고 해도 좋을 것이다. 작중의 다양한 텍스트와 그 텍스트를 마주하고 있는 인물과의 관계와 개입 양상을 밝히는 텍스트가 이야기 (narrative)가 되며, 그 이야기가 최윤이란 저자를 떠올리게 만드는 소설이다. 작중의 텍스트는 언제나 완성된 무엇으로 혹은 완결된 어떤 것으로 제시되는 법은 없다. 「회색 눈사람」에서 '나'가 구상해 본 「가난이라는 소외의 탈역사적 경향에 대한 반성」처럼 아직 태어나지 않은 미완의 텍스트이거나, 『겨울, 아틀란티스』의 장기영의 소설처럼 완성되었다하더라도 책에서 밑줄 그어진 부분을 도려낸 듯 분절된 상태로, 아니면 「속삭임, 속삭임」에서 아재비의 노트나 『너는 더 이상 너가 아니다』에서 아버지의 메모들처럼 명명조차 힘든, 체계화되지 않은 어떤 것으로 제시될 뿐이다. 바로 이러한 미완결성, 분절성, 비체계성 자체는 작중의 텍스트와 그것에 대한 서사 텍스트, 즉 두 개의 텍스트에 개입되어 있는 작중의 기록자 혹은 독자가 처해 있는 위치의 성격과도 상통한다. 단적으로, 「회색 눈사람」에서 "'나'(강하원—인용자)의 글쓰기가 김희진의 부재를 채워가는 글쓰기, 그녀(김희진—인용자)의 죽음을 글로써 살려내는 글쓰기"[2]듯이, 그들 앞에는 대부분 실종이나 망각—혹은 기억의 억압, 죽음, 소멸이 야기한 어떤 부재하는 것이 놓여 있다. 「회색 눈사람」, 「벙어리 唱」에서부터 「속삭임, 속삭임」, 「워싱톤 광장」, 「그의 침묵」 등의 작품, 그러니까 주로 화자의 독백체로 이루어진 소설에서, 그들은 많은 경우 "타인의 숨은 삶의 증인"(III, 108면)이란 자격을 부여받으면서, 그 타인의 지워진 과거 내지 행방을 복원해 내는 전통적인 소설의 문법을 따르는 듯이 보인다. 하지만 "너는 더 이상 너가 아니다"라는 명제가 "너는 너 아닌 다른 모든 것일 수 있다"는 명제로 전환될 수 있듯이, 부재하는 것이 살아낸, 살아냈던 정체성의 성격은 형용할 수 없는 것이다. 그래서 「창밖은 푸르

---

2) 김용희, 「아틀란티스는 없다」, 『문학과 사회』 40, 1997년 겨울, 1677면.

름」에서 정수는 어떻게 해도 모양을 갖추지 않는 퍼즐판을 앞에 놓고 이렇게 말한다. "대체 어찌 된 셈이지. 적의 모습이 보이질 않아. 아무리 조각을 맞춰봐도 나타나질 않는군."(V, 266면) 이에, 역설적으로 부재하는 것에 대한 호출은 더욱 강박적인 형태를 띨 수밖에 없다. 그것은 실체라기보다는 끊임없이 갖가지 방식으로 불러들이는 아우라로 존재하기 때문이다. 지사에 존재하지 않는 바람국화의 탄생과 소멸을 다룬 설화적인 작품의 제목이 「열세 가지 이름의 꽃향기」인 이유도 여기 있다.

2. 바람국화'들'―명명을 둘러싼 비밀

최윤의 소설은 인간의 척도와 규범에 의해 만들어진 지상의 좌표에는 온전한 위치를 차지하지 못하는 존재들, 바꿔 말하자면 단 하나로 이름 붙일 수 없는 존재들을 증언한다. 그 방식은 명명행위를 통해 이뤄지는, 즉 사물을 객체화시켜 분류하고 체계화하여 주체의 관할권에 포섭시키는 계몽의 전략을 전복시키는 데 있다. 최윤은 「열세 가지 이름의 꽃향기」와 「하나코는 없다」 등을 통해 바로 이 명명행위의 폭력성 문제를 다룬다.

「열세 가지 이름의 꽃향기」는 명명을 둘러싼 욕망과 그것 때문에 야기된 존재의 소멸에 대한 이야기다. 이 소설은 '북극'이라는 역설적 피안에서의 실존을 자신의 환각을 통해 실연하는 남자 바이와 손에 닿는 모든 나무와 꽃들에게 생명력을 선사하는 여자 파랑손, 그리고 그들이 피워낸 꽃에 대한 설화적인 이야기다. 바람국화가 탄생하기까지의 이야기는 초인간적인 성스런 존재의 탄생신화와 비슷하다. 파랑손의 할머니가 죽으면서 남긴 꽃씨(수정란)를 그 둘은 늦은 가을에 뿌려 놓고 동면의 짐승들처럼 긴 겨울잠(수태)을 자고 난 후 깨어나 보니 꽃씨는 꽃봉오리를 틔웠다(탄생). 이렇듯, 바이와 파랑손이라는 초인간적인 존재 사이에서 그 꽃은 그 둘의 자식인 듯이 태어난다.

그런데 모든 생명의 근원인 태양을 거역하여 세찬 바람 속에서만 살 수 있는 이 꽃의 이름짓기 자체가 파랑손과 바이에게는 어떤 망설임을 동반하는 석연치 않은 행위였다. 그래서 그들이 단 하나의 꽃 이름보다는 갖가지 꽃향기에 걸맞은 각각의 이름을 붙이는 일에 열중한다. 명명한다는 것의 폭력성은 K, L, M 등 학자들의 바람국화를 둘러싼 학명전쟁에서 잘 드러난다. 암투를 방불케 하는 학명전쟁은 이름이라는 것은 명명되어질 것에 귀속되는 것이 아니라 언어의 주인인 명명자의 욕망이 투사된 자의적인 분류체계에 의해 우연히 도출되는 것임을 보여준다. 즉 명명한다는 것은 하나의 이름이라는 편리한 형태로 간직하기 위하여 명명되어진 것을 분리하는 폭력이다. 또한 이름이 존재에 대한 권위적 증빙이 되는 이상, 존재는 담론의 역학관계에 의해 대체가능한 것이 되며 나아가서는 비존재로 전락할 수 있다는 것을 증언한다.

> 향기의 비결을 묻는 사람들에게 물에 섞는 모든 것을 나열해주려면 한나절이 걸려야 했고 설령 그랬다 해도 소용이 없었다. 그녀의 기억이 자주 뒤섞이기도 했거니와, 대부분의 사람들은 조금씩 다른 향기의 차이를 냄새 맡을 수 없었기 때문에 아무도 파랑손의 말을 믿지 않았다. (V, 72면)

더욱이 어떤 이름이라 해도 그것은 명명되어진 것의 모든 속성의 통합적 준거가 될 수 없다는 사실은 바람국화는 무엇 한 가지로 소급될 수 없는 열세 가지의 향기를 지녔다는 것과 관련이 있다. 그 향기들의 기원자체는 파랑손조차 설명할 수 없는 것이다. 다만 각각의 향기가 물, 여뀌 풀 한 뿌리, 산시마 한 조각, 당귀와 촉새의 깃털 등 온갖 사물들의 조합에 의해 만들어졌다는 것에 주의를 기울일 필요가 있다. 이는 정체성이란 사물들의 관계성, 그리고 그것의 비체계성과 우연성에 의존해서 만들어진다는 것을 의미하기 때문이다. 그러하기에 바람국화의 어떤 한 향기만을 특화시켜 다른 것—향수·약 등—으로 대체하려는 것, 그 모든 것을 '학명'으로 추상화시키려는 것은 이타적(異他的) 정체성 내지 정체성의 복수성에 대한 억압에 다름 아니다. 고생대 낙원의 원시적 희열로 인도한다든가, 시간의 저편에 묻혀 있던 아스라한 기억을 되살려준다든가 하는 향기들의 효과는 선적인 시간의 배분에 따라 노동시간과 여가시간이 분리되고 관리되는 사회에 적대적인 영향력을 띤다. 따라서 바람국화가 소멸하는 과정은 도구적 합목적성에 의해 관리되는 사회에서 초월적 욕망이 억압되는 방식을 연상시킨다.

이타적 정체성과 그것의 억압방식의 문제는 비단 이 작품에 국한된 것만이 아니다. 「하나코는 없다」에서 '하나코'라는 이름짓기 과정과 그렇게 명명되어진 장진자의 정체성은 바람국화의 그것과 비슷하다. '하나코'라는 명명행위는 그들이 그녀에게 노래 부를 것을 강요한 그 사건 이후, 그리고 그녀가 더 이상 그들 앞에 나타나지 않은 이후에 성립된다. 그녀의 코의 모양에서 따온 '하나코'라는 명명은 그전에 그녀와 그들 각자의 관계, 그러니까 누구에게도 털어놓지 않았던 속내 이야기를 그녀에게만큼은 털어놓을 수 있었던 그들 각자와, 그들 각자의 편지에 꼭 답장을 해줬던 그녀와의 관계의 그 무엇도 말해주지 못하는 그런 명명이었다. 다시 말하건대, 명명한다는 것은 명명되어진 것을 분리하는 폭력이다. 그녀의 부재라는 상황 속에서만 그 별명이 불린다는 것보다 이를 극명하게 증언해주는 사실은 없다. "알면 참 기분 나빠할 거야." "알 리가 없잖아."(V, 34면) 무엇보다 하나코라는 집단적 명명행위는 그들 각자와 그녀의 관계를, 그 내밀하고 섬세할 수도 있었던 관계들을, 거기에서 맴돌았던 희구와 욕망들을 단일한 공동기억(comemoration)으로 만듦으로써 봉합하는 것과도 같다. 그녀에게 각자 받은 편지를 서로에게 전리품을 과시하듯 게걸스럽게 읽어주는 유행과 그녀에게 하나코라는 별명을 붙어주었던 시기가 비슷하게 맞물리는 것은 이 때문이다.

그녀가 이성애의 관계로 완전히 포섭되지 않는 여성이었다는 것, 이것이 장진자와 그들 각각의 관계에서 드러난 공통된 특징이자, 그들이 그녀를 떠나가도록 내몬 원인이기도 하다. 이성애의 관계나 거기에 기초를 둔 가족관계만이 남녀간의 규범적인 관계형식이다. 이러한 관계형식들은 배타적 소유형식을 띠고 있기 때문에 상처를 입고, 입히기 쉽다. 그리고 소유형식의 관계는 대체가능하기도 하다. 또한 남성의 경우, 동성간의 우정관계도 사회적 경쟁의 낙인에 의해 그 결속력이나 소원함이 가감될 수 있다. 반면에 "하나코는 세상에 태어나 처음으로 그에게 편지를 쓰고 싶은 욕구를 불러일으킨 여자였다." "하나코와는 자존심이 상할 일이 없었다. 하나코와는 일이 덧나도 별 두려움이 없었다."(V, 28면) 말하자면, 그녀와의 관계는 소유나 경쟁 관계를 벗어난 어떤 것이었다. 그렇다고 해서, 완전히 성적 정체성이 배제된 관계라고 할 순 없다. 그들 모두 "무의식적으로 계획된 건망증"에 의해 그녀에게는 자신들의 결혼날짜를 알리지 않는다. 결혼이라는 규범적인 관계의 배타성에 의해 그녀가 거부되는 것은, 그녀와의 관계에서 은폐되었던 그 남자들 각자의 리비도의 방향을 보여준다. 더욱이, 그들의 모임에 그녀가 늘 대동했던 그녀의 여자 친구는 그들의 기억에 각인된 것조차 없을 정도로 망각된 존재로 나타난다. 이것은 중요하다. 그 여자 친구를 비가시성의 영역으로 몰아 부친 욕망은 남성적 이성애의 욕망이자, 여성들 간의 관계에 대한 적대성의 표출이라는 가정이 가능하기 때문이다. "지금은 이름조차 기억나지 않는, 하나뿐인 것 같은"(V, 43면) 예의 그 여자 친구는 하나코의 동업자이자 '동반자'임이 밝혀지는 대목에까지 이르면, 이 소설의 아주 깊숙이 숨겨져 있는 하위텍스트가 여성 동성애에 관한 것일지도 모른다는 생각이 들 정도이다. 여하튼, 하나코에 대한 그들 모임의 호출은 그녀가 그들 남성 동성사회의 안전판 구실을 하는 한에서였듯이, 이 여자 친구의 존재가 매번의 만남 속에서도 무시되고 사후에는 망각 속으로 은폐된 건, 남성들의 동성사회의 보존을 위한 의식적 무의식적 예방주사라고 할 수 있다.

그녀와 그 여자 친구에게 가해졌던 노래부르기의 강요는 그녀들의 타자성을 억압하기 위한 폭력이었다. 그들 남성들이 대학 졸업 후, 직업과 결혼을 통해 사회적 관계의 망에 점점 더 포섭되고 길들여질수록 그 망에 포섭되지 않는 그녀, 그녀와의 관계는 욕망과 금기가 뒤엉킨 불편한 것이 될 수밖에 없다. 노래 부르기의 강요는 그녀들을 남성적 질서에 승복시킴으로써 그 불편함을 해소하려는 집단적 히스테리라고 할 수 있다.

그녀들은 이 폭력에 미친 듯이 웃는다. 그리고 그녀들은 두터워진 어둠 속으로 사라진다. 바이와 파랑손이 학명 전쟁에 휘말려 소멸하게 된 바람국화의 운명에 동참하여 폭풍 속으로 사라지듯이. 최윤은 이들 작품에서 강요된 질서에 연루되기보다는 차라리 '부재'의 존재방식을 택한다.

3. 쓰여진 혹은 유예된 광기

부재는 상징적 질서로 편입될 수 없는 타자의 존재방식일는지도 모른다. 부재는 타자가 존재하는 방식 중 하나이며, 일정한 장소에서의 타자의 사실성과 대립하지만 타자 존재의 실재성의 부정을, 즉 무를 함축하지는 않는다.[3] 따라서 "하나코는 없다"라는 진술은 그녀에 대한 그들의 경험적 사실성에 대한 거부이자 실재성에 대한 증언이 된다. 이런

---

3) 서동욱, 「사르트르의 타자이론」, 『차이와 타자』, 문학과지성사, 2000, 197~198면 참조

표제의 진술은 작가 최윤이 지향하는 윤리적 지평을 보여주기도 한다. 비밀을 밝힌다는 건, 누군가의 삶의 증인이 된다는 건, 존재의 경험적 사실성을 전달하는 것이 아니라 바로 그 경험적 사실성에 의해 삭제되어버린 타자의 흔적을 감수하는 것이다. 그것은 '부재'의 가장 치명적이자 극단적인 형식인 '죽음'과 접속하는 위험과 고통을 동반하는 일일 수도 있다. 「저기 소리없이 한 점 꽃잎이 지고」의 '그'는 그래서 두렵고 고통스러울 수밖에 없었다.

  예쁘다거나 추하다거나 느낌조차를 무화시키는 다른 어떤 것이 무어라고 말로는 되어 나오지 않지만 이 작은 몸뚱어리가 머물러 있는 세상은 남자가 알고 있는 그것과는 전혀 다른 곳이라는 결정적인 느낌이 그의 본능적인 방어적 근육들을 수축시켰다. (II, 209면)

이 작품에서 소녀는 그에게 존재의 부재성, 부재의 실재성을 무섭도록 각인시키는 것이었다. 그가 소녀에게 가한 폭력은 존재의 확인을 위한 것이었다. 그러나 그의 무자비한 발길질과 강간에도 '섬뜩하게 하는 웃음'으로밖에 응답을 돌려주지 않는 소녀는 "해소도 쾌락도 없는 어두운 구멍의 심연 속"(II, 209면)이었다. 소녀가 머물러 있는 세상과 가장 근사한 것이 있다면 "전혀 다른 곳", 즉 죽음이며 광기이다. 그는 그래서 어떤 위협을 느낀다. 신체의 증상으로 나타나는 이 위협의 징후야말로 부재의 실재성을 말해주지 않는가.

  최윤의 소설에서는 광기와 죽음의 교환 내지 교착관계가 자주 등장한다. 「전쟁들―집을 무서워하는 아이」에서 남미 여행을 궁극적 삶의 목표로 삼아 남미 피리를 배우는 데 열정을 쏟았던 K씨 부부는 동반자살을 한다. 「창밖은 푸르름」의 경우, 죽음을 이야기하는 데 신들렸던 자살 클럽의 회원 토트는 자살을 한다. 이처럼, 열정은 광기의 가능성의 토대가 되며(푸코), 나아가 광기는 죽음의 매파가 된다. 이 하데스의 세계는 어떠한가. "그 지하 지대는 남자에게는 백색으로 보였다. 시신이 타고 난 다음의 뼛가루의 그 백색, 그러니까 이야기될 만한 고통거리마저, 타 버린 살처럼 제거된 곳"(II, 270면)『너는 더 이상 너가 아니다』에서, 온갖 사치스러운 물건에 집착하다 다이아몬드를 삼킨 채 자동차로 질주해서 자살을 한 나영희의 최종 정착지는 "세포분열의 마지막 단계에 무색, 무 취, 무형의 희열"(I, 163면)만이 남아 있는 곳, "백색 희열"의 지대였다. 그 녀를 장사지내고 남는 것이 있다면, 그건 "백색 희열의 결정(結晶)"일 것 이다. 그렇다면 죽음에의 유혹은 동요 없는 사물성에 대한 희구인가.

다행스럽게도, 최윤은 이 모든 광기와 죽음에 홀리지 않도록 도와준 다. 왜냐하면 이 모든 건 쓰인 광기이기 때문이다. 이 모든 광기와 죽음 을 증언한 자들은 '소녀'도, '토트'도 아니며 '나영희'도 아니다. "너 몰 래 맞춘 네 거처의 열쇠"(I, 204면)를 소유한 나영희의 언니 나화영이며, 그녀는 소설가이다.(「너는 더 이상 너가 아니다」) 그녀의 소설 「닿을 수 없 는 강」의 유화 부인과 강휘 정승의 만남은 언제나 유예상태이다. 만남 에 대한 가능성을 암시하면서도 그것을 늘 미래의 어느 날로 연기하는 건, '서신'이었다. 그 서신에 미래완료형으로 쓰였을 만남이 만남의 유 예이듯이, 쓰인 광기는 광기의 유예이며, 죽음의 보류이다. 광기를 쓴다 는 건 그걸 쓰는 자에게도 닥칠 수도 있는 광기와 죽음에 이끌리는 순 간을 미루는 것이며, 광기가 드러나기 전에 그걸 치유하는 것이기도 하 다. 광기의 유예, 그것이 글쓰기의 조건인 것이다. 광기와 죽음에의 미 혹이 "타성의 두꺼워진 각질을 뚫는"(「전쟁들-그늘 속 여인의 목선」, V, 164 면) 어떤 것이라 하더라도, 그건 미래의 '어느 날'일 뿐이다. 그러한 유 예 속에서, 독약은 잉크가 되어 서사를 낳는다.(『겨울, 아틀란티스』) 망자를 불러내듯 부재하는 것을 불러들인다 하여도, "그러나 이 밤만은, 마치 아무 일도 없었던 것처럼 말없는 산책을 계속할 것이다."(I, 214면)

그래서였을까. 「열세 가지 이름의 꽃향기」에서, 바이와 파랑손이 폭 풍 속으로 소멸해 들어가는 순간을 동반했던 것은 「트리스탄과 이졸데」

의 이중창이었으며, "창틀에 앉아 음악을 듣는 사람은 알 수 없었다. 그는 아무것도 볼 수 없었다."(V, 117면) 바로 이 사람이 바람국화의 탄생과 소멸의 내력을 기술한 이며 그 작업이 싸움이자 전쟁이라고 해도,[4] 그래도 그는 너무나 안전한 곳에 있는 것 같다는 느낌이 드는 건 무엇 때문인가. 그는 삶의 편도 죽음의 편도 그 사이인 광기의 편도 볼 수 있지만, 그 어떤 편에도 온몸을 던지진 않는다. 그는 자신은 볼 수 있지만 밖에서는 자신을 볼 수 없는 반투과의 벽 사이에 놓인 듯하다. 나는 그에게 말을 걸어도 소용없을 것만 같은 "완벽한 침묵의 질서"(I, 125면)를 느낀다. 이 "완벽한 침묵의 질서"는 실상 최윤이 우리에게 그 부재의 실재성을 느끼도록 원하는 타자들, 언어를 갖고 있지 않는 타자들에게서 유래한다.

4. 응답 없음의 나르시시즘

"그녀는 모든 얼굴들을 두서없이, 선택 없이 그녀의 핏속에 용해해서 녹음해 가지고 있을지도 모른다. 그녀의 몸은 감당하기 힘든 많은 얼굴들을 녹음해두느라 피폐해졌을지도 모른다."(II, 225면) 나영희는 수많은 물신(物神)들의 집합체로밖에 설명할 수 없으며, 그녀 스스로가 완벽한 물신이 되고자 했다. 최윤의 소설에서, 이렇듯 죽음에 근사한 광기는 어떤 인격화가 불가능한 타자들, 따라서 사물들 또는 익명들의 동거상태와 같다. 그런데 그 상태는 너무나 견고하고 무심하고 자족적이다. 이미 그녀들의 병은 정신적 삶에 있어 편안한 거주지가 되어버렸다. 병이 든

---

4) 정과리, 「나날의 전쟁 : 일상의 역사 만들기」, 『열세 가지 이름의 꽃향기』 V, 문학과 지성사, 1999, 306면 참조

다는 것은 우선 정신적 노력을 줄일 수 있다는 의미이며, 심리적 갈등 상황이 발생할 경우에 경제적으로 가장 편안한 해결책으로 나타난다. 즉 '질환으로의 도피'인 것이다.5) 따라서 그녀들에게 아무리 말을 건다고 해도 응답은 없다. 소녀의 "섬뜩하게 하는 웃음"이나 나영희의 "엷디엷은 미소", 말이 아닌 웃음과 미소만이 돌아올 뿐이며 그것마저 "대상 없는 미소"이다. "너는 이내 잔인하게 너에 대한 우리의 아픔에 무관심했다."(I, 208면) 소통 가능성은 그녀들에게 닫혀 있는 것이다. 백색의 지하 지대, 백색 희열의 결정(結晶)은 "완벽한 침묵의 질서"다. 그런 세계에서 소외되는 건 차라리 다반사의 일상을 살고 있는 나일는지도 모른다.

이것은 참으로 역설적인데, 모든 타자성의 수용자이기도 한 그녀들의 정체가 실상 사회적 제관계의 결들이 지워진 순수한 혹은 신비한 실체로 현시되기 때문이다. 굳이 그녀들의 희생양적 성격을 거론하지 않는다 하더라도, 순수성의 이미지는 폭력을 통해 주조되며, 폭력을 내재화하게 되고 만다. 소녀에게 가해진 성폭력이 "강가에서도 여러 번 파랑새가 부리를 틀고 내 몸속으로 들어왔어. 지금 내 몸속에는 수십 마리의 파랑새들이 제 각기 둥지를 짓고 살고 있어. 내가 눈을 감고 있으면 뱃속에서 머릿속에서 무수한 새 울음소리가 뒤섞여 내 몸에 경련을 만들 때도 있지"(II, 239면)라고 진술되듯이. 이렇듯 폭력이 몸속에 둥지를 튼 파랑새로, 파랑새의 울음소리로 은유되는 순간, 소녀가 '숲속의 빈터'와 같은 자연으로 수렴될 가능성 또한 배제될 수 없다. 양심의 가책을 야기하는 '꽃잎'이란 기표가 순수성의 표상으로 귀결되듯이, 도구적 합리성이 지배하는 세계에서 자연과 비이성은 오히려 그러한 낙인이 없는 순수한 것이라고 생각될 수 있다. 그러나 "순수성이란 결국 사회적인 억압이 인간에게 주입시킨 단자론적인 모습을 완고하고도 고집스

---

5) 프로이트, 곽세훈 역, 「도라의 히스테리 분석」, 『프로이트 전집』 10, 열린책들, 1997, 232면 참조.

럽게 주장하는 것이다."[6] 그녀들이 탈성화된 여성이라는 것도 이것과 관련이 있다. 소녀와 나영희는 욕망을 환기시키는 여성으로 현전하지만, 소녀는 그러한 욕망의 존재를 알지 못한 채 그것을 수용하기만 하며, 나영희의 욕망 또한 "무언의, 무목적인, 대상 없는 추적과 충족의 조용하고 끈질긴 비등"(I, 104면)으로 이야기될 수 있을 뿐이다. 그렇다면 그녀들은 누군가의 각인을 요구하는 텅 빈 용기, 아니 누군가의 기록을 요구하는 '텅 빈 텍스트'이지 않는가. 그것은 나의 몫일 수 없기에 나는 더 이상 멀리 나갈 수 없다.

카프카는 자신의 일기에 "살아 있으면서도 살아 갈 수 없는 사람은 자신의 운명에 절망하는 것을 다소나마 피하기 위해서 한편 손을 필요로 하지만 (…중략…) 그러나 그의 다른 손으로 그가 폐허 속에 본 것을 적을 수 있다. 타인과는 다른 것, 타인 이상의 것을 보기 때문이다. 그러면서도 그는 살아 있으면서 죽어 있는 참된 생존자다"라고 썼다. 최윤의 소설은 살아 있으면서 죽어 있는, 즉 부재의 방식으로밖에 살아갈 수 없는 존재들에 대해 증언한다. 허나, 고통스런 추방의 흔적이, 그리고 그걸 감지하는 비상한 시각이 소통가능성을 차단하는 봉인이지 않았기를. 아래, 소통을 위해 소녀를 애써 흉내 내는 남자의 미메시스는 독약이 들었다는 이학의 싸이어닌 블루 잉크(「겨울, 아틀란티스」)보다 내게는 더 감동적이다.

남자의 눈자위가 붉어지는 것을 보고 여자애는 밥알 담긴 입을 크게 벌리고 왁자하게 웃어젖혔다. 밥알이 쟁반에 튀고 남자 또한 여자애를 따라서 어깨를 들썩이면서 울면서 웃었다. 남자는 그녀와 똑같이 되어, 그녀 속에 들어가 어딘가에 망가진 장치가 있다면 그걸 고쳐주고 싶었다. (II, 242~243면)

6) 아도르노, 최문규 역, 『한줌의 도덕』, 솔, 1995, 217면.

훼손된, 없어진 육체의 그늘들

1. 육체라는 서사

인간의 육체는 탄생과 성장, 죽음과 소멸의 자연사(史)라는 내러티브를 담고 있다. 인간 육체를 대상으로 하는 소설의 연대기적 형식은 그것에 기반을 둬 창출되며, 이는 프로이트가 히스테리 분석을 통해 보여준 것이기도 하다. 연대기적 형식은 인간은 모두 죽음을 맞닥뜨려야 하는 육체적 존재임을 알려주며, 정신분석학은 정신과 의식이 망각한 것을 기억하고 있는 육체가 우리의 타자였음을 증언한다.

그런데 육체에 대한 서사, 아니면 육체를 텍스트화하는 것은 불가피하게 타자성의 문제를 제기할 수밖에 없다. 특히 타자의 표상을 창출하고 유포함으로써 이뤄지는 타자성의 억압과 배제 방식은, 그것이 육체를 어떻게 재현하는가의 문제와 맞닿아 있다. 인종주의나 여성혐오주의가 잘 보여주듯이, 특정한 육체의 표상 방식은 타자성을 육체 자체에 각인된 징후나 속성에서 유래하는 것으로 자연화시키며, 타자를 보여지기의 대상으로 전락시킬 위험이 존재한다. 많은 소설에서, 훼손되거나 불구인 비정상적인 육체가 그러한 이미지를 강요한 정상성의 규범에 의문을 가하면서도 이타적(異他的) 정체성을 다시 한 번 표상의 차원으로 붙박아버릴 위험이 있는 것 또한 이 때문이다.

육체의 텍스트화는 이렇듯 균열과 봉인, 해방과 억압의 이중주(二重奏)의 긴장을 얼마나 버텨내느냐에 따라 진정성의 열도가 달라질 수 있다. 이천삼년 봄, 문예지에 실린 많은 소설들이 공교롭게도 훼손된 혹은 불구의 육체, 아니면 칠팔십 년대의 메타포로서의 육체를 서사의 거점으로 삼고 있다. 한강의 「노랑무늬영원」(『문학동네』, 2003년 봄호)과 천운영의 「명랑」(『창작과비평』, 2003년 봄호) 은 각각 불구가 된 손과 훼손된 발을 통해서 개인의 정체성 서사를 전개하고, 박상률의 「그와 또 그」(『문학과경계』, 2003년 봄호), 김경욱의 「우리가 정말 달에 갔을까」(『문학수첩』, 2003년 봄호), 백민석의 「믿거나말거나박물지 셋」(『문학동네』, 2003년 봄호) 등은 칠팔십 년대의 정치적 타자의 육체적 표상이나 시위나 스트라이크에서의 집단적 육체성을 '부재의 풍경'으로 호출한다.

2. 투명한 손과 짓무른 발

진정한 자아 찾기, 한강의 「노랑무늬영원」의 주제는 소박하다. 차 앞으로 달려오던 개를 피하려다 당한 교통사고를 계기로 화가인 '나'는 과거의 '나'와의 자아동일성을 상실하게 된다. 이러한 사태는 무엇보다 '손'의 기능마비로 응축된다. 손의 기능마비는 그림을 그리고, 부엌에서

일용할 양식을 만드는 일, 그리고 지친 남편의 등을 두드리고 쓰다듬고
어루만지는 행위가 가능하지 않다는, 그러니까 타자와의 관계불능을 나
타낸다. 그런데 한강은 그것의 극복을 관계회복에서 찾지 않는다. 왜냐
하면 바로 이 관계불능의 현재를 통해서 '나'는 행복감과 친밀감으로
착각했던 타인과의 유대가 철저히 습속이었음을 깨닫기 때문이다. "철
저히, 당연히, 언제까지 혼자"라는 천애의 고독은 따라서 다음과 같은
자기인식의 계기를 낳는다. "여태껏 한 번도 가져보지 못한 투명함이
나에게 생겼기 때문이다. 전에는, 이렇게 자신을 잘 들여다볼 수 없었
다."(162면) 이 투명함을 온전히 실현시키는 것이 있다면, 그건 '빛'이다.
더 이상 자신의 집일 수 없는 집 밖을 나서기 시작한 '나'의 탐색은 이
리하여 빛을 찾아가는 여행이 된다. '나'는 작업실에서 빛점을 그린 화
가 Q의 비구상화를 발견하고, 친구 소진을 통해서 등산길에서 우연히
한번 만났을 뿐인 '그'와 '나'의 담백하고 투명한 시절이 담긴 사진을
본다. 그리고 소진의 아들 진욱의 그림책에서 한낮 태양의 색깔을 띤
불도마뱀—속명 노랑무늬영원을 본다. 마지막에 이르러선 불구의 손
이 투명한 빛의 기둥이 된다.

> 물감이 빳빳하게 굳은 두 손을 들어올려 석양에 비추어본다. 뚜렷한 손가락
> 뼈와 관절들 사이로, 늦은 여름의 플라타너스 잎들이 소리 없이 몸을 뒤집고
> 있다. 저것은 빛인가. 저것은 아름다움인가. 생명인가. 다만 그렇게 나는 서 있
> 다. 말없이. (196면)

이러한 빛체험의 의미는 배까지 뒤집어버릴 것 같은 잔멸치떼가 쏟
아낸 빠른 빛을 고통과 아름다움 속에서 보았던 '나'의 어린 시절 원체
험과 포개지면서 분명해진다. 즉 '나'에게 삶이란 건 이런 고통스런 아
름다움을 끊임없이 망각시키고 진정시키는 과정이었다. 허나 그 빛은
"끈덕지게 죽지 않고 살아 꿈틀거리"는 것이자 "갈망과 절망, 풀리지

않는 긴장으로" '나'를 들쑤신다. 그것은 날것이기를 집요하게 고집하는 생(生) 자체라고 할 수 있다. 이 작품에서 빛은 승화(昇華) 이전의 생, 자신의 그림에 형상과 날짜, 이름을 새길 수 없는 표상과 명명 이전의 생을 상징한다. 관계불능, 무능력을 상징했던 불구의 손은 빛의 투사와 함께 생 그 자체의 상징으로 심미화된다.

그러나 자아에 달라붙은 습속의 각질들을 벗어버림으로써 자아의 무의식(자연인)에 도달했던 '나'의 빛은 실상 또 다른 원근법을 만들어내는 소실점이 아니었을까? 소실점의 획득이란 원래가 투명함의 창출이지 않았던가. 그 과정에서 남편, 어머니, 집 등은 외재적인 존재로 밀려난다. 그녀에게 어떤 사고가 닥쳤는지 어떻게 살아왔는지를 모르는 자들, 심지어는 사진 속의 남자처럼 죽어 없어진 자—자신의 역사를 모르는 자들과의 조우만이 영향력을 행사하지만, 그들도 상징에 도달하기 위한 징검다리에 불과할 뿐이다. 따라서 소설의 마지막 부분, 속(내면)까지 훤히 비춰주는 빛이 투과된 자신의 두 손을 응시하는 장면은 나르시시즘적일 수밖에 없다.

「노랑무늬영원」의 주인공 여성이 작업실, 즉 자기만의 방을 갖고 있다면, 천운영의 「명랑」에 나오는 여성들은 자기만의 방을 가질 수 없는 사회·경제적 처지에 있다. 식당에 딸린 한 칸 방에서 남편과 아들을 먼저 앞세운 할머니, 남편을 앞세운 과부 엄마, 아버지가 없는 딸이 함께 동거한다. 그 방마저 화투꾼들을 위해 내줘야 하고, 제 한몸 벗고 씻을 만한 욕실도 없어서 여름에도 대중목욕탕을 찾아야 한다. 자신의 몸에 대한 나르시시즘적 응시가 가능한 내밀한 공간이 없다는 것, 단적으로 그녀들의 처지는 젠더화된 여성다움에는 적대적이다. 여기서, 여성성의 메타포로 거의 등장한 적 없는 '발'의 현상학이 가능해진다. 그 현상학의 중심에는 번갈아 1인칭 화자로 등장하는 모녀의 시선이 교차되는 할머니의 '발'이 놓여 있다. 버선에 꼬옥 싸여진 "아기처럼 보드랍고 작은 발", "굳은살 없는 뒤꿈치", "채 여물지 않은 옥수수의 작은 알갱이" 같은 발톱, "버선에 단단히 싸매진 그녀의 발은 어딘가 보호본능을 자극하는 구석이 있다." 이렇게 질투어린 관음증적 시선의 대상인 할머니의 발은 보호받지 못한 자신들의 여성성을 환기시킨다. 자기만의 방이 없어서 식당 영업이 끝날 때까지 거리를 배회해야 하는 딸은 이렇게 토로한다. "얼마나 돌아다녔는지 쌘들 앞으로 나온 발가락은 빗물에 퉁퉁 불어 있다. 나는 횟독으로 빵빵하게 부푼 아버지 발을 생각한다."(223면) 한편 엄마는 자신의 발을 이렇게 묘사한다. "짧고 뭉툭한 발가락과 갈라질 대로 갈라진 틈으로 때가 깊숙이 앉은 험악한 뒤꿈치. 발가락 사이사이에는 무좀과 습진으로 발갛게 생채기가 나 있다."(219면) 그러니까 할머니의 발 앞에서 그녀들은 "나는 여자가 아닌가요?"라는, 그 응답이 난망인 채로 남겨질 물음을 되새김한다. 그것은 자기 안에서만 파문을 일으키는 물음이 아니라, 모녀는 서로에게 "너는 여자가 아니더냐"라는 물음을 던지는 것이다. "엄마에게서 풍기는 냄새는 여자의 냄새가 아니다", "제가 지금 얼마나 젊고 싱싱한지, 젊다는 것만으로 얼마나 달콤하고 경쾌하고 신선한 향기를 품는지 모른다"는 서로에 대한 증오어린 연민의 형태로 나타난다.

육체의 타자인 '발'이 이렇게 부각될 수 있었던 또 다른 이유는 할머니의 '발'이 육체 전체에서 진행되는 죽음으로 치닫는 노화로부터 벗어나 있다는 사실에 있다. 저승꽃이 피어나고 물기를 찾을 수 없는 거칠고 메마른 온몸에 비해 노화는커녕 성장조차 멈추어버린 듯한 할머니의 '발'은 그로테스크한 빛을 발한다. 남겨진 인생의 사건이 죽음밖에 없는 그녀는 "양말을 신으면 온몸이 풀어지는 것 같다며 여태 버선을 벗지 못했다." 저고리도 잘 안 입고 젖퉁이를 내놓고 앉아 있기가 일쑤인 그녀가 발을 버선으로 꼭 싸매는 행위는 손녀딸과 며느리의 상상과는 달리, 육체의 무너짐, 부패 그리고 무정형의 무기물로의 해체, 즉 죽음에 대한 무의식적인, 유일한 방어였는지도 모른다. 이 소리 없는 사투는 진통제 '명랑'을 먹는 행위와도 연관된다. 20대 초반의 손녀딸의 눈에는 할머니가 수시로 털어 넣는 진통제 '명랑'은 "부패의 냄새를 감추기" 위한 방부제이며, 그걸 먹고 무릎을 끌어안고 앉은 할머니의 모습은 "탄생 이전의 따뜻한" "양수 속에 웅크리고 있는 태아"이다. 집안에서는 자신만의 공간이 없고, 밖으로 나가도 갈 곳 없이 배회하는 게 일상이 되어버린 그녀는 언제나 미완인 아득한 미래에 청춘을 걸기보다는 차라리 "세월의 고난을 거치지 않고서 곧바로 늙은 여자가 되어 세상을 비껴보고 싶은 것이다."(214면) 탄생 이전의 태아 상태 혹은 죽음에 이른 상태에 대한 희구, 그건 삶에 대한 지독한 원한이다.

'발'의 현상학이 결국 수해에 무너진 집에서 주검으로 발견된 할머니의 발이 "꼭 횟독 오른 아버지의 발 같았다"는 사실에서 완성되는 건, 신체의 현상학이란 죽음이라는 최후의 선고를 전제로 한 것일 수밖에 없다는 것을 보여준다. 할머니의 죽음과 더불어 딸은 배회가 아니라 엄마와의 정주를 위해 세상 밖으로 나갔으며, 그녀는 할머니의 뼛가루를 조금씩 맛보곤 한다. 삶을 위한 가장 독한 처방은 죽음이라는 절대타자와의 동거밖에 없다는 듯이.

3. 70~80년대 집단적 육체성에 대한 노스탤지어

김경욱의 「우리는 정말 달에 갔던 것일까」는 1970년대 유신 말기를 배경으로 한다. 이 작품에서 '붉은 원숭이'는 특정한 인물이라기보다는 국시(國是)인 반공주의가 만들어낸 빨갱이라는 아웃사이더적 정체성의 표상이다. 다소 도식적인 설정이긴 하지만, 이러한 정치적 타자의 표상이 창출되는 방식에는 마징가 Z와 프로 레슬링이라는 텔레비전 엔터테

이먼트가 깊숙이 개입되어 있음을 보여준다. 마징가 Z의 몸체나 프로
레슬러의 육체 또한 평범한 인간의 신체와는 다른 것이지만, 그것들이
적과 벌이는 투쟁은 선/악 그리고 우리나라/적국 식으로 코드화되어
있다. 따라서 악=적국에 맞서 싸우는 로봇이나 프로레슬러의 육체는
오히려 지고의 선으로 설정된 국가에 대한 충성 속에서만 획득될 수 있
는 정상적 남성성이 극대화된 표상이다. 남성성과 국가주의의 연관은,
'붉은 원숭이'의 전파사 진열대에 놓인 텔레비전을 볼 때 그걸 볼 기회
를 박탈당하고 '붉은 원숭이'가 오는지 보초를 서야 했던 아이가 국민
교육헌장을 제대로 외우지 못하는 '똥파리'였다는 데서도 잘 드러난다.
'붉은 원숭이'는 바로 그러한 정상적 남성성에 위협적인 존재로 그려진
다. 한 번도 아이들을 텔레비전 앞에서 쫓아 내본 적이 없었음에도 "이
놈의 자식들 내 손에 걸리면 고추를 떼버릴 테다"라는 그의 고함은 아
이들에게 위협 자체로 인식되었으며, 그가 목욕탕에 가면 다른 사람들
이 자리를 뜰 정도로 동네 성인 남성들에게도 경원시되었다. 무엇보다
그가 결코 국가주의적 동일화에 가담하지 않았다는 사실 자체가 응징
되어야 할 타자성의 징표였다. "저 화상은 대한민국 국민 아닌갑다. 거
시기 뭐이냐 이 경사스런 순간에도 도야지 새끼 마냥 잠만 자분다
냐?"(222면) 아이들이 열광하는 마징가 Z가 면바리 만화이며, 온 동네가
열광한 프로레슬링 경기를 두고 짜고 치는 화투판이라는 그의 발설은
자신이 비(非)국민임을 스스로 드러낸 것이자 집단적 동일시에 균열을
일으키는 행위였다. 균열의 봉합은 어른 아이 할 것 없이 '붉은 원숭이'
에 대한 집단적이고 마녀사냥적인 폭력에 가담하는 것으로 이루어진다.
'붉은 원숭이'는 대처에서 스트라이크를 하다 콩밥을 먹었다는 풍문이
들려오고, 1979년 10월 26일 박정희 대통령의 죽음 이후 동네에서 사라
졌다는 데서 이 작품은 마무리된다.

　붉은 원숭이는 어디로 갔을까, 아니 붉은 원숭이는 과연 존재하기나
했던가. 이것이 마징가 Z와 프로 레슬링을 보면서 성장한 화자가 던지

는 물음이다. 거기에는 정치적 야만의 시대를 엔터테이먼트가 선사한 의식적 수면 상태에서 집단적 꿈을 꾸고 살았던 자의 어떤 부끄러움이 스며 있는 것 같다. 하지만 작가는 70~80년대를 몇 가지 문화적 코드로 호출하는 근자의 재현방식에 기대고 있다. 이 작품은 70~80년대의 정치적 타자로서의 '붉은 원숭이'에서 추동되었다기보다는, 마징가 Z와 프로레슬링을 통해 과거를 호출한 후 거기에 '붉은 원숭이'를 그것들의 대쌍으로 설정하는 방식을 취한다. 다리를 절고, 언제나 술에 취해 있어 얼굴이 붉다는 식의 표상 방식은 정확히 남성성이 극단화된 형상인 마징가Z와 프로레슬러에 대립된다. '붉은 원숭이'이라는 호명 자체가 그러하듯이, 그가 뚜렷하게 육체적 표상으로 제시된다는 것은 정작 정치적 타자와 관련된 많은 맥락들을 거세시킬 위험이 있다. 이 때문에, 이 작품은 정치적 타자의 존재를 '지금 여기'에 대한 인식과 과거와의 관계성 속에서 환기하기보다는 오히려 마징가 Z와 프로레슬링을 보고 살았던 '그때 그 시절'에 대한 노스탤지어에 쏠리고 있다.

박상률의 「그와 또 그」가 의식의 흐름 수법을 써서 87년 6월 민주화 항쟁의 여름을 현재화하고 있다. 물론 작가가 툭하니 던져준 단서인 것 같은 공중전화 요금 20원 때문에 시대적 배경이 현재가 아니라는 사실을 알 수 있었지만, 이 소설은 87년 6월의 함성, 그러니까 집단적 육체성에 대한 강한 노스탤지어를 담고 있다.

> 그와 또 그, 그리고 사람들의 머리 위로 수많은 최루탄이 계속 날았다. 피잉
> ─핑. 그러나 키 큰 사내와 키 작은 사내, 그 둘은 최루탄이 날고 터지는 소리
> 도 북소리로 들었다.
> 사람들, 흐트러지지 않는다. 오직 현재만이, 나와 너와 그와 또 그가 모두
> 우리가 되는 이 순간. 이 순간의 현재만이 있을 뿐이다. 그렇게 한참을 걸어나
> 가기만 했다.
> 그와 또 그, 손을 서로 꽉 쥐었다. 땀이 두 사람의 손바닥에서 쥐어짜졌다.
> (185면)

「그와 또 그」는 한 셀러리맨과 아침 출근길 버스에서 그의 지갑을 훔친 소매치기의 의식의 흐름을 좇아가더니, 급기야는 그 두 사내를 한 병실에, 나아가서는 유월의 광장에 함께 서게 만든다. 이 신분이 다른 두 사내의 의식의 흐름이 수렴되는 지점은 다음과 같다. 그 둘의 삶이란 모두 가족과 자신의 생계자체에 속박된 삶이자, 어느 순간 자기 자신이 온전한 실체로서의 신체가 아닌 주민등록증과 지문만으로도 국가적 관리와 통제의 대상이 될 수 있다는 점이다. 다른 삶의 가능성은 의식 속에서조차도 사회에 대한 원시적 저주의식, 그러고 나선 자기에 대한 모멸감으로 회수될 뿐이다. 셀러리맨인 사내의 의식에 곧잘 출몰하는 '쭉 뻗은 개구리'의 환영은 고등학교 3학년 때 80년 5월 광주에서 피곤죽이 되어 끌려간 사람들, 관리되는 사회에서 단 한나절의 결근만으로도 범법자가 되어버리는 처지에 대한 비유이다.

"그와 또 그의 가슴속엔 계속 궁궁궁 북소리가 울렸다. 뭔가 제대로 된 소리다."(185면) 이러할 때, 최루탄 소리마저 북소리로 들리는 광장체험은 바로 결박당한 육체의 생명력의 복원이자 개별적 육체성 자체로부터의 해방이다. 말하자면, 집단적 육체성이 실현되는 순간은 나비떼의 비상과 날갯짓으로 은유되듯이, 지상에 붙박인 살의 무게를 떨쳐버리는 초월의 시간이었던 것이다. 허나, 도식적이라 할 만큼의 사회심리학을 동원한 끝에 "유월이었다"(186면)는 최후의 전언을 남겨야 했던 이 작품의 현재적 무의식은 도대체 무엇인가.

공교롭게도 백민석의 「믿거나말거나박물지 셋」은 그 해답을 쥔 듯하다. "산책은 즐거워야 해"라는 슬로건에 결코 부합하지 않는 산책로에서 '나'는 취소되고 폐기된 버스 노선들, 하천 한 가운데 꽂힌 전봇대, 누군가 불태워버린 경찰호송버스, 피 묻은 들것, 아무도 공을 차지 않는 족구장 등속을 차례차례 발견하다가, 어느 날은 함성소리와 함께 바리케이드를 발견하게 된다. "그건 사람 소리였고 또 함성이었다. 그 함성과 바리케이드는 지난 여름부터 내가 산책을 하며 발견한 그 모든 것들의 정점이고 하이라이트였다."(103면) 그러나 산책로에 등장한 바리케이드 안의 공장촌은 산책자가 다가갈수록 지워졌으며, 바리케이드는 "내가 다가가는 만큼 뒤로 물러서"다가 "내 시야 저 끝에서 완전히 소실되었다." 이 짤막한 에피소드의 제목이 "천구백팔십년대식 바리케이드"이듯이, 백민석이 여기서 환기시키는 것은 바로 1980년대의 집단적 육체성의 아우라이다. 그것도 다른 게 아니라, 89~90년대 초반 현대중공업 총파업 투쟁에서 '바리케이드의 전사', '골리앗 전사'로 자임했던 노동계급의 그것을 상기시킨다. 그러나 그것은 결코 현재적 전유가 불가능한 아우라에 불과하기에, 집단적 육체성에서 기원하지만 육체 그 자체는 탈각된, 떠도는 함성소리로 다가올 뿐이다.

　함성이 무엇을 주장하고 있었는지는 수수께끼다. 가까이 가서 들어보고 싶었지만 나는 그럴 수가 없었다. 불가능한 상황이었다. 바리케이드 너머의 함성은, 그 모호함과 격렬함과는 상관없이, 어쩐지 천부적인 슬픔을 품고 있는 듯했다. 노기를 띤 함성은 금세 귓가에서 사라졌지만, 슬픔은 마치 나의 것인 양 오래 남아 있었다. (104면)

「믿거나말거나박물지」 시리즈에서는 볼 수 없었던 이러한 감정투사는 모호하긴 하지만, '지금 여기'에 대한 의식을 암시한다. 바리케이드 안면의 사람들이 '전사'일 수 있었던 이유는 '우리는 죽을 수는 있어도 결코 항복하지 않는다'는 그야말로 육체의 고통, 급기야 소멸까지도 자처했기 때문이었다. 사라진 바리케이드를 인터넷에서 발견한 '나'는 이렇게 말한다. "그 편이 나을 수도 있다. 비용과 노력을 터무니없이 줄일 수 있을 테니까."(105면) 그 바리케이드의 뚜렷한 특징은 육체의 가담이 불필요하다는 것이다. 과격하게 말하자면, 인터넷에서의 바리케이드는 전화 한 통으로 휴머니즘을 실천하는 ARS식의 매체를 탄 윤리학, 알랭 르노가 말한 '통증 없는 윤리학'이 보편화되었다는 증거일 수도 있다.

그러나 백민석의 작품에서도 현재에 대한 인식은 이렇듯 '얼핏' 짐작
할 수 있을 뿐이다. 산책자가 발견한 것이 이미 현재에는 과거의 표상
으로밖에 쓸모가 없는 폐기물이었듯이, 바리케이드도 이 작품에서는 80
년대적 아이콘에 지나지 않다는 사실을 부인할 수 없다. 격세지감이야
누구에게나 드는 것일 수 있겠지만, 아이콘의 수준으로 떨어진 80년대
에 대한 인식은 그만큼 '지금 여기'에 대한 인식이 추상적이라는 걸 반
증할 뿐이다. 바리케이드는 물론 바리케이드 안 사람들의 물질성 내지
육체성이 탈각되어 나타나고 있는 원인은 '지금 여기'에 있다기보다는
현재를 바라보는 주체 자신의 정관적인 인식에 있을지도 모른다. 과거
를 향한 노스텔지어는 현재에 대한 위화감의 반영이기도 하지만, 부재
의 풍경이 된 과거는 현재를 승인하게 되고 만다. 요컨대, 김경욱·박상
률·백민석의 작품은 90년대 초반의 후일담 소설과는 다르지만 80년대
의 아키타입화된 이미지를 반복하고 있다는 점에서 여전히 송사(送辭)일
수밖에 없다. 과거만큼이나 '지금 여기'를 균질적인 세계로 바라보았기
때문에, 시선이 꽂힌 피사체는 빛바랜 사진처럼 과거를 향해서만 얼굴
을 떨구게 될 운명에 처해 있다.

4. 타인의 고통과 텍스트의 윤리

불결한·비참한·불구인 육체는 늘 돌이킬 수 없는 타자성의 표상이
다. 여기서 생각해 봐야 할 것은 정말 그런 채로 살아가야 한다는 것과
그렇게 재현하는 것 사이에 놓인 비대칭성의 문제이다. 즉 서사적 재현
또한 어쩔 수 없이 고통받는 타자들을 보여지기의 대상으로 만들 수 있
다는 것이다. 여기에는 현실이 판타지가 될 위험 예컨대, 사고를 당해서

팔이 부러지고, 집이 무너져 죽고, 곤봉과 총칼에 의해 피곤죽이 되는
고통을 견딜 만하게, 심지어 즐길 만하게 만드는 효과가 있다. 이미 우
리는 텔레비전과 영화, 사진과 인터넷 등 수많은 미디어를 통해서 인육
의 전시장을 보아왔다. 그건 최근 이라크 전쟁에서 본 살상의 현장이기
도 하고, 엽기 호러물의 장난처럼 쉬운 가해 장면이기도 하고, 컴퓨터
게임의 난투장면일 수도 있다. 훼손된 육체는 미디어 속에서 이미 넘쳐
나고 있다. 그러나 타자가 고통받는 순간을 스펙타클로 뒤바꿔버리는
미디어의 가상은 그 육체를 모든 맥락으로부터 유폐시킨다. 그러니까
육체가 드리운 그늘을 제거한다. 그 미디어들의 스펙타클에 감히 대적
할 수 없는 문학만의 특권은 지워진 그늘을 다시 복원시키는 것이지 않
을까. 훼손된 육체를 텍스트로 변형시킨다는 건, 그 고통과 상처의 관계
성을 복원하는 것이어야 한다. 이때 관계성이란 거기에 나도 동참하고
있으며 무엇보다 언어 이전, 서사 이전의 것일 수 있다는 긴장 속에서
만 되살아날 것이다.

돈과 언어와 섹스화된 몸

이명랑 론

1. 돈과 언어라는 벽

이명랑 소설[1] 『꽃을 던지고 싶다』의 화자이자 주인공 이량은 이렇게 말한다. "나는 그런 시장이 싫었다. 그런 시장에서 식당을 운영하는 엄마까지도 싫었다. 양말을 신고 와 밥값 대신 양말 몇 켤레를 주고 가거나 시계 하나를 주고 일 년 밥을 공짜로 먹고 가던 시계 장수 아저씨. 아직도 물물교환이 이루어지는 곳. 나는 그 낙후성을 증오했다"(I, 280면) 시장이란 화폐와 상품이 교환되는 곳인 게 상식이며, 마그네틱 카드 한 장이 심지어 무게감조차 없는 비밀번호가 교환을 대행하는 것이 후기

---

1) 여기서 다룰 이명랑의 소설은 I.『꽃을 던지고 싶다』(웅진닷컴, 2001), II.『삼오식당』(시공사, 2002), III.『나의 이복형제들』(실천문학사, 2004)이다. 이후 인용출처는 해당 텍스트를 가리키는 로마자 숫자와 면수만을 본문의 괄호 안에 밝히도록 한다.

자본주의 사회이건만, 이명랑의 그곳 영등포시장은 돈이라는 '매개' 없는 물물교환의 세계이기도 하다. 그것은 노스탤지어를 자극하는 인정스러웠던 과거를 의미하지 않는다. 짐멜이 지적했듯이, 화폐는 그 소유자에게 자아 표현의 잠재력을 실현할 수 있는 가능성을 부여하며, 화폐교환은 개인들 사이의 비인격적 의존을 증대시키지만 그러한 상황에서만 이 내면적 독립이 확보될 수 있다.[2] 이러할 때 돈 없는 매개(media) 없는 세계란 날것의 사물들이 썩어문드러져 악취를 내뿜거나 처치 곤란이 될 때까지 방치되는 세계이자 폭력의 상처와 병에 덧난 육체만이 삶의 이력을 말해주는 유일한 텍스트인 직접성의 세계이다. 바꿔 말하자면, 자아에 대한 표상능력이 결여된 자들, 결국 표상되어지는 존재가 될 수밖에 없는 자들의 세계이다.

그곳 영등포시장을 벗어나기 위한 이량의 선택지가 '사치스런 언어. 상류층의 언어'(I, 283면)라는 것 또한 같은 맥락에서 볼 수 있다. 그 언어는 이 소설의 「프롤로그」의 한 장면인 이량이 전철 안에서 불어로 시를 읊조릴 때처럼 '배운 여자'(I, 11면)라는 표식이기도 하지만, 그 이전에 언어는 돈과 마찬지로 매개이기 때문이다. 언어와 돈은 육신만으로 삶의 이력을 유추할 수 없도록 만드는 벽과 같은 것이다. 공교롭게도 이명랑 소설은 벽 없는 가게들, 벽 없는 방이 삶의 공간으로 제시되곤 한다.

> 저녁이 되어 집으로 돌아와 거리에서 묻힌 흙먼지를 털어내고 들어가 지친 등을 누이는 방은 이런 것이 아니다. 괴로운 날에는 벽에다 머리를 찧기도 하고, 배가 아프면 데굴데굴 구를 수도 있어야 하고, 때로는 문지방에 걸려 넘어진 핑계로 울어버릴 수도 있는 방, 방이란 그런 것이다. 벽도 문도 없이 바닥만 있는 방, 관처럼 비좁은 이 다락방 위에서는 그 누구라도 다리를 곧게 뻗을 수 없다. (III, 54면)

---

2) 니겔 도드, 이택면 역, 『돈의 사회학』, 일신사, 2002, 120~122면.

　　가게 구조가 이러니 안 보고, 안 들으려고 해도 옆집에서 뭘 시켜 먹는지,
곗돈은 언제 내는지, 누구와 또 무슨 일로 따귀를 올려붙였는가까지도 저절로
알아지게끔 되어 있는 것이다. (II, 42면)

　벽이 없다는 건 제 육신을 가릴 만한 내밀한 공간도 없다는 걸 뜻하
고, 벽이 없다는 건 비밀이 없다는 걸 의미한다. 이것이 시장바닥에 난무
한 소문이 대개 남녀의 육체에서 비롯된 섹슈얼한 것인 이유이기도 하
다. 과거에 양공주였다느니, 아버지에게 강간을 당했다느니, 사실 배다
른 형제라거니, 누가 누구랑 대낮에 여관에 드나든다는 식의 소문이다.
그 소문들은 시장사람들 사이에서 소문 속 사건과 사연에 대한 어떠한
의미부여 없이 즉, 충분한 언어의 세례 없이 뱉어진다. 예컨대, 「까라마
조프가(家)의 딸들」의 가게 종업원 황씨와 살을 섞은 0번 아줌마를 두고
장터길 남자들은 "암만, 암만. 남자보다 훨 낫지. 안방에는 남편, 가게에
는 종원업! 비 오고 궂은 날에는 늙은 놈이 다리 주물러줘, 햇빛 쨍쨍
내리 쬐고 노곤노곤 졸음 쏟아져내릴 때는 젊은 놈이 정신 반짝 나게
해줘"(II, 72면)라고 떠들어댄다. 황씨의 아이를 조산하여 빚까지 끓어다
쓰고 가게까지 날려 결국 딸들에게 '더런 년'이라고 내쫓긴 ○씨 아줌
마의 간통에 대해 『삼오식당』의 화자는 "사랑도, 배반도, 불륜도 아니
고, 슬픈 사람들끼리 서로의 쓰린 곳을 그저 한번 핥아주었을 뿐인 거
라고. 살려달라고, 사람답게 한번 살아보고 싶다고, 허공에다 대고 팔을
휘젓는 사람의 손을 꽉 붙들어주는 거야, 가슴에 피가 흐르는 사람이라
면 당연히 하게 되는 일이 아닌가"(II, 77면)라고 해석한다. 이명랑 소설의
화자는 이처럼 직접성의 세계에 서사적 언어를 부여해 의미화하거나
아니면 『꽃을 던지고 싶다』와 『나의 이복형제들』의 소녀들처럼 자신만
의 비밀을 소유한 자로 등장한다. 『꽃을 던지고 싶다』의 이량은 친구
경진과의 동성애를, 정육점 처남인 김경욱에게 당한 성폭행을 비밀로
간직한다. 『나의 이복형제들』에서 가출소녀 영원의 비밀은 어머니에게

서 되물림된 만신의 운명이다. 우연하게도, 영원의 무병은 밤마다 꿈속에서 반복되는 남성 신의 강간으로 체험된다. 그녀들은 '쓰기' 행위를 통해 시장에 속하면서도 속하지 않는 경계에 위치할 수 있었으며 또한 직접성의 폭력성을 중화시킬 수 있었다. 그런데 애초에 '쓰기'의 언어를 갈구하게 된 동기는 헐벗고 상처 입은 여자들의 육체이다.

2. 방 없는 혹은 거리의 여자들

1990년대 이래 현재까지 섹슈얼리티가 여성 정체성의 재구성을 위한 질료로 제시된 문학은 여성문학이란 독자적인 범주를 이룰 만큼 많은 성과를 낳았다. 이 경향은 주로 부부관계의 균열과 불륜, 열정적 사랑 등을 모티브로 삼아 섹슈얼리티의 재구성과 여성 정체성을 새롭게 맥락화하는 문법을 취하고 있다. 이때 섹슈얼리티는 엔소니 기든스가 말한 바, 자아 성찰적 정체성 구성 즉, '자아의 서사'에 있어 핵심적인 기제이다. 그런 반면 이명랑 소설의 여성 섹슈얼리티는 여성 자신의 선택이나 의지, 동의 등 자아에 대한 기획인 정체성 문제이기 전에 자본주의 사회의 남성지배 현실 그리고 그 아래서 먹고 살아야 하는 여성들의 생존 문제와 직결되어 있다.

『나의 이복형제들』은 중국 머저리를 통해서 열악한 여성의 상태를 보여준다. 중국 머저리는 글로벌화된 섹스시장, 그리고 거기에 각인된 가부장적·인종적 폭력의 한 단면이다. 얼굴 한번 본 적 없는 한국남자와 중국에서 결혼하고 한국으로 온 이 여자는 한 칸의 방에서 남편이 다른 여자와 침대 위에 섹스를 할 때 침대 밑 방바닥에 누워 있어야 했다. 즉 그녀에게는 방이 없다. 머저리에게 허락된 장미다방의 골방마저 섹스 서비스를 위한 공간일 뿐이다. 그녀는 커피와 함께 '섹스'를 팔게 된다. 성의 배타적 독점을 의미하는 결혼계약은 남편에 의해서 극단적 형태로 전유된다. 남편은 머저리의 성적 능력이란 도구의 소유주 그러니까 포주이기 때문이다. 남편이자 포주일 수 있는 남성지배의 실현은 조선족인 그녀의 인종적 타자성, 그것의 법적 표현인 시민권(주민등록증) 없음 때문에 더욱 폭력적이다. 같은 이유로 머저리는 섹스 시장에서도 싸게 팔리게 된다. 예컨대, 박씨와 왕눈이는 커피가 너무 달다는 이유만으로도 머저리를 성추행한다. 사태의 심각성은 한결 더 복잡해진다. 그녀가 연인이 된 인도인 이주노동자 깜뎅이와 함께 나눈 꿈의 밀어— "아워 하우스 이즈 빅 앤 컴포터블. 아워 하우스 이즈……"—를 실현시키고자 더 많은 티켓을 팔게 된다. 주민등록증을 발급받고 사랑하는 사람과 함께 살고 싶다는, 자신을 위한 꿈조차 매매춘의 연쇄에 더 깊이 빠져드는 계기가 되고 있다. 춘미 언니의 경우 또한 비슷하다.

춘미 언니에게 죽음밖에 생각할 것이 없는 자신의 다락방에서 벗어나 세계와 접촉할 수 있는 유일한 매개는 서울상회 가겟방의 텔레비전이다. 텔레비전은 그녀에게 세계에 대한, 자신의 삶에 대한 완강하고도 냉소적인 태도를 고수하기 위한 교과서에 불과했지만, 그녀는 점차 관찰자적 지위에서 벗어나 텔레비전이 선사하는 슬프지만 아름다운 삶, 절망 속에서도 꽃피는 인간애의 드라마에 자신을 동화시키게 된다. 그것은 너무나 연약한 것이긴 하지만 춘미 언니에게 어렵사리 움튼 생에의 의지였다.

아저씨의 손등 위로 춘미 언니가 고개를 숙였다. 아저씨의 손등 위에 입술을 가져다 댔다. 춘미 언니의 입술이 손등을 지나 항공잠바를 열어젖히고 목덜미에 와 닿았을 때 아저씨는 플라스틱 밥상을 옆으로 밀어냈다.
"밑지는 장사 아니죠?"
춘미 언니의 입술이, 아직은 언니 맘대로 움직일 수 있는 유일한 근육이 아저씨의 바지 지퍼 위에서 분주히 움직이기 시작했다.
　"이제 이 방은 내 거예요. 텔레비전두요." (Ⅲ, 108면)

　"확실한게 낫겠지? 사진을 찍을 땐 꼭 진짜로 할 거야. 여기말고 요기다."
언니는 입술에 댔던 손가락으로 자신의 사타구니를 가리켰다. (Ⅲ, 277면)

　춘미 언니는 TV가 있는 방을 반영구적으로 차지하기 위해 그 방과 텔
레비전의 진짜 소유주인 서울상회 주인 협동합시다 아저씨에게 오럴 섹
스를 해준다. 그 입술근육까지 마비되어가자, 그리고 더욱 확실하게 자
신의 점유권을 인정받기 위해 그녀는 삽입성교를 계획하고 그 장면을
영원이에게 카메라로 찍어두도록 한다. 이 최후의 전략조차 포르노그래
피 시장에서 몰카와 셀카가 점점 더 큰 비중을 차지해가는 성산업의 일
상적 편재화와 무관하지 않으며, 오럴 섹스보다 삽입 성교를 더 그럴싸
한 성폭력 내지 섹스 스캔들의 결정적 근거로 간주하는 것 또한 통념의
일부이다. 무엇보다도 춘미 언니의 불구성이 심화될수록 역설적으로 그
녀에게 남아 있다고 가정되는 정상적인 신체의 부분인 성기 그리고 그
것이 표상하는바 섹스의 도구로서의 여성의 몸이 부각되고 있다.
　스스로 카메라의 피사체가 되려는 춘미 언니의 전략은 어떤 여성이
건 어떤 상황에서건 여성은 섹스와 동일시되며 그러한 시각이 여성에
게도 내면화되어 있다는 전제 아래서만 가능한 것이다. 즉, 춘미 언니나
머저리의 자발적인 기획이나 전략 자체가 이미 여성의 성적 예속이란
조건에 종속되어 있다. 이 기획에 깊숙이 관여하고 동조한 17세 소녀
'나'(영원) 또한 하룻밤의 잠자리를 위해 모르는 아저씨와 잠을 자는 일
쯤은 대수롭지 않다고 생각하며 왜 협동합시다 아저씨가 자신에게 몸
을 요구하지 않는지를 의아스러워 한다.
　이처럼 이명랑 소설에서 많은 여자들의 삶은 여성을 섹스와 동질화
시키는 일상의 관행에 사로잡혀 있다. 여성이 섹스화된 몸으로 환원되

는 것은 매매춘의 조건이자 그러한 섹슈얼리티의 매춘화가 매매춘을
정상적인 것으로 인식하게 만든다.3) 더욱이 공적·사회적 노동시장에
진입할 기회가 거의 봉쇄된 주변부 여성들은 이러한 조건에 더 직접적
으로 노출되기 쉽다. 앞서 언급한 집에서 쫓겨난 0번 아줌마가 걸어간
곳은 유흥업소와 퇴폐업소, 거리의 창녀들이 호객 행위를 하며 밤마다
아우성인 역전 로터리였다. 집에서 쫓겨난 0번 아줌마의 전도는 거리의
여자였던 것이다.

　이명랑 소설은 여자들이 거리로 내몰리는 케이스는 가정 내 폭력과
도 밀접하게 관련되어 있음을 시사한다.『꽃을 던지고 싶다』의 영미 이
모는 남편의 폭력 때문에 가출하여 영등포시장 바닥을 떠났을 때 술집
에 나간다는 소문이 들려온다. 이량이 동생 숙희와 함께 전철을 한참
타고 찾아간 영미 이모의 방은 빨간 불빛이 화려한 매춘여성의 방처럼
암시된다. 결혼도 삶의 근거유지를 위한 반강제적인 매춘 상태로 제시
된다. 예컨대, 벙어리 민주 아줌마의 경우 계부로부터 성적 학대를 당해
반벙어리가 된다. 아줌마의 엄마는 그 사실을 알았지만 먹고 살아갈 길
이 막막했기 때문에 결혼생활을 유지했다. 민주 아줌마의 운명은 딸 민
주에게 되물림된다. 남편이 죽자 창수 아저씨와 결혼하지만 아줌마의
딸 민주 또한 창수 아저씨의 성적 학대에 시달리다 반벙어리가 되었다
고 암시된다. 이러한 가정 내 성폭력의 경험은 여성의 정체성을 성적으
로만 정향시키는 경향이 있다. 벙어리 민주 아줌마는 문란하다고 소문
이 나 있다. 뿐만 아니라 이 작품에서 이량이 감옥에서 만나는 찐따나
진희 모두 친부나 계부에게 당했던 성폭력 때문에 자기 자신을 '갈보'
라 인식하게 된다. 찐따는 정신질환 끝에 죽게 되고, 진희의 경우는 실
제로 거리의 매춘으로 살아가게 된다.

　『꽃을 던지고 싶다』의 화자 '나' 중학생 소녀 이량의 성 경험에도 섹

---

3) 케슬린 베리, 정금나·김은정 역,『섹슈얼리티의 매춘화』, 삼인, 2002.

슈얼리티의 매춘화가 각인되어 있다. 엄마 심부름으로 정육점에 갔다가 김경욱에게 포옹과 키스를 당한다. 그러고 나서 "소고기 네 근을 사가지고 집으로 돌아왔다. 내 호주머니 속엔 엄마가 준 돈 만 원이 고스란히 들어 있었다. 그는 쇠고기가 든 신문지 뭉치를 검은 봉투 속에 집어넣으며 내 주머니에 만 원을 찔러넣었다."(I, 176면) 또 뭣도 모르던 어린 시절 골목길에서 만난 성기노출증 남자 의 손에 붙들려 그 남자의 성기를 억지로 만지고 난 후 이량은 백 원을 받은 적이 있다. 이처럼 아주 일상적인 공간에서 매매춘의 현장에 놓이게 된다. 그도 그럴 것이, 이제 막 성에 눈을 뜬 이량 자신의 여성적 정체성 구성의 참조물은 '통통한 허벅지'의 다방 레지일 정도로 섹스화된 몸이었다. 따라서 이량의 성적 경험이 여성의 몸의 극단적 도구화인 강간으로 절정의 파국을 맞는다는 설정이 필연적으로까지 느껴진다.

> 나조차도 내 몸을 움직일 수 없었다. 머릿속에 있는 소 한 마리가 음매 하고 긴 울음을 뿜어낸 것은 그때였다. 길게 울음을 뽑아 내는 소잔등 위에는 홀딱 벗은 우리 동네 미친년이 두 다리 사이에 볼품없는 검은 털을 그대로 드러낸 채 웃고 있었고, 미친년 뒤면에 앉은 양공주 할머니는 사방에다 대고 나쁜 놈들, 나쁜 놈들 (…중략…) 미친년과 양공주 할머니와 경진의 얼굴 뒤로 곧 하얀 물방울이 맺혔고 그들의 입술 위로, 머리카락 사리로, 하얀 성애가 끼었다. 그들은 냉동창고 안에서 서서히 얼어 갔고 곧 쇠꼬챙이로 꿰어져 냉동창고의 천장에 걸렸다. (I, 189~190면)

경진과의 동성애적 관계에 대한 죄의식, 정체성의 혼란 때문에 정육점 처남에게 몸을 맡긴 이량은 자기 자신을 무력하고 얼어붙은 고깃덩어리로밖에 느껴지지 않는 성폭력을 경험한다. 이때 환상 속에서 미친년과 양공주 할머니, 독서실의 대학생 오빠와 가출한 경진은 이량 자신과 동일시된다. 정육점 냉동 창고에 매달린 고기로의 환유는 너무 식상한 것인지 몰라도, 이 환상은 섹스의 도구, 생명 없는 사물로 취급될 수 있는, 이미 그래왔으며 그럴 가능성이 도사리고 있는, 섹스화된 몸 = 여성의 공통적인 위험을 시사한다. 또 한편 이 환상은 자신을 내려다보고 있는, 몸으로부터 이탈된 '시선' = '자아'의 존재를 암시한다. 그 시선은 정체성의 통합적 준거인 신체가 더 이상 자아 정체성의 긍정적인 참조물일 수 없다는 것을 의미한다. 여기서 다시 돈과 언어의 문제로 돌아가야 할 것 같다.

『꽃을 던지고 싶다』에서 공중화장실을 지키다 누런 개와 함께 화장실 안 쇼파에서 죽은 양공주 할머니는 『삼오식당』연작 중 하나인 「우리들의 화장실」에서 똥할매로 다시 등장한다. 목욕탕에서 화자인 '나(이지선)'가 때를 밀어주게 된 똥할매의 몸은 탄성이 조금도 없었고, 다리는 뒤틀려 있었다. "탄성이 없다는 것은 무엇인가? 누르면 누르는 대로 찌그러지고, 때리면 때리는 대로 멍이 든 채 그저 그 자리에서 가만히 ……. 그가 누구든, 그것이 무엇이든 그저 묵묵히 견뎌내는 일이다."(II, 220면) 성숙한 '나'의 몸 구석구석을 적대적인 시선으로 더듬어보던 똥할매의 몸은 탈성화된 그리고 사물화된 것이었다. 그것은 어떤 억압과 고통을 묵묵히 견뎌내야만 살 수 있었던 고단한 한평생이 빚어낸 형상이다. 이와 비슷하게 "현재만을 일궈야 했던"(II, 108면) 시장통 여인들은 "성(性)이라는 것마저 생활에 잡혀먹은, 여성이라기보다는 그저 한 명의 막일꾼에 다름 아닌"(II, 65면) 중성화되거나 탈성화된 존재이다. 정당한 노동일지라도 여성이 남편 없거나 무능력해서 가계를 감당해야 하는 여성들은 어느 정도 여성적 정체성의 손상을 경험한다. "여자가 돈 버는 거, 이것처럼 슬픈 일생이 어딨어."(II, 150면) 자본주의가 고착시킨 공 / 사영역에 대응하는 성역할의 분할은 화폐수입을 가져오지 않는 여성의 가사노동을 가치 폄하하면서도 정작 여성이 돈을 버는 것을 정상적인 여성성으로부터의 일탈로 치부한다. 이렇게 훼손된 여성적 정체성을 상쇄할 수 있는 것은 당연히 돈이어야 하며 그건 자식만이라도 다른 삶을 살도록 만드는 교환수단이어야 한다. 예컨대, 삼오식당 여주인이 딸 혼수로 천 만원을 호가하는 장롱을 사들이듯이 말이다.

> "할매! 이게 뭐야? 줄려면, 이런 목걸이나 하나 주면 또 몰라."
> 똥할매의 목에 걸린 금 목걸이를 슬쩍 건드렸다.
> 똥할매는 공처럼 튀어올랐다. 때밀이 아줌마가 한증막에서 걸어다 옆에 놔준 옷가지들을 와락 부퉁겨안았다. 사물함 구석으로 뛰어갔다. 몸을 한껏 웅크리고 쪼그려 앉았다. 숨도 내쉬지 않았다. 바들바들 떨리는 손으로 목에 걸려 있는 금 목걸이를 꼭 쥐었다. 나에 대한 경계를 늦추지 않았다. 똥할매는 내복 윗도리의, 끝이 다 닳아빠진 소맷부리를 끌어당겨 금 팔찌를 가리고, 늘 목에 두르고 다니는 고동색 마구라로 목을 칭칭 감아 금 목걸이들을 감면같이 숨기고 나서야 아주 조그맣게 가느다란 한숨을, 휴우—내쉬었다. (I, 222면)

똥할매는 그걸 보다 재귀적인 방식으로 구현한다. 목욕탕에서 알몸이 되었을 때만 볼 수 있었던 똥할매의 목에 주렁주렁 매달린 24K 순금 목걸이와 손목에 찬 다섯 개의 순금 팔지는 할머니에게 무엇이었는가. 인용문에서, 화자 '나'가 목걸이를 건드리자 할머니가 보여준 반응은 자신의 재산을 강탈당할 뻔 상황에 나타날 수 있는 반응이라기보다는 폭행이나 강간 등 자신의 몸을 누군가 침범하려고 할 때 여성이 취하는 반응과 흡사하다. 할머니에게 있어서 계산 가능한 따라서 교환을 매개하는 도구가 아니라 역설적이지만 몸의 육화이며, 자기 자신에게만 귀속된, 분리될 수 없는 살의 연장이다. 어느 누구라도 침범할 수 없는 자신만의 영토인 것이다. 한편, 순금은 똥을 치우는 똥할매에게 달라붙은 더러움·오염·부패 등 비천함과는 대립적이다. 즉, 어떤 이물질도 포함되지 않은 순수한 금은 어쩌면 그랬더라면 좋았을 순결한 몸의 표상일는지도 모른다. 그런데 순수 혹은 순결은 무엇인가. 그것은 여성에게 강요된 억압의 고도의 내면화가 아닌가. 똥할매는 정상성의 범주로 해석될 수 없는 그로테스크함을 발휘하면서도 이렇듯 정상적 여성성을 강하게 환기시킨다.

3. '쓰기'의 정치경제학과 양심의 가책

정상성을 지배적 사회규범에의 순응으로 본다면, 세 편의 소설에서 '쓰기'의 행위를 하는 여성 화자는 공교롭게도 작중의 다른 여자들보다 정상성과 근거리에 위치해 있다. 『꽃을 던지고 싶다』의 이량은 일련의 성적 경험을 통해, 그리고 본드흡입 사건으로 인한 구치소 수감경험을 통해 가장 비천한 상태에 놓인 여자들과 자신이 다르지 않다는 동일시의 과정을 거치게 된다. 그러나 이량은 바로 그 경험에 의해 그 여자들과는 다른 삶을 살겠다는 의지적 결단에 이르게 된다. "경진이 너처럼 내가 떠날 것 같아? 찐따 너처럼 내가 죽을 줄 알고?"(I, 236면) 그 구별짓기의 기제는 공부와 대학진학이었다. 그것은 죽음과 광기·전락·비루함만이 운명인 여자들의 세계를 벗어나 아버지에게 이르는 길이기도 하다. 한국의 역사적 정치적 균열 때문에 비록 낙망하긴 했으나 김일성대학 출신의 인텔리였던 아버지는 그녀의 정체성 재구성의 핵심적인 참조물이었다. 지식인이 된다는 건 유용성의 세계와 거리를 둔 위치에 서게 된다는 걸 의미한다. 마침, 『삼오식당』의 이지선은 대학원생이자 소설가로 등장한다.

> 이곳, 장터길에는 과일장사, 밥장서, 야채장사, 양말장사, 생선장사까지 온갖 장사꾼들이 모여서 살고 있는데 이상하게도 이들 온갖 장사꾼들 중에서는 과일장사꾼을 최고로 치는 경향이 있다. (II, 157면)

> 세 친구 중에서는 그나마 영등포역에서 가장 멀리 떨어진 장터길에 사는 나는 그 시절 한 번의 가출도 하지 않았었고 역전과 장터길의 중간 지점에 있는 건양병원 뒤면에 사는 정희는 수시로 가출을 일삼았지만 또 언제나 다시 집으로 돌아왔다. 그러나 역전 근처에 살던 경숙은 가출을 하자마자 가리봉의 한 호프집에 취직을 했고 그 길로 여중생 뺏지를 술잔에 던져버렸다. (II, 22면)

일상의 필요(necessity)에 긴박되어 있을수록 상징적 위계질서의 위치까지 낮아지는 시장 내 가게들 간의 정치경제학은 이 작품의 화자와 그 화자가 전해주고 있는 부박한 삶을 살아가는 여자들 사이에도 적용된다. 『삼오식당』의 첫 장을 연 「어머니가 있는 골목」은 화자이지선의 사회적 위치를 제시하는 데 할애되어 있다. 결혼 무렵의 이야기를 다룬 이 작품에서 이지선의 현재적 위치는 두 번째 인용문에 나타나 있다. 마치 영등포시장과 그 주변인 영등포역의 심상지리가 단짝 친구였던 세 여자의 진로를 결정한 것처럼 진술되어 있다. 하지만 가출을 했느냐, 다시 돌아왔느냐는 학교교육과정을 정상적으로 마쳤느냐, 여자로서 행여 험한 꼴을 당한 것은 아니냐, 결혼은 어떤 사람과 했느냐의 함의 또한 고스란히 담고 있다. 소식도 모르게 되었다는 경숙은 말할 것도 없고 대폿집으로 시집을 간 정희는 현재 남편의 돈 구해오라는 성화와 상습적인 구타에 친정으로 피신을 해온 형편이다. 여기에 비해, 과일장사를 한다지만 안정적인 가정환경을 배경으로 둔 영철과 결혼하게 된 이지선의 위치는 경제적 차원은 물론 사회문화적 차원 그리고 여성적 정체성의 차원에서도 차이가 있다.

이는 식당 여주인인 엄마의 성격변화와도 맞물려 있다. 삼오식당 엄마는 화통하고 걸걸하지만 『꽃을 던지고 싶다』의 '삼호식당'의 여주인 이량의 엄마보다 훨씬 관대한 모성성을 지닌 여성으로 등장한다. 엄마의 형상은 염치없는 이기심이나 별난 괴벽을 지닌 것으로 그려진 시장통 여자들에게는 찾아보기 어려운 품위와 지혜를 발휘하고 있다. 이러한 성정은 과부로 딸 셋을 키워야 했던 상황에서 자식들이 밥장사 하는 집 딸년, 보고 배운 것 없는 자식들이란 소리를 듣게 하지 않도록 하기 위한 겸양과 인내의 소산일 터이지만 그러한 모성성은 바로 사회적 규범적으로 용인되는 정상적인 여성성의 범주에 속한다. 온갖 시장사람들이 모여드는 삼오식당은 소문과 정보의 집합지이긴 하지만 소문의 근거지나 대상지는 아니라는 사실을 눈여겨 볼 필요가 있다. 그 소문의 내용이란 대개 불륜과 가출, 매춘, 가정폭력 등이다. 삼오식당의 모녀들은 바로 이러한 혐의가 없는 존재들이다. 양진오는 이러한 '여성 수난사' 성격의 소문을 전달하는 화자 이지선은 이 소문의 추적자일 뿐, 적극적인 해석자는 아니며 이것이 이 소설에서 계몽주의적 포즈가 거의 발견되지 않는 이유라고 주장한다.(「시장 언어의 유쾌한 카니발」, II, 237면) 덧붙여야 할 것이 있다면, 추적자는 소문을 사실 내지 진실로 확정하는 자이기도 하며 그러한 자격은 바로 소문 속 여자들과는 달리 정상성의 영역에 위치해 있기 때문에 가능했던 사실이다.

　『나의 이복형제들』의 화자 영원의 성격은 언뜻 보기에는 전작들과는 확연히 다른 것 같다. 가출소녀에다 만신의 운명을 타고난 소녀 영원은 자신의 상징적 '이복형제들'인 머저리, 깜뎅이, 왕눈이, 춘미언니 등과 함께 아웃사이더 중 아웃사이더로 등장한다. 그러나 영원은 다른 두 작품의 화자들보다 더 견고한 관찰자적 성격을 보인다. 이량보다는 이지선이, 이지선보다 영원이 관찰자로서의 성격이 더 강하며, 그러할수록 작중의 세계는 시각 우위적이게 된다. 머저리·깜뎅이·왕눈이와 같은 명명 자체가 보는 자 / 보이는 자의 시각적 권력관계를 고스란히 담고 있다. 그 반면에 '영원'은 어떤가, 그 투명성 그것은 어떤 피사체라도 맺힐 수 있는 렌즈와 같지 않을까. 이 작품에서는 소문이 아니라 현장이 포착된다. 그 현장의 포착자는 "나는 내 앞에 놓여 있는 이 피사체를 관찰하고 분해하는 일이 즐겁다"(III, 109면)라고 기꺼이 말하는 화자이다.

　　텔레비전은 전원이 꺼져 있었다. 전원이 꺼진 텔레비전은 화면 하나 가득 춘미 언니의 엉덩이와 협동합시다 아저씨의 장부들을 비추고 있었다. (III, 107면)

　춘미 언니와 협동합시다 아저씨의 성 행위 장면은 이처럼 프레임화된 것이다. 이 소설의 마이너리티에게 가해진 수난과 고통의 현장을 지켜보는 묵언, 불개입의 관찰자란 카메라 렌즈의 현신이다. 카메라는 그것의 발명 이래 여성 이미지를 창출·장악해 온 남성적 시선의 기술적 권화이다. 우연찮게도, 영원이 항상 들고 다닌 카메라는 아버지가 준 것이다. 또 이 소설의 화자를 독특한 것으로 만든 만신의 운명에 대해서도 생각해 보자. 『나의 이복형제들』의 화자는 전작의 다른 화자보다 '쓰기'가 자신의 정체성의 궁극임을 유별나게 천명하고 있다. "억울한 사람, 고통받는 사람, 답답한 사람을 위해서 살겠습니다"(III, 248면)라고 답했던 영원의 만신서약은 그러한 자들에 대한 관찰과 증언이라는 '쓰기'의 형태로 변형된 것이라고 볼 수 있다. 그런데 애초에 그 운명이 매일 밤 남성 신에게 강간을 당하는 꿈으로 현시되었다는 사실에 주목하자면,

> 나는 간절히, 절실하게, 원하게 되었다. 우리의 잠자리가, 아니 그가 나를 갖는 일이 어차피 매일 밤 이루어져야만 하는 통과 의례라면 차라리 그것이 기쁨이나 쾌락이 되기를……. 그것은 체념이나 방관의 자세라기보다는 내가 나를 구원하고자 하는 몸부림이었다. (III, 243면)

여기서, 만신의 운명을 받아들인다는 건 거부할 수 없는 강한 남성성(?)을 자신의 상보물로 받아들이는 것으로 의미화된다. 이는 영원의 내림굿을 방해하여 딸을 만신의 운명으로부터 건져내려 했던 아버지는 그 후 "자신이 남자였다는 사실조차 잊어가고"(III, 255면) 트렌스젠더가 되어 얼마 동안 살다가 죽어버린다는 설정과도 연관된다. 굳이 말하자면 그건 남성 신의 저주였으며, 따라서 영원은 신의 여자가 되는 마지막 의식을 거행하지 않았어도 신의 여자가 되었다. 이 작품의 영등포시장은 전작들에 비해 훨씬 삭막하고 비정한 곳으로 제시된다. 그럼에도 영원은 그곳 남자들에게 누이나 조카처럼 성적 금기의 대상처럼 여겨진다. 최덕진은 영원은 "진짜 피를 나눈 오누이라도 되는 것처럼"(III, 10면) 생각하며, 춘미 언니와 성 관계를 맺고, 머저리에게 '티켓'이란 걸 처음 가르쳐준 협동합시다 아저씨는 불량 청소년을 선도한다는(사실은,

미성년 청소년의 노동착취이지만) 위선의 발로라 하더라도 영원을 성적 대상
으로 대한 흔적은 없다. 그리고 영원을 겁탈하고자 했던 난쟁이 왕눈이
는 끝내 남성성의 대리보완물이었던 개를 잃게 된다. 만신의 운명은 이
렇듯 영원에게 범접할 수 없는 여자라는 아우라를 부여했다. 비약을 허
락한다면, 그 아우라의 근원이란 천상의 신, 아니 거대 남근일는지도 모
른다.

　이명랑 소설은 밑천이라곤 몸밖에 가진 것 없는 여자들의 삶을 그림
으로써 자본주의의 성차별적 경제법칙과 그로 인한 남성지배의 강화
현실을 새삼 인식케 한다. 또한 여성의 몸에 각인된 폭력의 경험과 고
통의 상흔에 기반을 둔 자매애적 연대감이 감동적으로 제시된 곳도 드
물지 않다. 그러면서도 강하게 정상적 여성성을, 그것으로의 복귀를 암
암리에 환기하는 효과를 발휘하고 있다. 그것은 수난 속의 여자들을 관
찰하고 증언하는 작중 여성 화자의 위치가 정상성의 범주 안에 들어 있
기 때문이다. 여자들의 끝 간 데까지 다다른 성적이고도 경제적인 이중
의 전락 끝에서야 화자가 부여하는 서사적 의미화와 그것을 통한 정서
적 동일화는 그녀들이 처한 곳이 아닌 다른 곳에 거하고 있다는 안도감
에 대한 죄의식의 표현, 그러니까 양심의 가책은 아니었는지.

국경과 내면성

강영숙의 소설 『리나』에 대하여

1. 리나는 이름인가, 클리셰인가

강영숙이 첫 번째 작품집 『흔들리다』에서 두 번째 작품집 『날마다 축제』에 이르는 길 중 하나는 작중인물들에게서 이름을 지워내는 것이었을 것 같다.[1] 강영숙의 세계에서 이름은 사람이 아니라 장소에 더 흔하게 부쳐졌으며 그럴 때만이 역설적인 방식이기는 하지만 이름값을 했다. 류보선이 지적했듯이, 강영숙이 펼쳐 보인 실낙원의 세계상은 매직스노랜드, 초원 레스토랑, 미화아파트, 별다방, 드림피아 등과 같은

---

1) 이 글은 강영숙의 첫 장편 『리나』(랜덤하우스, 2006)에 관한 것이다. 그 밖에 강영숙의 작품집 『흔들리다』(문학동네, 2002), 『날마다 축제』(창비, 2004)에 수록된 작품들, 그리고 「갈색 눈물방울」(『문학과사회』, 2004년 겨울), 「자이언트의 시대」(『문학동네』 39, 2004년 여름) 등이 있다. 『리나』를 인용할 때는 면수만을 괄호에 넣어 표기하겠다.

이름을 갖고 등장하며 그것은 사회적 초자아 혹은 자본주의적 시스템에 의해 대량 유포된 정형화된 이미지와 환상체계에 다름 아니었다.[2] 그 이름들은 실낙원의 살풍경을 더 그악스럽게 부조한다기보다는 그러한 세계상의 편재성 내지 진부성을 드러낸다. 이름이란 원래 그런 것이지 않은가. 변두리 상가 끝자락에 나란히 간판을 맞대고 있는 장미, 꽃마차, 은하수와 같은 술집 이름처럼, 아무런 울림 없는 보통명사로 전락할 운명에 처해 있다. 이름은 그 이름의 소유자의 서술가능한 특성으로 강요되면 될수록 "꽃피는 초원" "그림같은 집"처럼 더 흔한 클리셰가 될 위험에 처한다.

그런데 리나라니. 게다가 그것을 자신의 첫 장편소설 제목으로 정한 강영숙에게 어떤 회심이라도 있었을까? 리나, Rina? 작가는 괄호병기를 통해 한자로 俐娜—똑똑할 리, 아름다울 나—라고 알려준다. 이 한자는 특정한 로칼리티 내지 내셔널리티를 환기시키기보다는 그 작명이 얼마나 진지했는가를 보여준다. 리나 자신이 "아버지에게 물어보고 싶은 게 또 있었다. '리나'라는 이름을 누가 지어준 것인지 ……"라는 궁금증을 가지고 있을 정도로 말이다. 리나가 Rina가 아니라 俐娜라 하더라도, 리나는 여성성에 관한 판타스틱하고 정형화된 이미지를 환기시키는 이름이다. 그런데 그 이름의 소유자인 리나는 실제로는 "탄광지역 노동자인 부모 밑에서 큰딸"로 태어나 "회색 빨래가 걸려 있는 탄광촌의 비좁은 집에서 평생 사는 것과 창녀가 되더라도 외국물을 먹어보고 사는 것과 어떤 것이 더 나쁜가 판단하기" 어려운 여자애에 불과하다. '리나'라는 이름이 그것과 정반대인, 아니면 결코 이름의 이데아를 실현할 수 없는 명명된 자의 특성을 드러내는 이름의 계보에 속하는 것일까? 대마왕과 달리 심장조차 없는 자본의 전지구화에 포획된, 그리고 패스포트조차 없는 그녀가 처한 총체성에 그 이름을 등록시키는 일은

____

2) 류보선, 「숙면에의 꿈, 혹은 인공 육체와의 교전」, 『문학동네』 39, 2004년 여름, 186~187면.

어렵지 않을뿐더러 이 텍스트의 유력한 독법임에 틀림없다. '리나' —
과연 그뿐인가.

2. 지워진 국경 또는 내셔널리티

『리나』를 읽으면서 나는 강렬한 유혹을 느꼈다. 리나를 포함한 스물
두 명의 탈출자들의 국적은 어디며, 그토록 가고자 하는 P국은 어디며,
리나가 관통한 대륙은 어디며, 남서면의 아름다운 강이 있는 그 나라는
어디인지를 확정하고 싶어 하는 유혹 말이다. 예컨대, 첫 국경을 넘어
들어간 나라에 대해 탈출자들의 인솔자는 "이 나라 사람들은 책상 다리
만 빼고 다리 달린 건 모두 다 잡아먹고 산다"고 언급하는 대목에서는
중국을, 화공약품 공장의 네모반듯한 남자가 리나를 데리고 간 놋쇠고
리를 건 여자들이 사는 마을은 태국의 메홍쏜을 연상시킨다. 무엇보다
리나 자신이 그 내력을 이렇게 정리하고 있다.

> 난 이 국경의 동쪽 아래에 있는 작은 나라에서 태어났어요. 내가 태어난 나
> 라와 같은 말을 쓰지만 때깔이 전혀 다른 나라라고 알려진 P국으로 가려고 했
> 죠. 국경을 넘어서 이 나라에 들어왔어요. 처음엔 이 나라의 서면으로, 다시
> 동남쪽으로 그리고 다시 출발한 동북쪽으로 갔어요. (344~345면)

리나는 북한 출신이며 P국은 남한, 그리고 리나를 포함한 탈북자들의
탈북 동기는 자본주의적 삶의 가치에 대한 추구 등으로 추론된다. 동쪽
아래 작은 나라, 같은 언어를 사용하지만 때깔이 전혀 다른 나라 등과
같은, 삼척동자라도 다 알만한 정보 — 한국에 대한 클리셰 중 클리셰

—를 흩뿌려 놓았다. 그러나 P국을 P국인 채로 남겨 놓음으로써, P국을 '대한민국'으로 명명하지 않음으로써 국민국가 단위로 편제된 지정학적 클리셰에 안주하지 말 것을 경고하고 있다. 나만의 경험일까?『리나』를 읽어가는 과정은 클리셰와의 힘겨운 쟁투과정이었다.

아닌 게 아니라, 그 자체로 국민국가의 복수적 존재를 가리키는 국경 —국경은 반드시 두 개 이상의 국민국가가 상정된다—은『리나』에서 희미한 것이었다.

> 국경은 푸른 띠처럼 펼쳐진 드넓은 둑 위에 있지도 않고, 은빛 교각에 둘러 싸인 반짝거리는 강물 위에 있지도 않았다. 국경은 그저 퇴로가 없이 사방이 막힌, 비탈지고 조용한 산길의 일부일 뿐이었다. (13면)

이렇게 국경은 범상한 산길일 뿐이었다. 이는 정확히 디아스포라가 사물의 질서가 된 사태에 걸맞은 범상치 않은 표현인데, 국경이란 넘지 못하는 장벽이나 건너지 못할 강이 아니라 차라리 통행을 권유하는 길인 것이다. 디아스포라를 국경을 넘는다는 행위로만 포착할 때 그 국경을 사이에 둔 국가는 어디인가, 디아스포라들의 원래 국적은 어디인가에 시선이 쏠릴 수밖에 없다. 그러나 굳이 세계화를 들먹이지 않아도 근대성이란 가장 근본적으로 시공간적으로 제약된 모든 정체성을 해체시킨 자본의 이동이 낳은 경험의 형식들이며 트랜스 네이션이란 그 기본적 형식이다.

국경이 리나가 상상했던 것과 달리 범상한 산길이었음에도 불구하고, "국경을 넘는 순간 리나는 목에 걸려 있던 사탕이 뱃속으로 쏙 미끄러져 넘어가듯 숨통이 확 열리는 기분이었다."(13면) 이 카타르시스는 안전하게 국경을 넘었다는 것에 대한 안도라기보다는 P국이 성취시켜줄, 막연하지만 소망스러운 삶을 상상적으로 선취한 데서 온 환희이다."내가 가서 살게 될 P국은 이 나라보다 더 잘산다고 했어. 나도 저 여자들처럼 청바지와 구두를 신겠지. 정말 대학도 갈 수 있을까. 내가 터지게 먹기는 할 거야."(13면) 그러나 열여섯 소녀 리나는 곧 깨닫게 된다. 고향을 떠나야 했던 많은 이들—디아스포라란 가장 일반적인 의미에서 팔러 가거나 팔려가는 것이기 때문이다. 그리고 아이로니컬하지만 디아스포라의 목적은 다소의 굴욕이나 차별을 대가로 더 안전하고 풍요롭게 정주하는 것이다. 정주(자)를 통해서 국경은 비로소 실제적인 물질성을 획득한다. 『리나』가 보여준 국경의 현상학은 이처럼 근대성의 근원적 형식을 환기시키고 있다.

리나의 정주는 잇따른 인신매매 때문에 가능성이 희박해지며, 특히 P국으로의 '정주'는 계속 유예되고 단념된다. 강영숙의 많은 작품들이 실상은 길 위의 여자에 대한 것이라는 사실은 이미 지적되었다. 심진경은 「봄밤」「흔들리다」「태국풍의 상아색 쌘들」「트럭」과 같은 강영숙의 소설에서 집은 더 이상 여성들에게 할당된 사적이고 내밀한 공간이라는 성별화된 의미를 갖지 않으며, 그녀들에게 익숙한 공간은 오히려'국도'와 같은 집밖의, 길위의 공간이라고 지적한다.[3] "탈출이란 것이 이제 늘 옆구리에 끼고 다니며 투석하지 않으면 안 되는 혈액이 든 비닐 주머니처럼 느껴졌다."(117면) 『리나』는 아예 국경을 넘는 것을 포함해 탈출이 생존의 절박한 조건인 여자, 그러다 "낯선 나라의 도시 한가운데로, 뜨거운 사막으로, 심지어 다시 국경으로 나가 서 있고 싶은 충동"(3회, 263면)이 본성이 된 여자에 대한 이야기라는 점에서 한수 위인 것이다.

> 흰 칠을 한 집에, 작은 꽃 화분이 오종종하게 놓인 앞뜰에서 이제 막 말을 배우기 시작하는 꼬맹이의 엉덩이를 두드리겠지. 그런데 꼬맹이는 어느 나라 말을 배울까? (309면)

---

3) 심진경, 「새로운 여성성의 미학을 찾아서」, 『문예중앙』 112호, 랜덤하우스중앙, 2005년 겨울, 38~39면.

신발을 보면 가슴이 뛰었다. 신발 한 켤레를 바닥에 내려 한 짝만 신어보고는 다시 올려놓았다. 구슬이 달린 슬리퍼 모양의 촌스러운 신발을 지금 당장 갖고 싶었다. 탈출하는 주제에 신고 나섰다가는 한 시간도 안 되어 작살이 나버릴 조악한 수제품이었다. 그러나 리나는 탈출 도중에 일몰을 보기 위해 어딘가에서 쉴 때, 혹은 모든 탈출이 끝나 늙고 또 고요해졌을 때 지금의 저 좌판 위에 있는 촌스러운 신발을 발에 꿰고 그곳의 바람과 공기를 느끼고 싶었다. 그래서 발에 맞지 않아도 상관없고 튼튼하지 않아도 상관없었다. (312면)

그렇다고 리나에게 '정주'의 꿈이 없었던 것은 아니다. 첫 번째 인용문은 플랜트 공단의 가스폭발 후 생사를 알 수 없게 된 섬유공장 언니와 그 아이를 생각하면서 떠올린 리나의 상상에서 '아이'와 '집'은 행복한 풍경의 질료로 등장한다. 특히, 두 번째 인용문이 잘 보여주듯, 리나에게 '정주'의 꿈은 '슬리퍼'로 표현된다. 슬리퍼는 리나에게 탈출의 종결과 휴식과 정착의 물질적 감각적 표상이었다. 그러나 결국에는 싸구려 슬리퍼를 사서 그 욕망을 대리 충족하는 것조차 허락되지 않았던 리나에게 정주란 불가능한 것이었으며 굴욕적인 것이기도 했다. 왜냐하면 불가능한 정주를 실현하는 것은 사악한 세계에 빌어먹기, 다시 말하자면, 자기 자신이 그 세계의 부산물인 오염의 증좌이기를 철저히 총체성에 규정된 존재이기를 자처하는 길밖에 없기 때문이다. "리나는 결국 생존자 명단에 이름을 올리지 못하고 줄에서 물러났다."(287면) "공단이 무너졌어요. 무너졌는데도 사람들은 거기에 집을 짓고 벽을 올리고 줄 끊어진 전화기를 갖다 놓았어요. 그곳에서 죽을 때까지 살려고 했죠. 이 국경 너머에 있는 북면 나라로 가보고 싶어요"(344~345면) 이 작품의 대단원에 이르면 리나에게 국경을 넘는다는 것은 총체성의 세계로 환원될 수 없는 자기 자신에게 속한, 자기 자신만이 실행하는, 진정한 개인적 사건이 된다.

잠시 후 리나는 다시 뒤를 돌아봤다. 스물두 명의 탈출자들은 더 이상 보이지 않았다. 리나는 또다시 저만치 앞 허공 푸른 둑처럼 펼쳐져 있는 국경을 향해 달리기 시작했다. (348면)

3. 개발도상의 아시아, 재귀하는 모더니티?

『리나』에서 국경이 희미한 채로 남아 있다고 해서 지역성을 지워진 것은 아니다. 몬순과 계단식 논, 고원과 사막 등 자연의 기호들도 그러하지만, 『리나』는 세계적 차원의 노동분업의 구조차원으로도 아시아라는 지역성을 강하게 환기시킨다. 가령, 리나가 처음 끌려 간 곳은 화공약품공장이며 창녀촌 시링을 거쳐 리나가 팔려간 곳인 대륙 동북면의 경제자유구역의 공단은 다국적기업이 경영하는 가스 저장용 탱크 시절이 갖춰진 대규모 플랜트 공단이다. 노동집약적인, 게다가 공해유발적인 산업이다. 이 산업들은 제1세계로부터 1970년대부터 본격적으로 아시아의 신흥공업국가(NICS) —특히, 대만·한국·홍콩·싱가폴 등으로 이전된 대표적인 산업들이며, 현재는 자본주의적 개방에 불을 당긴 중국으로 이전되고 있다.

『리나』에 나타난 이 공장들의 이미저리는 우선 노동을 지나간 산업사회에 속한 것으로 처분하려는 후기 자본주의의 담론적 기획4)을 무색하게 만들고 있다. 기술의 발전과 디지털혁명에 의한 노동의 종말이 아주 과장은 아니지만, 『리나』는 그 진행과정에는 육체노동을 인간이 아니라 '인간노예'의 것으로 만드는 장치가 작동하고 있으며 국경을 초월한 무노동 세계란 존재하지 않는다는 것을 보여준다. 『리나』는 한국에

---

4) 서동진, 「불안의 시대와 주편의 공포—우리 시대의 노동하는 주체」, 『문학과사회』 68호, 문학과지성사, 2004년 겨울, 1558면

서는 전태일의 시대보다 더 이전일 것 같은 개처럼 얻어맞고 소처럼 일하는 노동하는 인간, 그런 비인간적 노동조건에 항의하는, 그러나 연약하기 짝이 없는 노동운동(?)의 모습까지 제시한다. 그런 노동은, 차라리 노예의 것이라 할 수 있는 그런 노동은 사라진 것이 아니라 보이지 않게 되었다고 말하는 게 낫다. 그 공장들이 위치한 곳은 중심부의 도시가 아닌 사막지대나 국경에 인접한 주변인 것이다.[5]

　주변은 다른 차원에서도 개발의 부산물이다. 가령, 아름다운 강이 있는 창녀촌 시링은 20세기 초 철도공사를 위해 먼 도시로부터 이 지역에 온 잡역부들이 죽음과 아름다운 자연, 값싼 마약 때문에 집으로 돌아가지 않아 그들을 찾으러 온 부인들과 그 딸들이 집단적으로 모여 살면서 형성된 곳으로 설정된다. 이곳의 통제자인 포주 부부는 손님들에게 제비를 뽑아 창녀를 선택하게 하고, "시링에서는 술은 한 잔 이상 주지 않는다. 마약은 가지고 들어갈 수 없다. 여자들을 때리지 않는다. 이 사항들을 어길 때에는 양면 발목을 자른다."(124면)는 금지사항을 엄격하게 시행한다. 이러한 조항들은 창녀들을 보호하기 위한 것이기도 하지만 창녀를 사는 남성들이 술과 마약에 탕진하여 노동을 방기함으로써 결과적으로는 구매력을 상실하게 되는 사태를 방지하기 위한 방법이기도 하다. 그 수요와 공급에 대한 환상적 관리, 고아를 데려다 길러 창녀를 비롯해 시링의 시스템 유지에 필요한 미래의 인적 자원을 재생산하는 기획 등, 성 산업이 가장 유망하고도 번창하는 사업인 곳은 어디인지를 상상해 볼 필요도 없을 것이다. 그 불명예를 조금이라도 덜어내기 위해 이 나라의 공무원들은 관광도시 건설이란 명분으로 시링을 철거한다. 그렇게 건설된 관광도시는 어떠한가?

---

5) 이 중심 / 주변은 세계적인 차원은 물론 지역적 일국적 차원에서도 적용된다. 시쳇말로 3D 업종이 점차 이주노동자들의 것으로 인식된 지 오래인 한국에서 그들의 일과 생활의 터전은 서울에서 침체된 지역인 영등포 인근이나 안산·성남 등지에 집중되어 있다.

  예를 들어, 리나가 두 명의 유부녀, 그리고 '삐'와 함께 화공약품공장을 탈출한 후 가닿게 된 곳인 "대륙의 남서면 그트머리에 위치한 마약과 관광의 도시"는,

> 꽃길을 따라 골목 안으로 들어서면 고급 상점들이 촘촘히 늘어서 있고, 그 안에서 눈이 파랗고 비현실적으로 키가 크거나 몸이 큰 관광객들이 유유히 걸어나왔다. (…중략…) 사람들이 도시 외곽의 깔끔한 집들로 돌아가고 나면 어디에 숨어 있었는지 모르는 수많은 거지들이 도시 한복판으로 몰려들었다. 그들은 자동차가 쌩쌩 달리는 도로 한가운데의 사각지대나 공중전화 부스 옆, 길거리의 어디에서든 잠이 들었고 결코 도시를 상대로 소란을 피우는 일은 없었다. (79면)

  『리나』에 나오는 모든 도시는 서양인들과 거지들이 채우고 있다는 사실에 주목할 필요가 있다. 아열대의 도시를 배회하는 서양인들과 홈리스들이야말로 '노동의 종말'을 오히려 더 적질하게 표상하지 않을까. 이국의 도시를 어슬렁 배회하며 소비에 탐닉하는 서양인과 그들이 버린 쓰레기와 구걸로 연명하는 홈리스들은 노마드의 양극단을 실현하고 있는 존재일 것이다. 이렇게 아시아적 더 넓게는 비서구적 지역성을 드러내는 『리나』의 문법 중 하나는 서양인이기도 하다. 이 작품에서 서양인들은 풍경을 카메라에 담는 관광객, 제3세계의 빈민과 인권을 보호한다는 구호단체나 세계기구 사람들로 등장한다. 그리고 하나 더 있다면 얼굴 없는, 어디에나 존재하는 투명인간인 다국적기업의 소유자들일 터이다. 그들은 노동하지 않지만 노동을 권유한다. 리나가 클럽퍼즐의 오빠들과 마쌰와 함께 간 플랜트 공단 지대 인근 도시의 한 카페에서는 남녀노소의 서양인들이 모여 "대마초를 피우면서 전 세계의 빈곤과 끊이지 않는 전쟁과 지속 가능한 발전에 대해 토론했다. 실제로 그중 한 명은 유엔인지, 유엔 산하인지 무슨 국제기구에 속해 있는 민간발전위원회 소속으로 일하는 사람이라고 했다.(226면) 그러나 리나가 클럽퍼즐을 운

영하게 된 후 더 큰 돈을 벌기 위해 그곳으로 대마초를 사러가자, "열심히 일하는 공단 사람들에게 이런 걸 팔 수는 없지!"라고 거절한다.[6)]

이상은 개발도상의 아시아에 강림한 모더니티의 재귀이자 모더니티에 대한 지독한 패러디라고 할 수 있다. 그 모더니티에는 마샬 버먼이 마르크스를 빌어 묘사한 그 매혹적인 부르주아적 주체도, 따라서 노동의 주체도 존재하지 않기 때문이다. 『리나』는 자신을 둘러싼 사회와 환경을 자기 갱신과 변혁의 토대로 전환화시키는 근대의 주체는 사라졌다고 말한다. 『리나』가 보여준 모더니티의 푸가는 주제에 대한 모독적인 모방을 통해 역으로 주제의 그로테스크한 이데아를 드러내는 방식이라 할 수 있다. 이는 집단적 변혁의식의 소유자로서의 노동자 계급의 종언, 혹은 침묵하는 노동을 이야기하는 데서 분명해진다. 리나와 여자들이 화공약품 공장의 폭력적 관리자인 '네모반듯한 남자'를 살해한 후 노동자들이 자고 있는 숙소로 뛰어가 "여러분, 여러분은 이제 자유의 몸이 되었어요. 얼른 도망가세요"라고 큰소리로 외쳤지만, "아무도 잠에서 깰 생각을 안 했고 점점 더 몸을 웅크렸다."(72면)

4. 리나, 노동에 침을 뱉다

삐는 용접공으로, 리나는 잡역부로 일하는 자유경제구역의 공장에서 한 외국인 노동자가 감전사고로 사망한다. 그것을 계기로 그 동료들이

---

6) 리나는 결국 그곳에서 대마초를 가방 한가득 사가지고 나온 외국 사람을 만나 같은 지속가능발전위원회 회원이라는 면식을 이용해, 두 배의 값을 치르고 대마초를 산다. 이 에피소드는 1960년대 68혁명과 반전운동에서 서구의 지식인이 보여준 '정신의 각성'을 위한 약물─혁명이라는 초유의 멋진 커넥션을 연상시킴과 동시에 그 회화화라고 해도 좋을 것이다.

시위를 하다가 별 호응도, 사용자 측의 문제해결 노력도 없자 그들은
시위장소를 "50미터 높이의 옥탑 가스 분리탑 꼭대기"로 바꾼다. 고공
시위는 현대중공업노조의 골리앗 투쟁(1990.4)[7]을 연상시키는 설정이다.
그러나 세 번째 서열의 관리자가 다른 노동자들에게 협조를 구하며 "먹
을 것은 콩 한 면이라도 절대 갖다 주지 말 것, 모포라든가 방한 점퍼
따위도 절대 갖다 주지 말 것"을 지시하자 그 다음날로 고공 시위대에
대한 도움의 손길이 뚝 끊긴다. 그러다 아예 신경도 쓰지 못 하는 사이
기운이 빠진 노동자들은 헬리콥터 줄 끝 집게에 하나씩 매달려 "죽은
벌레처럼 엎드린 채 안전하게 지상으로 내려왔다."(237면) 비극적 죽음을
맞으며 수많은 노동투사들이 외쳤던 "노동자 만세!"는 말 그대로 인터
내셔널한, 여러 국적의 노동자들이 모인 자유경제구역에서는 외쳐지지
않았다. "노동자 만세!"는 창녀를 때려 죽여 시링의 포주에게 죽임을 당
한 도시에서 온 기술자인 남자의 유언이었다. 이 에피소드는 근대적 주
체양식 중 하나인 노동계급의 지워진 혹은 종종 잊혀진 젠더를 뜻하지
않은 그러나 그보다 적절할 수는 없어 섬뜩한 방식으로 드러낸다.

이 에피소드를 포함하여 『리나』는 모더니티의 남성주체양식에 대한
지독한 블랙유머를 선사한다. 『리나』에 나오는 남자들이란 딸 몰래 아
내와 아들만 데리고 탈출하려 했던 아버지이거나, 동족의 등을 치거나
인신매매로 연명하는 남자들—프로듀서 김, 선교사 장—이거나, 창녀
앞에서나 으스대는 비굴한 노동자들이다. 이러한 남성표상은 역으로 노
동과 정주, 그리고 그것의 시스템인 근대적 가부장제에 대한 부정을 함
의한다.

단적으로, 리나가 자신의 분신으로 여기는 유일한 남자 뼈의 성격 또

---

7) 1990년 현대중공업노조의 골리앗투쟁에 대해서는 구해근, 신광영 역, 『한국노동계급
의 형성』, 창작과비평사, 2002, 247~250면. 1980년대 말, 90년대 초 강성 노동운동의
표본이었던 현대중공업노조는 2002년 노사상생을 표방하여 독자적인 노선을 취하다
가 한 협력업체 노동자의 분신자살 사건처리를 계기로 반노동자적이라 하여 2004년
민주노총에서 제명되었다.

한 여기서 크게 벗어나지 않는다는 데서 잘 드러난다. 화공약품공장에서 어린 소년일 때 만난 삐가 성년의 남자가 되어갈수록, 그리고 숙련된 노동자가 되어갈수록 리나는 리나와 삐의 관계는 불편한 어떤 것이 되어간다. 자유경제구역에서 그들의 신분이 노출되는 것을 방지하기 위해 할머니가 삐와 리나에게 둘이 부부인 척 하라고 한 후부터 삐는 말이 더 없어졌으며, "리나는 삐에게 왜 호기심과 두려움을 동시에 느껴야 하는지 몹시도 짜증스러웠다."(217면) 립스틱을 진하게 바르며 그 순간만이라도 다른 사람이 되고 싶어 하는 리나의 표현되지 못한 또는 억압된 욕망의 정체는 그 흔한 이성애적인 것이다. 그러나 부부가 아니라 부부 '놀이'만을 실현할 수 있는 "삐와의 어긋난 관계"는 근원적으로는 이성애에 기초한 노동과 정주, 그리고 그것의 관계형식인 가족제도에 대한 리나의 거부감 아니면 그것의 불가능성에 기인한 것이다.

리나는 노동의 세계에서 기원한 규범, 그리고 노동 그 자체를 혐오한다. 작품의 첫머리에 나오는 열다섯 리나에 대한 요약적 서술을 보자.

> 리나는 열다섯 살이었고 탄광지역 노동자인 부모 밑에서 큰딸로 태어났다. 리나는 학교가 끝나면 유소년직업훈련센터에 나가 밤늦게까지 단순한 기계부품을 조립했다. 잠이 오고 지겨워지면 나사를 코밑에 들이대고 "죽어, 죽어"라고 말하며 발밑으로 집어던졌다. (9~10면)

"죽어, 죽어"라고 하며 발밑으로 노동의 재료들을 집어던지는 리나의 행위는 화공약품 공장에서 노동자들이 먹을 밥을 짓는 일을 할 때도 반복된다. 이는 더 이상 인간의 것이 아닌 혹독한 노동에 대한 경멸이겠지만 노동에 대한 어떠한 명예회복도 희구하지 않는 데에서 리나의 그것은 철저하다. '창녀 리나'(143면)야말로 노동과 그것이 강요하는 규범에 대한 거부가 육화된 형상이라 할 수 있다. 공장에서 허드렛일을 하느니 차라리 가수를 하고, 몸을 팔고 술을 팔고, 나아가 대마초까지 파는 것, 술 먹고 진탕 취하고 대마초의 추억을 죽을 때까지 잊지 못하는 것, 돈을 훔치는 것. 리나의 노동 거부는 노동의 이데올로기가 우리에게 수치심을 갖도록 강요한 그 모든 행위를 수치심도 없이 수행하는 것, 스스로 물화를 실현하는 것이다. 리나는 팬티 속에서 돈을 꺼내 당당하게 밥값을 지불한다. 물론 리나의 행위 방식은 낮의 노동과 밤의 탕진을 동시에 조장하는 자본의 시학에서 파생한 것이다. 그러나 밤의 탕진을 빌미로 낮의 노동에 더 경건하게 복귀하게 하는, 낮의 세계를 이유로 밤의 세계를 경멸하려는 것은 속이 들여다보이는 위선임을 폭로한다. 왜냐하면 그 두 세계는 본질적으로 같은 기원—자본, 너무나 남근적인, 그래서 정주와 이동을 끊임없이 반복하는—을 갖고 있는 세계이기 때문이다. 리나는 공공질서 위배를 명분으로 시링의 창녀촌을 철거하러 온 공무원들에게 이렇게 말한다.

> "이렇게 막무가내로 사람을 길거리로 내몰다니, 이런 공무원들은 처음 봐요 아저씨들이 시링을 좋아하지 않는 이유가 뭐죠? 언제 무이 창녀들과 그 짓을 하다가 제대로 안 돼서 무안한 적이라도 잊으셨나요?" (…중략…) "그런데 아저씨들, 혹시 우리 애들한테 축구 시합에 져서 이런 엄청난 짓을 저지르신 건 아닌가요? 남자들이란 축구 같은 거에 잘 미치잖아요." (164면)

리나는 농담 아닌 농담을 통해, 사회의 지배적 규범에 내재된 공/사 영역의 구분이란 사실상 도처에 편재하는 남근적 권력에서 기초한 폭력과 외설의 세계상을 봉합하는 제도화된 담론에 불과하다하는 것을 폭로한다. 자신들의 정액으로 분칠된 창녀촌을 공공질서 위배를 이유로 철거하는 세계상이나 창녀를 때려죽인 노동자가 '노동자 만세'를 외치는 세계상은 그런 면에서 같은 세계상인 것이다. 고통은 바로 거기에서 연유된다.

5. 고통은, 고통은 그리고 사랑은

『리나』에 나타나는 남근의 폭력에 대한 가장 극도의 증오감은 살인으로 표현된다. 리나는 화공약품공장에서 리나와 두 유부녀를 강간한 네모반듯한 얼굴의 남자와 그 일을 두고 여자들을 비난한 할아버지를 그 여자들과 함께 화공약품 드럼통에 넣고 돌려 죽인다. 또 리나는 클럽퍼즐 오빠와 그 후배가 리나와 동족인 여자 후배를 강간하려 하는 순간을 덮쳐 기절시키고 동족의 후배 여자애, 그리고 인도 출신 점박이와 함께 그들을 생매장한다.

> 열린 문틈으로 소파 위에 누워 있는 후배가 보였다. 눈을 꼭 감은 채 입술을 달달 떨고 있었고, 가랑이 사이로 분홍색의 생선살 같은 여자애의 음순이 정면으로 보였다. 뚱보 녀석이 후배의 몸 위에 올라가려고 하는 순간, 리나는 이것이 현실임을 직시했다. 소파가 저항을 받아 찢어질 듯이 내려앉으려고 했다. '이때다, 저 새끼가 넣기 전에 구해야 된다.' (260면, 강조는 인용자)

이 표현의 가벼움은 양심의 가책을 덜어내려는 리나 자신에게서 기원한 수사적 책략이기도 하지만, 필요악 정도로 치부되어 범상한 일상의 한 요소로 자리 잡은 여성의 사물화에 사물화로 응징하는 것이라고 할 수 있다. "그 남자 고추가 내 손가락만큼 작아서 깜짝 놀랐어. 그런데 더 웃긴 건 그 남자 똥꼬에 정말 커다란 치질이 매달려 있는 거야."(176면) "조수석으로 옮긴 운전사는 금세 바지를 내렸고, 동시에 리나는 선지처럼 검붉고 작은 열매 같은 운전사의 그곳을 보았다(301면)"처럼, 이 작품에서 간간히 눈에 띠는 남근을 둘러싼 '엽기발랄'한 표현 또한 대문자 남근을 아예 볼품없는 페니스로 돌려버리려는 전략이라고 할 수 있다.

여기서 보다 주목해야 할 것은 "분홍색의 생선살 같은 여자애의 음순"그리고 질, 즉 여성의 음부 내지 치부에 고통은 집중되어 있고, 그 고통에의 공동경험은 리나가 여자들에게 갖는 연민의 정체라는 사실이다."네 명의 여자애들은 서로에게서 나는 몸냄새를 맡았고 흐느끼는 듯한 숨소리를 들었다. 비록 오래 산 인생들은 아니지만 한밤중에, 그것도 낯설고 이상한 나라의 도로 위에서, 생전 처음 보는 사람들 틈에 끼여 비좁은 자동차 뒷자석에 앉아 있다는 사실이 슬픔이 되어 밀려왔다."(245면) "아랫도리로는 피가 줄줄 흘리며 서 있(185면)"는 여자들은 리나의 슬픔 중 가장 깊은 저음부를 이루고 있다.

음부의 고통은 매춘이나 강간과 같은 '비정상적 성'에서만 국한되지 않는다. 출산 또한 폭력에의 경험으로 제시되기 때문이다. 『리나』에서 그것은 엄마에게는 출산의 고통을 보상하는 영아가 집단살해되는 것으로 암시된다. "아가야, 배아파 낳은 지 얼마 되지도 않았는데 죽으면 안 돼."(43면) 리나네 들과 함께 탈출하던 돌쟁이 아기 엄마가 정신을 놓은 사이 아픈 아이는 아버지 손에 숲 속에 버려지고, 다른 탈출자들은 그것을 만류하지도 않고 묵인한다. 여자들이 놋쇠고리를 한 마을에서, 축일(祝日)날 한 여자가 산고 끝에 아이를 낳았지만 축일에 태어난 아이는 부정하다 하여 그 자리에서 아버지와 그 친구들에 의해 교살당한다. 아랍 남자와의 사이에서 난 봉제공장 언니의 아이는 태어나자마자 울지도 않은 채 "공동숙소 이곳저곳을 휘 둘러보듯 눈을 굴리더니 몹시 고단하다는 듯 눈을 감았다."(209면) 그 아이는 7년 전에 있었다고 하는 가스폭발로 인한 환경오염 때문에 지체장애를 겪는다. 질구에서 아이가 나오고 산모의 배를 두드려 태반이 쏟아지는 장면, 그 장면을 지켜본 리나는 자신에게 이전된 고통을 느낀다. 그 고통은 산고이기도 하지만 태어남 자체도 폭력에의 경험이자 고통임을 의미한다. 리나에게 출산과 탄생은 이 세계의 고통이 무방비 상태로 벗은 몸채에 각인되는 최초의 폭력경험인 것이다. 리나는 봉제공장 언니를 비난한다. "이 미친년아,

그러게 뭐 하러 애는 낳고 지랄이야.”(250면) 이는 리나가 생물학적 아버지는 물론 어머니에게 드러내는 소원함과 적대감, 그리고 재생산의 어떠한 가능성도 어떠한 연결고리도 없는 여자들에게 리나가 보이는 친밀감의 연원이기도 하다. 여자들과의 친밀감은 정서적이고도 육체적인 것으로, “밤에는 여자들 셋이서 꽈배기처럼 엉켜 한 침대에서 잠을 잤다(171면)”는 식으로 표현된다. 봉제공장 언니와 리나의 관계에서 두 여자들의 음부는 고통이 아니라 쾌락의 장소가 된다. 자신의 쾌락을 위해서 고통을 안기는 남근의 폭력은 이 관계에는 존재하지 않으며, 서로의 쾌락의 장소가 어딘지를 잘 아는 그녀들의 애무는 무엇보다 상처 입히지 않는 부드러운 손길이며 생의 고통과 그리움을 진정시키는 위로의 손길이다. 6번 탱크가 폭발하여 언니의 생사를 알 수 없게 되었을 때, 리나는 “언니를 만난다면 언니에게 사랑한다고 말하고 서로의 그곳을 아주 오래 따뜻하게 문지르고 싶었다.”(309면)

　『리나』가 보인 여자들의 관계는 이성애적 관계와 비교하면 그 성격이 분명해진다. 이성애에 기초한 관계는, 그리고 거기서 파생된 가족관계는 배타적인 소유관계를 성립시킨다. 앞서 언급한 삐와의 관계에서 나타난 불안은 리나도 모르는 사이 이성애적 관계방식을 모방하면서 따라온 배타적 소유욕 때문이다. 삐에 대한 이성애적 감정을 느끼면서, 삐와 단둘이 도망치고 싶은 욕망, 삐가 다른 여자와 잤을지도 모른다는 질투의 감정이 리나에게 불안을 야기했던 것이다. 이에 반해 리나가 여자들과 맺는 관계는 그 관계를 특화하여 다른 사람과의 관계맺음을 꺼려하거나 배척하지 않는다. 리나와 할머니와 삐와 할머니의 애인, 그리고 리나와 할머니와 삐와, 봉제공장 언니와 그 아들과 삐 등 이들의 관계는 서로가 각각이 다른 사람과 맺는 관계를 존중하고 침해하지 않으면서도 그것이 그 밖의 사람들에 대한 소원함이나 관계의 위계로 간주되지 않는다. 그러면서도 서로에게 의존적이며 그것이 보상되기를 기대하지 않는다.

　이러한 관계맺음 방식 한 가운데 바로 전직 가수 할머니와의 관계가 놓여 있다. 할머니가 이 관계의 성격을 대표하는 이유는 어쩌면 그녀야 말로 이익추구와는 전혀 무관한 존재, 즉 사회의 지배적 규범에서 보았을 때는 무용한 존재이기 때문일는지 모른다. 더 이상 가수로 나설 수 없게 되어버린 병든 육신의 할머니는 리나에게 자신이 무대에 오르기 위해 쓰던 모든 것—사실 그건 무용한 것들이었다—을 대가 없이 주며, 리나는 포주의 아내가 "할머니는 곧 죽을 거고 돈이란 미래를 위해 써야 한다"고 충고했음에도 병든 할머니를 침대째로, 그 애인인 할아버지도 함께 시링으로 데려오는 데 모아놓은 돈을 날린다. 무용성은 『리나』에서 할머니뿐만 아니라 버려지거나 죽임을 당한 어린 아이들, 무엇보다 사막이나 고원 등 리나가 체험한 자연의 성격—아이러니하게도 아직 인간에게 그 유용성이 입증되지 않은 곳만이, 즉 무용한 곳만이 자연은 자연인 채로 남겨 있다—과도 상통한다.

　자연과 할머니는 리나에게 환상을 경험하게 한다는 공통된 특성을 지니고 있다. 이 때문에 할머니의 존재는 인간관계에도 관철되는 이익추구라는 자본의 지상명령에 반하는 방식 이상의 의미를 발하게 된다. 리나는 화학약품공장을 탈출해 소금밭을 지나 고원의 사막, 모래구덩이에서 파란 하늘을 머리에 이고 다가온 거인을 따라나서자 소금밭을 걸으면서 지독한 상처를 입은 "발바닥에 두터운 막이 생긴 것처럼 통증이 사라지고 몸이 가벼워졌"으며 "사막은 사라지고 노란 꽃들이 핀 평원이 다시 나타난 순간 리나는 점처럼 작아진 태 사막으로 돌아가고 있는 거인의 뒷모습을 보았다."(75면) 그리고 할머니의 손길과 노래도 마술을 일으키는데, "할머니가 조금 씩 목에 힘을 줄 때마다 리나의 배 안에서부터 이상한 힘이 밀려나오면서 홀쭉하던 배가 동그랗게 부풀어 올랐다. 리나는 동그랗게 부풀어 오른 배를 쓰다듬으며 울지도 웃지도 않는 얼굴로 가만히 앉아서, 이것은 나의 달이야. 라고 낮게 중얼거렸다."(140면) 이 부분은 시링에서 삐와의 성 관계 후 제시된다는 점에서 삐와의 관계에서 결여된 욕망을 상상적으로 대리보충하는 의미도 있지만, 한 번도 아이를 가져본 적이 없다는 할머니의 가수태능력(?)은 남자의 정액에서, 그리고 가스대폭발 이후에는 리나의 음부에서 화공약품 냄새가 나는 것으로 표상되는 '불임'의 세계상에 대응한다. 치유와 생명, 이것이 자연과 할머니의 마술적 역능의 효과이지만, 그렇다고 현실도피적 환상을 구성하지는 않는다. 자연과 할머니, 이들은 『리나』에서 문명의 화를 입은 가장 처참한 존재들의 표상으로 등장하기 때문이다. 6번 가스탱크의 폭발 후, 간신히 구조되었으나 말도 의식도 잃은 채 "할머니 몸은 그야말로 오물 천지였다. 갈색으로 착색된 몸 구석구석의 그늘이란 그늘, 주름이란 주름에 덕지덕지 붙은 먼지들은 말할 것도 없고, 겨드랑이며 배꼽이며 구멍이란 구멍은 모두 오물로 들어차 있었다."(5회, 204면) 할머니의 주름진 살들, 그리고 주름진 음부는 오물로 채워진 고통의 장소이자 고통을 환기시킨다. 그런데 할머니는 애초에 고통을 그러모으는 존재이지 않았던가.

> 여가수의 목소리는 들판을 떠도는 바람 소리처럼 불규칙했고 목구멍에서 피라도 쏟아져 나올 것 같았다. (…중략…) 천막 공연장 안의 분위기는 저절로 무르익었다. 머리를 짧게 깎은 남자가 앞으로 나와 여가수의 무릎을 끌어안고 울기 시작하자 다른 사람들도 억울한 일이 많다는 듯 덩달아 중얼거렸다. 여가수의 목소리가 더 이상은 올라갈 수 없을 만큼 커진 순간, 사람들은 방향도 없이 아무 데나 대고 상체를 흔들거나 옆사람의 소매끝을 붙들고 늘어졌다. (91면)

'영원불멸의 여가수'였던 할머니의 공연은 고통과 슬픔으로부터의 도피가 아니라 처절한 환기를 통해서야 찰나적이고 일회적일지라도 생은 다른 얼굴을 하고 현현할 수 있음을 보여준다. 사랑이란, 그런 것이지 않을까. "리나는 팔소매를 걷었다. 할머니의 늘어진 질구를 손가락 두 개로 벌리고 긴 벌레처럼 음순과 질구 사이에 끼어 있는 흙덩이들과

나뭇잎 부스러기를 꺼냈다."(288면) 사랑이란, 고통 때문에 흘린 눈물이 다른 상처가 되지 않기를 바라는 손길일 것이다.

> 겨우 손을 뻗어 할머니의 얼굴에 손가락을 대고 귓속으로 눈물이 흘러가지 않도록 막아주는 게 리나가 할 수 있는 일의 전부였다. (282면)

6. 다시 국경에 대하여

나는 정주, 특정한 국가에 합법적으로 등록되기를 거부함으로써, 리나의 월경(越境)은 총체성으로 환원되지 않는 진정 개인적인 사건이 된다고 말했다. 리나는 리나이게 된 것이다. 그런데 리나의 월경은 P국에 이르는 국경은 넘지 않는다는 한계조건에서 이루진다. 이리하여 역설적이게도 부재의 현존이라는 방식으로 P국은 리나의 내면성의 조건이게 된다. P국을 P국인 채로 남겨둠으로써 국경을 상대화하고 근대성의 근원적 형식을 환기한 『리나』는 P국의 국경만은 경험되지 않은, 경험되어서는 안 되는 어떤 것으로 남겨둠으로써 역설적으로 P국의 실체성을 강하게 환기시키고 있다. 여기서 이런 의문은 어떨까. 경험되어서는 안 되는 따라서 서술되어서는 안 되는 P국—이 작품에서 P국은 전언과 소문으로만 전해진다—은 『리나』의 서술자—작가가 드러내기를 꺼려한 자신의 위치가 아니었을까. 그런 의미에서 『리나』는 서술자 자신의 내셔널리티에 관한 반성적 응답의 형식이라고도 할 수 있다.

이 맺음말은 『리나』에 바쳐진 나의 헌사에 오점을 남기는 사족이 될지도 모르지만, 사랑스런 리나의 농담을 흉내내본 것쯤으로 치부해주었으면 좋겠다. 대한민국 온 나라가 아시아에 때깔나는 한류를 파는 일에

혈안이 되고 있는 작금에 한국의 작가들은 부쩍이나 확실히 때깔이 덜한 아시아의 풍경, 저개발의 모더니티를 들여오고 있다. 이 사태는 주변부에서 반(半)주변부, 혹은 반(半)중심부로 진출한 한국의 위치와 무관할 수 없다. 즉 이 같은 문학적 경향은 몇몇 작가들의 작품들이 빚어낸 우연적인 상황이 아니라는 말이다. 이미 이러한 문학작품들이 나오기 전부터 대두된 내셔널리즘 재인식 내지 비판 또한 바로 한국의 위상 변화라는 조건 없이는 이토록 핫이슈가 되지 않았을 것이다. 자신의 내셔널리티를 상대화할 수 있는 건 지적 정신적 조건에 의한 것이라기보다 더 많이 물질적 조건에 의거한 것이기 때문이다. 그 물질적 조건은 내가 가진 내셔널리티를 획득하고자 하는 다른 사람들에게는 아직 허락되지 않은 물질적 상징적 기득권이기도 하다. 다시 강조하건대, 국경의 실제성은 이주를 하는 자들에 의해서가 아니라 이미 정주한 자들에 의해 확보된다. "리나가 지어낸 수많은 탈출담들은 주인공도 비슷하고 스토리도 다 비슷해서 새로울 게 없었다"(110면)지만, 그럴 수밖에. 클리셰는 진부한 만큼이나 견고한 물질성에 기대어 있다. 클리셰의 진부함은 더 사유되어야 한다. 국경에 대해 사유한다는 것, 국경을 넘는 자에 대한 것이기만 해서는 안 된다. 국경을 넘는 자에 대한 이야기는 그 이야기를 통해서 자아의 실정성이 질릴 정도로 확인되기를 원하는 정주자의 것이지 않은가. 탈출자들은 이야기'되는' 존재인 것이다. 그렇다면 이야기하는 자는 누구인가.

탈국경의 상상과 21세기 한국소설의 역사지리지

1. 한국소설의 새로운 역사지리지

지난 세기 말부터 본격화된 한국문학의 근대성 연구는 근대의 대표적 장르로서의 소설이 기반을 둔 역사철학에 대한 성찰을 제공했으며, 소설의 역사지리지를 새로운 화두로 제시했다. 즉 소설은 근대의 발명품인 민족 내지 근대 국민국가의 인종적·영토적·언어적 경계를 실정화한 장르라는 사실이 논의되고 있는 상황이다. 한국 근대문학의 개척자인 이광수는 한국의 많은 고소설이 한국어로 쓰였지만 지나를 무대로 하고 있다면 한국문학이 아니라고 주장했으며, 한국인이 한국인의 삶을 다루었다고 하더라도 그것이 외국어로 쓰인 것이라고 한다면 한국문학이 아니라고도 일찍이 주장했다.[1] 한국문학이란 한국인이, 한국어로, 한국인의 삶과 정서를 담은 문학이란 정의에 어떤 회의도 없이 오랫동안 자족적인 안주를 해왔다는 것 자체가 문제화되고 있는 현실이다. 앞으로 살펴보겠듯이, '한국인', '한국' 등의 경계는 식민과 해방, 분단과 전쟁, 냉전과 함께 유동해 왔지만 한국문학의 이념과 제도는 배타적이라 할 만큼 속인·속지·속문주의를 자연화해 왔다고 해도 과언이 아니다. 이러한 '국문학'의 이념에 내재한 내셔널리즘의 포섭과 배제의 메커니즘, 그리고 그 폭력성이 성찰의 대상이 되고 있는 상황에 부응하기라도 하듯 최근 한국소설의 한 경향들은 속인주의와 속지주의를 무색케 하는 징후를 드러내고 있다.

예컨대, 한 세기 전 한국인의 멕시코 집단이민을 다룬 김영하의 『검은꽃』(2003)에서 없어서는 안 될 서사의 한 축은 멕시코혁명과 과테말라 혁명사였다. 황석영의 『심청』(2003)은 아시아에 서양 제국주의가 각축을 벌인 19세기 중엽 이후를 배경으로 한 장편소설로, 등장인물들은 주인공 심청만 조선인일 뿐 중국인·대만인·네덜란드인·류큐인·일본인 등 다인종적이며, 그 배경 무대 또한 중국의 난징과 진장, 대만의 지룽과 단수이, 싱가포르, 류큐, 일본의 나가사키 등 아시아 일대이다. 방현석의 「랍스터를 먹는 시간」(2003), 「존재의 형식」(2002) 등은 386세대의 자의식을 베트남을 무대로 드러내었다. 박범신의 『나마스테』(2005)는 1994년 LA폭동으로 오빠 하나와 아버지를 잃고 한국에 귀환한 신애와 네팔 출신 이주노동자 카밀의 사랑, 그리고 동남아시아에서 한국에 온 이주노동자에 대한 한국사회의 반인권적, 인종차별적 대우와 거기에 맞선 투쟁을 다루었다. 천운영의 『잘가라, 서커스』(2005)는 조선족 처녀가 한국 남자와 결혼하여 한국에 와서 겪게 되는 비극적 운명을 다루었으며, 최근에 강영숙은 탈북자 문제를 연상시키는 『리나』(2006)라는 작품에서 국경을 넘는 탈출이 삶의 형식이자 윤리가 되어버린 한 여자의 서사를 제시한 바 있다.

---

1) 이러한 한국문학 개념의 발생에 대해서는 황종연, 「문학이라는 역어」, 『동악어문논집』 32, 1997, 참조.

거친 스케치로도 알 수 있듯이, 한국소설의 역사지리지는 밀레니엄에 들어서 또 다른 차원에 들어섰다. 한국이라는 국민국가의 경계를 뛰어넘는, 확장된 렌드스케이프의 텍스트를 무엇이라 규정할 것인가에 관한 참조틀로, 프랑코 모레티의 '근대의 서사시' 혹은 '세계텍스트'를 떠올려 보는 것도 나쁘진 않다. 소설이 근대 국민국가라는 한정된 영토를 거느리며, 내셔널 아이덴티티의 구성요구에 복무한다면, 모레티가 말한 세계텍스트란 국민국가가 아니라 훨씬 더 넓은 실체, 즉 대륙 또는 전체로서의 세계체제를 지리적 참조틀로 갖고, 비동시성의 동시성을 현현한 텍스트로 규정된다. 이러한 세계텍스트의 태생지는 비동시대성의 동시성, 중심부와 주변부를 뒤섞은 혼종적 정체성을 구현하고 있는 반주변부라고 한다.[2] 모레티의 주장에서 내가 관심을 갖는 것은 세계텍스트라기보다 그 태생지로서의 '반주변부'이다. 앞에서 열거한 소설에 나타난 렌드스케이프의 확장, 트랜스내셔널리티의 생성은 몇몇 작가들의 작품 경향이 우연히 조우한 결과로만 볼 수 없기 때문이다. 어떻게 한국소설의 새로운 역사지리지가 가능해졌을까? 나는 그것이 한국이 더 이상 주변부 내지 제3세계라 불릴 수 없게 된 현실 덕분이라고 생각한다.

불과 한 세대 전인 1970~80년대만 해도 한국의 급진적 지식인들은 세계 내에서 한국의 위상을 표현하기 위해서 '제3세계'라는 용어를 선호하였다. 한국이 이미 1970년대에 NICS의 대열에 들어섰음을 염두에 둔다면, 한국을 제3세계라고 부르는 것에는 다른 이유가 있었다고 보여진다. 그 당시 한국의 지식인들에게 제3세계는 빈곤과 저개발을 의미한다기보다는 오히려 혁명과 해방, 그것을 향한 운동의 진지를 의미했다. 이제 누구도 한국을 제3세계라고 부르지 않으며, 혁명과 해방의 역사지리지로서의 제3세계는 밀레니엄의 초입에 대중문화 현상으로 나타난 체 게바라(Che Guebara) 신드롬으로 얼핏 환기되었을 뿐 더 이상 혁명과

---

2) 프랑코 모레티, 조형준 역, 『근대의 서사시』, 새물결, 2001 참조.

해방을 의미하지 않게 되었다. 그 용어는 이제야 한국과는 다른 리얼리티를 지닌 나라들—빈곤과 저개발의 나라들을 지칭하는 것으로 사용되기 시작했다. 이것의 소설적 양상이 19세기의 서구 제국주의의 침략 대상이 된 동아시아와 현재의 베트남·네팔·몽고·태국·멕시코 등에서 출원한 주변부적 표상들이 한국소설의 렌드스케이프를 일신하고 있는 상황과 포개져 있는 것이다. 이 현상은 개개의 작품들이 어떤 내용과 형식을 담고 있는지와 관계없이 꽤 부자가 된 한국의 국제적 지위 향상에 기초한 자기 확장(감)의 표현이라고 할 수 있다.

이 같은 현상은 근대 한국문학의 역사에서 유례가 없지 않은데, 공교롭게도 '친일문학'이란 용어로 더 잘 알려진 '국민문학(國民文學)'의 시대, 그러니까 일본이 대동아공영권을 기치로 내걸면서 중국 침략에 이어 태평양전쟁을 일으키던 시대에 나타났다. 이때 "국민문학"이란 당시 시국에 부응하던 조선인 문인들이 민족적 정체성이 아니라 제국 일본의 국민으로서의 정체성 확립을 자신들의 문학의 요체로 삼으면서 내건 말이다. 국민문학은 위대한 작가들과 정전을 산출한 1920~30년대의 한국문학이 좀처럼 보여주지 못한 랜드스케이프를 제시했다는 점에서 특징적다. 즉, 소설의 배경은 조선을 벗어나 만주와 일본 등 일본 제국의 권역으로 확장되고, 등장인물 또한 조선인은 물론 일본인·만주인·중국인이 등장하는 등 다인종적인 양상을 보였던 것이다. 이 시기의 자기 확장감은 '민족'이 아니라 '국민'으로 자신의 정체성을 이동시킴으로써 일어난 현상이다. 물론 나는 지금의 문학적 현상을 1940년대의 "국민문학"에 빗대고자 하는 것이 아니다. 다만 팽창하는 국민국가는 그곳에 있다는 것만으로도 시야를 틔워주는 전망대로 기능할 수 있다는 것을 말해두고 싶다. 무엇이 보이는가보다는, 왜 보이는가가 지금 한국문학에서 나타난 탈국경의 경험을 자기 성찰적으로 바라보기 위한 물음일 것 같기 때문이다.

이 물음에 좀 더 진지하게 응답하기 위해서는, 앞에서 언급한 제3세계를 혁명과 해방의 진지로 간주하고 그것과 한국을 동일시하고자 했던 강력한 현실적 근거가 한국이 2차 세계대전 이후 냉전과 신식민주의적 모순이 결합된 분단국가라는 데 있었다는 것이 우선 환기되어야 한다. 지난 세기 말 '국가부도'의 위기를 극복하고 바야흐로 GNP 2만 불 시대를 목전에 둔 밀레니엄 시대의 한국을 제3세계라 부르는 것이 가능하지 않을지 몰라도 여전히 분단국가이기 때문이다. 38선을 고려하지 않고 한국에서 "탈국경"을 논한다는 것은 지독한 넌센스이거나 정치적 무의식의 소산일 것이다.

2. 상상의 국경과 38선

"백두에서 한라까지 조국은 하나다"는 1989년 문익환 목사의 방북, 바로 뒤이은 대학생 임수경의 방북사건으로 절정에 이른 남한의 통일운동세력이 내건 유명한 슬로건이다. 이는 조국의 지리적 영토를 재설정함으로써 통일에 대한 강렬한 염원의 표현이었다. 통일운동 세력이 아니라 하더라도 "백두에서 한라까지"는 대다수 한국인들이 지니고 있는 국토 감각이라 해도 틀리지 않을 것이다. 한국인들의 입장에서 보자면, 한반도 북쪽 국경은 38선이 아니라 압록강과 두만강을 넘어 만주와 러시아의 연해주에 접해 있는 일대로 백두산은 국토의 실제적인 상징이다. 이러한 통념은, 통념 이상의 것이다. 대한민국의 헌법 또한 "대한민국의 영토는 한반도와 그 부속도서로 한다"(제1장 제3조)고 명시하고 있기 때문이다. 이는 하나의 민족은 하나의 국가를 형성해야 한다는 통일의지의 헌법상 표현이다. 여기에는 '분단'을 일시적이고 비정상적인 사건이자 상태로 규정하는 인식이 내재되어 있다. 달리 말하자면, 북한

이 한국과 국경을 면하고 있는 중국·일본 등과 같이 독립적인 주권과, 영토·주민으로 구성된 근대 국민국가로 간주되지 않는다는 것을 의미하며, 따라서 38선은 국경일 수 없는 것이다.

오랫동안 어쩌면 현재에도 한국인들에게 38선은 이주의 북방 한계선이자 사상과 의사 표현의 경계라는 사실은 환기될 필요가 있다. '월남', '월북'이란 용어의 함의는 이를 상징적으로 잘 보여준다. 이 용어는 38선을 경계로 한 지리적 이주가 곧 남한이냐, 북한이냐는 정치체제에 대한 배타적 선택의 결정적 표현이기 때문이다.

38선으로 실제화된 분단은 한국소설에서 표현될 수 있는 랜드스케이프를 제한하고 축소시키는 역할을 했다. 단적인 예로, 38선 이남에서 산다는 것을 1947년에 '혈거부족(穴居部族)'이란 표제의 단편소설로 그려낸 김동리는 이 작품에서 남한 주민이 된다는 것을, '굴'과 같은 아주 좁은 장소에 사는, 민족보다 규모는 작지만 더 높은 동질성을 지닌 '부족'이 되는 것으로 상징화하였던 것이다. 1945년 8·15해방 이후 풍미한 키워드인 '민족'을 '부족'으로 대체한 이유는 자명하다. 분단이 기정사실화되어가면 갈수록 38선 이남에서 북한과 공산주의자는 '민족'에서 솎아내야 할 타자가 되었기 때문이다.[3] '혈거부족'은 '조선민족'을 대체한

---

[3] 해방기를 지배했던 '민족' 관념을 제1공화국이 어떻게 재구성해야 했는지를 보여준 임종명의 논문 "The Making of the Republic of Korea as a Modern Nation-Stage : August 1948~May 1950"(Ph. D. diss., Chicago Univercity, 2004)은 시사적이다. 남한만의 단독 정부인 대한민국은 출범 과정에서부터 좌익세력을 비롯한 단정반대세력으로부터 '반민족'이라는 비난을 떠안아야 했다. 이러한 상황에서 대한민국이 어떻게 국가성을 승인받을 수 있었는가를 임종명은 문화적 국가기획(the cutural state projects)이란 개념을 통해 분석하였다. 그에 따르면, 한 정체(polity)의 민족국가성(nation-statehodd)은 시민사회에 대한 국가성을 확보할 때에만 획득될 수 있다. 대한민국이 시민사회와 분리된 자존적 실체이자 민족을 대표하는 주체로서 표상되고 그것이 승인될 때, 대한민국의 민족국가성은 획득되는 것이다. 한국전쟁 전까지 제1공화국의 문화적 국가기획은 특히 여순반란사건과 이것을 계기로 이루어진 국가보안법의 제정을 통해 정점에 이르는데, 이때 새롭게 고안된 '민족'은 자연적 문화적·역사적 동질성에 기초한 것이 아닌 반공이라는 이데올로기적 동질성에 기초해 있다. 한편 정종현은 「해방기 소설에 나타난 '귀환'의 민족서사」(『비교문학』 40호, 비교문학회, 2006)에서 김동리의 「혈거부족」을

말이라고 해도 좋을 것이다. 38선 이북까지의 영토를 상상케 하는 '조선'보다는 너무 좁아서 가족 이외의 다른 누군가를 들일 수 없는 '혈거'를, 외연을 그대로 둔다면 그 동질성이 의심스러워진 '민족'보다 '부족'를 택한 김동리의 어휘선택은 당시의 복잡하고도 혼미한 정치적 곤혹에 대한 단순하고도 투명한 상상력의 대응이었다.

「혈거부족」에서 월남민 그리고 만주에서 온 전재민은 "혈거부족"에 속하게 된다. 그러나 해방기 때조차도 '월남민'은 북한 체제의 사악성을 몸소 증명하는 존재로만 인식되지는 않았다. 월남민은 '삼팔따라지'로도 불렸다. 해방기와 한국전쟁기에 발생한 월남민을 비하하여 일컫는 속어인 '삼팔따라지'는 땅과 집, 재산을 버리다시피 하고 38선을 넘었으나 남한에는 의지할 일가친척이나 지인도 없고 또 남한 주민들의 편견과 텃세 때문에 남한사회로의 소속됨이 그리 쉽지 않았던 월남민들의 처량한 신세를 표현하고 있다. 월남민은 남한 체제 이데올로기의 형성과 유지에 쓸모가 있는 적격자들이었는지는 몰라도 자본주의적 소유질서가 그대로 유지·강화된 남한사회에서 애초에 패널티를 안고 출발했으며 따라서 부적격자(the misfited)가 될 가능성이 높았다.4)

가진 것도 없이 얻어먹으려고 온 사람들이라는 삼팔따라지의 이미지는 오늘날 한국인들의 탈북자들에 대한 인식과도 포개져 있다. 현재의 탈북자는 체제경쟁적 차원에서 환영해야 할 정치적 존재가 아니라 남한이 떠맡아야 할 골치 아픈 사회 경제 집단의 등장으로 인식되고 있는 형편이다. 이 같은 사정은 탈북자 정착을 돕기 위해서는 그만큼 남한 주민의 재정 부담이 증가할 것이라는 우려, 그리고 그들에 대한 지원은

그러한 남한 '민족'의 탄생을 예고한 서사로 읽어낸 바 있다. 131~221면 참조.
4) 최근 조은은 월남가족과 월북가족이 구술한 생애이야기를 분석하여 이 같은 상황을 시사하는 흥미로운 결과를 보여주었다. 즉, 월남가족의 구술은 "국민 되기"를 입증할 필요가 없는 대신 살아가는 이야기의 중심은 생계 해결에 관한 사건이 중심을 이루었다고 한다. 조은, 「분단사회의 '국민 되기'와 가족」, 『경제와 사회』 71호, 한국산업사회학회, 2006, 82~88면.

이미 남한사회 내에 존재하고 있는 실업자·노숙자·장애인과 같은 소외 계층과의 형평성에 있어서 어긋난다는 논란 등으로 나타나고 있다.[5] 요컨대, 탈북자 문제는 남한 주민들에게는 자신들의 '돈'과 '집'과 '직업'을 나누어야 할 문제로 다가오기 시작했다. 특히 소외계층과의 형평성 논란에서 시사되는 의식을 부정적으로 진술하자면 다음과 같을 것이다. 만약 사회적 약자와 뭔가를 나누어야 한다면 차라리 탈북자보다는 더 오랫동안 더 가까이 있던 소외 계층인 실업자, 노숙자, 장애인과 나누는 것이 덜 아까울 것 같다, 는.

언어와 역사·혈통 등을 함께 한다는 '공유' 관념에 기초한 민족의 정의를 잘 받아들이고 있는 한, 남한 주민들은 북한 주민이 같은 민족임을 부인하지 않는다. 하지만 앞에서 보았듯이 그 공유의 대상에 대한 민국의 '국부(national wealth)'까지 포함되어서는 곤란하다는 의식이 공공연한 여론으로 대두하고 있다. 이는 김대중 정부의 대북 정책에 대해 '퍼다주기 식'이라고 힐난하는 방식으로 오래 전에 이슈화되어 있었다. 한국의 민족주의는 이제야 자본주의의 배타적 소유권 문제를 고려하게 되었다. 이 같은 사정은 다른 의미로도 해석될 수 있다. 즉, 한국인들은 더 이상 북한을 침투와 전복의 위협으로 간주하지 않게 된 것이다.

한국의 드라마와 영화 등 대중문화에서 재현된 남파 간첩의 이미지 변화는 이를 잘 보여준다. 이성욱이 재치 있게 지적했듯이, 한국 대중문화에서 간첩은 60~70년대 "내면과 심성이 없는, 다만 인간의 탈을 쓴 야수"였지만, 90년대 말 〈쉬리〉나 〈간첩 리철진〉에 이르면 간첩의 표상이 달라진다. 세련된 도시의 여성으로 그려진 〈쉬리〉의 여자간첩 이명현이나 남한에서는 후기자본주의 섭리를 몰라 헤매는 순진한 소년으로 보이는 간첩 리철진이나,[6] 90년대 말부터 등장한 새로운 간첩의 이미지를 주조하고 있는 핵심적인 기제는 자본주의의 일상과 문화·규범에

---

5) 윤인진, 「'탈북자'는 2등 국민인가?」, 『당대비평』 16호, 2001, 223면
6) 이성욱, 「내 마음의 간첩」, 『문화과학』 19, 문화과학사, 1999 참조.

얼마나 익숙한가, 그렇지 못한가이다. 대중문화의 이러한 무의식은 남북관계에 있어 '침투'의 방향과 방식이 달라졌음을 보여준다. 적어도 대중문화적 표상 차원에서, 북한은 더 이상 남한에 '침투'할 수 없으며, 자본주의적인 방식으로 '포섭'되고 있음을 보여준다.

최근 출간된 김영하 장편소설 『빛의 제국』(문학동네, 2006)은 그 정점을 보여주는 것 같다. 왜냐하면 이 소설은 22살에 남파되었지만 자신이 간첩이라는 것조차 잊고 10여 년 넘게 중산층 가장으로 살아가던 마흔 두 살의 남자 김기영이란 인물이 등장하기 때문이다. 이 소설은 평소와 다르지 않은 AM 7:00에서 시작하여 평소와 전혀 달랐던 하루를, 그렇지만 다시 평소와 비슷한 그 다음날 AM 7:00의 일상을 제시한다. 김기영이 예기치 못한 하루를 살아야 했던 이유는 바로 그날 느닷없이 밤 세시에 서해안에서 잠수정을 타고 잠입한 요원들과 접선하여 평양으로 귀환하라는 지령을 받았기 때문이다. "잊어도 좋다고 생각했던 과거는 바이러스처럼 잠복해 있다가 결정적인 순간에 존재를 드러내었다."(325면) 김기영은 자신의 망각된 정체성을 재구하기 위해, 또 이 느닷없는 지령이 어떤 경로와 이유로 내려졌는지를 탐문하기 위해 자신과 과거를 공유했던 자들을 찾아다닌다. 기영은 남한에서의 대학시절 같은 운동권 후배이자 친밀한 관계에 있는 소지현을 찾아가 자신이 북한에서 내려온 공작원이었음을 고백한다.7) 하지만 그녀는 도리어 이렇게 반문한다.

난 형을 알아. 형은 히레사케와 초밥, 하이네켄 맥주와 샘 페킨파나 빔 벤더스 영화를 좋아하는 인간이잖아? 제3세계 인민을 권총으로 쏴 죽이는 뫼르소

---

7) 1963년생, 본명이 김성훈인 그는 평양외국어대 영어과 재학 중에 차출되어 대남 공작원교육을 받은 뒤 1984년 서울로 남파되어 고아태생이자 실종자로 주민등록증이 말소된 자의 신분을 회복하여 김기영이 된다. 당의 명령으로 입시를 치른 뒤 1986년 연세대 수학과에 입학하여 주체사상을 신봉하던 이른바 NL계열의 학생운동권에 잠입한다. 당시 급성장하고 있던 남한의 학생운동에 주목한 북한 당국은 잘 훈련된 엘리트 출신 공작원을 남한 대학의 신입생으로 입학시켜 학생운동세력과 함께 커나가도록 하겠다는 계획을 세운다. 김기영은 그 모델이었던 것이다.

의 이야기를 사랑하고, 극우파 게이 미시마 유키오의 미문에 줄을 긋는 사람이잖아? 일요일 오전엔 해물 스파게티를 먹고 금요일 밤엔 홍대앞 바에서 스카치 위스키를 마시는 사람이고, 안 그래? 돌아가기 싫어서 나한테 털어놓은 거잖아. 내가 잡아주기를 내심 바라는 거잖아. 아니야? (289면)

그의 문화적·소비적 취향으로 드러난 현재적 정체성은 김기영의 과거를 구성하고 있던 두 가지 정체성을 무색케 하거나 무효화한다. 하나는 그가 "당과 수령에게 충성을 맹세한 노동당원"으로서의 정체성과 한국의 이른바 386세대의 정체성이다. '386세대'란 1990년대 중반 무렵부터 대두된 어휘로 당시 나이로는 30대, 80년대에 대학을 입학하고, 60년대에 출생한 세대를 일컫는 말이다. 1980년 5·18민주화운동, 1987년 6·10민주화운동 등 한국의 민주화운동과 학생운동이 최정점에 이르렀을 때 대학을 다닌 세대들로서, 김기영은 물론 그의 아내 장마리, 소지현은 모두 1980년대 중후반 학생운동의 주도세력이었던 NL파였다. 그런데 이 작품에서 김기영에게 겹쳐지는 북한의 전사와 386세대의 표상, 아니 북한 전사의 표상을 통해 회고되는 1980년대 학생운동권에 대한 흐릿한 노스텔지어는 전혀 느닷없는 것이 아님을 환기할 필요가 있다.

예컨대, 박찬욱 감독의 영화 〈공동경비구역 JSA〉(2000)을 분석한 권은선은 이 영화에서 '반미 자주'의 담론의 수행자이자 그리고 저항문화에서 출발한 80년대적 대중문화의 상징인 가수 김광석의 노래를 부르는 오경필은 남한사회의 또 다른 자아이며, 무엇보다 한국의 학생운동, 민주화운동 등 변혁운동이 활기를 띤 80년대가 고스란히 투사된 자아라고 주장한 바 있다.[8] 오경필의 페르소나를 통해 〈공동경비구역 JSA〉는 한국의 '역사적' 80년대 그리고 386세대에 대한 헌사와 함께 80년대적 대의가 실종된 듯한 밀레니엄 시대에 대한 유감을 표현하고 있다. 물론

---

8) 권은선, 「그날 밤 JSA에서는 무슨 일이 있었나?」, 『한국형 블록버스터—아틀란티스 혹은 아메리카』(김소영 기획), 현실문화연구, 128~129면.

그 헌사와 유감을 연결하는 정서와 이데올로기는 민족주의이다. 최근 방현석의 소설 「존재의 형식」이나 「랍스터를 먹는 시간」에서 그려지는 베트남 또한 80년대적 의식 속에서 산출된 '제3세계'의 표상이며, 이 작품들에서 이제 장년이 되었지만 왕년의 베트남 해방전사는 1980년대를 살았던 한국의 지식인이 간직했어야 할 잃어버린, 빛바랜 자아이다.

이에 비하자면 김영하의 『빛의 제국』은 특정한 시대에 대한 그리고 시대의 대의에 대한 어떠한 헌사도 없으며, 오히려 '80년대', 그 시대를 회고하는 낭만적이고 이념적인 방식에 대한 유감을 드러내고 있다. 이 작품의 제목이자 책 장정으로 쓰인 르네 마그리트의 그림 〈빛의 제국〉 연작은 초현실주의 데페이즈망(dépaysement) 기법이 쓰인 그림으로 알려져 있다. 데페이즈망이란 일상적인 사물을 그 용도, 그것이 놓인 맥락에서 떼어내어 낯선 장소에 배치하는 것을 의미한다. 이런 의미에서, 이 소설에 나오는 "평양의 힐튼호텔"과 1980년대 "서울의 주체사상"들이다. 전자는 공작원의 남한 현지적응 교육을 위한 시설로 서울의 거리를 사실주의적으로 옮겨 놓고자 한 것이며, 후자는 김일성과 김정일을 각각 수령님, 장군님으로 부르며 평양의 혁명전사의 모방에 열중한 남한의 대학생들이다. 김기영은 너무나 과장적으로 대상을 모방하려 했기 때문에 "평양의 힐튼호텔"은 영화 세트장처럼 인공적이었으며, 운동권 학생들은 소극(笑劇)을 벌이는 것 같았다고 회고한다. "철저한 반공교육을 받고 성장한, 고작해야 스물두세 살인 남한의 젊은이들이 그 호칭을 입에 담는 장면은 정숙하게 자란 여자가 성기의 비속어를 공공연히 발음할 때처럼 어딘가 음란한 구석이 있었다"(193면)고까지 진술된다. 작가가 보여주는 두 세계에 대한 냉소가 여기선 모방불가능성을 자각하지 못한 채 흉내내기에 열중한 주체의 맹목적성에 대한 비판의 형태를 띠고 있다면, 다른 또 하나는 맹목적 흉내내기를 가능하게 했던 두 세계의 근원적 상동성을 환기시키는 방식을 취하고 있다. 이 소설의 데페이즈망은 인과관계가 없는 사물들의 병존이라는 초혈실주의 기법의 그것과는 차이가 나는 이유는 그것 때문이다. 김기영이 체험한 20년 전의 평양과 힐튼호텔, 서울과 주체사상, 그리고 "평양의 힐튼호텔"과 "서울의 주체사상"이라는 오브제의 배치는 그 자체로 '분단'과 '냉전'이라는 동일한 메트릭스 위에 존재한다. 즉 총체성의 차원에서는 유비(analogy) 관계라고 할 수 있다. "기영이 처음 보았던 80년대의 남한은 지금의 남한보다 차라리 북한과 더 비슷했다고 할 수 있었다."(198면) 평생직장, 취업걱정 없던 대학생들, 부모와 자식, 국가와 개인 관계에 팽배한 권위주의와 독재정권, 국경 너머의 세계에는 관심이 없는 폐쇄성, 공무원의 부패, 공습에 대한 전국민의 대비와 훈련……. 무엇보다 등장인물들의 가족로망스에서 드러나는 출신성분과 성과달성을 중요시 하는 사회에서 나타나는 개인의 정신병리학.

김영하의 이러한 진단은 한국의 지식인 사회에서 『우리 안의 파시즘』(임지현 외, 2000)으로 본격화된 파시즘 비판, 그리고 내셔널리즘 비판과도 궤를 한다. 70~80년대와의 거리두기는 그 시대를 변혁운동의 시대이자 자신의 시대로 명명해온 지식인들의 자기 성찰 덕분에 가능했다. 그러나 언제나 성찰이란 현재의 위치에서 과거를, 그리고 그 과거와 현재의 관계를 사후적으로 구성한 데서 오는 것이라는 사실 또한 부인할 수 없다. 그 현재적 위치는 무엇인가? 『빛의 제국』에서 이를 잘 보여주는 에피소드는 김기영을 미행하던 국가정보원 요원 박철수가 "호텔과 무역센터, 도심공항터미널, 복합영화상영관, 지하철역 그리고 컨벤션센터가 모여 있는"(229면) 강남의 코엑스에서 그를 놓치고 만다는 설정이다. 게다가 그를 수상쩍게 여긴 사법경찰관이 그에게 신분확인을 요구하자, 그는 간첩을 뒤쫓고 있었다며 국가정보원의 신분증을 보여주지만 창피만 당하게 된다. 국가안보기관의 위상저하는 반공주의의 지배 이데올로기로서의 지위 저하를 의미한다. 무엇보다 코엑스몰에 갇힌 국가정보원 요원. 자본에 포획된 국가? 이리하여 다시 '자본'의 문제로 돌아온 셈이다.

지금의 남한은 팔십년대의 남한과 비슷한 점이 거의 없는, 사실상 완전히 새로운 나라였고, 당연히 북한과도 전혀 다른 종류의 나라가 되어버렸다. 어쩌면 북한보다는 싱가포르나 프랑스에 가까울지 몰랐다.… 종로 5가 롯데리아의 붉은 플라스틱 의자에 앉아 그는 그가 살아온 세 나라—북한, 팔십 년대의 남한 그리고 지금, 21세기의 남한에 대해 생각했다. 그중 하나는 이미 사라져버렸다. (『빛의 제국』, 199면, 강조는 인용자)

김기영은 자신도 모르는 사이 또 한 번 국경을 넘은 셈이다. 팔십 년대 남한에서 21세기 남한으로. 김영하의 발상대로라면 21세기의 국경이란 지정학적 경계가 아니라 우리 자신도 의식하지 못한 채 지나치게 되는 거대한 시간의 힘이며, 그 힘의 발동장치는 자본이다. 남한의 1987년 6·10민주화운동을 통한 직선제 개헌과, 1997년의 정권교체와 2000년 6·15남북정상회담 그리고 2002년의 정권 재창출이라는 분명한 인과관계를 지닌 정치적 일정을 거의 서술하지 않았던 김영하가 "1945년 미군정이 그랬던 것처럼 남한을 완전히 바꿔버린" "국제통화기금의 진주"(198면)를 80년대의 남한과 21세기의 남한을 딴 나라로 만든 결정적인 사건으로 꼽은 이유는 여기에 있다.

3. 탈국경 상상력의 젠더 정치

1980년대의 남한에서 21세기의 남한으로 이주한 김기영은 가장 흔한 형태의 디아스포라였는지도 모른다. 자본의 이동과 함께 유동하는 국경과 사람들, 그래서 고향을 떠나야 했던 많은 이들-디아스포라란 팔러 가거나 팔려가는 사람들이자 아이로니컬하지만 그들의 목적은 다소의 굴욕이나 차별을 대가로 더 안전하고 풍요롭게 정주하는 것이라는 의

미에서 말이다. 그 목적이 주관적 소망에 불과한 것으로 판명된다 할지
라도 말이다. 굳이 세계화를 들먹이지 않아도 근대성이란 가장 근본적
으로 시공간적으로 제약된 모든 정체성을 해체시킨 자본의 이동이 낳
은 경험의 형식들이며 트랜스네이션이란 그 기본적 형식이다.『빛의 제
국』은 한 세기 전 한국인들의 멕시코 집단 이민을 다룬 김영하의『검은
꽃』의 변주곡이라고 할 수 있다.『검은 꽃』에서도 제국주의 침략으로
인한 망국과 식민, 혁명과 전쟁 등 근대 국민국가 형성과 관련된 서사
가 한 축을 이루고 있지만, 이 소설이 민족주의에 대한 성찰, 국가에 대
한 농담으로 읽히는 이유는 근대 국민국가 이상의, 아니 그것마저도 통
어하는 '자본'이야말로 진짜 '세상의 이치'라고 말하고 있기 때문이다.
다만『검은 꽃』에서 다뤄진 한 세기 전의 디아스포라가 지정학적 이주
의 형태를 띠었다면, 21세기의 디아스포라란 물리적 이동 없이도 가능
한, 따라서 백 년 전보다 더욱 편재하는 삶의 형태가 되었을 뿐이라는
것일까? 이러한 세계에서 나올 수 있는 삶을 견디는 감각, 지혜 따위는
무엇일 수 있는지 나는 뜻밖에도 김영하와는 전혀 다른 세대이자 '80년
대' 문학의, 분단시대 '통일문학'의 리더로 평가되는 황석영의 근작『심
청』9)(문학동네, 2003)에서 발견하게 되었다.

> 청이는 지금까지 흘러온 행로를 머릿속에서 그림처럼 한 장면씩 떠올려보
> 았다. 까짓거, 이젠 낯선 곳은 하나두 두렵지 않아. 알고 보면 다 사람 사는
> 세상이었어. (황석영,『심청』상, 305면)

---

9) 이 작품은 한국의 전래설화이자 판소리, 소설로 전해지는 효녀 심청의 이야기를 재
해석한 것이다. 심청은 장님인 아버지의 눈을 뜨게 하려고 공양미 300석에 중국의 장
사치들에게 몸을 팔아 인당수의 제물이 된다. 사해(四海) 용왕(龍王)에 의하여 구출되
어 왕후에까지 오르게 되어, 아버지를 상봉하게 되고 마침내 아버지도 눈을 뜨게 된다
는 이야기이다. 심청전은 신소설·소설·희곡·오페라 등 다양한 장르로 재해석되었
다. 재해석은 효가 과연 근대사회에서까지 권장되어야 할 규범인가에서부터, 근대사회
에서 가족의 생계를 떠맡은 여성의 위치, 심청이 청나라 상인에게 몸을 판 것에서 착
안한 민족주의적 의미화 등의 양상을 띤다.

19세기 중후반 조선의 제물포에서 난징, 진장, 타이완의 지룽에서 싱가포르, 류큐에서 나가사키로 "매춘의 오디세이아"10) 펼치는 심청은 팔려가는 지역에 따라 그 이름이 렌화에서, 로터스(Lotus), 렌카로 변화한다. 이는 그녀의 탈국적성(de-nationality), 소속 없음을 의미하는지 몰라도 탈식민주의에서 이야기하는 혼종성의 표현은 아니다. 이 이름들은 각각 심청의 상징적 재생 공간인 연꽃(蓮花)에 해당하는 중국어·영어·일본어의 발음으로 그 시니피에는 변함없는 것으로 설정되어 있다. 무엇보다 그녀에게 낯선 곳이란 없기 때문이다. "내게는 세상 어디나 똑같아 보여요"(『심청』 하, 71면)라는 존재에게 정체성의 혼란은 있을 수 없다. 한편, "매춘의 오딧세이아"는 "자본의 오딧세이"이기도 한데, "매춘의 오딧세이아"는 작가 자신도 언급한 "자유무역과 시장의 확보로 시작된 동아시아 근대화의 과정"의 실제이자 환유이기 때문이다. 여기서 '세상 다 똑같고, 사는 게 다 그렇지'라는 지혜는 어느 시대에나 존재하는 고통의 운명을 겪어온 자가 취할 수 있는 체념과 달관이라기보다는 "같아져라! 적응하라!"라는 자본의 명령의 내재화라는 인상을 준다. 다른 지역으로 옮길 때마다 이름이 바뀌고, 그 지역의 노래와 춤을 익히는 황석영의 여주인공은 차라리 현지시장에 따라 차별적인 마케팅을 벌이는, 게다가 현지 주민을 고용하고 그들을 위해 자선사업을 펼치는 다국적기업의 인격화라면, 과장이겠는가?

선한 자본의 초상, 그것은 낭만적 반자본주의가 곧잘 빠져들곤 하는 판타지로 치부할 수도 있다. 그러나 여성을 민족수난사의 상징으로 삼는 서사를 의식적으로 거부한 작가가 그 대신 자본—여성 섹슈얼리티를 결합시킨 것은 의외이면서도 이것이 황석영의 『심청』에게만 국한된 것이 아니라는 점에서, 탈국경의 상상력에 개입된 젠더 정치를 되묻게 만든다. 『검은 꽃』의 여성 주인공이라 할 수 있는 이연수는 황족(皇族)의

---

10) 이것은 작가가 직접 밝힌 이 작품의 기본적인 착상내용이다. 황석영, 「작가의 말」, 『심청』 하, 문학동네, 2003, 330면.

여식이지만 "노루피 냄새"(암내)를 풍기는 성적 본능의 소유자로 등장한다. 게다가 『검은 꽃』의 주요한 등장인물인 남성들이 모두 혁명의 도가니로 빨려 들어가 죽음을 맞는 대신 이연수는 고리대금업과 유흥업으로 "오직 갈퀴처럼 돈을 긁어들이는 일에만 전념"했으며 가장 최후의 생존자가 된다. 자연과 시장은 문명과 이데올로기가 만들어낸 가치에 무관심한 속성을 드러내는 것으로 설정되며, 그러한 의식의 근저에는 오늘날 통제 불가능한 자본과 시장의 편재하는 힘을 긍정할 수밖에 없는 체념적 태도가 깔려 있는 것이다.11) 그녀들의 자연화된 섹슈얼리티는 곧 자연화된 자본의 대리표상인 것이다.12)

제국주의 침략과 반제투쟁이 아시아와 라틴아메리카 등 주변부의 근대 국민국가의 형성과 맞물려 있던 침략과 전쟁, 혁명의 시대를 소설의 무대로 삼으면서 애써서 민족을 지워낸 역설에는 무의식이 존재한다고 생각한다. 여기서, 근대성의 담론을 구성하고 있는 서구의 주요 텍스트들이 근대적 개인을 가족적·공동체적 유대로부터 벗어난 자율적 남성으로 가정하고 있다고 주장한 리타 펠스키의 모더니티의 젠더에 대한 성찰13) 그리고 프랑스 페미니스트들의 참정권 투쟁을 통해서 근대의 자유와 평등의 권리의 주체로서의 '개인'의 보편성이란 곧 공통적인 남성성임을 보여주면서 근대 공화주의와 민주주의의 역설을 읽어낸 조안 스콧의 주장14)을 상기하는 것이 좋을 것이다. 왜냐하면 19세기에서 20

---

11) 김태환, 「국가, 자연, 그리고 시장」, 『서평문화』 52, 한국간행물윤리위원회, 19~21면 참조.

12) 민족(수난사)의 표상으로서 여성(수난사)을 동원하는 것은 '민족'을 실체화 자연화시키기 위한 장치이다. 자본-여성에서도 여성은 '자본'을 자연화하는 기제라는 점에서, 민족 서사의 문법을 반복하고 있는 셈이다. 게다가 이러한 표상이 아주 새로운 것은 아니다. 왜냐하면 자본(화폐)-여성 섹슈얼리티의 표상적 결합은 한국 모더니즘 문학의 선구자 이상이 「지주회시」나 「날개」 등의 작품을 통해 선보인 바 있기 때문이다. 차이가 있다면, 이상은 이 작품에서 식민지 근대에서 룸펜 프롤레타리아로 전락하여 매춘부에게 얹혀사는 남성 엘리트의 경제적 무능과 도덕적 권위 상실을 성적 무능(impotence)으로 상징하고 있을 정도로, 남성 엘리트의 자기 모멸적 자의식을 드러내고 있다는 점이다.

13) 리타 펠스키, 심진경·김영찬 역, 『근대성과 페미니즘』, 거름, 1999.

세기 전반기에 이르는 근대적 주체의 형성은 계몽가·군사·혁명가 그리고 농민이나 노동계급처럼 명백히 남성연대의 형식을 띠고 이루어졌으며, 이러한 집단적 주체란 시민권적 주체, 즉 국민국가의 주권을 요구하면서 형성된 주체이기 때문이다. 더욱이 '민족'이야말로 이러한 남성주체들이 시민권을 획득하거나 거기서 특정한 집단을 배제하기 위해 고안된 위력적인 발명품이자 가장 널리 전파된 품목이었다. 그런데 이두 작품에 등장하는 거의 모든 남성인물은 그러한 시대적 조류와 연루되어 죽거나 망하고, 사회적 부적응자가 된다. 살아남는 것은 여자들뿐인 것으로 설정된다. 이는 혹시 그 시대로부터 한 세기 후, 즉 20세기 말과 21세기 초에 와서야 한국에서도 현실화되고 있는 모더니티의 남성 주체의 종언에 대한 무의식적 애도가 아닐까?

그렇지 않아도 『빛의 제국』에는 김기영 그 자신도 포함된 대한민국의 평균적인 중년 남성에 대한 이러한 진술이 나온다. "한때 현행법이 금하는 사상에 매료되었다가 이내 자본주의의 엄혹함을 깨닫고 그 세계로 기꺼이 투항한 그의 대학 동창들의 삶도 그의 삶과 크게 다르지 않을 것이다."(92면) 이는 또한 『빛의 제국』에서 남한에 정착해버린 남파간첩의 초상으로 나타난다. 김기영의 남한정착을 돕거나 함께 남파된 동료 간첩들은 권태에 찌들다 못해 종말론자가 되거나, "하루 벌어 하루 먹고 살기 바쁜" 삶에 녹초가 된 가장이 되어 있다. 지하철에서 포교행위를 하는 종말론자와 고개 숙인 가장은 IMF 직후 한국의 현실을 보여주는 대표적인 사회문화적 코드이기도 하다. 여기서 북한에서 내려온 스파이거나 남한의 대학동기이거나 김기영의 동료들은 모두 반식민적 반자본주의적 민족해방이라는 정치적 대의에 청년기를 바친 존재들이라는 점은 다시금 고려되어야 한다. 『빛의 제국』의 서사는 이들의 자본으로의 투항을 배신이나 변절, 전향과 같은 주관성의 차원이 아니라

---

14) Joan W. Scott, *Only Paradox to offer : French Femminists and the rights of man*, Havard University Press, 1996.

"자본주의의 엄혹함"이라는 객관성의 차원에서 승인하고 있기 때문이다. 이로써 자본의 승리 그리고 정치적 주체로서의 모더니티의 남성 주체의 종언은 동시적인 것이 된다. 그 종언은 문화적 현상으로도 제시된다. 예컨대, 김기영의 눈길을 끈 지하철에서 부딪힌 미국의 만화영화 주인공 바트 심슨을 닮은 청년은 체 게바라가 그려진 티셔츠를 입었다. 장마리의 연하의 애인으로 스리섬 섹스를 펼치는 법대생 고성욱은 뜻밖에도 에드거 스노의 『중국의 붉은 별』을 탐독하고 공산주의와 혁명, 붉은색과 기계에서 풍기는 이미지를 좋아한다. 80년대적 감각으로는 전혀 이해할 수 없는 21세기의 서울을 누비는 이러한 '청년'의 표상은 정치적 주체로서의 남성 주체는 이미 죽어버린 정치가의 도상학적 이미지나 아우라를 소재로 한 문화적 기호를 탐닉하는 소비자라는, 그 퇴화된 흔적만을 남기고 있을 뿐임을 의미한다.

무엇보다 김기영의 월북 불가능성이야말로 근대적 남성 주체의 한국적 종언을 가장 강력하게 상징화했다고 할 수 있을 것이다. 김기영은 애초에 귀환명령을 남들 살던 대로 살아온 자신의 삶을 성찰하는 계기로 받아들인다. 그 성찰을 요약적으로 제시한 듯한 "기억하라, 생각한 대로 살지 않으면 사는 대로 생각하게 된다"는 폴 발레리의 시구는 '자본으로의 투항'에 대한 사상적, 정치적 심문을 테제화한 것이 아니라, 동일성의 세계에 함몰된 평균적인 삶으로부터 '차이'의 감각, 즉, 단독자로서의 자아의 감각을 복원하라는 권고인 것이다. 자신이 알고 있는 북한의 동료는 물론 남한의 대학 동기들 모두 엇비슷한 삶을 살고 있으며 어느덧 돌아보니 자신도 그와 다르지 않았다는 것을 깨달은 김기영에게 '월북'은 어쩌면 그들과의 '차이'를 증명할 수 있는 마지막 기회였는지도 모른다. 물론 그 목적은 '조국', '어버이 수령', '민족해방', '통일조국'과 같은 대의에 다시 접속하기 위한 것이 아니라 자신의 삶을 종국적으로는 자신의 것으로 귀속시키고, 삶에 대한 해석의 주권을 자신에게 되돌려주고자 하기 위함이다.

이는『검은 꽃』에서 멕시코의 반 디아스 혁명군에 가담한 김이정의 행동방식과도 비슷하다. 김이정은 멕시코 혁명의 대의에 대한 어떠한 공명도 없이, 이해관계도 없이 우연히 조우한 혁명군에 가담한다. 정부군에 가담하게 되는 박정훈도 마찬가지다. 김이정은 "남자들의 세계"를 맛보며 "무목적적인 상태"이자 "세상의 모든 의무로부터 면제된 세계"에서 느끼는 "편안함"(『검은 꽃』, 251면)을 느낀다. 혁명은 '놀이'인 셈이다. 무목적적인 상태를 지향하는 한에서 김이정은 자신의 삶을 미학화하고 있다고 해도 좋을 것이다. 서영채가 지적했듯이, 그의 "나라 만들기" 또한 과테말라 밀림 속에서 소강상태에 있던 전장의 무료함을 달래기 위한 것이었으며, 아예『검은 꽃』에서의 역사란 활기와 냉소와 우울이 덧칠해진 '댄디즘으로서의 역사'[15]라는 형용 모순의 것이기도 하다. 여하튼 김이정에게 혁명과 건국과 같은 세계는 더 이상 근대의 목적론적 서사의 대의와는 무관한 것이라고 하더라도 비인간적인 노동조건 속에서 성과량을 채워야만 간신히 배울 채울 밥을 주는 에네켄 농장보다 자신의 삶을 자신이 관장하고 있다고 느낄 수 있는 세계였던 것이다.

김이정의 '나라 만들기'가 종국에 실패했듯이,『빛의 제국』의 김기영 또한 월북할 수 없었다. 월북을 자아 찾기의 일환으로 고려한다는 것은 너무 시적인 것인지도 모른다. 김기영은 곧장 산문적 현실 속에서 귀환해야 할 이유를 찾게 된다. 귀환하지 않으면 북한의 암살조에 의해 살해될 수도 있다는 두려움에, 그리고 자수한다고 해도 과거가 간첩인 남자와 살면서 치러야 할 편견과 차별을 결코 감수하지 않겠다는 아내 장마리의 결별선언. 하지만 그는 월북할 수 없었다. 그의 남한에서의 삶과 그날 하루가 남한의 정보기관에 의해 감시되고 있었기 때문이다. 자아를 자아이게 만드는 비밀―내면이란 존재할 수 없었던 것이다.

나에게『검은 꽃』이나『심청』은 그 근대적 남성 주체의 종언이 100

---

15) 서영채, 「질주하는 아이러니」,『문학동네』 37, 문학동네, 238~239면 참조.

년 전에, 아니 근대와 함께 예정된 것이니 너무 슬퍼하지 말라는 소리 없는 레퀴엠으로 들린다. 그 레퀴엠이 근대성의 젠더까지 되묻는 성찰의 양식은 아니라고 생각한다. 아주 단순한 이유, 즉 여성에게 자본이라는 불멸의 원광을 씌워준 그들의 서사가 여성수난의 민족서사와 그 이데올로기보다 여성과 타자들에게 덜 억압적이라고 생각할 수 없기 때문이다. 자본이야말로 성차별적이며 인종차별적이지 않던가?

강영숙의 『리나』(랜덤하우스, 2006)는 이 질문에 대한 진지한 응답이다. 『리나』는 아래 인용문에서처럼 탈북자를 연상시키는 한 여자의 숙명처럼 반복되는 탈국경 경험을 형상화하면서 자본의 움직임이란 본질적으로 팔루스적인 운동임을 보여준 작품이기 때문이다.16)

> 난 이 국경의 동쪽 아래에 있는 작은 나라에서 태어났어요. 내가 태어난 나라와 같은 말을 쓰지만 때깔이 전혀 다른 나라라고 알려진 P국으로 가려고 했죠. 국경을 넘어서 이 나라에 들어왔어요. 처음엔 이 나라의 서쪽으로, 다시 동남쪽으로 그리고 다시 출발한 동북쪽으로 갔어요. (『리나』, 344면)

『리나』는 작품이 무대로 삼은 곳이 실제 지도상의 지정학적 위치가 어디인지를 명시하지 않았다. 정확한 지정학적 위치를 밝히지 않음으로써 이미 텍스투얼한 형태로 굳어진 심상지리적 클리세에 저항하도록, 또 국경을 상대화하도록 요구하면서 디아스포라가 삶의 형식이 되어버린 세계상을 제시한 작품이다. 그러나 마약밀매와 인신매매, 강제매춘과 노예노동, 자유무역지대를 지배하는 다국적기업의 공해유발산업, 다인종의 노동자들, 백인들이 카메라를 들고 사진을 찍어대고 마약에 취해 있는 아열대의 관광도시와 매춘벨트 등의 제재를 통해 아시아적 내지 비서구적 지역성을 강하게 환기시킨다. 이 작품은 개발도상의 아시

---

16) 앞으로 전개될 강영숙의 『리나』에 대한 논의는 이 책에도 수록되어 있는 「국경과 내면성」에 기초한다.

아에 강림한 모더니티의 재귀를 노예노동으로의 회귀를, 리나가 몸소 보여주듯이 섹슈얼리티를 매개로 한 이주의 여성화를, 대재앙에 가까운 환경오염의 문제로 토픽화하면서, 무엇보다 "탈국경" "노동의 종말" "노마드"로 표상되는 후기 자본주의의 담론적 기획을 무색하게 만든다. 예컨대, 『리나』에 나오는 모든 도시들은 서양인들과 홈리스들이 채우고 있는 것으로 묘사되는데, 이들이야말로 '노동의 종말'과 '노마드'를 적절하게 표상하고 있다. 이그조틱한 도시를 어슬렁 배회하며 소비에 탐닉하는 서양인과 그들이 버린 쓰레기와 구걸로 연명하는 홈리스들은 노마드의 양극단을 실현하고 있는 존재이다.

무엇보다 『리나』는 마샬 버먼이 마르크스를 빌어 묘사한 그 매혹적인 부르주아적 주체도, 따라서 노동의 주체도 존재하지 않음을 선언한다. 즉 자신을 둘러싼 사회와 환경을 자기 갱신과 변혁의 토대로 전환시키는 근대적 주체는 사라졌다는 것이다. 이는 무엇보다도 집단적 변혁의식의 소유자로서의 노동계급의 종언, 혹은 침묵하는 노동을 이야기하는 데서 두드러진다. 예컨대, 인신매매되어 끌려간 화공약품 공장에서 리나와 여자들이 폭력적 관리자인 '네모반듯한 남자'를 살해한 후 노동자들이 자고 있는 숙소로 뛰어가 "여러분, 여러분은 이제 자유의 몸이 되었어요. 얼른 도망가세요"라고 큰소리로 외쳤지만, "아무도 잠에서 깰 생각을 안 했고 점점 더 몸을 웅크렸다."(71~72면) 또 하나의 에피소드는 리나가 잡역부로 일했던 자유경제구역의 공장에서 한 외국인 노동자가 감전사고로 사망하자, 그 동료들이 "50미터 높이의 옥탑 가스 분리탑 꼭대기"에서 고공시위를 한다.17) 그러나 관리자의 단 한마디의 경고로 다른 노동자들의 후원의 손길은 끊어지고 시위대는 헬리콥터 줄에 매달려 "죽은 벌레처럼 엎드린 채 안전하게 지상으로 내려왔다."(237면) 비장하게 죽음

---

17) 이 고공시위는 한국 노동자계급이 강인한 남성성의 표상으로 각인되는 데 있어 결정적인 사건이었던 1990년 한국의 현대중공업노조의 골리앗투쟁을 연상시키는 설정이다. 이에 대해서는 구해근, 신광영 역, 『한국노동계급의 형성』, 창비, 2002, 247~250면.

을 각오하며 수많은 노동투사들이 외쳤던 "노동자만세!"는 말 그대로 인
터내셔널한, 여러 국적의 노동자들이 모인 자유경제구역에서는 외쳐지
지 않았다. 대신 "노동자 만세!"는 자유경제구역에 오기 전에 리나가 팔
려간 창녀촌에서 창녀를 때려죽인 대가로 포주에게 죽임을 당한 도시 노
동자가 남긴 유언이었다. 이 에피소드는 근대적 주체 형식 중 하나인 노
동계급의 지워진 혹은 종종 잊혀진 젠더를 섬뜩한 방식으로 드러낸다.

　이렇듯 『리나』는 모더니티의 남성 주체 양식에 대한 지독한 블랙유
머를 선사한다. 『리나』에 나오는 남자들이란 딸 몰래 아내와 아들만 데
리고 탈출하려 했던 아버지(리나의 아버지)이거나, 동족의 등을 치거나 인
신매매로 연명하는 남자들―프로듀서 김, 선교사 장―이거나, 창녀
앞에서나 으스대는 비굴한 노동자들이다. 이러한 설정은 궁극적으로 노
동과 정주, 그리고 그것의 시스템인 근대적 가부장제에 의한 부정을 함
의한다. 이는 인신매매로 함께 고향 집을 떠나온 가족과 헤어져야 했던
리나가 화학약품공장을 탈출한 뒤 도착한 도시의 교회에서 곧 P국으로
들어가게 된 가족들을 먼발치로 보게 되나 그들을 외면하는 데서 상징
적으로 드러난다. 화공약품공장에서 함께 데리고 탈출한 '삐'는 리나가
친밀감과 이성애를 느끼는 유일한 남자임에도 불구하고 그가 성인이
될수록, 숙련된 남성 노동자가 되어갈수록 그들의 관계는 불편한 어떤
것이 되어간다. 부부가 아니라 부부'놀이'만을 실현할 수 있는 "삐와의
어긋난 관계"는 근원적으로는 이성애에 기초한 노동과 정주, 그리고 그
것의 관계형식인 가족제도에 대한 리나의 거부감 아니면 그것의 불가
능성에 기인한 것이다.

　리나는 노동의 세계에서 기원한 규범 그리고 노동 그 자체를 혐오한
다. 열다섯 소녀가 방과 후 해야 했던 강제적이다시피 한 노동, 고향을
탈출한 후에 목격하고 경험한 인간의 것이 아닌 노동에 대한 경멸이겠
지만 노동에 대한 어떠한 명예회복도 희구하지 않는다. '창녀 리나'(143
면)야말로 노동과 그것이 강요하는 규범에 대한 거부가 육화된 형상이

라 할 수 있다. 공장에서 허드렛일을 하느니 차라리 가수를 하고, 몸을 팔고 술을 팔고, 나아가 대마초까지 파는 것, 술 먹고 진탕 취하고 대마초의 추억을 죽을 때까지 잊지 못하는 것, 돈을 훔치는 것. 리나의 노동 거부는 노동의 이데올로기가 우리에게 수치심을 갖도록 강요한 그 모든 행위를 수치심도 없이 수행하는 것, 스스로 물화를 실현하는 것이다. 리나는 팬티 속에서 돈을 꺼내 당당하게 밥값을 지불한다. 리나의 행위방식은 낮의 노동과 밤의 탕진을 동시에 조장하는 자본의 시학에 기초한 것이나, 리나의 전복성은 그 두 세계가 본질적으로 같은 기원—자본, 남근적인, 그래서 정주와 이동을 끊임없이 반복하는—을 갖고 있는 세계임을 폭로한 데 있다. 이러한 팔루스적 세계상에 대한 리나의 거부는 노동에 대한 모독을 통해서만이 아니라 강간을 하는 남자들을 다른 여자들과 함께 살해하는 응징의 형태로 드러난다. 리나는 세 명의 남자를 죽인다. 『리나』는 "분홍색의 생선살 같은 여자애의 음순"(260면)과 질, 여성의 음부가 적나라한 고통의 장소임을 들여다보게 만든다. 그 고통에의 공동경험은 리나가 여자들에게 갖는 연민의 정체이다. "아랫도리로는 피가 줄줄 흘리며 서 있"(185면)는 여자들은 리나의 슬픔 중 가장 깊은 저음부를 이루고 있다.

『리나』의 서사 또한 자기 갱신과 사회변혁을 꾀하던 근대적 남성 주체의 종언을 구한다. 그러나 자본의 전지구화가 가속화시킨 그 종언이 곧 남성지배를 철폐하기는커녕 그 폭력성을 직접화하고 더 강화할 수 있음을 보여준다. 이렇게 보자면, 자본-여성 섹슈얼리티의 표상적 결탁은 염치없는(shameless) 남근주의의 자기 도피적 환상일 수 있다는 혐의를 지우기 어렵다.

4. 정주하는 국민국가, 다시 38선에 대하여

가스폭발로 공단지대는 어떠한 생명도 소생할 수 없는 폐허가 되고,
그로 인해 리나는 길 위의 삶에서 만나 친구가 되고 한 집에서 밥과 슬
픔과 기쁨을 나누는 식구가 된 가수 할머니와 삐, 봉제공장 언니와 언
니의 아이를 모조리 잃게 된다. 리나에게 정주란 불가능했다. 게다가 리
나에게는 가짜 여권밖에 없었다. 또 리나에게 정주란 굴욕적인 것이기
도 했다. 리나에게 있어 불가능한 정주를 실현하고자 하는 것은 사악한
세계에 빌어먹기, 다시 말하자면, 자기 자신이 그 세계의 부산물인 오염
의 증좌이기를, 철저히 총체성에 규정된 존재이기를 자처하는 길밖에
없었다. 세계에서 몰려온 구호단체들은 살아남은 자들에게 '생존자 명
단'에 이름을 올리는 대가로 비참한 고통을 전시해줄 것을 요구하고,
사람들은 하늘에서 떨어지는 구호품을 얻어먹고 살더라도 그곳에 남기
를 원한다. "리나는 결국 생존자 명단에 이름을 올리지 못하고 줄에서
물러났다."(287면) "공단이 무너졌어요. 무너졌는데도 사람들은 거기에
집을 짓고 벽을 올리고 줄 끊어진 전화기를 갖다 놓았어요. 그곳에서
죽을 때까지 살려고 했죠. 이 국경 너머에 있는 북쪽 나라로 가보고 싶
어요"(239면) 이 작품의 대단원에 이르면 리나에게 국경을 넘는다는 것
은 총체성의 세계로 환원될 수 없는 자기 자신에게 속한, 자기 자신만
이 실행하는, 진정한 개인적 사건이 된다.

그런데 정주, 즉 특정한 국가에 합법적으로 등록되기를 거부한 리나
의 탈국경은 P국으로 가는 국경은 넘지 않는다는 한계조건에서 이루어
진다. 즉, 이 작품에서 전언과 소문으로만 전해지는 P국은 역설적이게
도 리나의 내면성의 성립조건이기도 한 것이다. 『리나』는 P국의 국경만
은 경험되지 않은, 경험되어서는 안 되는 어떤 것으로 남겨둠으로써 역
설적으로 P국의 실체성을 강하게 환기시키고 있다. P국은 어디어도 좋

을 텅 빈 기표일 수도 있지만, 경험적 서술성으로부터 철저히 차단되어 있다는 점에서 오히려 과잉의 기표이기도 하다. 어떤 경우이건 그것은 의식적으로 고안된 기표라는 점에서 『리나』가 서술자·작가의 위치-정주하는 국민국가에 대한 곤혹스럽고도 버거운 성찰의 기록일지도 모른다는 생각을 갖게 만든다.

『리나』와 『빛의 제국』은 정반대의 서사로 보이지만 사실 동일한 패러다임의 변화 속에서 구축된 것인지도 모른다. 그 패러다임의 변화를 요약적으로 진술하자면 "민족에서 국민으로"이다. 조홍식은 동아시아에서 nation이 근대적 정치공동체의 의미는 상당히 상실한 반면 원초적 문화 종족 공동체의 부분이 강조되어 변용되어 왔음을 지적한 바 있다.[18] 한국에서 'nation'의 번역어로 한 국가를 구성하는 개인이나 집단을 지칭하는 '국민(國民)'보다는 문화적이고 자연적인 공동체를 의미하는 '민족(民族)'이 압도적으로 선호되었다. 그 이유는 우선정치와 경제, 행정에서의 제도적 주권이 박탈된 식민지하에서 자신의 래퍼토리를 창출해낸 한국의 내셔널리즘이 역사와 심성 등 문화적 동질성을 지닌 집단으로서의 '민족'이란 관념을 강화시켜온 데다가 하나의 민족이 하나의 국가를 이루어야 한다는 정치적 열망은 분단을 완전한 공동체를 실현하지 못한 결여의 상태로 인식하게 만들었기 때문이다. 이러한 맥락에서 38선은 북한을 적대시하든 아니든 국경선일 수는 없었다. 그런데 『빛의 제국』과 『리나』는 민족서사이기를 거부한 자리에 대신 '국민'을, 더불어 '38선'을 실제의 국경으로 제시한 것이다. 『리나』가 대한민국을 암시하는 P국의 국민이 되기를 거부함으로써 민족서사를 해체했다면, 『빛의 제국』은 대한민국의 국민이 됨으로써 해체하기 때문이다. 리나와 P국을, 남한의 김기영과 북한의 김성훈을 묶어주었던 '민족'이라는 동일성의 신화는 정서적 효력조차 상실하고 만다.

---

18) 조홍식, 「민족의 개념에 관한 정치사회학적 고찰」, 『한국정치학회보』 39집 3호, 한국정치학회, 136~138면.

　　이런 의미에서 『빛의 제국』은 386세대의 탈낭만적 후일담, 후기 자본
주의의 사회적 풍경 이상의 것을 시사한다. 국가정보원이 김기영에게 요
구한 자수의 형태는 흥미롭다. 김기영이 소환명령 대로 밤3시 정각 서해
안에서 잠수정과 접선하는 척하고, 남한 쪽이 그 현장을 발각하여 조명
탄을 쏘면서 저지한다는 "쇼"(375면)를 벌이는 것이었다. 한밤중에 조명탄
과 서치라이트가 "기영과 잠수정을 이은 가상의 선분 위"로 벌이는 쇼는
"하늘은 검은데 세상은 밝았다. 르네 마그리트의 〈빛의 제국〉 연작을 연
상시켰다"(386면)고 서술된다. 쇼의 무대를 빠져나온 김기영에게 국정원
의 요원 '정'은 이렇게 말한다. "잠수정은 무사히 돌아갔을 겁니다. 이 정
도 했으면 그쪽에서도 김 선생을 의심하진 않을 겁니다."(385면) 접전(接戰)
을 가장한 "쇼"의 효과 중 하나가 김성훈(김기영의 본명)의 죽음일 수도 있
음을 암시하는 대목이다. 김기영에게 있어 이 "쇼"는 또 다른 자아인 김
성훈의 상징적 죽음을 연기하는 퍼포먼스인 것이다. 이 퍼포먼스를 통
해, 김기영은 "비합법적 이민자"가 아닌 대한민국의 국민으로서의 첫날
을 맞게 된다. 그것도 딸과 아내가 있는 자신의 아파트에서 말이다.
　　여기서 아직 간첩이라는 사실을 망각하지 않았을 때 김기영에게 공
포가 언제, 무엇 때문에 엄습했는지 떠올릴 필요가 있다. "그때마다 그
는 누군가가 나타나서 자신의 정체를 폭로하고 아내 혹은 아이를 빼앗
아갈까봐 전전긍긍했었다. 결혼식과 출산이 다가오자 악몽이 계속됐
다."(359면) 남한에서 '고아'인 그가 가족을 갖는다는 것은 사회경제적 거
점, 혹은 배타적 소유권의 영역을 마련했다는 것을 의미한다.19) 앞에서

---

19) 작중에는 오년 전, 소지현과 나눈 대화에서 김기영이 Sam Peckinpah의 영화 〈Straw
　　Dogs〉(1971)를 언급하는 장면이 나온다. 그 대화에서 자신의 집을 침범하고 아내를 강
　　간한 마을 사내들로부터 아내와 집을 지키기 위한 수학자 데이비드의 투쟁을 김기영
　　은 수컷의 폭력적 본능이라고 규정한다. 작가는 김기영을 수학과 출신으로 아내 장마
　　리와 딸 현미 모두 집밖의 남자들과의 관계에서 성적 일탈과 위협이 묘하게 뒤섞인
　　상황에 처한 것으로 설정함으로 함으로써, 자신의 소설과 〈Straw Dogs〉와의 상호텍스
　　트성을 의도한 것으로 보인다.

이야기한 쇼에서 38선은 "가상의 선분"으로 대체될 만큼, 가상의 것에 불과한 것인지도 모른다. 그럼에도 김기영의 퍼포먼스는 그 가상의 선분조차 넘어설 수 없다는 것을, 넘어서는 안 된다는 것을 보여준다. 그것은 최소한, 아니 최대한 김기영에게 있어 자신의 소유권을 보장하고 보호하는 울타리다. 단지 자본주의에 길들여졌기 때문은 아닌 것이다. 여행이나 방문은 있어도 '월북'이란 이제 역사박물관의 언어가 되어버린 시대, 종합부동산세를 못 내겠노라고 강남의 아파트 주인들도 데모를 하는 시대. 다른 외적인 계기가 주어지지 않는 이상, 한국 지식인의 삶과 사상의 선택지로 '망명'은 더 이상 가능하지 않다. 내셔널리즘을 둘러싼 논쟁이 20세기 말 21세기 초에서야 한국사회에 대두할 수 있었던 이유는 이 시점을 전후해서야 남한의 국민국가 시스템이 제도적으로나 이데올로기적으로 안정화되었다는 것을 의미하는 것이 아닐까?

어쩌면 '민족에서 국민으로'의 페러다임의 변화는 한국에서 비국민이 재규정되고 있는 사태에서 가장 명징하게 나타나고 있는지도 모른다. 해방 후 한국에서 '국민'은 감시와 통제에 의해 형성된 '반공국민'을 의미하다가 민주화의 진전에 따라 20세기 말에서야 시민권적 주체로서의 국민이라는 관념이 사회적 합의에 이르게 된다.[20] 바로 이러한 시점에서 부각되는 것은 새롭게 규정된 비국민의 존재이다. 리나는 P국의 국민이 되기를 거부했지만 우리는 한국사회에서 동거중인 리나'들'의 존재를 알고 있다. 리나는 계급 이하의 계급인 외국인이주노동자이기도 하고, 탈북자이기도 하고 조선족이기도 하며, 그 존재만으로도 이 세계의 사악성을 증거하는 가난한 자 모두이기도 하다. 여기서 P국의 국민이 되기를 거부한 리나는 어땠는지를 회고하고 싶다. 리나는 출생의 기원이자 성장의 토대인 가족을 버렸거나 버림받았다. 또한 이성애적 관계에 기초한 가족을 만들지 않았거나 만들 수 없었다. 게다가 리

---

20) 김동춘, 「20세기 한국에서의 '국민'」, 『창작과비평』 109호, 창비, 1999.

나는 몸을 팔아 간신히 모은 돈을 남에게 기꺼이 주거나 아니면 불의의
사건으로 빼앗겨 빈털터리가 되어버린다. 한국의 명문대학을 졸업한,
강남만큼은 아니지만 살 때보다 가격이 꽤 오른 30평대 민영 아파트의
소유자이자 가장인 김기영과 아무 것도 가진 것이 없는, 성(姓)조차 없
는, 리나. 김기영과 리나. 이 둘의 초상을 끊임없이 병치시키는 것이야
말로, 21세기의 한국문학에 나타난 탈국경의 상상이 담고 있는 혹은 은
폐하고 있는 기만과 환상, 갈등과 균열에 정직하게 대면하는 길일 것이
다. 그것이 처음에는 모더니티의 판도라 상자를 다시 여는 일처럼 보인
다고 할지라도 말이다.

보론

한자인식과 근대어·문학의 내셔널리티

이태준 『문장강화』의 해방 전/후

국어, 시험에 들다

한자인식과 근대어·문학의 내셔널리티

1. 한자의 구축(驅逐)과 한글의 서사

　동아시아에서의 근대화는 서구의 침략과 진출에 따른 유교문화권 내지 한자문화권의 붕괴과정이라고 할 수 있다. 한·중·일 삼국은 19세기말 20세기 근대 민족국가의 형성과정에서 모두 한자(문)에 대한 인식의 변화를 겪었다. 서양의 오리엔트에 대항해 일본 중심의 동양이라는 시공간적 가치체계를 확립함으로써 유럽의 제국들과 동등한 지위를 얻고 아시아에서의 패권을 장악하려 하던 일본[1]의 국어운동은 가나문자론, 로마자론과 같은 국자(國字)개혁으로 전개되었는데, 이 한자폐지를

---

1) Stefan Tanaka, *Japan's Orient : Reading Pasts into History*, University of California Press, 1993, 한국어판으로는 스테판 다나카, 박영재·함동주 역, 『일본 동양학의 구조』, 문학과지성사, 2004, 15~54면 참조.

골자로 한 국자개혁의 기본적인 욕망은 중국문명권으로부터의 이탈이었다. 한자의 효용을 강조한다 하더라도 대륙공략을 위한 유용한 수단으로써 그 효용이 강조되었다.2) 중국의 경우, 서구의 강력한 침략 앞에서 변법유신의 리더들이 내놓은 진단 중의 하나가 문언으로 말미암아 중국에서는 "문자가 사람을 위해 존재하는 것이 아니라 사람이 문자의 노예가 되고 말았다"는 것이며 바로 이 문언의 폐해가 중국의 쇠락과 위기의 원인이라는 것이었다.3) 한국의 경우 '국문'인식은 한자를 보편문자에서 외국의 문자로 받아들이는 인식의 변화와 동궤를 이뤘다. 한국의 독립국으로서의 자기 증명은 중국과의 사대적 관계 청산, 중화적 세계관으로부터의 이탈을 의미했기 때문이다.4)

한자(文)는 이렇듯 당시 국제정세의 변화와 함께 출발한 동아시아의 근대화 그리고 내셔널리티의 창출과정에서 재고를 요구하는 문제적 대상이었을 뿐만 아니라 한자인식의 변화는 총체적인 에피스테메의 전환을 상징했다. 한자인식은 자국어 내지 민족어 인식과 표상의 확립과 연동해갔다는 점에서 각국의 언어 내셔널리즘의 형성과 전개에 주요한 질료였다. 또한 한자인식의 추이는 중국에 대한 인식 내지 동아시아의 정세 변화와 무관하지 않았다. 예컨대 일본에서의 동문동종(同文同種) 담론의 굴절과정을 추적한 가즈키 사토는 중국노동자들의 일본유입에서 비롯된 사회문제 그리고 청일전쟁을 통해 아시아의 패권국가로 군림한 일본의 국가적 지위 변동 등은 중국에 대한 폄하적이고 인종적인 인식을 촉발시켰고 학교에서의 '한문'교육에 대한 비판과 맹렬한 반대를 야기했다고 말한다.5) 청일전쟁을 전후로 한국인의 중국에 대한 인식 또한

---

2) イ・ヨンスク, 『「國語」という思想』, 東京 : 岩波書店, 1996, 35면, 43~44면 참조

3) 이보경, 『근대어의 탄생－중국의 백화문운동』, 연세대 출판부, 2003, 25~27면 참조

4) 이에 대해서는 다음을 참조. 임형택, 「근대계몽기 국한문체의 발전과 한문의 위상」, 『민족문학사연구』 14호, 민족문학사연구소, 1999.6; 황호덕, 「한국 근대형성기의 문장배치와 국문담론」, 성균관대 박사논문, 2003.

5) Kazuki Sato, "Same Language, Same Race : The Dilemma of Kanbun in Modern Japan", ed.

변모한다. 청일전쟁을 전후로 한 시기부터 러일전쟁 무렵까지 대한제국기의 한국 엘리트들의 중국인식을 개괄적으로 보여준 백영서에 따르면, 중국에 대한 인식은 중국의 정세나 개혁운동의 향방에 따라 그리고 매체(『독립신문』·『황성신문』·『대한매일신보』)에 따라 그 논조가 변화하기는 했지만, 청이 조선의 문명개화에 장애가 되는 전통의 상징으로 부각되는 등 '천한 청'이라 이름붙일 만한 뚜렷이 새로운 중국인식이 대두하였다.[6] 그중 『독립신문』이 이러한 성격을 가장 뚜렷이 보여주었다는 것과 그 신문이 순국문체를 표방했다는 사실과 무관하지 않을 것 같다. 한자는 정체(停滯)·과거·무익이라는 정체성을 부여받게 되었으며, 그러한 정체성은 쓰러져가는 거대한 중국의 정체성이기도 했다.

그러나 일제 강점기의 한자 비판 논리는 근대 계몽기와 비슷하지만 그 콘텍스트가 다르다는 데 주목하고자 한다. 한자 비판은 한글운동의 본격화와 맞물려 강해졌으며 이전 시기보다 그 논리에 있어 디테일해지고 정도가 노골화된 측면이 있다. 근대 계몽기에는 언어가 국민의 교육과 계몽의 긴요한 도구로 인식되었다면, 식민지 시기에는 언어=민족성이라는 언어관의 강한 대두 속에서 한자/한글의 표상은 훨씬 대극적인 성격으로 이미지화되었다.

1920~30년대 해방 후 오늘날까지 일반화된 탄생→수난→웅비라는 영웅서사를 방불할 만한 한국의 국어사인식은 피식민 경험을 '민족어말살기'로 기억한 데서 생겨났다. 당연히 민족어말살의 주체는 일본이었다. 그런데 일제 강점기에 한글을 주인공으로 한 서사는 동일한 플롯을 갖춘 서사였지만 '수난' 단계의 악역을 유독 한자가 맡았다는 점에서 달랐다. 말하자면 '한글'의 순정한 내셔널리티와 근대어로서의 자격

---

by Frank Dikötter, *The Construction of Racial Identities in China and Japan*, Hawaii University Press, 1997, pp.118~135 참조.

6) 백영서, 「대한제국기 한국언론의 중국인식」, 『동아시아의 귀환』, 창작과비평사, 2000, 166~198면.

을 보증한 부정적 참조물은 일본어가 아니라 한자였다. 이 글은 한자 비판의 논리를 한국의 언어 내셔널리즘이 언어학적, 이데올로기적 기반을 확충한 시기인 1920~30년대를 중심으로 살펴보고, 한자인식의 문제를 식민지 언어상황 속에서 맥락화하고자 한다.

2. 한자 비판의 논리와 한글의 내셔널리티

3·1운동 이후 무단통치에서 문화정치로의 이행은 여러 가지 면에서 언어 내셔널리즘과 한글운동이 본격화될 수 있는 토양을 마련해주었다. 우선 한글로 된 민간 신문 및 잡지의 발간 허용을 꼽을 수 있겠다. 인쇄 자본주의가 내셔널리즘 형성의 주요한 토대가 된다는 베네딕트 앤더슨의 지적처럼, 근대 계몽기에 버금가는 미디어의 시대인 이 시기에 한국 민족주의는 자기의 주장을 전사회적 차원에서 제기·실천할 수 있었다. 그 물리적 토대 중 하나가 미디어 그리고 그것을 둘러싼 네트워크의 형성이라는 사실은 부인될 수 없을 것이다. 문화정치기의 물산장려운동, 민립대학 설립운동 등은 당시 『동아일보』와 『개벽』 등 미디어에 의해 그 가능성과 한계 그리고 합법성과 비합법성이 구획된 운동이라고 할 수 있다.[7] 이들 문화적 민족주의 운동의 전개에 있어 필요불가분의 기능을 했던 미디어의 효과는 세계상과 정체성을 부여한다는 데 있다. 예컨대, 이 시기 신문과 잡지와 같은 논쟁의 장의 키워드인 '민족'·'사회'·'문화' 등은 개념이라기보다 전국적 차원으로 설정된 아젠다(agenda)

---

7) 이러한 생각은 박헌호, 「'문화정치기' 검열과 그 대응의 논리」, 『대동문화연구』 50집, 성균관대 대동문화연구원, 2005; 한기형, 「문화정치기 검열체제와 식민지 미디어」, 『대동문화연구』 51집, 성균관대 대동문화연구원, 2005에서 시사받은 바 크다.

에 가까웠다고 할 수 있는데 기본적으로 기존 세계상에 대한 규정과 새로운 세계상의 제시를 주요 축으로 삼았으며 그 세계상은 물리적으로 경험 가능한 것을 초과한다는 점에서 상징적이고 언어적인 것인 것이었다. 이들 키워드를 둘러싼 제세력의 경합은 합의 가능한 공통된 세계상의 창출과 균열의 과정이었다.8)

1910년대 무단통치 기간 동안 위축되었다가 1920년대 문화정치기에 다시 촉발되었던 언어 민족주의 운동은 여러 논자의 평가처럼 광범위한 공감과 성과를 얻었다. 그 이유 중 하나는 그것이 부정적으로 규정한 세계상과 바람직한 것으로 내세운 세계상이 어쩌면 이 시기 합의가 능한 공통의 세계상이었기 때문인지도 모른다. '한글'이 지닌 상징적 기능 또한 이러한 세계상에 대한 동의를 기반으로 작동된 것이라고 볼 수 있다. 부연하자면, '한글 / 한자'의 이원적 대립쌍은 그 자체로 정(正) / 부(否)의 세계상의 표상이었다. 부분으로 전체나 인과관계를 표현하는 제유적(提喩的) 논법에 의거하여 언어는 세계의 구성요소이자 세계상의 표상이었다. 한글 / 한자는 근대의 이분법적 대립쌍 즉, 자아 / 타자, 진보 / 퇴보, 미래 / 과거, 근대 / 전근대, 합리 / 불합리, 효율 / 비효율, 자율 / 타율, 생산 / 낭비와 같은 근대의 이분법을 거의 수렴했다.9) 이러한 세계의 표상은 당시 신문화운동의 이슈로 제시되었던 단군(檀君)선양으로 대표되는 민족문화의식, 반유교·반전통을 언어 민족주의의 핵심적인 내러티브로 끌어들였으며, 한글의 내셔널리티와 근대성의 확보는 이를 통해서 이루어졌다.

---

8) 이는 김현주가 보여준 일련의 연구 「'사회'와 비평 / 소설의 글쓰기」(2004.10), 「논쟁의 정치와 「민족개조론」의 글쓰기」(2004.11), 「1920년대 신문잡지와 논쟁의 문화」(2005.6) 등의 성과를 내 나름대로 해석한 것이다.
9) 이혜령, 「한글운동과 근대어 이데올로기」, 『역사비평』 71호, 2005년 여름.

1) '한글'이란 이름의 연원과 단군 민족주의

이 말('한글'—인용자)이 생기기는 지금으로 십오년 전에 돌아가신 주시(주시경) 선생이 「한글배곧」이란 것을 세우리 이것이 「조선어강습소」란 말입니다. 그 뒤로 조선글을 「한글」이라 하게 되어 지금까지 일컬어 온 것입니다. 한글 두 글자의 뜻은 이러합니다. 역사(歷史)를 상고하면 조선 고대민족이 환족(桓族)이며 나라의 이름이 환국(桓國)이웁니다. 「환」의 말뜻은 곳 「한울」입니다. 조선사람의 시조 단군(檀君)이 한울로 불어나려 오시었다는 뜻으로 모도 한울로써 명칭이 된 것입니다. 그래서 「환」은 「한」과 같은 소리로 한울의 줄인말이 되었고 그만 「한」이란 것이 조선을 대표하는 명칭이 된 것입니다. 고대에 삼한(三韓)이란 명칭도 이에서 난 것이요 근세에 한국(韓國)이란 명칭도 또한 이에서 난 것이었웁니다. 또한 「한」이란 말의 뜻으로 보아도 「크다」(大) 「하나」(一)이라 「한울」(天)이란 말도 된 것입니다. 이러한 의미로 우리글을 한글이라 하게 된 것입니다. 한글은 「한」이란 겨레의 글, 「한」이란 나라의 글 곳 조선의 글이란 말입니다.[10]

환산 이윤재[11])는 위와 같이 '한글'이라는 명칭의 유래와 의미를 설명했다. '한글'이란 이름은 이제 명명될 당시의 역사성과 의미가 퇴색되었지만 애초에는 위의 인용문처럼 민족의 유구한 역사성과 위대성, 그리고 민족어의 자존을 드러내고자 함이었다.[12] 이러한 명명은 우연히 이루어진 것은 아니다. 일본의 한국병합을 전후로 본격화된 단군—부여—고구

---

10) 이윤재,「한글강의」,『신생』9, 1929.9,
11) 이윤재는 1942년 조선어학회 사건으로 체포되어 옥중에서 사망했다. 1945년 해방 이후 그는 한글의 수난을 온몸으로 보여준 상징이 되었다. 이윤재에 대한 연구는 그리 많지 않으나, 고영근의 『한국어문운동과 근대화』(탑출판사, 1998)의 제2부 어문학자들의 발자취를 뒤쫓으며 1, 2장이 이윤재의 어학연구와 사상에 관한 것이다. 여기에 이윤재에 관한 서지와 연보가 잘 정리되어 있어 도움을 받았다.
12) 한글이란 이름은 보통 인용문에서 이윤재가 말한 것처럼 주시경이 지은 것으로 알려져 있다. 한편 최남선은 『조선어상식문답』(동명사, 1946.6)에서 한글이란 명명이 워낙은 조선광문회에서 조선어정리를 계획할 때 제안된 이름이며, 이를 공식적으로 쓴 것은 1913년 신문관에서 발행하던 아동잡지 『아이들보이』에 '한글'란을 둔 것이 시초라고 회고한 바 있다.

려-고려로 이어지는 부여족 중심의 고대사인식이 기본 바탕에 자리 잡고 있다. 단재의 사학이 고대사를 새롭게 체계화하면서 단군 민족주의의 성격을 전면화하던 비슷한 시기에 주시경은『국어문전음학』(1909),『국문연구』(1909),『국어문법』(1910) 등을 통해 한국어문이 단군의 개국에서 기원했으며 그 문자가 우수하고 간편했다는 주장을 한다. 이러한 고대사인식은 1910년대에는 주로 국외 독립운동이나 비합법적 운동 영역에 몸담았던 지식인들이 대종교로 귀의하는 것을 통해서 받아들여졌다면,13) 1920년대에는『동아일보』와 같은 미디어의 기획을 통해서 단군이 민족의 기원이자 모든 정신적이고 물질적인 민족문화의 원류라는 인식이 대중화되기 시작했다.14)

주시경의 계승자임을 천명하면서 1920년대 새롭게 한글운동을 주창했던 지식인들15)은 '한글'이란 이름에 애착을 갖고 한글운동을 통해 이

---

13) 구한말 일제 초기 망명 지식인들의 대종교로의 귀의 현상과 주시경의 활동에 대해서는 다음을 참조. 삿사 미츠아키, 「한말·일제시대 단군신앙운동의 전개-대종교·단군교를 중심으로」, 서울대 박사논문, 2003.8; 임경석, 「20세기 초 국제질서의 개편과 한국 지식인층의 대응-사회주의 지식인의 형성과정을 중심으로」, 대동문화연구원 편,『대동문화연구』43, 2003.9.

14)『동아일보』의 단군선양운동에 대해서는 이지원, 「일제하 민족문화 인식의 전개와 민족문화운동-민족주의 계열을 중심으로」, 서울대 박사논문, 2004, 194~203면; 삿사 마츠아키, 위의 논문.

15) 이러한 양상은 지금으로서는 확언할 수 없으나 주시경의 문하에 있었거나 조선어학회의 주요 멤버들인 인사들이 대종교와 직간접적으로 관련을 맺고 있었던 것과도 무관치 않은 것으로 보인다.
　　이규영·권덕규·신명균이 대종교 신자였던 사실은 김윤경, 「주시경 선생 전기」,『한글』126, 한글학회, 1960.2; 김두봉·정열모·이극로의 경우는 현규환,『한국유이민사』상, 어문각, 1969, 569면;
　　이윤재는 대종교 남도일본사의 주간으로 발간된『한빛』(1928년 발간)의 편집 겸 발행인이라는 사실에서, 이병기의 경우는『가람일기』I, 신구문화사, 1976. 여러 곳에서 등 그들이 대종교 신자였음을 확인할 수 있다. 이 같은 사항의 대부분은 위의 삿사 미츠아키와 임경석의 논문, 그리고 조선어학회사건(1942.11)과 대종교의 임오교변 사건과의 관련성을 연구한 신용하의 「단군인식의 역사적 변천-한말 일제시기의 단군사상과 독립운동」(윤이흠 외,『단군-그 이해와 자료』, 서울대 출판부, 2001)을 통해 얻게 되었으며 풍부한 문제의식을 시사받았음을 밝혀 둔다.

이름을 대중화시킨 장본인들이다. 여기에 그친 것이 아니라 그들은 단군 민족주의에 입각한 고대사서술의 논리에 조선문자사를 서술했던 것이다. 권덕규·김윤경이 그 대표적인 인물이다.

먼저 권덕규는 1921년 12월 발족한 조선어연구회(조선어학회의 전신)의 멤버였고, 언어학자이자 역사학자로 1920~30년대 이 분야에 대해 누구보다 활발한 저술활동을 했다.16) 「조선어문의 연원과 그 성립」(『동명』 제1권 1호, 1922.9.3), 『조선어문경위』(1923), 『조선유기』(1924~26) 등을 통해 고대문자의 존재를 강력하게 천명했다. 「조선어문의 연원과 그 성립」에서는 조선의 역사를 보통 4천 년 역사에 신대(神代)까지 합산하여 1만 년의 역사라 주장하고 지나의 문명과 문자 모두 조선과 조선인에게서 기원했다는 논리를 펼쳤다. 신대(神代)문자가 존재했다는 것이며 한자조차 조선의 문자에서 기원했다는 주장이다.

김윤경 또한 『조선문자급어학사』(1938)를 통해서 이러한 이와 유사한 입장을 제시했다. 『조선문자급어학사』는 일제 강점기 조선어학연구와 한글운동의 역사를 총정리한 굴지의 저서인데, 이 책의 서술체계는 조선어의 범위를 단군조선·부여로부터 고려 이전 제종족의 범위로 설정하고 그 각각의 종족에 언어가 존재했음을 문헌을 통해 제시하는 서술방식을 취하고 있다.17) 김윤경의 문자사서술은 훈민정음 제작 이전의 문자를 '전하지 못한 문자'와 '금일까지 전한 문자'로 나누어 서술했다. '전하지 못하는 문자'에 바로 삼황내문(三皇內文), 신지비사문(神誌秘詞文), 왕문문(王文文), 각목문(刻木文), 고구려문자, 백제문자, 향찰, 발해문자, 고려문자가 포함된다. 이것 또한 각종 문헌고증을 통해 증명하는 방식을 취했다. 이처럼 민족이 있는 곳에 고유한 언어가 존재했으며 언어가 존재한 곳에 고유한 문자가 존재했다는 식의 서술법을 취하고 있다. 예

---

16) 최기영, 「권덕규의 생애와 저술」, 『식민지시기 민족지성과 문화운동』, 한울아카데미, 2003, 107~145면.
17) 김윤경, 『朝鮮文字及語學史』, 진학출판협회, 1945, 37~38면.

컨대, 중국문헌인『포박자』의 "黃帝東到東丘 過風山, 見紫府先生, 受
三皇內文"이란 문장을 제시하며,

> 삼황내문은 조선의 고대의 문자가 있었음을 증거하는 것입니다. 그러하다면
> 권덕규 씨와 최현배 씨가 이른 바와 같이, 황제(黃帝) 때 사람 창힐(蒼頡)이
> 새의 발자국을 보고 짓기 시작하였다는 한자도 삼황내문과 무슨 맥락이 있다
> 고 추측됩니다

라고 한다. 단군 이전의 시대에도 문자가 존재했으며 그 문자가 대외적
으로 전파되어 한자의 기원이 되었다는 주장이다. 이러한 주장은 앞서
본 권덕규도 주장한 바 있으며, 최현배도 「조선문자사」(『현대평론』 10,
1928.1)에서 비슷한 견해를 제시했다. 이들의 고대·신대문자 존재설은
대내적으로는 고대사에 대한 문화사적 재구성이 활발하게 진척되던
1920년대의 분위기와 깊은 관련이 있지만 대외적으로는 고대문자 존재
설은 일본의 '신대문자론'[18)에서 자극받은 바 크다. 최현배는 「조선문
자사」에서 일본의 신대문자론이 결국에는 갑론을박 끝에 그것이 날조
된 것으로 판명되었으며, 날조를 하면서까지 신대(神代)에 문자가 존재
했다는 주장은 감정에 근거한 것이라고 비난한다. 그러면서 "우리의 감
정은 우리조선의 고대에 고유한 문자가 잇섯다고 하고 싶다. 그러나 우
리는 단순한 감정의 맹목적 노예가 되어서는 안이 된다. 우리는 모름즉

---

18) 일본신대문자란 일본의 18세기의 국학자 하라다 아츠다네[平田篤胤]에 의해 주장
된 말 그대로 신대의 문자이다.
　　찬미의 신인 아네노꼬야네미코[天兒室根命]가 일본 황실의 조상이라 일컬어지는
태양의 여신인 아마데라스오오가미[天照大神]를 불러내기 위해 부른 축사에서 기원
한 것인데, 그것이 한자의 수입과 함께 사라져 사원(寺院) 등에 흩어져 있다가 발견된
것이라고 주장된다. 이러한 주장은 일본에도 고유한 문자가 존재했다는 것 이외에도
그 형태가 훈민정음의 자모와 비슷한데, 조선의 언문이 바로 이것을 모방한 것이라는
논리로까지 확대되었다. 역으로 신대문자가 훈민정음을 본떠 만든 위작(僞作)이라는
주장도 있고, 고대의 조선문자가 일본에 전해서 내려온 것이라는 주장 등 논쟁이 있었
다. 김문길, 「신대문자에 관한 한일 양국간의 논쟁과 실태」, 『일본학보』 1, 경상대 일
본문화연구소, 1994, 59~88면.

이 감정의 발원을 이지적으로 고사(考査)하여야 한다"고 주장한다. 김윤경과 같은 방식의 문헌고증이 최현배가 제시한 이지적 고사의 방식이지만, 여기서 그렇게 옛 문헌의 파편적이고 편의적인 참조를 통해서 밝혀야 하는 고대문자존재설이란 그야말로 '감정의 발원'에 기인한 것임이 은연중에 드러난다. 다만 최현배일본은 날조인 데 반하여 "우리조선에서는 다만 사서(史書)의 기록—文字의 遺傳의 有無로만 古事를 속단하지 못할 것이다. 쌀아 여기의 문제인 고대문자도 그 금일의 유전이 없다고 그 원체조차가 본대 업섯다고 속단치 못할 것이다"라고 주장한다. 문자가 전해 내려오지 않음에도 불구하고 그 존재사실까지 부인할 수 없다는, 그러니까 존재했다는 주장이다.

단군 이래 혹은 그 이전부터 고유문자가 있었으나 그 문자가 한문의 지배로 소실되어 한문의 지배를 누천 년 동안 받았지만 세종의 훈민정음의 창제로 다시 고유문자를 갖게 되었다는 식의 이야기는 주시경을 이은 한글운동가들이 유포한 조선문자사의 대강이라고 해도 과언이 아니다. 민족고유의 고대문자는 실물을 보일 수 없는 "전하지 못한 문자"이긴 하나 그럴수록 존재사실이 강하게 희구되었던 것이다.

1920년대 고대사를 문화적으로 다시 재구성하려던 움직임은 정치적·물리적 영역에서 박탈당한 주권을 역사적 문화적 영역에서 상쇄하고자 하는 기획이었다고 생각된다. 조선문자사의 서술 또한 신대·고대문자의 존재를 주장함으로써 유구한 역사성을 드러내고 특히 문화적 영역에서 타민족에 비해 우위에 있었음을 입증하고자 했다. 고대에 고유한 문자가 있었다는 주장은 한자를 배제하는 데 있었던 것이며, 더나아가 한글이라는 문자의 연원을 순수한 역사의 시원에 두려는 의도가 있었다. 왜냐하면 한글이란 문자의 연원이 어디인가는 이미 일본인과 서양인들이 분분하게 논의한 바인데, 대부분은 범자(梵字)기원설, 몽고 파스파 문자 기원설 등 한반도 주변의 문자에서 기원하거나 영향을 받은 것으로 추정하고 있었다.

예를 들어, 당시 최남선·정인보 등 조선학의 체계화를 시도했던 지식인들의 학문에 커다란 영향을 끼친 시라토리 구라기치[白鳥庫吉] 그리고 일선동조론의 언어학적 근거를 마련한 바 있는 가나자와 쇼자부[金澤庄三郎]로 등 일본인 학자들 또한 나름의 정음기원설을 펼치고 있었다. 와타나베 다카코에 따르면, "15세기 중엽이란, 문자의 역사에 있어서 극히 후래인 시기에 갑자기 생겨난 문자에 대한 그들의 주된 관심은 기원에 있었다."[19] 시라토리는 「이두·언문(吏道·諺文)」(1897)에서는 언문의 체계가 산스크리트어에서 기원한다는 서양 동양학자들의 의견에 동의하면서도 그것이 몽골 침략 이전에는 한국에 도달하지 않았다고 주장하였다.[20] 가나자와는 「언문의 기원[諺文の起源]」(1900)에서 범자(梵字) 기원설을 제시하는데 세종 이전이며, 불교의 전래와 관련하여 승려에 의해 제작되었고, 외국어연구의 필요에 의해 세종이 정리하였다는 것이다. 또 언문의 일부는 범자에서 전화된 것이나 나머지 대부분은 성음학적 구조를 가지고 있고 이는 세계문자사상의 하나의 신사실로 이를 학자들에게 소개하고 싶다고 말했다. 이러한 입장을 「조선어에 대하여[朝鮮語ニ就テ]」(1911), 『일본문법신론[日本文法新論]』(1912), 『국어학통론(國語學通論)』(1923)에서도 일관하였다고 한다. 한편, 시라토리는 1932년 「조선문자의 구조에 대하여[朝鮮文字(諺文)の構造に就いて]」에서 발음기관 형상설로 입장을 바꾸고, 언문은 조선인의 독창에 의한 알파벳이며 다른 글자를 빌려 쓰거나 모방한 것이 아니라고 결론짓는다. 그러면서도 고려조 때 몽고의 지배경험을 통해 음부(音符)문자, 즉 알파벳에 대한 지식을 얻었고, 고려조 멸망 후 조선이 개국하고 국력이 충실하게 된 배경 아래서 영주(英主) 세종이 나타나 마침내 언문이 창제되게 되었다고 해석한다.[21]

---

19) 와타나베 다카코, 「훈민정음 연구사—일본인 학자들의 연구를 중심으로」, 연세대 석사논문, 2001, 4면.
20) 스테판 다나카, 앞의 책, 131면.
21) 이상 시라토리와 가나자와의 정음기원설에 대해서는 와타나베 타카코, 앞의 논문, 24~47면 참조.

정음이 이민족의 문자에서 '영향'을 받거나 그것을 '모방'해서 만들어진 문자라는 외국문자기원설은 '한글'의 독자성과 창조성을 해치는 논리로 받아들여졌다. 한글 자형의 외국문자기원설이나 창호의 문살을 보고 만들었다는 설, 세종이 뒷일을 보다가 만들었다는 설 등은 "한글의 價値를 떨어트리는 말"이자 "世宗大王에 대하여 無嚴한 짓"22)으로 힐난되었다. 이렇게 보자면, 고대·신대문자 기원설은 외부기원설을 거부할 수 있는 논리이자 한글창제가 우연히 이루어진 게 아니라 오랜 역사 속에서 예정된 사업임을 암암리에 강조하는 논리였다.23)

고대문자 존재설은 충분히 입증되기를 요구받기보다는 그것이 전해지지 않는 것 자체가 중대한 역사적 사실을 적시하고 있다는 식으로 활용되었다.

> 한족(漢族)이 동점(東漸)하여 온 뒤 삼처여재(載)에 한문학의 영향이 우리 곁에의 지식계급을 지배하여 왔으나, 지식은 진골양반 특정 계급에 독점되어 내려왔든 까닭이다. 그리하야 더욱이 삼국 이후로는 한문으로만 모든 기술을 하게 되어, 고대국문이 있었다 할지라도 저절로 없어지게 되고까지 만 것이다. (「한자폐지론—두 번째 '가갸날'에 즈음하여」, 『조선일보』, 1927.10.24)

요컨대, 한자문화 비판의 수사학으로 수렴되었다. 이 수사학은 강력하게 훈민정음 창제 이후에도 한문을 토대로 기득권을 유지했던 양반층에 의해 '언문'이라 '암클'이라 해서 '천대'받고 '멸시'를 당한 오래이지 않은 한글수난의 역사를 재차 환기시킨다는 점에서도 효과적이었던 것으로 보인다. 상실된 것으로 가정된 고대문자 존재설은 한문·유학·

---

22) 이윤재, 「한글 創製의 苦心」, 『동아일보』, 1935.10.28
23) 한편 한글의 자형이 발음기관을 본떴음을 진술해 놓은 『훈민정음해례』가 발견된 1940년 이전에도 발음기관상형설이 적어도 노골적인 반박의 대상이 되지 않았던 이유는 같은 맥락이라 할 수 있다. 적어도 발음기관형상설은 영향설이나 모방설을 부인하는 데 있어 유력한 근거이며 한글 자모원리의 독창성과 아울러 과학성을 입증해주는 학설이기 때문이다.

양반·조선 비판의 연쇄회로를 내장하고 있었다. 따라서 권덕규나 최현배와 같은 언어 민족주의자들이 유교 비판의 선봉에 선 것은 자연스러운 행보이다. 권덕규가 쓴 논설 「가명인(假明人) 두상(頭上)에 일봉(一棒)」(『동아일보』, 1920.5.8~9)은 유림들의 『동아일보』 불매운동을 야기하고 이를 책임지는 차원에서 해당 신문사의 초대사장 박영효가 자진 사임하는 데까지 이르는 파문을 낳았다.[24) 1920년 5월 4일부터 9일까지 『동아일보』의 1면 1단에 연재되고 있던 논설 「고조선부로(告朝鮮父老)」와 함께 1면을 장식한 권덕규의 이 글은 유림들을 비난한 글이다.[25]

> 단군선조적부터 계승하야온 사상감정과 생활양식을 내어버리고 공맹이나 주자만 존숭하는 것이 아니라 그네의 출생한 지나와 및 그네의 동족인 지나인까지 본바다 그로부터 그네는 '어버이시어' 할 것을 부모시어하고 불럿고 '아이고 압하'하지아니하고 오호통재하여야 만족하얏스며 그네의 눈에는 백두산보다 태산이 놉핫스며 흙탕의 경수(涇水)가 맑고맑은 청천강보다 아름다웟도다. 무심무장(無心無腸)한 그네들은 우(愚)하게도 지나사상의 노예가 되어 타(他)를 기(己)에 동화시키는 대신에 기를 타에 동화하야 명(名)은 조선인이로되 그 실은 지나인의 일모형에 불과하며 …….

권덕규에게 있어, 유교는 더 이상의 자세한 논증과 논쟁의 과정이 필요하지 않은 대상이었다. 조선에서의 유교란 타(他)에 속한 것임에도 불구하고 일상생활의 사소한 언행에도 배어 있는 뿌리 깊은 '습속'에 불

---

24) 이 필화사건의 경과에 대해서는 『동아일보사사』 권1(동아일보사, 1975), 134~138면 참조.

25) 삿사 미츠아키에 따르면 권덕규의 유림 비판은 대종교의 교단내부의 늙은 구 간부진과 혁신적인 젊은 신도층의 갈등을 반영한 것이라고 한다. 대종교는 양반 유림 계급의 인사를 중심으로 조직된 것이었으나, 단군신교를 한국고유의 국교로 삼는 입장에서 표면상 유교를 중국에서 수입된 외래 종교로 경시하고 배척하는 교리를 내세웠다. 권덕규의 유교 비판 또한 이것의 연장선상이었으나, 그 강도가 너무 높아 대종교의 신도이자 후원자인 김윤식이나 1920년대 남도본사의 교세확장의 일환에서 후원자로 영입한 친일귀족 민병석, 윤덕영과 같은 유림들의 반감을 샀으며 심각한 분열 상태로 빠져들었다. 삿사 미츠아키, 앞의 논문, 116~124면 참조.

과할 뿐이며, 유림들이란 이 습속의 화신일 뿐이다. 유교는 자타의 경계 구분에만 필요한 아이콘으로 전환되었다. 최현배의 『동아일보』에 1926년 9월 25일부터 12월 26일까지 65회에 걸쳐 연재된 「조선민족 갱생의 도」는 현하 조선민족의 질병의 원인 자체를 '이조 이래'의 유교에서 찾음으로써 유교 비판을 유림이라는 한정된 세력에 국한되지 않는 민족성 비판으로 고양시켰다.

「조선민족 갱생의 도」에서 가장 타매의 대상이 되는 것은 한자이다. 김철에 따르면, "아아, 한자! 한자! 이는 우리에게 정(正)히 망국적 문자이었다"라는 저주 섞인 절규로부터 "가장 완전한", "가장 보편적인", "가장 학술적인", "공전 절후의 문자적 완성"인 '한글'에의 가히 종교적인 찬양으로 급약하는 멘탈리티의 구조가 사실상 「조선민족 갱생의 도」를 일관하는 것이라 해도 과언이 아니다.[26]

2) 유교 비판 = 한자 비판의 근거, 중국의 신문화운동과 문학혁명

유교 비판과 결부된 한자 비판은 당시 중국의 신문화운동이 언론에 적극 소개되면서 더욱 힘을 얻었던 것으로 보인다. 1920년대 중국에 대한 식민지 조선의 관심은 상당히 동시대적이었다. 국민혁명을 치루고 있던 중국의 격동은 제국주의 종속으로부터 해방과 근대적 국민국가의

---

26) 김철, 「갱생의 도 혹은 미로」, 『민족문학사연구』 28호, 민족문학사연구소, 2005. 김철의 글은 최현배의 「조선민족 갱생의 도」를 19세기 이래 민족주의 담론의 문법과 수사학이 총체화된 전형적인 사례로 읽어내고 있다. 사회진화론에 바탕을 둔 근대화주의와 거기에 기초한 타자의 설정과 자아의 확립, 고대의 이상화와 인접한 과거에 대한 절대적 부정 등, 최현배의 글은 민족주의 담론의 전형적 문법과 수사학을 보여준다는 것이다. 또한 의복, 식생활, 주거환경 등 생활상의 사소한 불합리를 민족적 질병으로 단죄하는 쇄말주의는 제국으로부터 민족을 분절(分節)하는 효과, 즉 제국의 경계를 건드리지 않고 고유하고도 특수한 영역으로서 '민족'이란 실천장을 제시하는 효과를 낳는다고 주장한다.

수립이라는 과제에 당면한 식민지, 반식민지 동아시아 제국의 공통된 현실과도 직결된 것이며 따라서 당시 식민지 지식인들은 중국의 현실로부터 자신들의 문제를 해결하는 방법과 교훈을 찾고자 하였다.[27] 이러한 관심은 1920년대 문화정치의 실시로 허용된 미디어를 매개로 중국이 주요한 분석대상으로 부상하는 방식으로 나타났다.[28] 그중에 중국의 신문화운동에 대해서 후스[胡適]의 백화문운동과 문학혁명을 중심으로 소개하고 수용하는 글들이 적지 않았다.[29] 후스와 '동시대인'이었던 당시 식민지 조선의 지식인들은 후스의 문학혁명, 전통문화 비판 등에 '타산지석'으로서의 관심을 갖고 있었다.[30]

---

27) 김세호, 「1920년대 한국언론의 중국국민혁명에 대한 반응」,『중국학보』 40호, 한국중국학회, 1999, 412면.

28) 한기형, 「근대 초기 한국인의 동아시아 인식—『청춘』과『개벽』의 자료를 중심으로」,『대동문화연구』 50집, 대동문화연구원 편, 2005.6, 180면. 1920년대에는 이른 바 '중국통'이라 부를 만한 저널리스트들이 등장하는데 동아일보 기자 신언준, 중국문학연구를 자신의 정체성으로 생각한 양건식, 그리고 조선어학회의 핵심멤버로 활약하게 되는 이윤재,『개벽』의 중국관련 주요 기고자인 이동곡 등이 그러하다. '중국'이란 중국에 대한 식민지 조선 지식인의 관심은 고를 달리하여 논할 필요가 있을 만큼 동시대적이며 다양한 스펙트럼을 갖고 있었던 것으로 보인다. 따라서 이 글에서는 부득이하게 문자개혁과 백화문운동 등 한자문제와 관련한 내용으로 논의를 제한하였다.

29) 호적의 글을 번역하거나 그를 중심으로 한 문학혁명을 소개한 1920~30년대의 글은 대략 다음과 같다.
  양건식, 「호적씨를 중심으로 한 중국의 문학혁명」,『개벽』 5~8, 1920.11~1921.2;「중국의 사상혁명과 문학 혁명」,『동아일보』, 1922.8.22~9.4;「新詩談」,『동명』 37~40, 1923.5.13~6.3;「최근 50년의 중국문학」(번역),『동아일보』, 1923.8.26~9.13;「반신문학의 출판물이 유행하는 중국문단의 기현상」,『개벽』 44, 1924.2;「문학혁명에서 혁명문학」,『동아일보』, 1930.4.1; 북여동곡,「현중국의 구사상, 구문예의 개혁으로부터 신동양문화의 수립에」,『개벽』 30, 1922.12; 이윤재,「호적씨의 建設的文學革命論—國語的文學, 文學的國語」(초역),『동명』 2권 16~19, 1923.4.15~19; 오천석,「오적 씨의 동·서양 문명비판」,『신생』 6권 10호, 1929.6; 신언준,「사상계로 본 현대중국—그 사적 발전과 현세」,『신동아』 1934,11;「실험주의의 철학자 호적」,『동광』, 1931,8; 김광수,「호적의 공자론 비판」(번역),『신흥』 5권 1호, 1935.5.
  민두기는『中國에서의 自由主義의 실험—胡適(1891~1962)의 사상과 활동』(지식산업사, 1996)의 머리말에서 1920~30년대 식민지 지식인의 호적에 대한 관심을 지적한 바 있다. 이상의 목록의 대부분을 그의 책 20~22면에서 얻었다.

30) 위의 책, 21면.

신언준이 「사상계로 본 현대중국―그 사적 발전과 현세」에서 5·4시기의 신문화운동을 1차 세계대전 이후 급성장한 자산계급이 "데모크라시와 사이언스(과학)를 부르짖으면서 유교, 구도덕, 고문(古文), 기타 일체 봉건세력에 대하여 전면적 일대 반항을" 취한 것으로 규정했듯이, 후스의 백화문전용을 중심으로 한 문학혁명의 주장은 한자(문)에 대한 배격, 유교를 중심으로 한 전통문화 내지 전근대문화 그리고 거기에 내재한 '문화의 계급성'31)에 대한 파산선고로 이해되었다. 이와 비슷하게, '양반'으로 대표되는 엘리트의 문화에 대한 강한 반감이 한글운동을 주도하던 이데올로그들에게 크게 작용하고 있었다는 것은 부인할 수 없다.32)

후스의 「건설적 문학혁명론」을 초역하고 이후 조선어학회의 핵심 멤버로 활약하게 되는 이윤재가 한글운동을 민중운동의 일환으로 간주했다는 민두기의 지적 또한 경청할 만하다.33) 이윤재는 자신이 중국의 북경대학국문강좌에서 직접 듣고 경험한 중국의 문자개혁운동을 「중국에 새 문자」(『동명』 제1권 10호·11호, 1922.11.5·12)를 통해 소개하는데, 그의 관점이 이를 잘 보여준다. 그는 위안 스카이[袁世凱]의 제제(帝制) 복귀운동을 반(反)공화제로서 정치상의 반동이자 공교존숭과 경학교육과 같은 신사상을 억압하는 복고운동으로 평가한다. 소학교 교육에까지 경학(經學)을 교과목으로 정한 것을 두고, "대체 학교에서 이미 독경하게 된 이상에는 국어교육이니 평민교육이니 하는 것이 자연구박을 입을 것은 이무가론(已無可論)이요 주음자모가튼 것이야 더군다나 생각이라고 하여 볼 여지가 잇섯슬가 보냐" 하고 평가했다. 이윤재에게 있어 중국의 문자개

......

31) 정진배, 『중국 현대 문학과 현대성 이데올로기』, 문학과지성사, 2001, 194면.
32) 마이클 로빈슨은 특히 최현배의 저술에 나타나는 이러한 성격을 '사회주의적 요소'라는 어구로 표현하였다. 마이클 로빈슨, 「최현배와 한국의 민족주의―언어·문화·국가발전을 통하여」, 『나라사랑』 35, 외솔회, 1980.3, 44면.
33) 민두기, 「이윤재(1888~1942)의 중국경험과 한국―1920년대 한국에 있어서 하나의 指南으로서」, 『시간과의 경쟁』, 연세대 출판부, 2002, 164~174면.

혁은 교육과 문화의 민주화, 즉 반(反)봉건의 일환으로 받아들여졌다.

이윤재가 초역한 후스의 「건설적 문학혁명론」[34]에서 자극받아 쓰인 듯한 양명의 「신문학 건설과 한글 정리」(『개벽』 38, 1923.8)는 사문자(死文字)와 활문자(活文字), 신문학과 구문학 등 후스의 어휘를 사용하여 자신의 논지를 전개한 글이다. 양명은 이 글에서 "신지(神誌)의 고문자(古文字)가 한문의 수입으로 그의 존재조차 일케되고 만 것 가티 세종의 정음은 한문의 전제(專制) 미테서 남북전쟁 전 미주(美洲)의 흑노(黑奴)보다도 더 심한 압제를 당하엿다"면서 "만일 그네들의 소위 상놈이라는 무식계급이 업엇드면 우리 고유의 언어는 모다 유실되고 말앗슬 것이니"라고 주장했다. 한글의 수난을 흑인 노예에 대한 압제로, 근대 국민어의 탄생과정을 국어해방운동으로 칭하는 비유법은 나름대로 일리가 있는데, 민족어 내지 국어의 창출과정이란 문자의 독점사태 내지 문자사용의 계급적 위계화를 타파하는 것에서부터 시작한다고도 할 수 있기 때문이다.

한자제한 내지 한자폐지의 실천적 형태는 두말할 것도 없이 한글전용 글쓰기인데, 이것을 감당한 것은 문학이었다. 여기서 강조되어야 할 바는, 중국의 신문화운동에서 호적의 주장이 근대적 어문혁명의 과제를 제도에 맡기지 않고 문학을 통해 실현하고자 했다는 것이다. "이탈리아의 단테, 보카치오, 영국의 초서 ……"와 같이 위대한 문학이 각 나라의 국어를 창조했다는 식의 이야기는 1920~30년대 한글운동 담론에서 문학가의 사명을 이야기할 때 꼭 등장하는 클리셰였는데, 밝히지 않은 전거는 호적의 「건설적 문학혁명론」이었다.

백화문전용의 실천을 호적 자신(自新)은 직접 백화시 창작을 통해 보여주었지만, 백화소설사를 통해 백화문전용의 역사적 정당성을 보여주

---

34) 문학혁명의 본격적인 신호탄이 되는 「문학개량추의」를 발표한 지 1년 후인 1918년 4월 『신청년』에 발표한 글로 여전히 구문학(旧文學)=사문학(死文學)이 존재하고 있으므로 이를 대신할 '활문학(活文學)' 즉 신문학을 건설하기 위해서는 '국어의 문학'"을 창조하여 '문학의 국어'를 확립해야 한다는 것이 요지이다. 홍석표, 「중국의 근대적 문학의식 형성에 관한 연구」, 서울대 박사논문, 1996, 79면.

고자 했을 때 그것은 고전적인 장르의 위계를 전도시킨 것이기도 했다. 장르상 푸대접을 받던 '소설'이 근대의 주도적 장르로 부상하였다. 이에 대해 백원담은 "소설로 기치를 든 문화적 근대기획은 5·4신문화운동을 통해 백화문을 사용하는 근대적 문학의 생산과 '민주와 과학'으로 집약되는 서구적 근대 이데올로기의 중국적 수용과정 속에서 한 단계를 넘어선다. 거기서 소설은 더 이상 이데올로기적 기제가 아니라 그 자체 문학작품으로서 창작주체의 근대정신이 반영된 문학양식의 한 갈래로서 다수 대중에 의한 문학의 향유라는 문학적 근대화의 과정을 주도하는 본래의 의미로 자리매김된다"35)고 지적한다.

이광수가 「문학이란 하오」(1916)에서 내린 '문학'의 정의와 규범, 「부활의 서광」(1918)에서 언급한 신문학은 두 개의 속문주의, 속문(屬文)과 속문(俗文)의 결합을 요체로 한다. 속문주의적 조선문학이란 정의가 '지나어'와 '지나문'의 배제를 통해 천명되었다면, 속문(俗文)지향은 '조선문'의 실현은 조선의 현실을 그릴 때에야 가능하다는 인식에서 나오게 된다. 여기에 가장 부합하는 장르는 소설이었다. 한국 근대소설이 한자와 한자어를 배제함으로써 표기체계에서만이 아니라 리얼리티의 수준에서 민족적 정체성을 획득해나간 시점과 중국의 신문화운동이 활발하게 소개되었던 시점은 겹쳐 있다.

조선문학과 조선인의 실생활의 구조적 결합으로서의 신문학, 이러한 관념은 1920년대 초중반 소설 장르에서 '묘사'라는 기법의 문제로 문인들에게 내면화되어 갔다. 예컨대, 한문투가 너무 많다는 지적이 한 작품을 평가하는 중요한 잣대로 제시되고 있는『조선문단』합평회의 장면을 두고, 천정환은 창작활동만은 온전한 조선어 순국문체로 써야 한다는 생각을 작가들이 신념화하고 있었다고 지적한다.36) 이는 속문이 조

---

35) 백원담, 「'和而不同'의 문화관계론」, 『중국문화의 주제탐구』(연세중국문화연구모임 편), 한국문화사, 2004, 298면.
36) 천정환, 「한국 근대 소설 독자와 소설 수용 양상에 대한 연구」, 서울대 박사논문,

선문학의 내셔널리티를 일차적으로 결정한다는 관념이 정착되었다는 것을 의미하지만 거기에서 그 의의가 그치는 것은 아니다.『조선문단』합평회에서 한문투가 많다는 것이 한 작품의 가치를 깎아내리는 평가의 기준이었다면, 작품의 가치를 고평하는 기준은 '묘사'라는 것에 주의를 기울일 필요가 있다. 한문투가 많으면 많을수록 '묘사'가 떨어진다는 비평이 성립된 것이다. 즉 '한문투'와 '묘사'는 반비례의 관계였다.37) '묘사'의 추구는 속문지향과 통한다. 양건식의 「호적씨를 중심으로 한 중국의 문학혁명」에 자세하게 소개된 바 있는 호적의 팔불주의(八不主義)38) 중 여덟 번째 테제는 "속자속어를 피하지 않는다"였으며 이 과제를 진독수는 '사실문학'의 건설로 정식화한다. 직접적인 영향관계로까지 평가하기에는 무리가 있으나, 중국의 문학혁명에 대한 수용이 장르상으로는 소설, 양식상으로는 리얼리즘 내지 사실주의 양식을 요체로 한 서구적 근대문학의 관념을 강화하는 데 일조했다고 생각된다.

이러한 소설 장르 중심성은 단지 동시대 장르의 역학에서만이 아니

2002, 53~55면 참조.

37) 한자어의 빈도와 묘사의 상관성은 최근에도 근대소설을 연구하는 주요한 방법론으로 쓰이고 있다. 강인숙 편저의 『한국근대소설정착과정연구』(박이정, 1999)는 이해조·이광수·김동인·염상섭·현진건 등의 소설이 근대적 양식으로 정착되는 과정을 분석하면서, 그 중요한 기준 중 하나로 한자어의 빈도수를 들고 있다. 한자어를 유럽의 라틴어에 대응시키면서, 로만스에서 로만(속어)의 사용을 계승·강화시켜 온 노벨=근대소설의 비추어서, 한자어나 외래어의 빈도수에 따라 한국에서의 노벨의 정착과정을 가늠하는 것이 가능하다는 것이다. "한자어나 외래어는 추상성을 띄기 때문에 독자의 정서적 반응을 유발하지 못한다는 점에서도 문제가 된다. 소설의 언어는 다른 문학용어와 마찬가지로 감정적 언어야 하며 환기적 언어여야 하기 때문에 구체성을 확보할 수 있어야 한다. 한자어나 외래어가 소설의 문장에 적합하지 않은 이유가 거기에도 있다." 강인숙, 「머리말—노벨의 장르적 특성」, 6면.

38) 호적이 「문학개량추의」에서 주장한 팔불주의는 다음과 같다. 첫째, 반드시 내용이 있는 글을 써야 한다(須言 之有勿). 둘째, 옛 사람을 모방하지 않는다(不模倣古人). 셋째, 문법을 강구하여야 한다(須講究文法). 넷째, 무병신음하지 않는다(不作無病之呻吟). 다섯째, 진부한 상투어를 힘써 버려야 한다(務去亂調套語). 여섯째, 전고를 쓰지 않는다(不用典). 일곱째, 대구를 따지지 않는다(不講對句). 여덟째, 속자속어를 피하지 않는다(不避俗字俗語). 홍석표, 앞의 논문, 76면.

라 고전문학 연구에도 역투사되었다. 예컨대, 경성제대 출신 김태준과
조윤제에게서 보여지는 '소설사에 대한 집착'39)은 일차적으로 속문주
의(屬文主義)에 의거한 소설 중심의 근대문학 관념을 근대 이전의 시대
까지 투사하려는 욕망에서이다. 소설사가 근대문학을 향한 발전사로서
의 민족문학사를 가장 잘 입증할 수 있다는 전제가 깔려 있는 것이다.
  게다가 김태준의 경우, 중국의 문학혁명을 깊이 자신의 과제로 각인
한 대표적인 인물이었다. 박희병은 그의 "북경여행이 한문학에 대한 그
의 부정적 관점을 더욱 강화하는 계기가 되었다. 과거의 귀족적 고문학
을 청산하고 혁명적 백화문예를 발전시켜가고 있는 중국의 현실에 깊
은 인상을 받았기 때문이다40)"라고 평가한다. 류준필에 따르자면, 김태
준의 한문학에 대한 엄청난 비하는 '국문표기'에 대한 집착의 반대급부
적 성격을 띠고 있었다. 즉 국문표기를 중시하는 원칙이 스스로에게 한
문학에 대한 폄하적 진술을 강제한 것이라고 보아야 한다는 것이다.41)
또한 김태준의 소설사 서술에 나타나는 국문표기 그리고 현실생활, 평
민·민중이 함의한 바를 포괄하면서 동시에 각각에 의미를 부여해줄
수 있었던 것이 바로 중국의 문학혁명에서 부각된 '백화문학'이었다. 중
국에서는 문어에 대응되는 구어라는 의미에서의 백화가 한자(문)에 대칭

---

39) 박광현, 「경성제대 '조선어학조선문학' 강좌 연구―다카하시 토오루를 중심으로」,
  『한국어문학연구』 41호, 한국어문학연구학회, 2003.8. 박광현은 이들의 소설사에 대한
  집착이 경성제대에 부임한 다카하시 토오루[高橋亨]의 '조선어학조선문학' 강좌에 대
  한 대항 차원이었다고 주장한다. 박광현에 따르면, 다카하시는 조선문학의 범위를 시
  대상으로는 "현대 일본 및 서양 문학의 영향을 받지 않는 시대"로 국한하고, 그 대상
  을 '광의'의 문학으로 설정한 다카하시는 조선에 소설이 미발했으며 소설사가 존재할
  수 없다고 주장하여 조선의 중국문화에 대한 예속성을 입증하고자 했다. 따라서 이들
  의 조선소설사 저술은 넓게는 식민지사관에 대한 대항적인 성격을 지닌 것이었고 좁
  게는 민족=문학을 동일선상에 놓고 비분화적인 '광의'의 문학을 대상으로 이뤄진 '조
  선문학' 강좌에 대한 대항성을 견지하는 것이기도 했다고 주장한다.
40) 박희병, 「천태산인의 국문학연구(상)―그 경로와 방법」, 『민족문학사연구』 3호, 민족
  문학사연구소, 1993, 201면.
41) 류준필, 「국문학연구사 연구의 의의와 방법―김태준을 예증으로」, 『관악어문연구』
  18호, 서울대 국어국문학과, 1993, 202면.

되는 국문이란 뜻으로 전이되면서 '백화문학'이 사유 속의 개념으로 자리 잡을 수 있었으며, 따라서 백화는 조선의 문언체 한문을 부정하는 근거로 제시될 수 있었다는 것이다.[42]

무엇보다, 후스의 백화문운동이나 문학혁명 주장은 '한자'에 대한 공격을 강화하는 절호의 논거로 활용되었다. 무엇보다 한자의 원적지인 중국에서조차도 한자가 사망선고를 받았다는 사실로 이해되었다. 양명이 같은 글에서 "사문자는 결코 활문학을 산출치 못한다. 죽은 한문—특히 고문—은 그의 원적지인 중국에서도 참으로 생명잇는 활문학을 산출치 못하엿다. 근세중국의 저작중 제일 신문학의 가치가 잇다하는 홍루몽, 수호지, 서유기, 유림외사, 경화록…… 가튼 것은 백화—중국의 국어문—으로 된 것이다"라고 언급한 대목이나 이윤재의 글 「중국에 새 문자」의 제목 옆에 달려 있는 "한족도 겨워녀기어 폐지하기로 운동하는 한자를 우리는 쓰기 조흔 자문을 두고도 오히려 이를 편애" "그네들은 인제야 문자를 신조(新造)하여 한자를 대용, 우리겐 진선진미한 정음잇음이 민족의 큰자랑"과 같은 부제(副題)는 이를 잘 보여준다. 이윤재는 이 글의 끝부분에서 중국의 주음자모에 훈민정음의 자음을 각각 대응시켜 보여주며, 훈민정음의 자모의 나뉨과 음의 순서가 훨씬 정연하며 그 형태가 아름답다고 말한다. 중국에서 40자 미만의 주음자모가 2만의 한자를 대용할 날도 머지않을 것이라 주장하는데, 그 근거는 표음문자우월론이었다. 이처럼 중국의 신문화운동은 유교 비판 그리고 한글의 우수성과 근대성, 한자제한 내지 한자폐지의 정당성을 입증하는 유력한 근거로 활용되었다.

이러한 타산지석의 담론에는 아전인수 격의 편의적인 상황인식이 개입되어 있었다는 사실을 지적해 두고자 한다. 한문 / 한글의 대립쌍이 중국에서의 한문 / 백화에 정확하게 대응하는 것은 아니라는 것이다. 백

---

42) 위의 책, 201~212면.

화는 문언문(文言文)에 대응하는 구어문(口語文)을 의미하는 것이지 한자를 쓰지 않는 것을 의미하는 것은 아니었다. 또한 병음문자운동은 한자의 통일된 독음법을 만들자는 취지가 더 컸던 것이지 한자폐지 그 자체로 나아가지는 못했다. 그러니까 한자가 문자언어든 음성언어든 언어생활에 개입하는 방식이 서로 달랐다는 차이는 간과되거나 도외시되었다.

무엇보다도 중국에서의 문자개혁운동이나 백화문운동은 근대 국민국가 건설을 위한 정치적 문화적인 기획의 일환으로 제기된 것이다. 한마디로 문자개혁을 주창한 식민지 지식인과 중국 지식인의 정치적 위치는 달랐다. 한문은 말할 것도 없고 주음자모보다 한글이 낫지 않느냐, 일본의 가나자보다도 로마자보다도 한글이 우수하지 않느냐는 문자의 표상에 대한 강박은 도래해야 할 미래의 세계상과 함께 드러내고 싶지 않았던, 드러낼 수 없었던 또 다른 세계상의 착종이라 할 수 있을 것이다.

가나자와가 한글을 가리켜 "지금 세계의 200수십 종의 국어 글자 가운데에 가장 신식의 것으로 동양의 우일한 알파뻬트식 글자"라 찬양했으며, 시라토리가 "글자획이 적고도 짜임짜임의 규칙이 정당한 점으로 말하면 세계의 음운 글자 가운데에 이 이상 갈 것이 업슬만치 정교히 되었다"[43]고 말할 정도, 즉 제국의 식민사학자들조차 경탄한 '한글'은 나르시시즘적 동일시의 대상이기에 충분했다. 한자/한글의 표상은 근대성과 식민성의 착종 속에서 이해해야 할 것이다.

한글은 한자문화, 유교문화에 의해 소실 위기에 처할 뻔한 민족문화의 대표적인 상징 이상이었다. "백제의 건축, 고구려의 벽화, 신라의 조각, 회화, 공계, 고려의 자기와 인쇄, 조선의 측우기, 충무공의 거북선, 이제마의 사상의학" 등 다른 '찬란한 문화유산'과 견주었을 때 한글은 상징적이지만 않은 서사를 창출할 수 있었다. 최현배가 「조선민족 갱생의 도」에서 열거한 찬란한 문화유산은 찬란한 '과거'의 증거물로써 현

---

43) 권덕규는 「마침내 조선사람이 자랑이어야 한다」(『개벽』 61, 1925.7)에서 가나자와와 시라토리의 이러한 언급을 인용하면서 한글의 우수성을 입증하고자 했다.

재, 미래와의 관계에서 정신적이고 상징적인 의미기능밖에 지니지 못한다. 반면에 한글은 과거뿐만 아니라 현재와 미래라는 모든 시간의 계기가 응축된 조형물일 수 있었다. 한글은 위대한 문화유산이기도 하지만 다른 것과 달리 도구성과 현재성을 지녔으며, 음성우월주의와 같은 서구적 보편성의 시선을 만족시켰다.

근대 계몽기 이래 한자제한 내지 폐지의 근거는 한자가 세계 문자의 역사에서 뒤떨어진 상형문자라는 데 있었다. 상형문자에서 표음문자로 전개되어왔다는 논리는 문자의 역사뿐만이 아니라 당대 서세동점(西勢東占)의 세계상을 설명하는 데도 동원되었다. 근세 이후 구미문명과 문화의 발전, 그리고 현재의 서세동점의 상황이 모두 문자의 편리함 덕분이라는 주장44)까지 제시될 정도였다. 한자와 한글의 차이는 그 내셔널리티가 다르다는 데만이 아니라 전자가 반(半)상형문자인데 반해 한글은 표음문자라는 데 있었다. 이것이 과거 / 미래, 전근대 / 근대, 야만 / 문명, 타자 / 자아, 늙음 / 젊음, 불합리 / 합리, 비효율 / 효율과 같은 한자 / 한글의 세계상이 효과적으로 구축될 수 있었던 이유이기도 했다. 한마디로 근대의 단선적이고 목적론적인 시간관을 나날의 실천(문자사용) 속에서 충족시킬 수 있는 장이었다. 조선어학회의 인사들에게 한글운동사는 정음시대→언문시대→국문시대→한글시대, 그러니까 '한글'을 향한 발전사로 인식되고 있었으며, 그것은 어문정리와 보급을 통해 이루어지는 어문 근대화의 역사이기도 했다.45) 근대화가 무한하게 일직선으로 열린 '과정'이라고 한다면, 그 '과정' 속에 놓여 있는 한글이란 형성력 있는(plastic) 내지는 인위적인 변경이 가능한 것이었다.

이러한 한글의 성격은 한자가 언어 내셔널리즘 서사의 필요불가결한 요소로 들어와 있기 때문이 가능한 것이었다. 그 내러티브에 한자가

---

44) 신해영, 「한문자와 국문자의 손익여하」, 『대조선독립협회회보』 15 · 16, 1897.6.7.
45) 이혜령, 「한글운동과 근대 미디어」, 『한국 근대문학의 형성과 문학 장의 재발견』(민족문학사연구소 기초학문연구단 편), 소명출판, 2004, 38~39면.

'과거' 수천 년의 문자생활을 지배한 이민족의 문자로만 등장했다면 한자 비판이 그토록 가차 없지는 않았을 것이다. 한국의 언어 내셔널리즘에서 한자가 안타고니스트의 배역을 톡톡히 수행할 수 있었던 이유는 역설적이지만 한자의 동시성 때문이었다. 한자는 근대적 시간의 위계화에 따라서 정체와 퇴보. 과거의 심상지리를 부여받았음에도 불구하고 존속되었다. 비동시적인 것의 동시성, 한자는 그걸 구현하고 있었다. 바꾸어 말하자면, 한자의 현존 내지 현재성이야말로 한자 비판의 근본조건이었다. 그 현재성은 여러 가지 방식으로 현현되었다.

우선 식민지권력은 유교와 유림을 온존시키는 정책을 실시했다. 총독부는 1910년 일본의 한국병합에 대한 양반유생들의 반발들 무마하기 위해 친일 왕족과 고관에게는 일본귀족 작위를 수여하고, 지방의 양반 유생들에게는 천황의 '임시은사금'을 지급하였으며, 1911년에는 '조선 유학의 진흥을 위해' 성균관을 경학원으로 개칭·설립하는 조취를 취하였다. 유교와 유생들을 이용한 이유는 유교의 충효 이념이 일본에 대한 충성심 배양에 기여할 수 있다는 것, 그리고 농촌사회에서 유생들이 처한 '지방유력자'로서의 사회적 지위를 고려할 때 그들을 회유한다면 지방사회의 통치가 한결 쉬워질 수 있다는 것 때문이었다. 그리하여 1920년대에는 사이토 총독에 의해 향교재산의 반환 등으로 지방유생에 대한 본격적인 회유 정책이 취해졌다.46) 이러한 정치사회적 여건 속에서, '한문'은 지배적 에크리튀르로서의 지위는 상실했지만 친일 유림세력을 중심으로 한문학의 부활을 기도하면서 1910년대에는 이문회, 문예구락부, 신해음사, 조선문예사 등과 같은 단체가 결성되었을 뿐만 아니라 지방 곳곳에서 백일장이란 이름으로 모의과거대회가 열렸으며 1917년에는 서울에서 의과대회(擬科大會)까지 열리게 되어 과거 폐지 이후 과거를 동경하게 된 촌학구들의 욕망을 충족시켜주었다.47)

---

46) 박찬승, 『한국 근대정치사상사연구—민족주의 우파의 실력양성운동론』, 역사비평사, 1992, 131~133면.

이 세력과 그 열망이 3·1운동 이후 신사조의 대두 속에 위축되었을지는 몰라도 사라지지는 않았다. 특히 이들이 각 조직의 기관지나 『매일신보』와 같은 근대 미디어를 통해 오히려 특정 지역이나 학연에 매이지 않는 존재감을 확보할 수 있는 가능성을 염두에 둘 필요가 있다.[48] 창간하자마자 유교 비판에 선봉에 섰던 『동아일보』 또한 1920년대 초반에는 간헐적으로 중단된 바 있으나 폐간 때까지 한시를 모집하여 게재하고, 지방의 동아일보 지국이나 분국은 자기지방 유림단체인 시단 내지 음사와 연계하여 백일장을 개최했다.[49] 이는 경쟁지였던 『매일신보』의 전례를 따른 것으로 보이며 한문교양에 바탕을 둔 구지식인 세력이 신문의 구독자 확대나 신문사 지국과 분국의 활동에 있어서 무시하지 못할 세력으로 존재하고 있었다는 것을 보여주는 사실일 것이다. 한문이 더 이상 지배적인 글쓰기의 형태일 수는 없었지만 가장 대표적인 근대 미디어인 신문이 한문의 글쓰기를 여전히 고수하고 있던 세력을 감안해야 할 정도로 존재했던 상황이었다. 어쨌든 식민지 권력에 협력한 친일 유림세력의 존속 그리고 유교의 식민지배 이데올로기로의 변형을 감안한다면, 한자폐지 내지 한자제한의 주장이 반봉건만이 아니라 반(反)식민의 일환일 가능성도 점쳐볼 수 있다. 그러나 한자폐지 및 제한의 압도적 수사는 반봉건이었으며, 근대성 지향이 오히려 식민성을 은폐할 가능성 또한 있었음을 고려해야 한다.

---

47) 강명관, 「일제 초 구지식인의 문예활동과 그 친일적 성격」, 『창작과비평』 62호, 1988년 겨울.

48) 이 논문을 준비하는 도중 한문학 연구자인 김진균·정환국 선생에게 얻어 들은 바가 많은 도움이 되었다. 근대적 출판을 이용하여 이전보다 문집 간행이 용이해졌으며 현재 한문학 연구자들이 연구 자료로 삼는 문집들이 대개 이때 간행되어 널리 읽히게 되었다고 한다. 하지만 유감스럽게도 일제 강점기에 간행된 문집에 대한 목록은 아직 조사된 바 없으며, 광범위한 형태로 존재했던 한시작단에 대한 연구 또한 미개척분야로 남아 있다고 한다.

49) 조금 더 자세한 사항은 이혜령, 「1920년대 『동아일보』 학예면의 형성과정과 문학의 위치」, 『대동문화연구』 52집, 성균관대 대동문화연구원, 2005, 90~91면 참조.

3. 식민지 언어상황과 한자의 중층적 내셔널리티

　김태준은 「중국의 한자폐지운동」(신흥』 7, 1932.12)의 모두에서 "몇날 전에 김형복(金亨復)의 역술한 일본 이노우에 엔료[井上圓了] 씨의 원저『한문불가폐론(漢文不可廢論)』50)을 닭고 이따위 의론은 벌서 우리네의 신세기에서는 문제가 안 될 것인 줄 알면서도 이런 책이 조선에 번역된 것만도 유감으로 생각하고 완고한 마골(馬骨)같은 한자폐지반대론자에게 사소한 일별이라도 될가하고 중국에서 신흥청년들사이에 닐어난 한자폐지운동을 간명하게 소개코저한다"며 집필동기를 밝히고 있다. 한자와 한문은 이렇듯 한·중·일 삼국의 신구지식인들 사이에 끊임없는 충돌의 대상이었으며 김태준은 그것을 공통으로 겪는 문제로 인식하고, 선구적인 제안과 실천의 단계에 돌입한 중국과 "일본 선배"들에게 깊은 공감을 표하고 있다. 동아시아 삼국에서 공히 나타난 표음문자 우월주의에 입각한 한자인식은 근대추구의 표현이었다. 또한 애초에 세 나라에서 공히 나타난 한문의 위축되고 불안한 위상은 '근대국어'의 형성과정에서 촉발된 문제이다.51)

　다시 강조하자면, '근대국어'의 형성과정이 한국의 경우 일본의 식민지배에 의해 다른 국면을 맞이하게 된다는 것 또한 충분히 환기되어야 한다. 한자인식이나 어문개혁 문제에 대해 선도적인 실천을 보여주었던 중국과 일본에 대한 식민지 지식인의 공감은 최현배의 성토처럼 "문정

---

50) 이노우에 엔료[井上圓了]의 『한문불가폐지론』은 1897년 4월에 발표된 것으로, 그 내용은 한자를 폐지하거나 제한하고 가나나 라마자로 바꾼다면 천황의 존엄을 해치게 될 것이라는 주장을 담고 있다. 파스칼 그리올레, 「일본어의 근대화를 둘러싸고—대일본제국의 공용어와 가타카나의 기능」, 『언어 제국주의란 무엇인가』(미우라 노부타가·가스야 게이스케 편, 이연숙 외역), 돌베개, 2005, 118면.
51) 임형택, 「근대계몽기 국한문체의 발전과 한문의 위상」, 『민족문학사연구』 14호, 민족문학사연구소, 1999, 30면.

(文政)의 權이 完全이 우리의 손에" 있지 못하고 "교과서 편찬을 우리가 못하"는 처지에서 비롯된 강한 동경일 수도 있기 때문이다. 최현배의 이 같은 발언은 동아일보사가 한글반포 485회를 맞아 개최한 한글 좌담회(지상발표는 1931.10.29~31)에서 나왔다. 이 좌담회의 논제 중 하나인 '한자제한의 실제적 방법'에 대한 주요한과 김희상의 발언 역시 '한자'의 역사적 정치적 콘텍스트가 '과거' — 중국과의 사대적 관계, 양반, 관습 — 만으로 설정될 수 없었던 또 다른 한자의 현재성을 드러내고 있다.

> 주요한—가령 경제면에 쓰이는 상장(相場)가튼 것은 한문으로 써노앗건만, 보는 사람은 그것을 일본말로 『소—바』라고 읽어 버립니다. 그러니 이것을 상장이라고 취음을 해서 써 둔다하면, 첫재 독자가 몰라볼 것이니 이것을 먼저 해결해야 될 것이 첫재 문제입니다.

> 김희상—경제긔사 가튼 데라도 상장(相場)이라 쓰지 말고 시세(時勢)라고 쓰면 그만 아니겟습니까.

이 좌담회에서는 한자를 제한하고 제한한 이외의 한자활자를 아예 없애버리자, 알파벳식 횡서(橫書)를 사용하자는 등의 주장이 나왔다. 한자제한 내지 폐지는 인쇄미디어에 한자를 활자로 노출시키는 것을 줄이거나 폐지하자는 주장이다. 단어 하나하나의 내셔널리티를 판별하는 것은 근대 인쇄기술에 의한 언어의 형성과 고정화를 통해 가능한 것이다. 인쇄술에 의해 구어적 상황에서는 일상적으로는 지각될 수 없는 민족어가 시각적 형상으로 실체화되었다.[52] 이 좌담회에 참석한 몇몇 사람이 "한자에도 제한한 것은 첫재 활자를 두지 말아야 할 것"(신명균), "한짜를 제한하고 제한한 이외의 주자(鑄字)를 업새버려야 할 것"(김선기)이라는 주장이 나오게 된 맥락도 여기에 있다. 알파벳식의 횡서(橫書)가

---

52) 이혜령, 「이태준 『문장강화』의 해방 전/후」, 『상허 탄생 100주년 기념 이태준과 현대소설사』(상허학회 편), 깊은샘, 2004, 375~376면.

한자전폐를 위한 가장 효과적이고 궁극적인 방법으로 고려되었다. 그 이유는 한글의 문자 체계 및 자형(字形)—낱글자를 음절 단위로 정방형이 되도록 모아쓰는 음절합자식 철자법—은 한자의 개입을 허용하는 조건이기 때문이다. 음소 단위의 알파벳식 횡서는 한자의 개입 여지를 대폭 축소시킬 수 있다고 생각되었다. 이러한 주장은 그 과격성만큼이나 한자문제가 난제였음을 보여준다. 게다가 인용한 두 사람의 진술에서 드러나듯이, 한자어 어휘를 조선어음이 아니라 일본어음으로 읽는 상황, 일본식 한자어가 기존의 조선에서 쓰이고 있는 한자어를 잠식해가고 있는 현실까지 중첩되고 있었다. 이러한 현상은 한자가 조선어만이 아니라 일본어의 불가결한 요소이며 일본어가 국어의 지위에 있기 때문에 한층 강화되어 갔다.

근대 계몽기 이래 한문이 더 이상 지배적 글쓰기로 남아 있을 수 없게 된 이상, 전통적인 한문교육 위상의 저하와 교육방식의 변화는 불가피한 추세이지만 그렇다고 한문교육의 필요성은 부정되지 않았다. 더욱이 식민지가 된 이후, 한문은 시기에 따라 교과로 편제되는 방식과 비중이 변화했더라도 정규교과나 다름없었다. '한문'이라는 독립된 교과가 아니더라도 '국어(國語)', '국어급한문(國語及漢文)', '국어한문(國語漢文)', '조선어(朝鮮語)', '조선어급한문(朝鮮語及漢文)' 등의 교과 등에 포함되어 교육되었다. 가령, 제2차 조선교육령기(1922~38)에 한문교과는 보통학교에서는 수의과목으로 떨어지지만, 국어교과에 한문은 없어서는 안될 것이었다.[53] 일제 강점기 보통학교국어독본의 한자교육을 분석한 박영숙에 따르면, 식민지 조선의 초등교육기관에서의 한자교육 레벨은 높았다. 보통학교국어독본의 초출한자(初出漢字)의 수는 일본의 그것보다 많았으며 한자의 난이도 또한 낮지 않았는데, 보통학교에 들어가기 전에 서당에서 주로 행해진 한자나 한문학습을 경험한 아동들이 많았던

---

53) 일제 강점기 한문교육의 대략적인 추이에 대해서는 지희연, 「일제 강점기의 한문 교육 연구」, 경북대 석사논문, 1996 참조.

것을 고려했기 때문이라고 한다.54) 여하튼 한자는 국어교육=일본어교육에 필수적인 요소였다. 더욱이 교수용어가 일본어인 상황에서 한자의 비중은 한두 교과에만 국한되지 않았다.

한자문화권이라는 문화적 공통성 때문에, 조선 아동의 일본어교육은 어느 정도 이점은 있을 수 있었겠지만 한자교육의 핵심은 조선어식 한자와 일본식 한자의 단어구성과 뜻, 발음의 차이를 분별토록 하는 것이다. 1922년에 초판이 발행되어 32년에 6판을 찍은 일본어독학교재의 스테디셀러였던 박중화(朴重華)의 『증보속수자해국어독본(增補速修自解國語讀本)』의 부록 일부는 '국어'와 조선어의 ① 한자용법이 근사하고 의의도 동일한 것 ② 한자의 배열이 전일하거나 유사하여도 그 의의가 상이한 것 ③ 한자는 상이하나 그 의의가 동일한 것 ④ 근래 공통으로 사용되는 동일한 숙어 등의 예를 열거하는 것으로 채워졌다. 이 책은 상단에는 '국어' 하단에는 조선어를 배치해 그 발음과 의미를 대조·비교하는 편집방식을 취했다. 가령 ②의 한 예를 들어보면,

　國 語 發明 ハッメイ …… (○○ヲスル) (他人이 아직 未知한 것을 案出 或은 創造하는 것)
　朝鮮語 發明 발명(言譯ノ義 イヒワケ ギ)(自己의 잘못한 것을 辨明하는 것)55)

'국어'의 경우, 그 표음은 가타카나로 조선어의 경우 한글로, 그리고 그 단어에 해당하는 일본의 한자어와 그 독음을 부기하였다. 근래 공통으로 사용되는 한자어는 ア부(部), イ부 ウ부, エ부……와 같이 오십 음순으로 나열하고 그 독음은 해당 한자의 일본어음만을 가타카나로 부기했

---

54) 朴英淑, 「朝鮮植民地時代『普通學校國語讀本』の硏究－初等學校における漢字敎育を中心に」, 久留米大學比較文化硏究科 박사논문, 2002, 401면.
55) 박중화, 『增補速修自解國語讀本』, 박문서관, 1932, 178면. 이 책은 『일제 강점기 일본어(국어) 보급정책자료』 2(허재영 편, 역락, 2004)에 영인되어 있다.

다. 이 밖에도 박중화 책의 또 다른 부록 「일선(日鮮) 천자문(千字文)」은
‘天[하날텬], (アメ) テン’, ‘地[짜디](ツチ) チ’와 같은 식으로 해당 한자의
일본어 뜻과 발음을 병기하는 체제를 취했다. 이 같은 학습교재의 구성
은 단어의 조직과 그 발음 모두에서 한자에 대한 이해를 일본어식으로
유도하는 데 있다고 할 수 있다.

> カンキウナンボクドウ ウミ メンタィ オホ
> 咸鏡南北道ノ海カラハ明太魚ガ多クトレマス
> 간교ー난 복구도 노 우밋가라와 덴다잉아 오홋구도레마스
> 함경남북도바다에셔는북어가 만히잡힙니다.56)

　위와 같이 한글이 일본어의 발음부호로 쓰이기도 했다. 초학자 학습용
교재의 경우, 이렇게 한글로 일본어음을 표기하는 경우가 적지 않았을
것으로 보인다. 이러한 구성도 일본어 한자어음의 습득을 목표로 한 것
이다. 일본어 한자음 습득이 일본어능력을 측정하는 시험에서 중요한 관
건임이었다. 예를 들어, ‘경찰관통역겸장시험(警察官通譯兼掌試驗)’ 중 조
선인이 치는 시험문제를 보면, “一. 左の語の意譯を術べ漢字には假名
を附すべ ①堅忍不拔の精神を以て勇往邁進す. …… 二. 左記假名文
を漢字交り文にて記すべし”57)와 같이 한문투의 문장을 일본어로 풀어
쓰되 한자에 가나를 붙인다든가, 순전히 가타카나로 된 문장에서 한자어

---

56) 신태균(申太勻), 『日語自通』 望臺聖經及基督敎書會 印刷所, 1925, 124면, 『일제 강
　　점기 일본어(국어) 보급정책자료』 1(2004)에 영인. 이 밖에도 김동규(金東圭)의 『六ケ
　　月 大成速修 日語自通』(박문서관, 초판 1917.6, 3판 1921.9.20).
57) 이것은 1927년 각도 경찰부에서 시행한 통역업무 시험문제 중 황해도경찰부의 시험
　　문제로, 조선어연구회 편, 『월간잡지 朝鮮語』 22호, 1927.7, 65~72면에 수록되어 있다.
　　이 조선어연구회는 조선어학회의 전신 조선어연구회와 다른 조직으로 일제의 조선어
　　장려정책에 따라 창립된 관변단체로 보인다. 관리와 교사들의 조선어 능력 신장, 시험
　　대비를 목적으로 한 『월간잡지 朝鮮語』를 1925년 10월에 제1호를 발간하ᆞ 1929년 1
　　월 통권 40호까지 발행하였다. 이 잡지는 허재영이 엮어 역락에서 영인되었다. 이 잡
　　지의 대강의 성격에 대해서는 허재영이 영인본에 「일제 강점기 조선어 장려 정책과
　　경성부 조선어연구회」에서 밝혀 놓았다.

를 분별하여 한자가 섞인 문장으로 바꾸는 문제가 출제되었다.

　이상에서 살펴보았듯이, 한자의 지위와 그 인식은 "국어＝일본어"라는 식민지 언어상황과 무관하지 않았다. 다음은 이를 착잡할 정도로 보여준다.

> 　조선어의 수효를 일층 감삭(減削)할 한문과 폐지는 실로 중대한 문제라 않을 수 없다. 한문은 영어나 불어와 같은 외국어가 아니다. 구주어(歐洲語)에 있어서 라틴어가 언문의 모체가 되어 있듯이, 한문은 동양제족의 어문의 모체가 되어 있다. 이것을 졸지에 폐지한다는 것은 그 언어를 일시에 반분이상 폐지하는 것과 같은 중대한 결과를 나타낼 것이니, 당국은 모름지기 이 안을 제기치 말 것이다. (『조선일보』, 「조선어 한문과 폐지─사실이면 단연불가」, 1937.8.31)

> 　국어식한문, 조선식한문을 불문하고 한문을 교수하는 근본정신은 한문이란 것은 마치 구라파어의 나전어와 같이 동양 어문의 근간이 되어 있기 때문에 그 한문을 이해하지 못하고는, 국어나 조선어를 참으로 이해할 수 없기 때문이다. 그러므로 한문은 한문이 아니요, 국어의 일부이요, 조선어의 일부로서 이것을 분리할 수 없는 것이니 한문적 요소를 전부 제외하고 국어가 성립될 수 없는 사정은 조선어의 경우에 있어서도 마찬가지다. 이러고 보면 우리가 한문을 학습하는 것은 한문을 배우고자 함이 아니요, 조선어화한, 즉 조선어의 불가결의 요소가 된 한문을 배우고자 함이니, 이는 명칭은 한문이로되 기실은 조선어의 일부인 것이다. 이렇게 생각할 때에 결코 조선어와 한문이 양립병존한다고, 결코 무용의 병립이 아니며, 무용의 이중부담이 아니니, 조선어과를 두고 조선어를 교수하는 한 당연히 조선어식한문도 병존하지 않을 수 없을 것이다. (『조선일보』, 「한문과 폐지와 그 선후책」, 1937.10.6)

　조선총독부는 1937년 8월 30일 총독부령 1백 31호를 내려 공사립고등보통학교의 조선어급한문독본 중 순한문과정을 9월 1일부터 폐지하기로 결정한다. 이것은 조선어과 폐지의 전초단계였다. 위 인용문은 이 사태를 전후로 한 조선일보의 사설이다. 한자폐지론이나 제한론에서 보였던 주장이 다시 뒤집어졌다. 라틴어로부터의 해방을 구주 각국의 국어 해방으로 인식하면서 한문으로부터의 해방을 민족어의 창출과정으로 바라보았던 시각은 이 글에서 찾아볼 수 없다. 동문(同文)의 논리와 한자의 내셔널리티를 "국어(일본어)식 한문"과 "조선식한문" 등 여러 개로 분절하는 논리가 동시에 구사되고 있는 이 사설의 주장은 역설적으로 중국과 일본의 한자폐지론에 공명했던 한국 엘리트들의 열망이 동상이몽일 수밖에 없다는 사실을 일깨우고 있는 건 아닐까. 한자를 부정적 참조물로 삼아 근대성와 내셔널리티를 획득했던 '한글'이 국문이 아닌 한, '한글'의 참조물인 '한자' 또한 그 연쇄를 벗어날 수 없기 때문이다. 따라서 한국에서 식민지 시기 한자 비판 담론은 한자문화권 내지 유교문화권으로부터의 이탈을 보여주는 근대추구라는 맥락에서만 평가될 수 없다. 역설적으로, 한자 비판은 '한글'의 존속을 보장받을 때에만이 유효한 것이었으며 따라서 강박적인 한자 비판은 의식적인 것이라고는 할 수 없어도 식민지 언어상황의 본질적 국면을 은폐하는 효과를 낳았다.

4. 동문(同文)의 정치경제학

홍기문은 "오늘날 조선어의 태반은 한자로써 만들어진 것이 아니며, 또 현재 조선의 모든 사실(史實)과 모든 문적(文籍)은 오로지 한자로써 기록되어 있는 것이 아닌가? (…중략…) 그럼으로써 한자의 제한 내지 철폐를 주장함은 옳되 그 모멸 내지 염오를 일삼는 것은 옳지 못하다. 그와 동시에 한자의 실제상 사용을 거절함은 옳되 그 연구의 필요까지를 거절함은 옳지 못하다"(「한자의 연구」, 『조선일보』, 1935.8.30~9.15)고 주장했다. 한자와 한문의 역사성을 인정하고 전통과 학문연구의차원에서 받아들이자는 주장이다. 그 자체로 설득력 있는 주장이다. 하지만 식민지 상황은 다른 차원에서 한문을 전통이란 이름으로 포섭할 것을 권유하기도 했다. 과거의 한문학을 조선문학에 귀속시켜야 할 것인가 하는 물음은 식민주의적으로 충분히 맥락화될 수 있기 때문이다. 가령, 삼천리사가 실시한 설문조사 「『조선문학』의 정의 이러케 규정하려 한다!」(『삼천리』 8권 8호, 1936.8)의 첫 번째 설문항 A는 다음과 같다.

> A. ① 박연암의 「열하일기」, 일연 선사(禪師)의 「삼국유사」 등등은 그씨운 문자가 한문이니까 조선문학이 아닐까요? ② 또 인도 타골은 「신월, 키탄자리」 등을 영문으로 발표했고, 「씽그, 그레고리, 이에츠」도 그 작품을 영문으로 발표했건만, 타골의 문학은 인도문학으로, 이에츠의 문학은 애란문학으로 보는 듯합데다. 이러한 경우에 문학과 문자의 규정을 엇더케 지어야 올켓습니까. (① · ② 표시—인용자)

①만이 제시되었다면 홍기문이 주장한 바대로 이해할 수도 있을 노릇이지만 ②의 질문이 잇달아 던져진다. 즉 ②의 물음을 통해 ①의 물음이 내포한 의미를 유추한다면 다음과 같은 가정법이 나올 것이다. 조선문이 없어서(내지 조선문으로 쓸 수가 없어서) 어쩔 수 없이 다른 나라말(과거에는 한문, 미래에는 일본어)로 문학을 하게 된다면. 이러한 물음과 가정법 자체가 문학의 내셔널리티, 그리고 한자(문)의 내셔널리티는 한자문화권에 속한 오랜 역사 때문만이 아니라 일본 제국의 언어편제에 의해서도 다분히 유동적이었으며 중층적이었음을 보여준다. 더욱이 '동문'의 역사 또한 아시아의 유일한 제국인 일본을 중심축으로 다른 양상을 보이고 있었다.

이광수는 일찍이 「부활의 서광」(1918)에서 '지나'와 '지나문'에 젖어 10세기간 정지되었던 조선인의 정신생활을 다시 시작하게 된 계기이자 신문학의 토대가 마련될 수 있었던 계기로 기독교의 홍포와 일본유학생의 내용을 들고 특히 후자를 강조하여 "일어가 보급되어 일본문으로 발행된 신문·서적·잡지 등도 놀랍게 보급되엿스며 최근에 와서는 문학 철학, 종교, 예술 등 고상한 정신문명도 저작(咀嚼)하랴는 청년의 일 계급이 생(生)하엿다"고 말했다. 임화는 어느 글에서 과거 30년 전부터 훈민정음으로 신문학을 건설하려는 노력과 그것이 가져온 진보는 온당하게 평가해야겠지만 조선의 경제적 발전의 미숙과 생활상의 변이 때문에 모든 것은 야생인 채로 방기되고 전혀 다른 한 개의 보다 강고한 '새 한문적인 세력"에 크나큰 영향을 받으면서 금일에 이르렀다고 말했다.[58] 이때 완곡하게 표현된 "새 한문적 세력"은 일본(어)였으며 그것을 기반으로 한 지식과 문화의 유통이었다. 일본어를 이광수처럼 '지나문'으로부터 분절하든 임화처럼 "새 한문적 세력"으로 간주하든 동문(同文)의 역사는 근대 계몽기에 확인된 바 있듯이 일본발(發) 문명어의 유통이라는 새로운 국면으로 변용되어 있었던 것이다.

임화가 '새 한문적 세력'이라는 비유를 사용해서 표현할 수밖에 없었던 사태는 오늘날에는 새롭게 평가되고 있다. "한자와 한자어라는 유용한 존재가 없었더라면 개화기에 밀어닥친 새로운 문물을 수용하고 소화할 수 있는 수단이 따로 없었을 것이며, 국어어휘체계의 근대화 또한 이루지 못했을 것"이라는 주장이 그것이다.[59] 그런가 하면 최근 서구적 보편성에 대한 회의가 제기되고 특히 미국문화의 획일적 세계지배가 비판되면서 한글전용론은 구한말 때부터 애초에 그 선봉에는 "미국문화에 침윤된 서재필과 그의 영향권 안에서 활약한 주시경이 있었"으며 해방 후에는 '미군정'의 언어정책 또한 개신교 선교사들이 선교활동의 일환으로 추진하던 한글전용론에 맥이 닿아 있다는 주장도 나왔다.[60]

생각건대, 서구적 보편성의 시선으로 투사된 한자 / 한글의 대립적 표

---

58) 임화, 「조선어와 위기하의 조선문학」, 『조선중앙일보』, 1936.3.8~24.

59) 송민, 「漢字와 國語語彙의 近代化」(한국어문교육연구회·(사)한국어문회 편), 『漢字敎育과 漢字政策에 대한 硏究』, 역락, 2005, 197면.

60) 심재기, 「國漢混用論의 歷史·文化的 背景」(한국어문교육연구회·(사)한국어문회 편), 『漢字敎育과 漢字政策에 대한 硏究』, 역락, 2005, 74~90면.

상을 실현시키고자 했던 한글전용의 세계상과 문명어를 한자로 노출시
키지 않고서는 고급한 의사소통이 어렵지 않겠느냐는 '국한문혼용'의
세계상은 역설적이게도 이상동몽(異床同夢)이며 뫼비우스의 띠와 같다.
다만 세계상의 외부를 무엇으로 설정하느냐가 달랐을지도 모른다. 그
외부의 경계가 세계체제 내에서 중국의 위상 그리고 한국과의 관계에
크게 영향받고 있다는 사실을 환기하고자 한다. 최근 나타난 '동문(同
文)'의 환기는 제2차 세계대전 이후 냉전질서의 해체 그리고 중국의 정
치적 경제적 급부상이 그 배경이다. 이것이 망국(亡國)의 문자로 낙인찍
힌 한 세기 전과 다르게 "漢字는 새천년의 競爭力"이란 슬로건이 나올
수 있는 현실이다.

이태준 『문장강화』의 해방 전/후

1. 『소련기행』의 하위텍스트—조명희의 행방

소련에서의 첫 아침, 조선인 이주의 역사가 깊은 러시아 원동에서 이태준운 러시아어 출판물들 틈 속에 놓여 있던 조선말 서적들을 발견하고 감격한다. 그 책들은 외국노동자출판부에서 1933년부터 1937년까지 조선어로 번역해 간행한 레닌·스탈린의 저작, 그리고 체홉과 고리키 등 러시아 문학자의 작품집 등으로, 식민지 조선에 보내기 위한 것들이었다. 이태준은 다음과 같이 그 감격을 전한다. "조선과 같이 국내에서 노예생황을 하고 있는 동포들을 위해 이미 입에 서툴러진 모어(母語)로 한 마디 한 줄씩 뇌이고 다듬고 했을 이 이역에서 고국을 향한 진실했던 침묵의 노력을 생각할 때 나는 가슴이 뜨거워졌다."[1] 이태준은 자신과는 일면식도 없는 조명희라면 이 일에 응당 진력했을 것이라 짐작하며, 그의 소식을 내친 김에 알아보기 위해 원동군단(遠東軍團)의 조선인 강소좌, 그리고 연달아 박장교를 찾아가지만 알 수 없었다.『소련기행』 (1947)에서 이태준이 포석 조명희의 행방 내지 소식을 수소문하는 장면 은 한 번 더 등장한다. 모스크바에 도착해서 여장을 푼 첫날, 이태준은 외국출판부 조선부에서 활약하고 있는 김동식 씨를 통해 1934년까지의 원동작가동맹에서의 활동상을 알게 되지만, 그 이후의 소식은 김 씨 또 한 몰랐다. 그도 그럴 것이, 1928년 소련으로 망명한 조명희가 1937년에 시행된 스탈린의 한인강제이주정책의 사전정지작업으로 획책된 한인학 살 및 탄압 과정에서 체포되어 1938년 하바로프스크의 감옥에서 처형 되었다는 사실2)을 당시의 이태준은 알 리 없었다. 스탈린의 한인강제이 주 과정에서 자행된 한인학살은 오랫동안 금기시된 사건이며, 그것과 직접 관련된 공식문서는 최근에서야 발견되었기 때문이다.3) 그러나 1937년 연해주 조선인의 중앙아시아로의 강제이주는 당시 식민지 조선 의 언론에 다뤄졌다.4)『소련기행』에서 일행들이 중앙아시아에 있는 조 선인 농촌 마을에 가보고 싶었으나 여정만 십여 일이 소요되기 때문에 포기했다고 밝히고 있는 것으로 보아서는, 이태준도 그 역사를 모르지 않았을 것이다.

---

1) 이태준,『소련기행』,『이태준 문학전집』4, 깊은샘, 2001, 21면.
2) 하바로프스크 작가회관에 가족들과 살고 있던 조명희는 1937년 9월 18일 체포되어 1938년 4월 15일에 사형언도를 받고 5월 11일 총살된다. 하바로프스크시 안전위원회 고고문서과에는 "조명희는 일본을 위한 간첩행위를 감행하는 자들을 협력한 죄로 헌 법 제58조에 따라 취조와 재판도 없이 최고형—총살선고를 받았다고"고 되어 있다. 그 는 1956년 제20차 당대회에서 복권된다. 권희영,「소련에서의 민족운동과 한인 강제이 주」,『한국과 러시아—관계와 변화』, 국학자료원, 1999, 131면.
3) 1930년대 후반 처형된 1,000여 명의 재러시아한국인의 신상명세와 죄목 등이 적힌 옛 소련 KGB의 비밀문서는 모스크바에 있는 동포 선교·문화단체인 삼일문화원과 고 려인협회의 노력에 의해 1999년 말 러시아정부 고문서보관소에서 발견되어 그 다음 해 공개되었다. 그 비밀문서에 조명희에 관한 기록도 있다고 한다.「스탈린 한인학살 공식문서 확인」,『한겨레신문』, 2000.1.16.
4)『조선일보』, 1937.10.14;『삼천리』제10권 1호, 1938.1.1.

해방 후 조국건설의 중요한 참조틀이었던 소련 하에서 일어난 조명희의 비극을 둘러싼 저간의 사정을 이태준이 알았던 몰랐던 간에, '소련기행'을 통해 한껏 부풀어 오른 해방된 조국건설을 둘러싼 정치적 상상력의 리얼리티는 그 엄연한 사실에 의해 반감된다. 먼 동토의 땅에서 식민지 조국의 해방을 꿈꾸며 모어(母語)를 지켰을 조명희의 초상은 적확하게 이국의 땅에서 자신의 모어를 지킬 수 있도록 정책적 제도적으로 보장해준 스탈린 정권에 대한 찬탄과 맞물리기 때문이다. 소련의 극동과 모스크바, 그리고 소연방을 구성하고 있는 소수민족 공화국인 아르메니아·그루지아 공화국을 방문하면서 지역 관계자들에게 줄곧 물었던 것은 언어문화에 관한 것이었다. "자기 민족어로 발전하는 민족 중에 가장 수 적은 민족이 어떤 민족입니까?"(61면), "전 소연방 내에서 몇 가지 말의 서적이 출판되고 있습니까?"(61면) 등의 질문을 던진다. 그리고 아르메니아와 그루지아 공화국의 학교와 극장, 도서관 등 관련 시설의 방문을 통해 이태준은 제국주의와의 비교에서 소련이 우위일 수밖에 없는 결정적인 근거를 얻고, 다음과 같이 결론짓는다. "낙후민족에게 무엇을 팔아먹고 무엇을 뽑아갈까가 아니라 근본적으로 평등한 경제기초부터 세워주며 단 7천밖에 안 되는 소민족을 위해서도, 그 언어와 문자를 보장시키는 정책은, 확실히 양심적이요 의로운 지도인 것이다."(107면)

이렇게 소련기행이 쓰이기 위해서 조명희의 행방은 은폐되거나 무지의 영역으로 남아 있어야 할 하위텍스트였다. 우즈베키스탄과 카자흐스탄 등 중앙아시아로 강제 이주된 한인들은 그 후 모국어를 잃어버리게 되는 운명에 처해 있었기 때문이다. 소련은 강제이주를 당한 다음해인 1938년 조선어를 소련의 소수민족언어에서 제외시켰으며, 이에 따라 원동에서 이주한 한인학교는 폐교를 당하고 한글을 가르치던 선생은 학교에 남아 있을 경우 다른 과목을 수업하거나 그렇지 않은 경우 학교를 떠나야 했다.5) 이태준이 소연방의 소수민족 공화국들이 민족어 교육을 지속시키고, 민족어 문화를 꽃피우고 있는 현장을 바라보고 있던 그때

중앙아시아의 18만 조선인들의 모국어는 이미 명암을 달리하고 있었던 것이다.

암흑기 문학의 명맥을 유지했다던 『문장』지의 편집자로서 할 말이 없지는 않았을 터이지만, 그는 해방 조국의 건설현장에 서 있던 그에게 그 과거 아닌 과거를 성찰할 겨를이 없었던 것 같다. 『소련기행』이 나오기 위해 지워지거나 몰랐어야 할 역사성, 특히 언어의 역사성에 대한 의문에서부터 시작되었다. 이 글은 식민지 상황에서 나름대로 민족어에 대한 강조를 통해 '조선적인 것'을 보존했다고 평가되는 이태준의 언어의식이 성립되기 위해서 은폐되거나 억압되었어야 할 역사성에 대한 성찰이다. 이를 두 개의 『문장강화』를 둘러싼 전혀 다른 역사적 콘텍스트를 구성해 보는 것을 통해 해명하고자 한다.

2. 국어로서의 조선어·국어교육 그리고 『문장강화』의 위치

이태준의 1940년 문장사판 『문장강화』와 해방 후 그것을 다소 수정보완해서 박문서관에서 1947년에 펴낸 증정판 『문장강화』는 그 내용과 체제상 이태준의 견해가 바뀌었다 할 만큼의 결정적인 변화가 없어 연구자들에게 차라리 동일한 텍스트로 읽혀져 왔다.6) 일제 강점기 이태준의 언어의식을 다루는 연구자들도 증정판 『문장강화』가 연구텍스트로 널리 사용되고 있으며, 현재 시중에서 구할 수 있는 창작과비평사판 『문장강화』(1988)와 깊은샘판 『아버지가 읽어주신 문장강화』(2003) 모두 증정판

---

5) 최협·이광규, 『이민족국가의 민족문제와 한인사회』, 집문당, 1998, 182면.
6) 두 텍스트의 내용·체제상의 개괄적 비교는 최시한, 「국문운동과 『문장강화』」, 『시학과 언어학』 6호, 시학과언어학회, 2003, 118~121면 참조.

을 그 저본으로 삼고 있다. 이렇듯, 이태준의 두 개의 『문장강화』는 초판과 재판의 차이 정도일 뿐 동일한 텍스트로 인식되어 왔다.7) 그러나 『문장강화』는 해방 전/후라는 전혀 다른 콘텍스트에 위치해 있었다는 것을 새삼 환기하고 싶다.

증정판 『문장강화』는 조선어가 국어로 복권되고, 당연히 학교교육의 교육용어가 조선어로 재편되던 시기에 간행되었다. 해방 직후, 근대 민족국가형성 시기 문학관련 출판의 특징 중 하나는 문학개론, 문학독본, 문장론 등의 서적들이 꽤 간행되었다. 문학개론으로는, 김기림의 『문학개론』(문우인서관, 1946), 백철의 『문학개론』(백양당, 1946) 등이 있고 문학·문장독본류로는, 박태원의 『중등문범』(정음사, 1947), 방종현·김형규 편 『개정 문학독본』(동성사, 1947), 정지용의 『지용문학독본』(박문출판사, 1948), 양주동의 『문장독본』(수선사, 1948), 이광수의 『문장독본』(대흥출판사, 1948), 이윤재의 『문예독본』(한성도서주식회사, 1945), 김기림의 『문장론신강』(민중서관, 1949) 등이 있다.8)

식민지 시기 문장작법과 문장·문학독본류가 공식적인 제도교육의 바깥에서 근대담론으로서의 문학관, 글쓰기 이데올로기와 기술적 규범, 나아가 장르에 대한 의식과 규범을 드러내주는 역할을 했다.9) 애초의 『문장강화』 또한 일제 강점기의 공교육이 우리말의 문법적 확립과 그 문학

---

7) 실제로 이는 당시 『증정문장강화』를 발간한 박문서관 사장 이응규의 회고와도 일치하는 바가 있다. 그에 따르면, 해방직후에는 예전에 펴낸 책을 다시 찍는 식의 출판물이 많았고 그 예로 양주동의 『조선고가연구』, 이태준의 『문장강화』 등을 들고 있다. 「증언으로 엮는 해방 전후 출판계 1-전 박문서관 사장 이응규씨에게 듣는다」, 『출판저널』 43, 1989.6, 6면. 한편 『문장강화』는 문장사가 간행했지만, 그 인쇄자 이상오는 『문장』지를 인쇄한 대동인쇄소의 책임자이다. 대동인쇄소는 박문서관의 방계회사였다.

8) 이상의 목록은 김명인의 「주체적 문학관 구성의 모색과 그 좌절」(『식민지 문학 장의 재발견』, 민족문학사학회 기초학문연구단 학술발표회 발표집, 2004.5.22), 구자황의 「'독본(讀本)'을 통해 본 근대적 텍스트의 형성과 변화」(상동)의 연구와 토론과정에서 참여하면서, 두 연구자가 제시한 자료를 통해 얻어 볼 수 있었다.

9) 구자황, 「'독본(讀本)'을 통해 본 근대적 텍스트의 형성과 변화」, 『상허학보』 13집, 상허학회, 2004.8, 215면.

적 표현의 규범을 마련할 수 없는 상황에서 나왔으며, 이는 『문장강화』가 선취한 계몽적 규범성과 내용의 완결성이 후대에 남긴 지속적인 영향력과 관련이 있을 터이다.10)

그럼에도 해방 직후 쏟아져 나온 문학 및 문장독본 류 서적의 간행동기와 그 영향은 해방 전과 연속적인 면이 존재하면서도 사뭇 다르다.11) 우선 그 저자의 면면을 보자면, 이광수·이태준·이윤재 등의 저서만이 재간행의 형태를 띠고 있다.12) 이광수는 친일인사라는 오명이 있어서 출판계에서 그의 저서간행을 배척했다고 하나 그의 저서는 재간이나 신간이나 여전히 독서시장에서 상당한 상품적 가치가 있었다.13) 한편 조선어학회의 핵심 멤버로서 조선어학회사건으로 체포·투옥당해 1943년 12월 8일 옥사한 이윤재의 삶과 죽음이 지닌 상징성 때문에 『문예독본』은 재간행된다. 간행사 격의 글인 책 첫 페이지의 근고(謹告)는 이러한 독본류의 책이 당시에 지녔던 의미를 시사한다.

三千里江山에는 三十六年만에 自由獨立의 光明이 넘쳐흐르고, 三千萬同胞의 感激과 歡喜는 이로 形言할 수 업습니다.
우리나라 新建設에 重責을 가지신 여러분께서는 自重自愛하사 끗까지 忠

---

10) 천정환, 「이태준의 소설론과 『문장강화』에 대한 고찰」, 『한국현대문학연구』 6호, 한국현대문학연구회 편, 1998, 201면.

11) 이 글에서의 논의는 부득이하게 남한만을 대상으로 하도록 하겠다. 북한의 상황에 대한 나의 공부와 이해가 부족하다는 게 그 이유이기도 하거니와 이 글에서 다뤄지는 텍스트가 서울에서 출판되었으며, 해방기에 아직 그들의 운명(월북, 납북)은 미결정적이었다는 데서 미흡하나마 근거를 얻고자 한다.

12) 이윤재의 『문장독본』은 1933년(한성도서)에, 이광수의 『문장독본』은 1937년(홍지출판사)에 간행되었다.

13) 이광수는 해방 후부터 1950년 한국전쟁 시 납북되기 전까지 『혁명가의 아내』(재간, 숭문사, 1946.8), 『도산 안창호』(대성문화사, 1947.5), 『꿈』(舊稿,, 면학서포, 1947.6), 『나·소년편』(생활사, 1947.12), 『돌베개』(생활사, 1948.6), 『유랑』(성문당, 1948.9), 『나·스물살 고개』(박문서관, 1948.10), 『선도자』(태극서관, 1948.11) 『나의 고백』(춘추사, 1948.12), 『사랑』(재간, 박문서관, 1950.3), 『유정』(재간, 한성도서, 1950.4) 등을 간행한다. 노양환 편, 「연보」, 『이광수 전집』 제20권(주요한 외편), 삼중당, 1963, 304~306면.

勇한 役軍이 되시기를 삼가 비나이다. 이제는 새로운 決意로 新出發하야 朝
鮮出版文化事業에 조고만한 이바지라도 하고저하오니 倍舊의 愛護와 支援
이 있기를 바라오며, 今番 讀書界의 要請으로 前日 朝鮮總督府警務局의 無
理하게 押收되여 發賣禁止되였든 故 李允宰 先生이 編修하신 文藝讀本上
下編 二券을 合部하고 某文人의 作品 四篇만은 느긴 바 있서 削除하고 再
刊提供하오나 用紙關係로 印刷部數가 極少하오며 經濟界의 變動으로 因하
야 不得已 臨時定價로 發表하오니 十分 諒解하심을 바라나이다.14)

해방직후 재간된 이윤재의 『문예독본』에서 삭제한 모문인의 작품 4
편이란 이광수의 글 네 편이다. 이광수의 글은 1933년판 『문예독본』 상
권에는 「이충무공 묘에서」, 「조선문학의 개념」, 하권에는 「봄비」(시조),
「우덕송」 등 총 4편이 실려 가장 큰 비중을 차지했다. 이러한 배제의
원리는 해방 전/후의 『문예독본』의 창간의도가 상당한 차이가 있음을
보여준다. 아니러니하게도 이광수의 재간행된 『문장독본』은 1937년판
과 같이 겉표지에 춘원이광수저작과 똑같은 크기의 활자로 조선어학회
교감(校鑑)이라 되어있으며, 자서(自序)에는 "綴字法은 斯界의 權威이신
桓山 李允宰 先生이 全部 修正하신 것으로 先生께 깊이 感謝하는 바
이다"라고 쓰여 있다. 이윤재의 재간행본에 이광수의 글이 전격 삭제된
것과 대조를 이룬다. 옥사한 이윤재가 대표하는 조선어학회는 해방 전
/후 모두 한 저작의 권위에 대한 참조물이었다. 조선어학회사건이 상
징하는 바의 수난/해방의 서사가 그대로 민족적 동일성의 서사였기
때문이다. 독본 류 출판물이 대거 쏟아져 나온 데에는 한글의 통합력과
함께 국민국가 건설의 희망과 과제가 함께 작용하고 있었다.
'한글'은 남북한을 각각 미군과 소련군이 점령・통치하게 되고 또 민
족주의 내부의 분열과 좌우의 갈등 등 제반 불안한 정치적 상황을 뛰어
넘어 강력한 사회문화적 통합의 기능을 발휘했다. 독본 류 출판물의 속

---

14) 한성도서주식회사 출판부, 「근고」, 이윤재, 『문예독본』, 한성도서주식회사, 1946.

출에는 이러한 한글의 통합력과 함께 국민국가 건설의 희망과 과제가 함께 작용하고 있었다. 법·학교·행정을 떠받치고 있던 것이 일본어였기 때문에 국민국가 건설을 위한 식민지 잔재의 청산은 일본어 청산과 국어 정화로부터 시작해야 했다. 더욱이 식민지 차별교육 정책으로 인해 전체 주민 중 80%를 상회하는 문맹률을 기록했으며 높은 문맹률은 국가건설을 위해 시급히 해결해야 할 급무였다. 일제 하 교육용어가 일본어였으며, 일본이 전시파시즘체제로 본격적으로 돌입할 무렵 단행된 1938년 3차 교육령개정에 의해 조선어는 선택과목으로 전락하여 급기야는 폐지되었기 때문에, 당시 학교에 다니고 있던 국민학교 학생들은 조선어를 배울 기회가 없었다. 따라서 해방 직후 교사, 교과서와 같은 학교교육의 물적 토대 마련은 많은 어려움을 겪었다.[15] 이 분야에 있어 36년의 식민지배가 어떠한 결과를 낳았는지, 그것의 극복이 얼마나 지난한 것이었는지는 다음 남조선과도정부 문교부의 보고가 단번에 드러내준다.

> 역사상 한국과 같이 과거 교육에서 사용된 언어가 완전히 바뀐 나라는 없을 것이다. 우리가 처음 업무를 시작했을 때, 학교에서 사용한 교재 중 한국어로 된 교재는 단 한 페이지도 없었다.[16]

이 시기 문장·문학독본류의 책이 급증한 것은 조선어가 국어, 즉 교육용어로 복권되었다는 데 그 근본적인 배경이 있다.[17] 조선어가 '국어'로 복권되었을 뿐만 아니라 국어교과목은 국민학교는 주당 9시간, 중등

---

15) 김용일, 「미군정하 교육정책 연구—교육정치학적 접근」, 고려대 박사논문, 1994, 40면 참조.

16) HUSAFIC, *Department of Education, Textbook Situation in South Korea, 18 August 1947*, 정태수 편저, 『미군정기 한국교육사자료집』 상, 홍지원, 1992, 960~961면. 위의 김용일 논문 40면에서 재인용.

17) 미군정청 학무국은 1945년 9월 29일 법령 제6호 〈교육에 관한 조치〉를 통해 교육에 관한 일련의 긴급한 사항들을 명령했는데, 그 제4조는 "교육용어는 조선어로 한다. 다만 조선어로 된 적당한 교수재료를 활용할 수 있게 될 때까지는 외국어를 사용하는 것도 무방하다"는 내용이다. 내무부 치안국, 『미군정법령집』, 1965, 8~9면.

학교는 주당 5시간 등 교과목 중 가장 큰 비중을 차지하게 되었다.[18)
학교교육은 현저히 국어중심으로 편성되었다. 이러한 상황에서 문장·
문학독본은 충분히 공식적인 국어교과과정과 피드백이 가능해졌으며,
이는 당시 나온 교과서가 증명해준다. 해방 직후 각급 학교의 국어교과
서편찬은 미군정청 학무국의 위촉을 받은 조선어학회가 맡았다. 조선어
학회사건으로 1942년 체포·수감되었던 학회의 수뇌부(이극로·이희승·
최현배·정인승)는 해방 직후인 8월 17일 함흥 감옥에서 석방되어 서울로
돌아와, 8월 25일 긴급총회를 열어 종전의 사전 편찬 사업을 계속하는
한편, 초·중등학교 임시국어교재 편찬, 국어교사 양성을 위한 단기강
습회 개최를 결정한다.[19) 이에 9월 초 조선어학회 산하에 국어교과서편
찬위원회를 설치했는데, 그 명단은 다음과 같다.

김병제(조선어학회), 김윤경(조선어학회), 박준영(한성상업고등학교), 방종현
(조선어학회), 장지영(저선어학회), 정인승(조선어학회), 조병희(경성서부남자국
민학교), 조윤제(진단학회), 주재중(해동국민학교), 최현배(조선어학회), 양주동
(진단학회), 윤복영(협성학교), 윤성용(수송국민학교), 윤재천(청량리국민학교),
이극로(조선어학회), 이세정(진명고등학교), 이숭녕(평양사범학교), 이태준(조선
문화건설중앙협의회), 이호성(서강국민학교), 이희승(조선어학회), 이은상(국문
학저술가)[20)

조선어학회가 편저하고, 미군정청 학무국이 발행자로 된 국어교과서는 다음
과 같다.
초중등교육용 : 『한글 첫걸음』, 1945.11.6, 인쇄 : 조선교학도서주식회사

---

18) 미군정청 학무국은 1945년 9월 30일 '교수 요목'이란 이름으로 교육과정의 일부분을
결정 발표한다. 이때 규정된 국어교과의 교수시수이다. 박붕배, 앞의 책, 517면.
19) 한글학회, 『한글학회50년사』, 한글학회, 1971, 20면.
20) 조선어학회, 『초등국어교본 한글교수지침』(군정청 발행), 조선교학도서주식회사,
1945.12, 1~3면, 박붕배, 『한국국어교육전사』 상(개정판), 대한교과서주식회사, 1992,
583면에서 재인용. 한글학회의 앞의 책에도 이 명단이 나와 있으나, 박준영이 빠져 있
으며, 이태준을 이태종이라 오기한 듯하다. 293면.

초등교육용 :『초등국어교본』 상권(1~2학년, 1945.12.30), 중권(3~4학년, 1946.
4.15), 하권(5~6학년, 1946.5.5), 인쇄 : 조선서적인쇄주식회사
중등교육용 :『중등국어교본』 상권(1~2학년, 1946.9.1), 중권(3~4학년, 1947.10.
1), 하권(5~6학년, 1947.5.17), 인쇄 : 조선교학도서주식회사
교사용 :『한글교수지침』 1집(1945.12.30), 2집(1946.1.15), 인쇄 : 조선서적인쇄
주식회사[21]

　가장 먼저 출간된『한글 첫 걸음』은 국어교과서가 만들어지기 전까
지 시급히 각급 학교의 한글교육에 소용될 교재로, 이것과『초등국어교
본』 상권을 군정청에 증정하는 의식은 1945년 11월 20일 수행한 후 무
상으로 배부되었다고 한다.[22] 교과서편찬은 조선어학회의 활동이 1945
년 이전과 그 성격이 현격히 달라졌다는 것을 의미한다. "이 시기 한글
운동의 가장 두드러진 특징은 민간단체인 조선어학회의 활동이 국가적
차원에서의 정책적 실행과 동의적인 의미를 가졌다는 데 있다."[23]
　교과서편찬위원의 선정에 있어 조선어학회가 그 이니셔티브를 쥐었다
는 것은 위의 명단으로 확인되는 바이다. 조선어학회 소속으로 참여한 김
병제 · 김윤경 · 방종현 · 장지영 · 정인승 · 이희승 · 이극로 · 최현배 외에
도 여러 인사가 조선어학회와 직간접적으로 관련이 되어 있다. 이세정은

---

21) 박붕배, 위의 책, 528~529면; 한글학회, 앞의 책, 299~300면. 조선어학회가 펴낸 이
　국어교과서들은 미군정기의 정규 교과서이지만, 교과서 검인정제도 가 확립되지 않았
　기 때문에 개인이 펴낸 각종의 국어교과서들이 상당량 존재했으며 그것들도 각급학교
　에서 교과서로 활용되었다고 볼 수 있다. 자세한 사항은 박붕배, 같은 책, 528~531면
　참조. 개인이 펴낸 각종 국어교과서도 조선어학회 인사들이 편저자인 경우가 많다는
　것이 특징적이다. 정열모, 이희승, 정태진 · 김원표, 이병기, 장지영, 정인승, 최현배 등
　이 그 예이다. 또 다른 특징은 많은 당시의 출판사들이 교과서출판에 뛰어들었다는 점
　이다. 국어교과서를 출판했던 회사들만 열거하자면, 정음사, 조선서적인쇄주식회사,
　한글사, 중앙문화사, 박문출판사, 숭문사, 범문사, 조선인쇄주식회사, 학생사, 고려문화
　사, 계몽사, 한글문화사, 금성사, 문교사, 동흥서적인쇄주식회사, 동지사, 삼중당, 국학
　사, 문교당 등이다.
22) 한글학회, 앞의 책, 291~300면 참조.
23) 황선영, 「탈식민화 과정에서의 언어적 민족주의에 대한 연구」, 연세대 석사논문,
　1998, 26면.

조선어학회의 전신 조선어연구회의 인사가 다수 참여한 총독부 학무국의 제3회 언문철자법 개정 시 심의위원으로 들어가 조선어연구회의 의견을 관철시키는 데 힘을 실어주었으며 표준어사정 시 제1~2독회의 사정위원으로 참여했다. 이호성은 해방 전 조선어학회의 기관지『한글』지에「보통학교 조선어 독본 어휘 조사」(제2권 6호(1934.9.1)~제4권 11호(1936.12.1))를 연재하는 등 조선어학회의 지지자였으며, 윤성용 또한「조선어 독본에 나타난 교재 분류와 그 지도 정신」(제4권 1호, 1936.1.1),「방법상으로 본 독본」(제4권 4호, 1936.4.1),「공자의 연구(교재 연구)」(제4권 6호, 1936.6.1) 등을『한글』지에 기고하는 등의 인연을 갖고 있다. 윤복영은 표준어제정시 세 차례의 독회 때 경성출신 사정위원으로 참여했다. 양주동 또한 표준어제정시 제2독회 때 황해출신 사정위원으로 참여했다. 이은상 또한『신가정』주간의 자격으로『한글』지에 한글맞춤법통일안에 대한 지지를 표명한 바 있다.

이태준은 공식적으로는 조선문화건설중앙협의회의 자격으로 참여하였으나 그 또한 조선어학회와 각별한 관계에 있었다. 그는 표준어제정시 강원출신의 사정위원으로 제1~2독회 때 참여했다. 그 밖에도『문장』지의 편집위원이자 조선어학회 회원이었던 이병기, 그리고 이희승으로부터 받은 영향 등 이태준과 조선어학회의 관계는 긴밀한 것이었다.[24] 즉 이태준이 문인 중 거의 유일하게 교과서편찬위원에 선정된 것은 이러한 조선어학회와의 인연이 중심적으로 작용했기 때문이다. 이태준은『중등국어교본』의 기초위원(起草委員)으로 교과서편찬에 기여한다.[25] 따

---

24) 이태준과 조선어학회, 그리고 이희승·이병기 등의 조선어학회 인사와의 관계에 대해서는 다음을 참조. 배개화,「1930년대 후반 전통담론의 탈식민성 연구」, 서울대 박사논문, 2003, 182~191면; 박진숙,「이태준의 언어인식」,『상허학보』13집, 상허학회, 2004.

25)『중등국어교본』의 집필위원은 이태준·이숭녕·이희승이었으며 이희승이 그 책임을 맡았다. 조선어학회,『초등국어교본 한글교수지침』, 軍丁청 발행, 조선교학도서주식회사, 1945.12, 1~3면, 박붕배, 앞의 책, 584면. 그밖에,『초등국어교본』의 기초위원은 윤복영·윤성용·이호성(책임),『한글 첫 걸음』의 기초위원은 장지영·정인승(책임)·윤재천이었다. 교과서심사위원은 방종현·조병희·주재중·양주동·이세정이었다.

라서 이태준이 교과서편찬에 어떤 영향력을 끼쳤는지, 그리고 그것이 증정판 『문장강화』와는 어떤 상호관계를 맺고 있는지를 살펴보기 위해서는 『중등국어교본』의 대략을 살피는 것이 좋겠다. 『중등국어교본』은 주로 문인들의 글을 직접 싣는 형태로 편성되었는데 그 문인들의 명단은 다음과 같다.

> 『중등국어교본』 상 : 조동탁·조만식·방정환·채만식·**박태원**·김광섭·한용운*·이선희·노자영·이기영·황의돈·**이태준***·김소월·조명희·박찬모·이은상*·김동명·변영로(두 과에 수록)·이원조·**김기림**·홍명희·임화
> 『중등국어교본』 중 : 민태원·안창호*·이희승*·이만규*·이윤재*·조윤제·심훈·이선근·이효석·**이태준**·이병기*(2편)·정지용·이원조·홍명희·박화성·**양주동**·**박태원**·유창선
> 『중등국어교본』 하 : **정지용**·이극로*·안재홍*(두 과에 수록)·김진섭·오장환·이은상*·김소월·조지훈·이희승*·정인보·조윤제(두 과에 수록)[26] (별표 및 고딕 강조―필자)

눈에 띠는 것은 이광수·최남선 등 당시 공인된 친일문인의 글이 빠졌다는 것,[27] 정치적 입장이 좌파냐 우파냐는 초월하려고 애쓴 흔적은 있다는 점이다.[28] 그리고 별표 '*'한 인사들의 경우 식민지 시기 조선어

---

26) 한글학회, 앞의 책, 308~312면 참조.

27) 1948년 정부수립 직후 반민족행위처벌법이 제정되고 그 시행방법에 대한 구체적인 논의가 이루어지는 와중에 나온 『예상등장인물 친일파군상』(민족정경연구소, 1948)은 문인 가운데 이광수·김동환을 광적인 친일분자로 비판하였고, 그밖에 최남선·이헌구·유진오·김기진·박영희·정인택·주요한·김동인·모윤숙·백철·장혁주·이찬·김용제·최재서·이석훈·정인섭·유치진·박영호·노천명·홍양명·안함광·이서구 등의 친일 행적을 폭로한 바 있다. 권영민, 『한국현대문학사(1945~90)』, 민음사, 1993, 40면.

28) 유종호의 회고에 따르면 1948년 단정이 수립되고 나서 새 학기(9월)가 한 달 쯤 지난 후에 국어교사가 국어교과서 수록 글 중 좌익으로 지목된 사람들의 글을 먹으로 지우라고 했다고 한다. 이 수업 시간에는 정복 차림의 경찰관 한 명이 들어와 교실을 둘러보았다고 한다. 그런데 교과서 이외에 보통출판물에서는 좌파 문인의 글에 대해

학회의 핵심 멤버 아니면 관련 사업에 참여하거나 적극적인 지지를 보낸 이들이다. 이는 해방 후의 정치적 상황 그리고 교과서편찬 주체의 성격에서 비롯된 산물일 것이다. 한편 박붕배는『중등국어교본』이 상당히 문학 중심의 성격을 띠고 있으며 그것이 결함 중 하나라고 지적한다.[29] 그런데 당대의 상황과 국어교과서편찬 의도 속에서 보자면 교과서에 실린 글은 문학텍스트라기보다 한글텍스트로 보는 것이 적절할 것 같다. 식민지 시기 한글전용을 시행했던 인쇄 미디어는 사실상 성경과 문학작품이었다. 따라서 급박한 국어교육수립 과정에서 문학작품은 당장에 활용 가능한 주된 텍스트였다.

이태준은 공식적으로는 조선문화건설중앙협의회 소속 자격으로 참여했다. 이 단체는 임화·이태준·김기림·이원조 등이 주축이 된 조선문학건설본부(이후 조선문학가동맹)가 중심이 된 단체였으며, 잘 알려졌다시피 이태준·김기림 등을 주요인사로 내세울 만큼 민족통합적 성격을 띠었으나, 뚜렷하게 다른 입장을 견지했던 우익진영 문인들은 독자적인 행보를 취했다. 이 교과서에 우익진영의 핵심적인 이데올로그였던 김동리·조연현 등[30]의 글은 실리지 않은 것은 이태준의 영향력이라고 해도 좋을 것이다. 주요한·염상섭·박종화·나도향 등 신문학 건설 초기 문인들의 글은 빠졌으나 홍명희의 글은 상권과 중권에 각각 한편 씩 들어간 것 또한 당시 좌익진영의 상징적인 구심역할을 했던 홍명희에 대

서 심한 검열은 없었다고 한다. 유종호, 앞의 책, 264~265면.

29) 대표적인 국어교과서 연구자인 박붕배는 당시 중등국어교본 상·중·하 모두 문학 작품이 주종을 이루고 있다고 지적했다. 박붕배, 앞의 책, 552면 참조.

30) 주지하듯이, 이들은 전쟁과 분단 이후, 남한의 문학권력 형성에 핵심적인 역할을 하게 된다. 이른바 문협정통파이자 오랫동안 교과서의 문인들이었던 이들이 전쟁으로 분단이 기정사실화된 직후인 1950년대 초중반에 문학개론 류 및 문학, 문장 독본류의 책을 펴낸다는 사실은 의미심장하다. 김동리의『문학개론』(정음사)은 1952년, 조연현의『문학개론』(고려출판사)는 1953년, 김동리·조연현의『현대 문예독본』은 1953년, 박목월의『문장강화』(계몽사)는 1953년, 모윤숙의『문장독본』(신향사)는 1953년에 간행된다.

한 배려가 아닌가 싶다. 그 밖에 정지용·김기림·박태원은 이태준과 구인회를 매개로 각별한 인연도 인연이려니와 그들 또한 임화·이원조·이태준이 주축이 된 문인그룹의 멤버였다는 사실도 고려의 대상이었을 것이다. 이러한 교과서의 인적 배치는 여러 문학적 경향에 대한 취사선택의 결과라기보다는 해방기 여타 사회문화 영역에서와 마찬가지로 문단에도 관철되었던 말 그대로 정치적 헤게모니의 소산이었다.

해방 직후 국민국가건설의 직접적인 과제였던 학교교육의 재건과 국어교육의 수립과정에서 간행된 국어교과서는 이렇듯 당시 국민만들기의 민족주의적 파토스에 부응한 것이었다. 그것의 부수적 효과로서, 교과서의 문인들은 이전과는 전혀 다른 차원의 권위를 부여받을 수 있었다. 해방된 조국에서 처음 펴낸 국어교과서에 자신의 글이 실렸다는 것은 조선의 신문학 건설 이래 초유의 일이기도 하거니와 자신의 삶과 문학활동에 드리웠을 수밖에 없는 식민성의 혐의와 낙인을 지울 수 있는 유력한 통로이기 때문이다. 다른 한편으로는 중앙집권적 정책과 전국적 규모의 학교교육시스템에 전적으로 의존하고 있는 교과서의 존재방식은 독자의 선택이라는 다분히 우연적 계기에만 의존해야 했던 문학텍스트의 유통방식에 어느 정도 안정적인 기반을 제공했다고 판단된다.

여기서 눈여겨 볼 것은, 밑줄 친 사람들—박태원·이태준·김기림·정지용·양주동, 이윤재 그리고 교과서 편집위원으로 참여한 방종현 등은 이 교과서가 편찬된 시기를 전후로 해서 문장 내지 문학독본을 간행한 이들이라는 사실이다. 이들의 독본 류는 국어교과서의 권위에 힘입은 것이라고 할 수 있다. 그 중심에는 문교권력의 핵심에 진입한 조선어학회, 그리고 당대 민족국가건설의 과제와 가장 밀착해 있던 문예운동 그룹인 조선문화건설중앙협의회, 양자와 긴밀한 관계에 있던 이태준이 있었다.

이러한 콘텍스트에 기대어 볼 때, 그의 증정판『문장강화』의 성격은 좀 더 뚜렷해진다. 증정판『문장강화』는 1940년 문장사판의 그것과 비교해 보면 체제상 내용상 커다란 변화가 없다고 하지만, 해방 후라는 정치적 각인이 전혀 없다고는 할 수 없다. 증정판의 경우, 체제와 내용 자체상의 변화는 없지만 예문을 삭제하거나 대체한 곳이 더러 있다. 전자의 경우는 제3강 운문과 산문의 예문이었던 주요한의 「샘물이 혼자서」가 삭제되었다. 후자의 경우는 이광수의 글을 다른 문인들의 글로 대체하는 일관된 특징을 보이고 있다. 문장사판에 이광수의 글을 예문으로 든 사례는 총 10회였다. 이 빈도수는 정지용(12회) 다음으로 큰 것이었다. 그런데 증정판 『문장강화』에서는 4회로 줄어들고, 6곳이 다른 문인의 글로 대체된다.31) 다른 문인들의 예문은 그 빈도수나 내용에 있어서 변함이 없는 데 반해 이광수의 것을 대폭 줄인 이유는 이윤재의 『문예독본』에서 이광수의 글을 전면 삭제한 이유와 같은 맥락이라 볼 수 있다. 단적으로, 제4강 8절 식사문(式辭文)의 유일한 예문이었던 이광수의 「봉아제문(鳳兒祭文)」이 이태준 자신의 「재외혁명동지환영문(在外革命同志歡迎文)」으로 대체되었다는 사실이 그걸 드러낸다.

> 나는 在內三千萬의 하나로서 凱旋入城하는 同胞, 特히 革命同志 여러분을 歡迎하는 말씀을 드리고자 한다.
> 歷史 오랜 民族으로 興亡 없는 民族이 있으리오만, 이번 우리처럼 外敵에게, 深刻한 制壓을 받는 民族은 人類史上 그 類가 드물 것이다. 같은 被壓

---

31) 그 바뀐 사례를 열거하자면 다음과 같다. 제1강 문장작법의 새 의의 1. 문장작법이란 것 중 이광수, 「愛慾의 彼岸」 → 염상섭, 「사랑과 罪」; 제3강 운문과 산문 3. 산문 중 이광수, 「無明」 → 안회남, 「老人」, 한설야, 「술집」; 제4강 각종 문장의 요령 4. 서정문의 요령 중 이광수, 「이 人生의 恩惠와 死와」 → 홍명희, 「죽은사람을 생각하며」, 이광수, 「「義의 人」 → 충정공 민영환, 「訣告文」; 8. 식사문의 요령 중 이광수, 「鳳兒祭文」 → 이태준, 「在外革命同志歡迎文」; 제6강 제재, 서두, 결사 기타 2. 서두에 대하야 중 이광수, 「梧桐」 → 안회남, 「病苦」, 이무영, 「作亂」 한편, 1948년판을 저본으로 삼은 『아버지가 읽은 문장강화』는 1947년 판과 달리 밑줄 친 이광수의 두 글이 제4강 10. 수필의 본문이 끝나는 곳에 수록되어 있다. 그 이유에 대해서는 확신할 수는 없지만 당시 이태준은 월북한 상태였으며, 이광수의 책 또한 간행했던 박문서관이 자체적으로 재편집을 하면서 그렇게 되지 않았나 싶다.

迫民族에서도 우리는 그 環境과 比重을 달리해, 「民族自決」을 標榜하던 國
際聯盟 時代에도 우리 手足은 풀리지 못하였었다. 안으로는, 民族의 最後財
인 母語와 禮俗까지도 消滅되는 危機에 直面했었고, 밖으로는, 國境以北과
自由都市上海까지도 敵勢圈內에 들어, 世界는 넓다 하나 우리 革命同志는
旗 들 하늘이 없고, 칼 짚을 땅이 없었던 것이다. 우리 民族의 自由란 百年河
淸을 기다림같이 茫漠한 것이었는데, 문득 오늘, 이 解放과 自由의 鍾소리란
果然 무슨 꿈인가!

　(…중략…)

　敵의 가지가지 奸策과 暴政下에, 우리는 敵을 위하는 銃을 들어야 했고,
우리는 피처럼 아픈, 뜻 아닌 말과 글을 배앝아야 했다. 呼訴할 곳이 없이 蹂
躪될 대로 蹂躪된 民族의 貞操, 오오, 우리는 차라리 禽獸와 蠻人으로 못 태
어났음을 얼마나 恨하였던가! 이제 무슨 낯으로 聖汗에 젖은 同志들의 偉容
을 우러러 볼것인가!32)

　이태준 자신의 글인 이 예문은 해방 전 / 후의 『문장강화』를 동일한
텍스트로 바라보는 시각에서는 간과되기 쉽지만, 『문장강화』의 다른 예
문들과는 질적으로 다른 역사성을 지니고 있다. 즉, 증정판이 1940년의
그것과 역사적 콘텍스트가 다르다는 것을 그 자체로 증언한다. 이태준
은 이 예문을 통해 아주 은밀하게 자신의 증정판『문장강화』의 서문을
대신했던 셈이다. 소멸될 위기에 처했던 민족의 최후재인 모어가 부활
한 곳에서 이태준은 제 뜻과는 다른 말과 글을 뱉어야 했던 자신의 입
과 자기 손을 자신이 정초한 독본의 모국어로 재정화시키려 했다. 이처
럼, 해방 조국건설의 사명과 직결된 역사적 콘텍스트와 만나는 곳에서
일으킨 텍스트내의 미묘한 변화는 국어와 국가라는 보다 상위의 심급
에 의해 견인된 것이었다.
　증정판『문장강화』는 교과서의 위치를 점하고 있었다. 해방 후 증정
판『문장강화』는 최현배가 프린트해서 펴낸『한글맞춤법통일안』과 함

---

32) 이태준,『문장강화』, 박문서관, 1947, 170~171면.

께 꽤 잘 팔린 책으로 당시의 출판인에게 기억되고 있는데,33) 이태준·
최현배34) 모두 국어교과서의 편찬위원이었으며, 당시 참고서가 없던 시
절에서 그들의 책은 교과서의 실린 교과내용을 심화하는 형태였기 때
문에 교과서의 교과서 역할을 했을 것이다. 다른 문인들의 문장·문학
독본은 대개가 자신의 작품이나 글 중에서 문범을 뽑아 나열하는 것이
통례였으며, 이태준 자신도 비슷한 형식의 『상허문학독본』(백양사, 1946)
을 낸다. 허나 『문장강화』는 훨씬 세분화된 체제 속에 여러 문인의 글
을 삽입하고, 앞뒤의 부연설명을 통해 각각의 문례의 유형과 전범적 성
격을 부각시키고 있다. 또한 앞에서 일별했듯이, 『중등국어교본』 상·
중·하에 글이 실린 문인의 범위와 『문장강화』의 그것은 거의 중첩되
어 있다. 예컨대 교과서에 이태준 자신의 글이 두 번 실렸으며, 정지
용·박태원·김기림 등이 눈에 띤다. 이들은 해방 전에 구인회의 멤버
로서 이태준과 긴밀한 관련이 있으며, 『문장강화』에서 이태준이 빈번히
예문을 들던 글의 주인공들이기도 하지만, 조선문학건설본부에 참여했
던 인사들이었다. 그 밖에도 『중등국어교본』에 실린 글과 『문장강화』에
실린 글이 아예 중복되는 경우도 있다. 해방 전/후의 『문장강화』 두 텍
스트에 모두 실린 글로는, 방정환의 「어린이예찬」은 『중등국어교본』 상

---

33) 대담, 「8·15 직후의 대구 출판계 2—계몽사창립 전후—김원대씨」, 『출판저널』 48,
   1989.9, 6면. 흥미롭게도 해방이 되고나서야 학교에서 모국어수업을 받을 수 있었던
   세대의 대표적 작가인 최인훈은 자전적 소설 『화두』(민음사, 1994)에서, 비평가 유종호
   는 최근 『나의 해방전후』(민음사, 2004)에서 이태준의 『문장강화』, 『소련기행』 등을 당
   시에 깊은 인상을 받았던 책으로 회고한다.
34) 최현배는 학무국의 교과서과장으로 별도로 다뤄야 할 만큼 이 시기 교과서 편찬의
   실질적 책임자로서 활약했다. 그는 오천석·최승만·유억겸·김성수와 함께 군정 초
   기 학무국에 발탁된다. 특히 오천석·최승만·최현배의 경우 학무국 기록에 "처음 10
   일간 학무국에 온 3명의 한국인들이 너무 많은 일을 하고 영향력이 대단했으므로 그
   들의 이름을 밝히지 않을 수 없다"고 할 정도의 인물들이었다고 한다. 최현배는 당시
   시급했던 교과서 문제를 해결하는 데 적임자라는 점 때문에 등용된 것으로 보이는데,
   그는 조선어학회 활동을 통해 이미 자신의 입지를 마련하고 있었다. 김용일, 앞의 논
   문, 84~85면.

의 2과의 내용이며,『조선일보』의 사설인「일초 일목에의 사랑」또한
마찬가지로 상권 37과에, 변영로의「시선에 대하여」와 홍명희의「온돌
과 백의」는 각각 상권 38・48과에 수록되었다. 또 역으로『중등국어교
본』중권의 28과 홍명희의「죽은 사람을 생각하며」는 증정판『문장강
화』에서는 이광수의 글을 대체하여 수록된다. 해방 후의『문장강화』는
이태준 자신이 참여한 국어교과서의 편찬과 그 결과인 국어교과서와의
피드백을 통해 만들어졌으며, 거기에 기대어 존재하고 있었다. 조선어
로 쓰인 글과 문학작품이 국어교육의 필요불가결한 물질적・이데올로
기적 토대를 구성하게 된 역사적 상황이 출현하고 나서야『문장강화』
는 자신의 존재성을 더욱 여실히 과시할 수 있었다.

　애초에『문장강화』는 문학적인 것을 가운데 놓고 글쓰기의 전 영역
을 아우르는 완결적인 성격을 가지고 있었다.[35]『문장강화』의 체계성과
완결성은 실상 일본에서 이미 간행되었던 독본과 강화를 참조로 해서
얻어진 것이기도 하지만,[36] 일본의 그것과 달리 그 체계성과 완결성은
자족적인 것이기도 했다. 왜냐하면 제국의 언어 편제 안에서 조선의 문
학독본이나 강화는 어디까지나 지방적인 것, 문학과 생활의 범주 안으
로 분절된 것에 불과하기 때문이다. 즉『문장강화』는 결국 피식민 지방
문학으로서의 조선어 문학의 전범 제시라는 제한된 카테고리로 수렴될
수밖에 없는 운명이었다. 해방은 이 운명을 뒤바꿔 놓았다. 국어와 국가
라는 보다 초월적인 심급의 작용 아래서 이 텍스트는 재정의되고 재구
성되었던 것이다. 국가건설의 핵심적 과제인 국어교육의 재건에 역동적
으로 조응해 들어갔던 상황의 소산인 증정판『문장강화』는 문학의 영
역을 초과한 위상을 갖게 되었다. 애초부터 이 텍스트가 갖추고 있었던
체계성과 완결성은 비가시적이고 잠재적인 독자를 대상으로 한 '계몽'

---

35) 천정환, 앞의 논문, 201면.
36) 일본의 문장강화와 독본류 서적의 영향관계에 대해서는 박진숙,「이태준 문학 연구」,
　　서울대 박사논문, 2003, 148면 참조.

이 아니라 전국적으로 시스템화된 학교 '교육'을 등에 지고서야 그 자족성을 벗어던질 수 있었다.

3. 식민지하 조선어 글쓰기, '조선문학' 담론과 『문장강화』

해방 후 『문장강화』는 해방 전 『문장강화』와 전혀 다른 장에, 전혀 다른 존재방식을 취하고 있었다. 그 역도 성립한다. 『문장강화』에서 뚜렷하게 부각된 이태준의 언어인식에 대해서, 박진숙은 조선어학회의 한글운동, 경성방송국에서의 이태준의 활동, 조선어가 방언으로 전락해가던 그리고 그것을 암암리에 내면화되던 일제 말기의 상황과 관련지어 논의한 바 있다. 결론적으로 이태준은 "한글로 쓴 것만이 조선문학"이라는 강경한 원칙을 '조선적인 것'의 구현으로 실현하면서 일제 말기 식민정책에 대한 성찰적 대응을 보였으며, 이러한 원칙은 해방 이후 국가건설을 전제한 민족어에 대한 강조로 나타나게 되는 발판이 되기도 했다는 것이다.[37] 배개화 또한 그가 『문장강화』를 집필하고, 문장작법을 표준화하려고 노력했던 것은 태평양 전쟁으로 치달아가던 상황에서 아름다운 것=조선적인 것을 지키기 위한 일환이자 그의 최소한의 도덕성을 보여주는 것이라고 평가한다.[38] 두 연구자의 논의는 이태준의 언어인식에 대한 가장 최근의 논의이자 기존 연구보다는 당대의 콘텍스트를 풍부하게 참조하면서 전개되었지만, 전통 내지 조선어의 물신화가 역설적으로 보편주의를 지향했던 『인문평론』의 최재서와 달리 심정적 저항의 근거가 될 수 있었다는 김윤식의 오래된 주장의 연장선상에 있다.[39]

---

37) 박진숙, 「이태준의 언어인식」, 『상허학보』 13집, 상허학회, 2004.
38) 배개화, 「1930년대 후반 전통담론의 탈식민성 연구」, 서울대 박사논문, 2003.

이즈음에서 『문장강화』가 성립되기 위해서 무엇이 지워지거나 은폐 되었어야 했는가를 묻고자 한다. 해방 전『문장강화』를 둘러싼 콘텍스 트는 사실 그러한 텍스트의 성립을 불가능하거나 무용지물로 만들기에 충분한 것이었다. 서둘러 말한다면, 『문장강화』는 그러한 콘텍스트를 억압하거나 은폐한 위에서만 성립할 수 있는 텍스트였다.

『문장강화』를 통해 근대적 글쓰기의 방법, 그리고 용도에 따라 분류 된 문장의 종류와 문체의 유형 등의 체제 아래 한글 글쓰기의 전범을 제시하고자 했다. 문제의 예각화를 위해 단순화하자면, 『문장강화』의 짜임새란 일련의 체제에 맞춰 각 항목에 걸맞은 '텍스트'를 배치한 형 태이다. 『문장강화』에는 한글로 쓰인 고전문학인 『춘향전』과 『장화홍 련전』이 예로 제시되고 있으나 그것은 부정적 참조물이었다.[40] 그 근본 적인 이유가 고전소설의 태생적 기반이 낭독 내지 구연(口演)에 의존해 있기 때문이라는 점은 이미 지적되었다. 박헌호는 일찍이 낭독에서 묵 독으로의 전환 속에서 탄생된 근대소설의 본질적 요소인 '문자성'에 대 한 자각, 그리고 거기에 기반을 둔 묘사의 강조를 이태준의 소설론의 특질이라고 평가한 바 있다.[41] 넓은 의미에서, '문자성'의 자각은 비단 식민지 조선에만 국한되지 않는 근대 인쇄미디어의 광범위한 유통과 '사실성' 중시의 근대 에피스테메의 결합을 자신의 모태로 삼는 소설 장르에 대한 이해로 접근가능하다.[42]

---

39) 김윤식, 『한국근대문예비평사』, 한얼문고, 1973; 『한국근대문학사상비판』, 일지사, 1978; 『해방공간의 문학사론』, 서울대 출판부, 1989.
40) 이와 반대로, 『한중록』이나 『조침문』과 같은 내간체는 긍정적 참조물이었는데, 이들 내간체 문학은 『춘향전』이나 『장화홍련전』과 같은 작품과 그 발생과 향유 방식 자체 가 달랐다는 데 있을 것이다.
41) 박헌호, 「이태준 문학의 소설사적 위상」, 성균관대 박사논문, 1997, 40~41면 참조
42) 이러한 인식은 이광수에게서 이미 나타났다. 이광수는 「문학이란 하오」(1916)에서 구비전승 제외한 문자로 된 것만을 문학의 범주에 넣었으며, 일상어의 사용 자세한 묘 사를 문학이 갖추어야 할 필수요소로 꼽았다. 여기에 가장 부합하는 장르는 소설이라 할 수 있다.

한편으로 조선어학회의 한글운동을 계기로 1930년대 본격적으로 촉발된 '조선어'에 관한 담론43)이 '문자'와 '글쓰기' 방식 문제로 경사되었다는 것을 지적하고자 한다. 조선어학회의 한글운동부터 주목해 보자면, 그것은 균질화된 활자어를 매개로 한 출판인쇄 미디어의 전면적 획득을 지향했다. 한글맞춤법통일안 제정과 표준어 사정 등으로 나타난 한글운동은 언어는 균질화된 교환매체라는 인식 하에, 그것의 유통과 보급을 위한 매체(media)로서 학교·교회·신문사, 나아가 근대국민국가와 같은 시스템을 적극 활용하면서 그 영향력을 넓힐 수 있었으며, 어떤 의미에서 한글맞춤법통일안 채용이라는 단일한 실천의 형태 때문에 전폭적인 지지를 받을 수 있었다. 조선어학회의 한글운동이 그 권위를 인정받게 된 결정적인 동기는 1930년 2월 공포된 총독부 학무국의 제3회 언문철자법개정에 자신들의 의사를 관철시켜, 자신들의 맞춤법이론이 적용된 조선어과목의 교과서가 출판되고서부터이다. 그 후 한글운동은 신문·성경·잡지와 각종 종류의 인쇄 미디어에 신철자법을 채용할 것을 주장하는 운동의 형태를 띠었던 것이다.44) 그러나 역설적이게도 이러한 운동방식이 성공적일 수 있었던 또 하나의 이유는 식민지적 언어상황의 본질적 국면을 문제 삼지는 않았다는 데 있다. 즉 한글운동은 식민지배가 낳은 언어상황의 근본적인 사태인 이중언어의 상황, 특히 학교교육현장에서 갈수록 그 존립 여부가 의문시 되었던 상황을 은폐

---

43) 소설이나 시 문학작품은 성경과 함께 이미 한글 전용을 실천한 중요한 미디어로 인식되었다. 그렇다고 해서 문인들이 언제나 옹호되었던 것은 아니다. 한글운동은 문자어의 통일과 정리를 목표로 한 어문의 근대화운동이기도 했기 때문에, 이에 문인들은 조선문학의 요체로서 조선문, 즉 한글에 대한 각자의 생각을 밝힐 것을, 또 의식적으로 고민할 것을 요구받게 된다. 즉, 민족어의 풍부화와 순화(醇化)에 기여하기를 요구받았던 것이다. 조선어와 조선문학의 관련성을 직접적으로 다룬 글들이 조선어학회의 한글맞춤법통일안제정(1933)과 조선어표준말공포(1936)를 전후로 한 시기에 대거 발표된 것도 이 같은 사정 때문이라고 할 수 있다.
44) 이혜령, 「한글운동과 근대 미디어」, 『대동문화연구』 47집, 성균관대 대동문화연구원, 2004 참조.

해야만 가능했던 운동이다.45) 단적으로, 조선어학회의 한글운동은 조선
어교육과 관련하여 유독 교과서의 철자법문제에만 관심을 기울였으며,
교육용어의 문제나 조선어교육의 존폐를 결정짓는 내선공학(內鮮共學)
실시와 같은 식민지 교육정책에 관해서는 함구했다. 오히려 조선어학회
는 1936년부터 기관지『한글』에 당시의 모든 잡지나 서적에 의무화된
황국신민서사를 게재하고, 다른 잡지에서 찾아보기 힘든 신년봉축사를
매년 1월호에 싣고, 사언(社言)으로「국민정신총동원 '총후보국강조주간'
에 대하여」라는 글을 싣는 등46) 일제 말기 전시파시즘체제의 정책에
협력한 대가를 통해 그 활동을 지속시켰다. 그것은 조태린의 지적처럼
그간 일제하 민족주의 운동의 최후로 보루로 평가되어온 조선어학회의
명예를 손상하고도 남을 만큼의 노골적인 친일행위라고 할 수 있지
만,47) 한글맞춤법통일과 표준어사정 등 문자표기방식, 그것의 실천방안
인 인쇄매체 획득에 집중하여 그 영향력을 확대할 수 있었던 운동방식
의 지속이 낳은 결과였다.

> 筆者는 끝으로 年前, 朝鮮語學會와 朝鮮語學硏究會와의 '綴字法'을 中心
> 으로 한 分爭에 集團的으로 그 一方의 聲名書의 署名한 百에 가까운 文學
> 者諸位들에게 이 一文을 드리면서 지금 모든 敎育者, 言語學界들이 最大의
> 興奮을 가지고 絶叫하는 '共學制'에 對하야 大體 무엇을 하고 있는가를 反
> 問하고 싶다. 저 聲明書에 署名한것과 같은 朝鮮語文에 대한 높은 關心은
> 一場夢事이었든가?48)

---

45) 이는 '한글'이란 명명이 이를 시사하는데, '한글'은 훈민정음을 비하한 의미의 諺文
　　의 대척점에 놓인 용어로 쓰이기도 했으며, 주시경을 이은 조선어학회 그룹의 철자법
　　내지 문법을 쓰는 조선어문을 지칭하여 '한글'이라 하기도 했다. 무엇보다 '한글'은 國
　　文이란 명칭을 쓸 수 없는 데서 나온 용어이다. 즉, 이민족의 언어인 일본어가 국어의
　　지위를 찬탈한 식민지배의 상황은 '한글'이라는 명명을 가능하게 한 역사적·정치적
　　배경이지만, 그러한 명명에 의해 은폐되기도 했던 것이다. 이혜령, 위의 글, 참조
46) 조태린,「일제시대 언어정책과 언어운동에 관한 연구」, 연세대 석사논문, 1997, 116면.
47) 위의 논문, 115~117면 참조.
48) 임화,「조선어와 위기하의 조선문학」,『조선중앙일보』, 1936.3.8~3.24.

윗글의 필자인 임화는 조선어학회와 조선어학연구회의 한글철자법을 둘러싼 논쟁에서 조선어학회 편을 거의 일방적이라 할 만큼 편들어주면서 한글에 대한 관심을 보이던 문인들49)이 조선어의 존립 자체를 위협하는 내선공학 문제에 대해서 일말의 관심을 보이지 않는 현실을 비판한다. 내선공학은 1938년 조선교육령개정과 그것에 잇따라 나온 각급 학교규정 개정에 의해 현실화되지만, 그런 소문은 그 이전부터 횡행하였다. 내선공학이 실시된다면, 조선어교과 자체가 폐지되는 것은 물론 아동들의 일상적인 조선어사용이 금지되리라는 불안감이 증폭되고 있었다. 이런 상황에서, 여전히 맞춤법 시비를 가리고 사어(死語)나 고어(古語)를 부활시켜서라도 순한글을 사용할 것인가 말 것인가를 두고 의견이 분분한 것 자체가 임화가 보기에는 지나치게 안이하며, 그토록 조선어에 대한 논의가 쇄말화되어가고 있다는 것이 진정 '조선어'의 위기이자 조선문학의 위기상황이었던 것이다.

조선문학의 토대 자체가 식민적이며, 식민화의 심화에 따라서 그 운명을 장담할 수 없으리라는 불안감은 1930년대 중후반 조심스럽게 제기되었다. 『삼천리』가 주최하고, 조선·동아·조선중앙 세 신문사의 학예부장(순서대로 홍기문·서항석·김복진)과 이화·연희·보성전문 세 학교의 교수 4인(김상용·정인섭·손진태·유진오)가 참석해서 〈문예운동의 모태인 한글어학의 장래를 위한 대책여하〉라는 주제하에 열린 「문예정책회의」(『삼천리』 제8권 6호, 1936.6), 그리고 바로 연달아 『삼천리』가 실시한 설문 「『조선문학』의 정의 이러케 규정하려 한다!」(『삼천리』 제8권 8호, 1936.8)는 불안감과 그 불안을 완강한 낙관론으로 봉쇄하거나, 아주 우회적인 방식으로 '조선문' 자체의 개념을 상대화함으로써 그 불안감을 중화시키려 하는 등 단일하지 않은 스펙트럼을 보여준다.

---

49) 임화 자신도 1934년 7월 9일 문예가 78명이 발표한 「한글철자법 시비에 대한 성명서」에 서명했다. 이 성명서는 이태준 『문장강화』의 제4강 각종 문장의 요령 중 논설문의 문범으로 제시되어 있기도 하다.

①鄭寅燮(延禧專門學校文科敎授) 한글語學의 運命問題는 실로도 크고도 根本問題인데 솔직하게 오늘날 現象을 말한다면 作家側에서는 特別한 愛着을 가지고 한글의 美化, 方言의 發掘等에 情熱을 퍼붓고 있지만은 한편 讀者層에서 생각해보면 한글 語學物에 대한 興味가 衰退하여 지고 있는 것이 事實이여요 그 原因은 社會情勢가 變하여짐에 따라 저절로 實用語, 公用語에 끄을려 가는 점, 또 한가지는 學校敎育이 그래서 이 趨勢는 朝鮮出版市場에 나타난 出版物과 딴 곳 出版物과의 對比에서 分明하여 집니다. 그러나 이 傾向이 언제까지 갈 것이냐 하는데 대한 豫斷을 할 수 없스나 한 개의 言語脈이 그리 쉽사리 사라지는 例가 없습니다. 不得已하여서 實用語로서 사라지는 限이 잇슬지라도 古典語, 學術語로서라도 命脈을 가지고 있지요 현재 라텐語가 이것을 說明하고 있지 안습니까.

②만일 우리가 今後 몇 世紀를 지난 뒤에 우리의 通用文字가 母語와 一致하지 않는 時代가 온다면(勿論 우리는 母語의 純粹性의 保持와 및 母語와 通用文字와의 一致를 爲하야 積極的으로 努力하여야 하겟지만) 그때에 이른바 朝鮮글이란 것은 또 어떠한 文字가 될는지 모를 것이다. 世界共通語에 其한 文字가 될넌가, 또는 張赫宙씨의 諸作이나 姜鏞訖씨의 諸作이 그 時代의 普通文字와 같은 文字를 사용하였든 關係로 朝鮮文學에 編入될 때가 올넌가.

①은 「문예정책회의」에서 정인섭이 한 발언이며, ②는 서항석이 「『조선문학』의 정의 이러케 규정하련다!」는 설문에 대한 서항석의 답변 중 일부이다. 여기서 표면화되지는 않았지만 배면에 놓인 현실은 당시 조선어의 불길한 운명이며, 그것은 정인섭에게서는 조선어의 제3의 존재방식 ―고전어와 학술어― 을 고려하는 인식을, 서항석에게는 '조선문' 자체의 개념을 상대화하는 인식을 낳았으며, 따라서 조선문학에 대한 정의도 유동적이고 상대적이었다. 서항석은 이 설문에서 연암과 일연이 쓴 한문은 당시의 상황과 조건상 조선글로 볼 수 있기 때문에 그들의 문학은 조선문학에 속한다고 답했다. 같은 맥락에서 현재의 아일랜드와 인도처럼 그 불운 때문에 출판과 교육상 모어보다는 영어를 사용하고

있으며 영어가 문학표현의 도구가 된 상황을 고려한다면, 타고르나 예이츠의 영문으로 쓴 문학을 각각 인도문학·아일랜드문학으로 받아들일 수 있다는 논지를 편다. 서항석의 진술에는 민족문학의 본질적 요소인 민족어의 가변적이며 의제적(擬制的, fictive) 성격이 부지불식중에 폭로되고 있다.

'조선어'의 운명 그리고 그것과 결부된 '조선문학'의 정의에 관한 논의는 불가피하게 성찰한 적 없거나 함구해 왔던 신문학 건설 이래 발전해온 조선문학의 식민적 기반과의 충격스러운 대면을 야기했다. 민족문학으로서 근대문학은 3·1운동 후 문화통치로의 전환에 의한 각종 법적·제도적 조치가 주요한 물적 기반이었기에, 식민지배전략의 변화 예컨대 신문지법·잡지법 등의 변경만으로도 그 기반의 붕괴가 가능했다.50) 더욱이 사전검열을 비롯해 압수·수색 등 출판억압이 심했음에도 불구하고 식민지 시기 내내 출판법에 의해 발행된 잡지의 건수가 가장 높은 것이 '문예' 관련 잡지였으며 단행본의 경우도 족보 다음으로 소설·문집의 비중이 컸다.51) 따라서 비관론이 현실화되리라는 예상은 어려운 것이었으며, 지배적인 낙관론의 근거 중 하나는 이렇게 텍스트의 물질성에 기초해 있었는지도 모른다.

여하튼, 비관론을 내세우든 낙관론을 내세우든 지금 당장 무엇을 할 것인가는 사회의 추세가 그렇기에 문학자들이 더욱 조선어문의 수호에 나서야 한다는 당위론으로 떨어지거나 조선어에 대한 관심을 어떻게 기울일 것인가는 어떤 단어를 어떻게 쓸 것인가의 디테일한 주제로 대체되는 양상을 보였다. 예컨대, 한자사용 여부, 신어(新語)의 창출이나 고어(古語)의 부활, 외래어의 수입 문제, 표준어와 방언의 문제 등이 주된 화

---

50) 실제로 일제는 1937년 중일전쟁이 발발한 이후 언론기관 장악 및 통제계획을 세웠다. 이 계획에는 조선인 발간의 민간신문 통합 내지 폐간이 주요한 내용이었다. 이에 대해서는 최유리, 『일제 말기 식민지 지배정책연구』, 국학연구원, 1997, 34~55면 참조
51) 정진석, 『한국언론사』, 나남출판, 2001, 307~308면, 394~396면 참조

제였으며[52] 조선어학회가 제기한 주장의 자장 안에 있는 것들이었다.

여기서 우선, 이태준의『문장강화』는 이러한 주제를 고스란히 수렴하고 있다는 사실을 환기해 두고 싶다.『문장강화』의「제2강 문장과 언어의 제문제」에서 제시된 키워드는 외래어와 한자어, 신어의 창출, 표준어와 방언의 사용조건, 의성어와 의태어 등이다. 이러한 키워드의 운용과 이태준 나름의 견해는 그 자신의 고유한 생각이라기보다 1930년대 중후반 꾸준히 논의된 주제를 수렴한 성과라고 보는 것이 적절하다.

이태준의 문장론이 기본적으로는 플로베르의 일물일어설(一勿一語說)에 비견될 만한 어휘선택의 적확성을 지향한다는 사실은 누차 지적되어 왔다. 그것은 이처럼 어휘선택 문제로 경사된 조선어 글쓰기를 둘러싼 담론의 자장 속에서 형성된 것이었다. 특히 어감과 감각 재현 중시는 이태준의 문장론의 특성이라 평가되어왔지만[53] 어감과 감각 재현 중시의 문장론은 기본적으로 형용사와 어미의 다기한 활용에 근거한다는 점에 주목해보았을 때는 새로운 사실이 나타난다. 당대의 담론에서 형용사·관형사·부사 등 수식언의 풍부함과 어미의 다양한 활용은 조선어의 가장 뚜렷한 장점이자 가능성으로 제시되었던 것이다. 예컨대,『문장강화』의 인용문으로 제시된 홍기문의「한 사람의 언어학도로서 문단인에 향한 제언」(『조선일보』, 1937.6.15~7.7)의 대목이나 이희승의「사상표현과 어감」(『한글』제5권 9호, 1937.10) 등은 주로 수식언의 풍부함과 어미의 활용에 의한 어감의 미묘한 변주를 조선어의 장점으로 꼽았다. 심지어 김문집은 "과연 조선말을 미각해보라. 그 얼마나 깨소금같이 고소하고 봉선화의 그 한때와도 같이 아기자기하며 은방울을 궁둥이 뒤로 미러낼 정도로 동골동골한가를"[54]과 같이 형용사의 나열로 조선어

---

52) 당시 이러한 논의의 총체적 양상을 잘 보여주는 글로는 다음을 참조. 임화, 앞의 글; 한식,「문학의 대중화와 언어문제」,『조선일보』, 1937.6.15~7.7; 홍기문,「한 사람의 언어학도로서 문단인에 향한 제언」,『조선일보』, 1937.9.18~9.26.

53) 배개화, 앞의 논문, 135~140면.

54) 김문집,「한글예술의 개성론―언어의 생리성을 운위하면서」,『조선문학』제2권 11

의 특장을 이야기할 정도였다.

> 이들(文學語上의 形式主義—인용자) 은 隨筆이나 若干의 젊은 詩人들의
> 作品에서 볼 수 있는 것과 같이 言語를—內容을 去勢하고 그 音響의 一點
> 에서만 驅使하려는 사람들로서 그들의 特徵은 모든 感情과 意志를 表現하
> 는데 不足이 없는 朝鮮語를 그저 곱고 시내물 소리같이 고요하며 여자의 속
> 삭임같이 『甘味』한 것으로 不具化시키는 것이다. 이들의 손에서 朝鮮말로
> 그 男性的인 모든 要素를 去勢당하고 女性化의 一路로 모라넣는 것이다. 要
> 컨대 衰殘해가는 民族의 言語에 相應하도록 朝鮮語는 改變되는 것이다. (임
> 화, 「조선어와 위기하의 조선문학」)

당면한 언어상황의 근본적 곤란을 회피한 조선어 담론의 경향과 그
실현은 형식주의 내지 미문주의를 수반할 수밖에 없었으며, 이에 대해
서 임화는 위와 같이 비판했다. 감각어 중심의 언어 구사가 민족어의
여성화를 낳으며, 그것은 쇠잔해가는 민족의 언어에 상응하는 것이라는
지적은 여성표상과 결합된 식민주의적 수사를 쓰고 있기는 하지만 타
당한 면이 있다. 감각어의 풍부함이라는 조선어의 특장이란 한문 내지
한자로부터의 탈구를 통해 순우리말의 경계가 정해졌기 때문에 성립된
것이자 그러한 역사성을 몰각했기 때문에 오랫동안 유지된 것이기도
하다. 더욱이 이태준이 그토록 강조한 소설에서의 담화와 묘사를 통해
드러내야 할 개성 있는 인물의 정체란 대게 젠더적으로는 여성, 계급적
으로는 하층민, 그리고 지역적으로는 지방민이었다는 데 주목할 필요가
있다. 오랫동안 한자문명권의 자장 안에 있었던 역사도 역사려니와 세
계체제로 편입된 조선에서 근대적 문명은 불가피하게 신생한자어의 번
역과정을 거쳐야 했다는 사정을 고려할 때, 한자, 한자어를 조선어의 순
수성과 조선문학의 내셔널리티를 저해하는 이언어로 끊임없이 배제하
면서 창출된 소설의 문체가 '형용사와 방언의 제국'으로 귀결된 것, 그

호, 1936.11.

리고 그러한 미학이란 비문명 또는 반문명의 공간인 자연과 시골, 하층 민의 표상으로 결정화(結晶化)될 수밖에 없었던 것은 당연한 결과일지도 모른다. 물론 이태준은 한글전용론자는 아니었다. 조선어학회의 가장 과격한 이데올로그인 최현배가 그 중심에 선 한글전용론을 문인 중에 서 지지한 예는 발견하지 못했다. 한글전용론은 그 실천 상 생경한 신 어와 역사적 사회적 변천에 따라 사라진 사어와 고어의 부활을 야기했 기에 복고주의적이며 심지어는 파쇼적 작태라는 비난을 당했다.55) 문자 사용의 관습상 생경한 단어의 출현에 대한 저항감이 근원적인 이유겠 지만, 한편으로는 신문학 건설 이래 비평이나 논설, 학술적인 글에는 한 자 내지 한자어를 섞어 쓰면서 작품창작만은 순한글로 하는 문체의 이 원화 양상은 관습화·내면화되었기 때문이다.

> 描寫本位라야 할데서는 아모래도 漢字語는 具體力이 적다 아니할 수 없다. / 그러나 文章이란 모도가 描寫를 爲해 써지는 것은 아니다. 文學의 大部分 은 描寫이나 學問과 論說은 描寫가 아니라 理論이다. (이태준, 『문장강화』, 문장사, 1940, 70~71면)
> 이런 文章들에서 漢字語들의 正當한 勢力을 無時할 수는 없다. (상동, 72면)
> 漢字語는 術語, 즉 敎養語가 많다. 敎養人의 思考나, 感情을 表現하려면 도저히 俗語만으로는 滿足할 수 없는 것이다. (상동, 75면)

이태준의 한자어에 대한 인식은 이렇듯 이미 관습화·내면화되어 온 문체의 이원화 양상의 재확인에 다름 아니다. 조선어학회의 한글전용론 은 학술적·전문적 용어, 즉 술어와 일상적으로 쓰이는 한자어를 한글 로 바꿔 쓰자는 데 집중되었다. 가령, 학교를 배움집으로, 문법을 말본 으로 바꿔 쓰는 것이 그 예이다. 그것은 복고주의적인 경향이라기보다 는 그 자체로 문명어의 문제이자 근대적 학문제도를 현재의 조선어가

---

55) 대표적으로는 인정식, 「복고주의에 의거하는 조선어연구운동의 반동성」, 『정음』 21, 1937.11.

감당할 수 있는가, 즉 조선어의 근대성과 관련된 문제였다.56) 사실 여기에 대한 절망에서 조선어의 결여태가 발견되었다. 이는 왜 '조선적인 것'의 구현이 반문명과 반근대성의 표상에 의탁해야 했는가의 또 다른 근거였다.57)

이태준의『문장강화』는 글쓰기 장르에 따른 문체의 배치―주로 단어의 선택과 배치를 위주로 한―를 체계화·규범화한 것이다. 그것을 가능하게 했던 콘텍스트는 속문(屬文)의 글쓰기가 근대문학, 특히 소설에서는 현저하게 속문(俗文)의 지향으로 굴절되면서 나타난 문체와 한자어에 의지해 쓰는 교양적인 문체로 분화되어온 역사적 과정이며, 조선어의 운명을 둘러싼 식민적 콘텍스트에 대한 성찰 없이 단어의 선택 문제로 제한했던 1930년대 중후반 조선어 글쓰기 담론이었다.

강조하건대, 단어의 선택문제로 제한되었던 이유는 철자법의 채용을 근대 인쇄미디어의 획득차원에서 실천하고자 했던 조선어학회의 한글운동의 방식과 긴밀하게 관련되어 있다. 단어 하나하나의 내셔널리티를 판별하거나 한 단어의 정서법을 가린다는 것 자체가 근대 인쇄기술에 의한 언어의 형성과 고정화에 의해 가능한 것이기 때문이다. 인쇄는 모든 언어적, 사회적 형식을 평준화시키는 기능을 했다는 맥루한의 주장에 따르면, 인쇄술에 의한 언어의 '시각적 양식'의 보편화이며, 여기에서야 비로소 바른 문법, 하나의 문자에는 하나의 소리, 하나의 단어에는 하나의 의미라는 식의 주장이 정당화될 수 있었다.58) 글쓰기의 규범란 바로 언어의 규범화와 고정화라는 가정 없이는 불가능한 것이다. 나아

---

56) 술어(術語) 문제에 대한 당시의 비교적 진지한 논의로는, 김기석, 「논리의 언어로서의 조선어」, 『사해공론』 제4권 7호, 1938.7; 고재휴, 「과학어로서의 조선어의 통일」, 같은 책, 참조.
57) 정종현은 일제 말기 조선문학의 지방문학화와 이태준의 작품의 상호텍스트성에 대해서 다룬 바 있다. 정종현, 「제국/민족 담론의 경계와 식민지적 주체―1940년대 이태준 '문학'에 나타난 혼종성」, 『상허학보』 13집, 상허학회 편, 2004.9, 120~125면 참조.
58) 마샬 맥루한, 임상원 역, 『구텐베르크의 은하계』, 커뮤니케이션북스, 2002, 441~459면 참조.

가, 인쇄술에 의해 구어적 상황에서는 일상적으로는 자각될 수 없는 민족어가 시각적 형상으로 실체화되었다. 이것이 『문장강화』를 가능하게 한 핵심적인 콘텍스트이다.

『문장강화』가 나올 수 있었던 조건으로 당시의 출판현황을 들지 않을 수 없다. 식민지 시기 내내 출판시장에서 문예물의 비중은 높았으며, 특히 1930년 중후반 이후 1940년 정도까지는 문예서 출판의 신기원을 이룩했다 해도 과언이 아니다.[59) 이것을 대변한 것은 문학전집과 문고판 발행 붐이다. 『현대조선장편소설전집』(한성도서주식회사, 1936), 『조선문학명작선집』(삼천리사, 1936), 『박문문고』(박문서관, 1939~41), 『현대걸작장편소설전집』(박문서관, 1938), 『조선작가명작전집』(영창서관, 1939) 등이 그것이다.[60) 신문학 건설 이래의 제작가의 작품을 포괄하고 있는 전집 및 문고본의 간행과 고전문학출판 붐은『춘향전』에서 신문학 건설 이래 여러 작가의 작품이나 글을 문장작법의 문범으로 삼은 『문장강화』가 쓰일 수 있었던 실제적인 참조물이었다. 무엇보다 내선공학의 실시, 전시체제로의 재편 등 조선어의 운명을 좌우하는 위협적인 상황의 도래와 거의 동시적으로 나타난 조선어 문예서적의 집적 현상은 그 자체로도 역설적이지만 위기의 발원지를 감추거나 도외시하게 만드는 효과를 발휘했다고 보인다. 이러한 텍스트의 물질성이 민족문학으로서의 조선문학

---

59) 방효선, 「일제시대 민간 서적발행활동의 구조적 특성에 관한 연구」, 이화여대 박사논문, 2001,

60) 그 자세한 내역에 대해서는, 방효선, 앞의 논문, 196~293면, 「부록 2-출판사별 출판물 목록」; 천정환, 「한국 근대소설 독자와 소설 수용 양상에 대한 연구」, 서울대 박사논문, 2002, 216~222. 〈표 4-2〉, 〈표 4-3〉, 〈표 4-4〉 참조. 방효선에 따르면, 일본의 황국식민화정책에 대한 반동으로 대중들이 민간 출판사가 제공하던 우리 작가에 의해, 우리 글로 쓰인 작품을 적극 구독, 출판이 활기를 띠면서 출판문화의 부흥기를 띠었다고 한다. 또한 당시 민족주의 열풍이 우리 서적과 고전에 대한 향수를 자극했다는 것, 전시체제가 경제적으로는 위축을 낳았지만 사고에 긴장감을 줘 서적에 대한 요구가 높아졌기 때문이라고 주장한다. 무엇보다 전쟁으로 인해 외국 서적수입이 어려워지는 상황이 발생해 오히려 국내 서적시장의 활성화에 긍정적인 영향을 미쳤다는 것이다. 방효선, 앞의 논문, 160면.

의 현존 그리고 조선어의 현존을 재현하고 증거했으며 자연화시켰다. 덧붙이자면 이태준은 이광수와 함께 이 시기 문예서 출판계의 총아였다. 이광수의 경우, 『이광수 전집』(1936, 삼천리사), 『이광수걸작선집』(영창서관, 1939)이 이 시기 간행되었다. 이태준은 이 시기 다섯 권의 단편집과 12권의 장편소설을 출간했으며, 이 숫자는 김윤식의 표현대로 이광수를 빼면 겨눌 자가 거의 없는 형편이다. 이 두 사람이 『삼천리』 설문조사 때 가장 완강한 속문주의를 천명했던 자들이었다는 사실은 예사롭지 않다.

4. 나오며

이태준의 『문장강화』는 그동안 단일한 텍스트로 이해되어왔다. 그러나 해방 후 그 이전에 쓰인 작품들이 개작되었듯이, 이태준의 『문장강화』는 단순한 증정 이상의 개작이 이루어졌다. 『문장강화』에서 큰 비중을 지녔던 이광수의 텍스트들이 반 너머 삭제되었던 것은 친일잔재 청산이라는 민족적 열망에 부응한 것이었으며, 이태준 자신의 민족됨의 순도를 증명하기 위한 일환이기도 했다. 무엇보다 증정판 『문장강화』를 해방 이전의 『문장강화』와 질적으로 다른 것으로 만드는 결정적인 차이는 텍스트 내부에 있다기보다는 그 텍스트가 존재했던 콘텍스트에 있었다. 즉 조선어가 국어의 지위를 회복했을 뿐만 아니라 국어교육을 핵심으로 한 문교권력이 성립되면서 이태준 자신이 거기에 깊숙이 참여했다. 이태준은 조선어학회가 주체가 된 국어교과서편찬위원의 위원으로 참여했다. 당시의 『중등국어교본』의 중요한 참조물이 이태준의 『문장강화』였으며, 역으로 국어교과서는 『문장강화』의 '증정'의 참조물이었다. 국어교과서와의 피드백을 통해 간행된 증정판『문장강화』
는 교과서의 교과서였던 것이다.

  그 핵심에 조선어학회의 한글운동이 존재한다. 해방기 조선어학회의
활동은 국가적 차원의 정책적 실행과 동일한 차원의 것이었다. 이것이
증정판『문장강화』의 위치를 가능하게 한 것이라면, 해방 전의『문장강
화』의 성격 또한 조선어학회의 한글운동 그리고 거기서 파생된 조선어
담론과 무관하지 않았다. 조선어학회의 한글운동은 인쇄에 의한 언어의
규범화와 고정화에 주력했으며, 이는 글쓰기에 있어서 어휘선택을 중요
한 것으로 간주하게 만들었다. 외래어와 한자어, 표준어와 방언, 신어의
창출 문제 등 어휘선택과 관련된 언어문제를 문장작법에서 고려해야 할
일차적인 요소로 제시한『문장강화』는 1930년대 중후반 대두한 조선어
글쓰기, 조선문학 담론의 주류적인 경향을 총괄수렴하고 있다. 감각어와
시각적 재현을 중시한 이태준의 문체관 또한 인쇄에 의한 언어의 고정
화가 수반한 언어의 시각적 양식의 보편화가 그 근원적인 기반이다. 그
러나 인쇄미디어의 획득에 주력한 한글운동의 방식은 보다 근원적인 식
민지의 언어상황에 대한 실천적 개입을 포기했기 때문에 가능한 것이었
다. 활자화된 문자로 실체화된 민족어의 세계, 조선어의 위기가 임박한
시대에 대량으로 쏟아져 나온 조선어 텍스트의 물질성이 위기의 근원지
를 두텁게 가린 곳에서『문장강화』는 나왔던 것이다. 해방은 조선어학
회의 한글운동과『문장강화』가 기대고 있던 근대 인쇄술과 미디어의 역
사적 기원과 그 식민성을 아예 묻지 않아도 되게끔 만들었다. 아니, 근
대의 테크놀로지란 그것을 사용하고자 하는 자가 누구인지를 상관하지
않는 가치중립성의 세계로 현현하기 때문에 그런 물음을 어렵게 만든다.
더욱이 그것을 통제하고 있던 보이지 않던 손이 자신의 손이 되었을 때
그 물음이란 아예 제기될 필요가 없는 것이었는지도 모른다.

국어, 시험에 들다

1. '국어'를 둘러싼 소음들

'국어'를 둘러싼 소음들은 갈수록 무성해지고 있다. 세계화의 물결 속에 제기된 영어공용론, 문자가 없어 그 언어가 소멸될 운명에 처한 인디언이나 에스키모에게 '훈민정음'을 발음기호로 사용해 문자를 만들어준다는 세종프로젝트와 같은 진지하고 거창한 화두나 기획에서부터, 연변 사투리가 등장하는 드라마와 개그, 사투리로 재현한 삼국시대의 황산벌전투, 그리고 재일교포 출신 가수의 한국어 실력을 테스트하는 연예프로에 이르기까지 '국어' 자체가 크고 작은 시험무대를 연출하고 있다. 이 모든 사안들을 둘러싼 국어의 표상이 성(聖)과 속(俗), 보존과 소멸, 확산과 위축, 순수와 혼종이라는 이분법을 오가고 있다는 건 쉽게 감지할 수 있다. 이 이분법을 오가는 기획 내지 유희는 광복 직후 1인당

GNP 35달러, 문맹률 70%의 후진국에서 거의 100%에 육박하는 초·중등학교 입학률과 최저의 문맹률, 그리고 GNP 1만 달러의 부국(富國)으로 성장했기 때문에 가능한 것인지도 모른다. 대조적인 예로, 9·11테러 이후 미국의 보복전쟁 덕분에 세계의 시선에 포착된 아프카니스탄은 종종 가난·비참·폐허의 나라일 뿐만 아니라 문맹률 93%의 나라로 설명된다. 갈수록 정글법칙의 강도가 심해지고 있는 세계체제에서 견뎌낼 수 있는가를 가늠하는 유력한 지표 중 하나로 해당 국가 국민의 문맹률을 꼽고 있는 시대에, 최근 '국어'를 둘러싼 소음들은 한국이 더 이상 국민들의 문자해득력(literacy)을 국가발전의 장애물로 간주하지 않아도 좋을 정도로 발전했다는 자신감을 은밀히 시사하고 있다. 한국에 돈벌러 온 교포들의 사투리 내지 서투른 한국어를 웃음의 재료로 받아들일 아량까지 생겼으니 말이다.

거친 개괄로도 알 수 있듯이, 학교·군대·법률·언론 그리고 이러한 제도의 끊임없는 확충과 강화를 담당하는 국민어(national literary language)로 등록해야만 존속될 수 있는 근대 언어들의 운명은 국민국가와 자본주의라는 근대의 목적론의 문제이다. 탄생→수난→웅비라는 영웅서사를 방불할 만한 한국의 국어사인식이나 근래 영어공용어론에 관한 디스토피아적 시나리오는 피식민 경험을 '민족어말살기'로 공동기억화한 데서 생겨났다는 점에서는 닮은꼴이며, 이러한 공동기억이 창출한 내러티브는 언어내셔널리즘에 대한 비판을 도리어 국민국가의 목적론을 강화하는 기제로 전유하게 만드는 힘을 발휘하고 있다는 것만은 분명하다. 물론 세계체제 내의 국민국가간의 권력관계가 곧바로 언어의 위계질서에 대응하는 현실 속에서 이것의 시시비비를 가리는 일은 실로 난감하지만, 최근 번역출간된 사카이 나오키[酒井直樹]의 『사산되는 일본어·일본인; '일본'의 역사—지정적 배치』, 코모리 요이치[小森陽一]의 『일본어의 근대』1)는 한국사회의 '국어'를 둘러싼 소음들을 보다 낯설게 만들고 그 낯설음을 성찰의 기회로 삼아볼 것을 제안한다.

2. 소리를 쓰다, 구어의 표상

『일본어의 근대』의 들어가는 말에서 코모리 요이치는 자신의 저작을 이미 여러 학계의 이론적 배치에 결정적인 전환을 요구할 정도로 일본어내셔널리즘 비판을 철저하게 수행한 몇몇 학자의 저서의 인용이자 그 주제에 관한 자신의 학습보고서라고 밝히고 있다. 그 이론적 틀의 상당 부분은 사카이 나오키의 『사산된 일본어·일본인』에 빚지고 있다고 말한다. 사카이 나오키가 일본어의 탄생에 관해 보다 이론적인 차원의 탐문을 시도하고 있다면, 코모리 요이치는 '놀라운 사건의 연쇄'로서 '국어'의 발견을 국민국가와 근대의 여러 제도의 배치와 작동, 역사적 사건의 국면 속에서 예각화시키고 있다.[2]

코모리 요이치의 『일본어의 근대』 첫 장 「'일본어'의 발견」이 국학자 모토오리 노리나가에 주목한 이유는, 그의 작업이 언어가 한 공동체의 표상으로 작동하는 근대 국민국가의 배타적인 통합 메커니즘을 내포하고 있기 때문이다. 즉 『고사기』에서 '중국의 말', '한자문화' 등을 이질적인 외부로 설정·배제함으로써 고유일본어=고대 천황의 소리=순수일본어공동체라는 내부를 탄생시킨 노리나가의 방법에서 뚜렷하게 드러난 이항대립은 근대 국민국가 형성 후에도 반복·재생산될 위험이 있다는 것이다. 이를 사카이 나오키의 말로 바꾸자면, 18세기 일본 국학자들의 순수일본어공동체는 중국을 자기 참조의 배타적 근거로 설정함으로써 제작된 것이다. 이를 사카이 나오키는 번역의 실천계라는 용어를 통해 설명한다. 번역의 실천계란 하나의 언어에서 다른 언어로의 대

---

1) 사카이 나오키, 이득재 역, 『사산되는 일본어·일본인』, 문화과학사, 2003; 코모리 요이치, 정선태 역, 『일본어의 근대』, 소명출판, 2003.
2) 이 서평은 두 저서의 공통분모인 일본어를 대상으로 언어내셔널리즘 비판을 중점에 두었다. 따라서 사카이 나오키의 저서에 실린 논문 중 「사산되는 일본어·일본인」과 몇몇 논문만을 다룰 수밖에 없었음을 밝혀둔다.

칭적 변화를 유지하는 이데올로기로서, 이에 따르면 번역은 두 개의 독립적인 전체 간의 등가교환의 다리를 건너는 것이다. 따라서 한면의 언어는 다른 면의 언어로부터 분명히 구별되지 않으면 안 되며, 샴 쌍생아와 같이 언어와 언어가 중첩되어 혼혈되어서는 안 된다는 것이다. 놀라울 정도의 잡종 혼혈적인 언어를 사용하는 다언어사회 속에서, 18세기에 순수일본어라는 이념이 가능해진 것은 이 기제에 의해서다.[3]

네이션의 표상으로서의 민족어 내지 국어가 우리의 일상 내부에 깊숙이 들어와 있다는 건 영한·일한·독한·불한사전 등 대쌍(對雙)으로 구성된 사전을 통해서도 알 수 있다. 사카이 나오키는 이를 대(對)─형상화 도식이라는 용어로 설명했는데, 분할불가능한 통일체로서 민족어의 형상은 이렇게 창출된다. 한국의 경우로 따져보더라도, 언문(諺文)의 국문으로의 지위격상은 특정한 민족공동체의 경계로 국한되지 않았던 보편어로서의 한문을 중국이라는 내셔널리티에 귀속시켜 외래적인 것 이질적인 것으로 격하시키는 것과 동시적인 사건이었다.[4] 가령, 언문일치의 선구자로서 한국 근대문학사에서 독보적 지위에 있는 이광수가 중국과 한문도 아닌 지나, 지나문이라는 더욱 경멸적인 어휘를 사용하면서, 지나와 지나문에 의해 조선정신과 조선어가 오염되었으며 지나어를 적출함으로써 조선의 신문학을 건설할 것을 논파한 것은 잘 알려져 있다. 민족어의 탄생이라는 사건이나 일련의 국어순화운동이 이렇듯 순수/혼종, 부활/소멸, 순화/오염 등 마니교적 수사의 운위 속에서 이루어지는 까닭은 "일본어의 탄생은 일본어의 사산으로서만 가능했다"(사카이, 200면)는 간명한 명제 속에 요약되고 있다. 즉 원래 있었던 순수일본어가 현재에는 부재한다는 가정 속에서 일본어가 단일한 통일체로서

---

3) 酒井直樹, 『日本思想という問題 : 飜譯と主體』, 岩波書店, 1997, 52~53면.
4) 한국에서 네이션의 표상으로서 '국문'이 대두하게 된 담론의 형성과 전변에 관해서는, 황호덕, 「한국 근대 형성기의 문장 배치와 국문 담론」, 성균관대 박사논문, 2003 참조.

상상되고, 이것이 통제적인 이념으로 작용할 때만이 무엇이 외래적이고 잡종적인가, 아닌가의 분별이 가능하게 되기 때문이다. 일본어의 탄생이 담론에서의 사건이라는 건 이러한 의미에서다.

무엇보다 두 저자가 가장 철저한 비판의 무대에 올린 것은 음성중심주의라고 해도 과언이 아닐 것이다. 고유일본어=고대 천황의 '소리'라는 노리나가의 도식이 시사하듯이, 순수일본어공동체는 무엇보다 구어(口語)의 공동체로 설정된다는 것에 주목해야 한다. 코모리 요이치는 이러한 도식이 성립하기 위해 필요한 것은 "문자에 선행하여 소리가 존재하고 이 소리의 기원에 권력의 정통성이 있다는 인과관계의 설정이"(코모리, 23면)라고 지적한다. 음성중심주의의 출현을 예시한 대목이라 하겠다. 기존까지 음성중심주의에 대한 이해는 으레 '서구'라는 지정적이고 문화적인 맥락 속에 국한되어, 한자의 표의성에 대해 과잉된 의미를 부여하면서 역으로 오리엔탈리즘을 강화해온 감이 없지 않다. 그러나 음성중심주의는 언어공동체로서의 민족의 산출에 필연적으로 요청된다. 즉 구어의 특권화야말로 언어공동체, 그리고 그것에의 소속을 자연화한 결정적인 기제이기 때문이다.

사카이 나오키에 따르면, '구어'는 문장에서 '인용된' 회화로서, 발화행위의 주체를 피발화태인 문장의 주어로 바꾸는 것에 의해 출현한다. 이러한 전환은 사실상 발화행위의 여타의 문맥의 거세와 주체의 소외(외화)를 불가피하게 야기함에도 불구하고, 발화행위 전에 발화주체가 존재한다는 전도를 통해 그 균열을 봉합함으로써 주체를 조정한다. 또한 이는 단지 음성을 내는 것만이 아닌 시청각적으로 때로는 촉각적으로 작용하는 여러 의미가 공존하는 발화행위의 잡종적 성격이 오로지 '구어'로 단일하게 표상됨으로써 균질화되는 것과도 같은 맥락이다. 18세기 직접화법의 형태로 드러내는 인용부의 발명, 게사구[戱作]나 대중 연극에서의 회화의 폭발 현상에서 보이는 구어의 가시화 방법 등에 의해 구어는 제도로서 기능하였고, 그러하기에 연기 가능한, 습득 가능한 것이 되었다고 한다.

구어의 배타적 특권화는 언문일치라는 상상적 욕망에 이르러 전면화된다. 코모리 요이치의 「'표준어'의 제패」는 쓰인 소리로서의 구어의 제도화가 어떻게 하여 언어의 위계질서를 만들어내었으며, 어떻게 이언어(異言語) 타자에 대한 폭력을 야기했는지에 대한 흥미롭고도 진지한 논의를 전개한다. 알아들을 수 없는 바람의 소리와 사슴의 소리를 말로 알아듣는 인간 켄쥬의 이야기를 담은 미야자와 켄지의 동화 「사슴춤의 유래」에 대한 분석은 참으로 시사적이다. 그는 바람의 소리, 사슴의 소리를 인간의 말로 전환시키는, '소리를 쓰다'란 행위는 비인간 / 인간이라는 비대칭성에 기초한 번역임을 지적한다.

'소리를 쓴다'는 행위는 식민주의적 무의식의 차원에서 이야기해도 무방할 것이다. 말 못하는 야만인, 즉 언어의 결손과 결여는 식민주의자가 피식민인을 규정하는 일관된 방식이기 때문이다. 제국의 식민지 경영의 전개와 함께 심화된 인류학이나 민족지학은 언어의 결여와 결손 때문에 스스로를 표현하지 못하는 원주민에게 언어를 부여하여 그들을 대리표상하는 작업에 다름 아니었다. 코모리 요이치의 논의도 식민주의의 심상지리(imaginative geography)가 그 '소리를 쓴다'는 사태 속에서 각인되어 있다는 데까지 나아간다. 세계자본주의가 제국주의화하는 중심적인 요인이 되었던 면제품인 손수건을 앞에 두고 이것이 무엇일까 두려워하고 망설이는 사슴의 소리는 '표준어'가 아닌 '토호쿠말[東北語]'의 특징을 띤 말로 옮겨져 있다는 것이다.

이때 표준어의 이념은 실상 모든 소리를 모사(模寫)할 수 있는 투명하고 균질적인 번역어를 지향한다. 언문일치의 환상이 정서법과 표준어의 제정 등으로 나아갈 수밖에 없는 이유는 그 목적이 이러한 균질적인 매체의 창출에 있기 때문이다. "보편적인 언어를 가지고 있는 보편적인 제국의 비전에서 '이동'은 모든 언어를 하나의 언어로 번역하는 것을 상상한다. 즉 번역은 차이를 말소하거나 완전히 주변화시킴으로써 번역

의 종말을 상상한다"[5])는 체이피츠의 말에 빗대자면, 모든 소리의 번역
어로서의 표준어 또한 제국의 언어=보편언어에의 욕망이다. 허나, 그
욕망은 차이의 끊임없는 위계화에 의해서만 정당화될 수 있다.

코모리 요이치가 1926년 카이조사[改造社]의 『현대일본문학전집』을
필두로 한 전집발간붐, 그리고 엇비슷한 시기에 국어학자 토죠 미사오
[東條操], 민속학자 야나기타 쿠니오[柳田國男] 등에 의해 본격화된 방언
붐에 주목한 이유는, 바로 '표준어의 제패'가 어떻게 언어의 계층화를
수반할 수밖에 없는지, 그리고 그것이 제국으로서 자기 정립을 해가던
국민국가 일본의 행보와 어떤 공모의 관계를 형성하고 있는지를 보여
주기 때문이다.

3. 피식민자의 스펙타클 혹은 인종화된 언어

이상으로도 짐작할 수 있듯이, 저자들의 언어내셔널리즘 비판이 인
종주의 비판으로 나아가는 것은, 언어내셔널리즘이 쉽사리 인종주의와
결탁하고 공모하기 때문이다. 관동대지진 때 표준어의 사용여부로 조선
인을 판명하여 학살한 사건을 "스스로 '경찰'화함으로써 '국가권력'과
합체하고자 한 '민중'이 '표준어'로서의 '일본어'를 자기동일성을 확보
하고 '우리'와 '그들'을 준별하는 지표로 사용했다는 것은 '표준어의 제
패'를 둘러싼 피로 물든 하나의 사건임에 틀림없다"(코모리, 291면)고 코
모리 요이치는 말한다. 표준어가 아닌 사투리, 그것은 인종적 타자의 표

---

5) Eric Cheyfitz, *The Poetics of Imperialism : Translation and Colonization from the Tempest to Tarzan*,
New York : Oxford University Press, 1991, 122면. 더글라스 로빈슨, 정혜욱 역, 『번역과
제국』, 동문선, 2002, 108면에서 재인용.

상이었던 것이다. 소설에서 사투리는 현장감과 생동성을 높인다고 흔히 받아들여지고 있지만, 그건 사투리의 의미와는 아무런 관련이 없다. 왜냐하면 그 사투리의 의미는 표준어로 번역될 때만이 온전히 전달되기 때문이다. 현장감과 생동성이란 사투리로 표상된 불결하고 무식하고 분별력이 모자라고, 때로는 교활하기까지 한 원주민 내지 피식민자의 스펙타클에서 온 것이다. 『검은 피부, 하얀 가면』의 프란츠 파농은 자신의 신체만큼이나 혼란스럽고 자학적인 소리를 듣는다. "마신는 바나냐 잇서요"(알제리 흑인의 서툰 프랑스어)라는.

한편 「편재하는 국가」(6장)에서 사카이 나오키가 읽어낸 『노노보이 *No No Boy*』[6]는 국민적 동일성을 승인받기 위해서는 죽음을 담보로 해야 하는 소수자의 아이덴티티 정치학 그리고 그것을 거부하는 행위의 진정한 사회성에 대해 많은 것을 시사한다. 미국사회에서 잽(Jap)이라 불리며 인종적인 냉대 속에서 이류의 시민으로 살아가야 했던 일본계 미국인에게 징병과 참전은 '안'으로서의 미국에 귀속되려는 혹은 귀속되어 있음을 증명하기 위한 죽음을 건 행위다. 따라서 이치로의 징병거부는 미국이라는 국가에 대한 귀속을 거부한 것이다. 그렇다고 그것이 어머니의 나라, 즉 모국어의 나라인 일본에 대한 긍정이 아닌 즉, 이중의 부정이라고 평가한다. 사카이 나오키는 이 이중의 부정과 부정의 부정을 통한 긍정을 다음과 같이 요약한다. "그것은 '아메리카'에 대한 '부'(정)을 통하면, 뭔가에 회귀할 수 있을 거라는 생각에 대한 '부'(정)이고, '안'으로서 '아메리카'에서 추방된 자들 사이에 성립하는 사회에 대한 강한 긍정이다."(사카이, 135면)

이는 이 소설의 언어와도 맞닿아 있다. 이 작품에서 이치로의 양친은

---

6) 이 작품은 일본계 미국인 존 오카타(John Okata)가 1957년에 발표한 중편소설로, 제2차 세계대전 중에 미국에서 강제수용소에 수용된 일본인 가족과 그 장남 이치로라는 주인공에 관한 픽션으로, 미국군내 지원을 거부해 형무소에 수감된 이치로가 복역기간을 마치고 사회로 복귀하는 상황을 묘사한 작품이라고 한다.

영어를 잘할 줄 모르며 가정에서는 일본어를 쓴다고 설정되어 있다. 소설은 물론 영어로 쓰여 있다. 이러한 이유에서 이 작품은 '원작 없는' 번역소설이라고 바라본다. 그러나 소설의 언어는 영어와 일영어와 일본어라는 두 개의 문화—언어적인 동일성 사이의 대립을 구성하는 건 아니라고 한다. 오로지 "귀속할 수 있는 고향을 가지고 있다고 몽상할 수 있는 자의 언어와, 그러한 몽상을 하지 못하게 된 자의 언어 사이의 기묘한 대화가 있을 뿐이다."(사카이, 124면)

그간 한국의 학계가 일본의 비판적인 지성으로 접해왔던 마루야마 마사오나 가라타진 고진의 일본 내셔널리즘 비판이 탈역사화된 일본주의로 경사됨으로써 그 비판의 진의가 다소 퇴색되었음에 반해 사카이 나오키와 코모리 요이치는 나르시시적인 일본인론이나 일본론으로 귀결되어버리는 특수주의를 경계하고 있다. 두 저자가 결정론이나 본질론의 위험을 피할 수 있었던 건 국민국가로의 소속을 통한 민족적 동일성의 획득이 삶의 근본적인 조건을 형성하는 전지구적인 동시대와 그것에 대한 저항적 실천에 끊임없이 접속하고자 했기 때문인 것 같다. 그들이 내셔널리즘 비판 중에서도 가장 급진적인 성격을 띠는 언어 내셔널리즘 비판을 수행하고 있는 것도 이러한 맥락에서 바라보고 싶다.

언어내셔널리즘 비판이 급진적인 성격을 띠는 것은, 언어는 인종과 함께 네이션으로의 소속을 자연화시키는 기제이기 때문이다. 발리바르에 따르면, 언어와 인종은 민족의 속성(또 그 영혼 또는 정신이라 부를 수 있는 것)이 국민에 내재한다는 관념을 표출하며, 둘 모두 현실의 개인들과 정치적 관계들을 초월하는 수단을 제공한다는 점에서 인민을 '자연'에 뿌리박게 하는 두 가지 길이다.[7] 민족어 내지 국어 그리고 인종의 의제적(擬制的, fictive) 성격을 드러내는 작업이 때로는 공격적인 이유는 서로 본 적도 이야기한 적도 없음에도 불구하고 서로를 동포라고 '느끼는'

---

7) 에티엔 발리바르, 서관모 역, 「민족형태—그 역사와 이데올로기」, 『이론』 6, 1993년 가을, 122~127면 참조

공감의 근거를 뒤흔들기 때문이다. 우리 사회에서 언어내셔널리즘 비판이 진지한 검토와 토론의 장에 오르기도 전에 묵살되거나 원색적인 비난의 화살로 되돌아오는 사정도 여기에 있다. 물론 그 공감이란 모국어를 선택할 수 있는 사람은 없다는 자명한 사실에서 오는 게 아니냐는 반문도 가능하겠지만, 그 모국어를 민족의 배타적 표상으로, 그리고 국민어의 숙련 정도를 소속됨의 열도로 당연하게 여기는 사태는 그리 유서 깊거나 자연스런 현상이 아니라는 것이다.

사카이 나오키와 코모리 요이치는 바로 그 공감의 균열을 봉합하지 말 것을, 한걸음 나아가 그 균열을 통해 언어내셔널리즘과 인종주의에 내재된 폭력성을 응시할 것을 요청한다. 여기에 이르면, 밭은 숨을 내쉬는 듯한 저자들의 내셔널리즘 비판은 상처 입은 자의 성찰과 같은 깊은 울림으로 다가온다. 나는, 그리고 나와 같은 모국어의 화자인 당신은 국어 안에서 안녕하신가. 국어가 시험에 든다면, 우리는 국어시험을 어떻게 치러야 하는가.